당신은 **교양인**입니까

The Cultured

포스트 코로나 세계시민의 교양 수업

머리말

연전에 뉴욕을 방문하여 이십 여일 맨해튼에 머물렀습니다. 오래 전 뉴욕에 살 때는 대중교통을 거의 이용하지 않았으나 이번에는 하루 종일 버스와 지하철과 택시에 의존하였기 때문에 뉴요커 혹은 미국 사람들의 일상을 더 깊이 들여다 볼 수 있었지요. 과거에는 몰랐는데 거리에 휠체어 탄 장애인들이 왜 그리 많은지. 이들이 버스를 오르내리는데 보호자가 없을 때는 운전사가 운전석에서 내려와 휠체어를 밀어 버스에 태우고 장애인 석에 버클까지 채워줍니다. 내릴 때도 마찬가지에요. 승하차 때 장애인이 최우선으로 오르내리는데 그동안 줄 서 있는 다른 승객들은 전혀 불평 없이 기다립니다. 시간이 바쁜 출퇴근 시간에도 마찬가지입니다. 버스들이 휠체어 장애인들에게 '배리어 프리(barrier free)' 체제를 갖추었고, 시민들은 장애인들을 배려하는 의식을 갖추고 있었습니다. 지하철이나 버스 그리고 엘리베이터에서도 노인과 어린이에 대한 우대를 늘 목격할 수 있었는바 이는 사회적 약자에 대한 배려가 미국 사회에 하나의 문화로 자리 잡고 있음을 느꼈습니다.

요즘 들어 서양의 에티켓과 공중도덕 문화가 동방예의지국인 한국의 예절을 앞서는(outdo) 현상을 볼 수 있습니다. 우리의 예절 전통이 무너가고 사회의 원칙과 상식이 무너지고 있습니다. 이는 우리 사회의 정치, 경제, 사회, 문화, 교육 등 모든 분야에 영향을 미치고 있지요. 이러한 연유로 우리가 '사회정의'를 시대정신으로 내세우고 양극화, 공정, 상식이란 말을 흔하게 사용하고 있는 것입니다. 정치, 경제 그리고 교육이 이러한 명제를 해결하는데 책임을 다하지 못하고 있지요. 시민의식의 역할이 요구됩니다. 시민들이 민주의식을 갖고 사회 각 분야에서 사회

정의 실현을 위한 권리 주장에 앞장 서야 합니다. 또 스스로 민주시민으로서 의무를 다하고 성숙한 인격체로서의 기본을 갖추어야 합니다. 그 시작은 상식과 교양입니다. 상식은 법과 도덕의 기초이고, 교양은 자아의 보편성 실현 과정과 결과이지요. 따라서 교양은 상식, 예절과 매너를 갖추고 일반적 지식을 익히고 활용하는 능력을 말하며, 이러한 사람을 교양인이라고 부릅니다.

교양인은 시대정신의 구현에 민주시민으로서의 역할을 할 뿐만 아니라 지구적 문제(global issues)의 해결에도 참여합니다. 21세기에 우리 인류는 하나의 지구촌에서 시간과 공간을 공유하며 생활하는 세계시민이기 때문이지요. 우리가 겪고 있는 코로나 팬데믹 현상, 지구 온난화, 난민, 빈곤 등 국경을 넘어서는 문제들을 해결하기 위하여 국제사회의 공조와 협력이 절실할 뿐만 아니라 우리 모두가 세계시민으로서 동참하여야 합니다. 우리가 세계시민으로 활동하려면 그에 상응하는 자질을 갖추어야 하지요. 세계시민으로서의 의식과 행동을 해야 하고요. 이를 위하여 국제사회에서 통용되는 원칙과 교양을 갖추어야 합니다.

제가 이 책을 쓰려 하는 것은, 우리가 최소한의 예절과 에티켓을 배우고 또 알고 있는 것들을 생활에서 활용하여 좀 더 상식에 맞고 바른 사회를 만들어 가는 데에 한 조각이나마 기여하고자 함입니다. 또 개개인이 보다 성숙하고 세계시민으로서 부끄럼 없이 당당하고 품격 있게 행세하는 것을 보고 싶기 때문입니다.

이 책은 제1장(교양)부터 제4장(예절과 매너), 제12장(세계시민)은 교양과 문화에 관한 일반적 사항을 기술하고, 제5장(식사)부터 제11장(의

전)까지는 구체적 분야별로 설명하였습니다. 따라서 시간이 충분하지 않을 경우에는 구체적 분야 중 필요한 장(章)을 찾아 읽고, 일반적 사항은 두루 일독하면 이 책의 의도는 달성되리라 봅니다. 매너가 사람을 만들고 그 사람이 좋은 사회를 만들 수 있습니다. 교양은 문화인을 만들고 문화인은 선진사회를 만들 수 있습니다.

어려운 시기에 필자의 생각을 지지하고 흔쾌히 출판을 맡아주신 양철우 회장님께 사의를 표합니다. 아울러 우리 청소년의 과학영재 육성을 위하여 출범하는 양철우 과학장학재단의 성공을 기원합니다.

2022년 7월에,
송영오

차례

제1장

교양이란

제1장

교양이란

　통상 '교양이 없다'라고 말하면, 사람이 알아야 할 만한 상식이나 지식을 모르거나 품격이 떨어지는 말이나 행동을 할 때 이르는 말이다. 사전적으로 두산백과는 교양(敎養)이란 '인간의 정신 능력을 일정한 문화사상에 입각, 개발하여 원만한 인격을 배양해가는 노력과 그 성과'라고 정의한다. 또 표준국어사전은 '학문, 지식, 사회생활을 바탕으로 이루어지는 품위 또는 문화에 대한 폭 넓은 지식'이라고 규정한다. 인격과 지식이 중심 언어로 보인다.

　교양은 영어로 'culture' 또는 'general education'이라 하고 '교양이 있다'는 말은 'cultured', 'cultivated' 또는 'educated'라고 한다. 프랑스어는 'culture', 독일어로는 'Bildung', 그리스어로는 'paideia'이다. 이 단어들은 교육, 문화, 지식 등의 뜻을 포함하고 있다. 서구 문화권에서는 그리스의 'paideia(교육)' 개념이 로마의 'humanitas(인간성)' 이념과 함께 발전하여 교양의 개념이 형성되었다고 볼 수 있다. 중세 암흑기를 거치고 르네상스 시대에 신(神)과의 관계에서 자아의 독립성을 인식하고 'humanism(인본주의)'를 탐구하기 시작하였다. 이 때 레오나르도 다빈치나 코지모 드 메디치같이 다방면의 분야에서 창의적 능력을 발휘하는 다재다능한 천재들이 나타났다. 이들은 당시 만능인(Uomo universale)이라고 불리었다. 후세에도 다방면에 두각을 나타내는 인물들을 르네상스인(Renaissance man)이라고 칭하였는데, 지금은 박학다식한 교양인 정도로 이해하고 있다.

교양이란 개념은 18세기 후반 독일에서 본격적으로 논의되기 시작하였다. 주로 정신적으로나 육체적으로 미숙한 상태의 개인이 사회와의 갈등을 거치면서 보다 성숙한 상태로 발전되는 양상을 의미하였다. 당시 계몽주의의 단계를 거치면서 교양 개념은 보다 인문학적이고 철학적인 의미를 갖게 되었다. 딜타이(Dilthey)에 의하면, 교양은 독립적 주체를 위한 개인의 형성과 완성을 의미하며, 헤겔(Hegel)에 의하면 교양은 보다 사회적인 의미에서의 개인의 보편성의 실현을 지칭한다.[1]

교양에 관한 독일의 디트리히 슈바니츠(Dietrich Schwanitz) 교수의 묘사를 살펴본다.

당신이 다음과 같은 질문을 했다고 하자.

"반 고흐, 반 고흐, 이 사람이 네델란드 축구팀의 센터포드 아닙니까? 지난번 월드컵 대회에서 독일 골키퍼의 코뼈를 부러뜨렸던 바로 그 사람이지요?"

만약 당신의 표정이 정말로 진지해서, 그것이 농담이 아니라 진담이었다는 것을 사람들이 눈치 채면, 사람들은 당혹감을 감추지 못할 것이고 이제부터는 당신과 사귀는 것을 꺼리게 될 것이다.

이것은 또 다른 차원의 문제를 낳는다. 즉 교양은 사람이 질문해서는 안 되는 것에 대한 지식들로 구성된다. 반 고흐에 대한 당신의 질문이 초래한 당혹감을 사람들의 교만심에서 비롯된 것이라고 오해해서는 안 된다. 그 당혹감은 교양의 '가설' 원칙을 모르고 위반한 사람에 대해 그들이 속수무책이기 때문에 생겨난 것이다. 그들의 몸은 굳어진다. 대화의 강물이 갑자기 속수무책의 장벽에 부딪쳐 꽉 막혀버린다. 그들이 어떠한 답을 하든지 간에 당신은 상심할 것이며, 따돌림을 당할 것이다. 그런 불가능한 답변 중의 몇 가지를 예로 들어보자.

"아닙니다, 선생님. 우리가 이야기하는 반 고흐는 화가였습니다."

이것은 가장 직접적인 대답이며, 상식에 가까운 표현이다. 하지만 이 말은 사실 당신이 무식한 바보이며 이제부터 바보 취급당할 것이라는 것을 알려주는 스컹크 방귀소리다.

또 다른 불가능한 대답을 보자.

"그런 것 같지는 않은데요. 물론 저는 축구에 대해서는 당신처럼 많이 알고 있지는 못합니다."

이 말은 당신의 자기만족 내지는 자기도취 경향을 은근히 겨냥하고 비웃는 말이기 때문에, 주위에서 듣고 있는 사람들은 손으로 입을 가리며 킥킥거릴 것이다. 다시 말해서, 이 말은 당신이 축구에 몰두하는 광적인 무뢰한이라는 사실을 빈정대는 것으로, 당신은 대중적인 스포츠는 잘 알지만 서양의 예술에 대해서는 아무것도 모른다는 뜻이 된다.

제3의 대답은 다음과 같은 것이 될 것이다.

"원칙적으로는 당신 말이 맞습니다. 그러나 그는 골키퍼의 코뼈를 부러뜨린 것이 아니라 자신의 귀를 잘랐습니다."

이 말을 듣고 참석한 사람들은 박장대소할 것이며, 당신은 당황하여 쥐구멍이라도 들어가고 싶을 것이다.

그러나 예의범절 때문에 사람들은 위와 같은 답변들을 자제할 것이며 다만 속수무책으로 몸이 뻣뻣하게 굳어지고 녹다운이 될 것이다. 당신이 그로써 차별대우를 당하게 되는 것은 당신이 무지를 드러냈기 때문이라기보다는 당신이 게임 규칙을 어겼기 때문이며, 바로 이로써 교양 규칙의 암묵적인 전제들을 노출시켰기 때문이다. 당신은 사람들이 말하지 않고 어둠 속에 자비롭게 비치시켜 놓아서 뒤덮인 먼지를 털어내고 그것을 눈앞에 드러낸 것이다. 그런데 그것이 왜 그렇게 방해가 될까? 게임 규칙을 설명하고 무엇을 알아야 하는지 말하는 것이 왜 그렇게 곤혹스러울까? 교양 게임의 암묵적인 전제들의 뚜껑을 벗겨내는 것이 그렇게 나쁜 일인가?

답은 아주 간단하다. 사람들이 그 이유를 댈 수 없기 때문이다. 반 고흐가 화가로서 왜 유명한 고전작가의 대열에 끼는지, 또 프리츠 폰 우데(Fritz von Uhde)의 작품 〈감자 까는 여자〉가 반 고흐의 〈감자 먹는 사람들〉 못지않은 강렬한 표현력을 갖고 있음에도 불구하고 극소수의 전문가들에만 알려져 있는 이유에 대해서는 교양인들도 설명하지 못한다. 그러나 사람들이 고흐는 알고 우데는 몰라도 된다는 사실은 상식적인 통념의 한 부분이며, 공동체를 형성하는 기초가 된다.[2]

위의 글은 어느 정도의 지식이 교양의 수준에 속하는지, 이 지식을 어떻게 활용할 것인지, 상대방의 지식(옳은 지식이건 틀린 지식이건 간에)에 어떻게 반응해야 교양인에 들어서는지에 관해 잘 예시하고 있다. 위에서 '가설'이나 게임 규칙, 교양 게임의 암묵적인 전제의 의미는, 교양은 전문 지식은 아니더라도 어느 수준의 일반 지식은 갖추고 그 수준에 도달하지 않는 질문이나 이야기는 꺼내지 않아야 하며, 그렇지 않을 경우에는 상대방을 당황하게 하고 분위기를 속수무책으로 어색하게 만든다는 것이다. 따라서 반 고흐는 알아야 하고 우데는 몰라도 괜찮은 것처럼 교양인은 적정한 수준의 지식을 갖추어야 하며 또 그 수준을 스스로 측정할 수 있어야 한다는 것이다.

우리가 신사(紳士)라고 번역하는 '젠틀맨(gentleman)'은 영국에서 나온 말이다. 오늘날 사람됨이나 몸가짐이 점잖고 예의가 바른 사람을 일컫는 말로 이를 교양인이라고 보면 된다. 젠틀맨의 어원은 '젠트리(Gentry)'이다. 영국에서는 귀족의 작위가 장남에게만 세습되었으므로, 차남 등 다른 자식은 물려받은 토지를 바탕으로 지주가 되거나 대도시에 진출하여 법조계, 학계, 상공인 등 사회 지배계층으로 활동하게 되었으며 이들을 젠트리라 불렀다. 이 계급은 신분적으로 귀족의 아래이고 자작농민 계급 요먼(Yeoman)의 위층으로서 사실상 사회적 실권을 행사하여 왔으나, 시대의 흐름에 따라 신분의 개념은 엷어지고 교양 있고 예의바른 남성 즉 젠틀맨으로 정착하게 되었다. 젠틀맨에 상응하는 개념은 '레이디(lady)'이다.

고대 중국에서 군자(君子)는 학문과 도덕성으로 완성된 인격체를 일컬었다. 유교사회의 이상적인 인간상으로서, 주로 관직을 맡아 정치를 했기 때문에 귀족 또는 지배계층으로서 황제 또는 왕을 모시고 백성을 다스렸다. 이 때 백성을 위하고 선정을 펼치면 군자요, 그렇지 않으면 군자라 할 수 없었다. 공자(孔子)는 군자가 주로 백성을 다스리는 역할을 하지만 계급을 지칭하는 신분적 위계가 아니라 덕과 학문을 갖추면 모두가 군자가 될 수 있고, 백성을 다스리는 지배계층은 군자가 되도록 힘써야 한다고 하였다. 공자는 『논어(論語)』에서 제자들에게 군자의 소양, 덕목, 학문 등에 관하여 곳곳에서 강론하였다. 공자는 양화(陽貨)편에서 군자가 갖추어야 할 여섯 가지 덕목으로 인(仁, 인자), 지(知, 지혜), 신(信, 신의), 직(直, 정직), 용(勇, 용기), 강(剛, 굳셈)을 들었다. 그러나 이 덕목은 학문과 예악의 뒷받침이 없으면 각종 폐단을 야기하고 만다고 설파하였다. 위령공(衛靈公)편에서는 이렇게 말하였다.

君子 義以爲質 禮以行之 孫以出之 信以成之

군자는 의(義)를 바탕으로 삼고서, 예(禮)에 따라 그것을 실천하고,

공손한 태도로 그것을 말하고, 신의(信義)로써 그것을 이루나니……

여기에서 이루는 것은 정의를 실현한다는 것이다. 주자(朱子)가 정리 · 해설한 『대학(大學)』에서는 '격물치지(格物致知) 성의정심(誠意正心) 수신제가(修身齊家) 치국평천하(治國平天下)'로 요약되는 표현이 있다. 이는 사물의 도리를 알고 학문을 수득하고, 뜻과 정성을 다하며 마음을 바로 하고, 몸을 닦고 집을 다스리며, 나라를 다스리고 천하를 평정한다는 뜻이다. 정치의 최종 목표는 치국평천하(治國平天下)에 있다는 것이며 이를 위하여 단계적 완성 과정을 제시한 것이다. 그러나 이러한 단계를 완성하면서 다음 단계로 나아가는 것은 사실상 불가능하며, 위로는 황제에서 일반 백성에 이르기까지 수신이 근본이라는 내용이 있는 것으로 보아 수신제가(修身齊家)에 방점이 있는 것으로 오늘날 해석할 수 있다. 현대인들로서는 지식과 덕을 쌓기 위하여 노력하는 과정에서의 경구(警句)로 여기면 무방할 것이다.

유교사회의 최고의 이상형이 성인(聖人)이라면 군자는 현실적 인간으로서, 공자의 말대로 누구나 덕과 학문을 닦으면 군자라 할 수 있다. 현

대적으로 해석하면 '예의 바른 지성인'이다. 즉, 교양인이고 신사다. 군자는 영어로 'gentleman'으로 번역되고 있다.

'교양이 없다'는 'uncultured', 'ill cultivated' 또는 'uneducated'로 번역되듯이 문화와 교육이 교양의 핵심이다. 교양인은 문화적이고 예절바르며 교육을 잘 받은 사람이다. 교육은 교육 시스템과는 관련 없이 인문학, 철학, 역사, 과학 등에 관한 일반 지식을 습득하는 것을 말한다. 교육제도나 등급에 관계없이 지식을 습득하고 이해하며, 이를 내면 깊숙이 저장해두고 필요할 때 자연스럽게 꺼내 활용하여야 한다. 이 지식은 전문지식일 필요는 없다. 전문지식은 어느 특정분야에서 상당한 수준 이상으로 깊이 연구하여 얻은 결과이므로 일반인이 그 수준에 미치지 못하다고 해서 교양이 없다고 분류되지 않는다. 박학다식이 적절한 수준이다.

예절은 사람으로서 마땅히 따라야 할 예의범절과 매너 및 에티켓을 갖추는 것이다. 예절은 성장 과정에서 가정과 학교 및 사회를 통하여 배우고 익혀서 몸에 자연스럽게 배어 나오는 것이다. 나라와 인종에 따라 예절의 내용이나 표현 방식에 차이가 있을 수 있으나, 상대방에게 불편을 주지 않고 존중하는 정신은 한결같다. 문화적인 것은 일상생활에서 문학, 미술, 음악, 연극 및 영화, 스포츠 등의 분야에 익숙하고 생활화되는 것을 의미한다. 소설이나 시를 꾸준히 읽고, 미술관이나 박물관을 방문할 줄 알고, 클래식이건 랩이건 음악을 감상하고 하나의 악기를 다룰 줄 알며, 때로는 영화나 오페라를 관람하고, 특정 스포츠에 심취하는 일상이 교양인의 한 모습이다.

교양의 또 다른 모습은 사회적 자아(自我)를 성장시키는 일이다. 자신이 속한 사회와 국가 속에서 민주시민으로서 자신의 위치를 찾고, 독립적 삶을 살고, 자신의 권리와 의무를 깨닫고 실행하며 사회 속에서 일정의 역할과 기여를 하고, 종국에는 세계시민으로 합류하는 것이 교양인의 적극적 모습이다. 자아의 성장은 보편적이고 모두가 수용할 수 있는 표준성을 확립하면서 사회적 의제에 관심을 갖고 참여하는 일이다. 시민의식을 갖고 시대정신을 추구하며, 사회적 약자에 대한 배려와 지원을 아끼지 않고, 지구적 문제에 관심을 갖는 것이다. 환경과 기후변화, 난민, 질병과 빈곤문제 등의 해결은 국제사회의 협력은 물론 세계시민들의 관심과 참여 등 협치가 요구되는 분야이다.

지식과 덕이 쌓여 인격이라는 몸을 만든다면 교양은 그 얼굴이다. 교양이라는 얼굴은 스스로 빛을 낸다. 교양인이 경계할 일은 자신의 지식을 과시하고 자랑하며 이를 이용하여 특정한 목적을 달성하고자 하는 일이다. 교양의 세계에서는 이를 속물 또는 위선자라고 표현한다. 속물(snob)은 라틴어 'sine nobilitate(고결함이 없다)'에서 나온 말로 고상한 체하는 사람, 우월의식에 빠져 잘난 체하는 사람을 뜻한다. 이들은 자신이 가지고 있는 지식이나 재능을 과시하고 나타내어 잘난 체하고 우월감에 젖어있다. 또는 다른 사람들도 지니고 있는 지식과 재능인데 자신만 가지고 있는 것처럼 자랑하고 다닌다. 위선자(hypocrite)는 그리스어 '휘포크라테스(연극배우, 위선자)'를 영자화한 것인데, 겉으로만 착한 체하는 사람을 일컫는다. 겉으로는 좋은 사람인 척, 예의 바른 척 행동하나 뒤에서 권모술수를 쓰고 자신의 목적을 달성코자 하는 사람이다. 성경에서는 외식자(外飾者)로 번역되어 '형제의 눈에 티는 보면서 자신의 눈에 대들보는 보지 못하는' 사람으로 표현된다. 우리나라에서는 '내로남불'로 불리운다. 19세기 영국이나 프랑스 상류사회에서 귀족들이 고상한 체하면서 뒤로는 하녀와 불륜을 저지르거나 농노를 괴롭히는 일이 허다하게 일어나서 위선적(hypocritic)이라는 단어가 유행하였다.

교양의 배(船)는 인생의 바다 위에서 끝없이 항해한다. 순항을 위하여 역풍이나 폭풍에 대처할 항해 기술이 필요하다. 항해기술은 선박 운항의 지식과 기술, 경험 그리고 날씨를 살피고 바람을 예측하는 천문을 갖추어야 한다. 교양의 배는 때로 폭풍을 만나 거대한 파도에 휩쓸릴 수도 있으나, 실력과 인내로 의연하게 헤쳐 나가야 한다. 위험을 무릅쓰고 조난자를 구조해야 한다. 무법자와 해적선을 경계하며 수 없이 많은 다른 배들과 경쟁하듯 협조하며 인생의 바다를 항해하는 것이 교양의 배다.

에이브러햄 링컨이 대중 앞에서 취임 연설을 하고 있었다. 분위기가 한창 무르익었을 즈음 링컨을 못마땅하게 생각하던 어떤 사람이 크게 소리쳤다.

"잊지 마시오!! 당신은 한낱 구두수선공의 아들이라는 사실을!"

장내는 한순간 침묵에 휩싸였다. 잠깐의 정적이 흐른 후, 청중들은 너무 심한 인신공격이 아니냐며 소리친 사람을 노려보며 수군대기 시작하였다. 그러나 정작 당사자인 링컨은 의연하게 말했다.

"그렇습니다. 저는 구두수선공의 아들입니다. 안타깝게도 저의 아버지는 이미 세상을 떠나셨습니다. 그러나 만약 당신의 구두가 망가진다면 제가 고쳐드릴 수 있습니다. 그렇지만 죄송하게도 제 아버지처럼 멋지게 고칠 수는 없을 것 같군요. 저의 아버지는 그만큼 훌륭한 분이셨습니다."

링컨의 대답에 감동한 사람들은 힘껏 박수를 쳤다.

교양의 시작은 예절과 에티켓이다. 머리말에 이어 다시 서울과 뉴욕의 일상생활을 살펴본다. 뉴욕 시내버스에는 앞자리가 경로석으로 지정되어 있지만 다른 곳에 빈 좌석이 없으면 아무라도 앉는다. 그런데 노약자가 올라오면 지체 없이 일어서 그 자리에 앉도록 도와준다. 머리 하얀 노인이 앉아 있다가 더 연로한 할머니가 오르면 얼른 일어선다. 우리나라 시내버스에도 앞좌석들은 경로석 또는 노약자석으로 지정되어 있다. 하지만 중고생들까지도 버스를 타면 뒤 일반석에 빈자리가 있는데도 앞일인석에 앉아 노약자들이 올라와도 아랑곳하지 않는 경우가 있다. 이는 너무나 민망스러운 일이다. 서울의 버스 안에서 휠체어를 탄 장애인들을 거의 보지 못한다. 길에서도 마찬가지다. 뉴욕보다 서울에 장애인들이 훨씬 적어서인가. 아니다. 한국의 경우에는 휠체어를 수용할 수 있는 저상버스가 적고 도시 곳곳의 접근성이 부족하여 휠체어 장애인이 쉽게 나다닐 수가 없기 때문이다. 또한 장애인들이 밖에서 활동할 때 차별 대우를 받거나 눈총을 받는 사회적 분위기도 빼놓을 수 없다.

우리나라의 지하철 열차는 물론 역사 시설까지 깨끗하고 편의시설이 아주 잘 되어 있다. 역사마다 깨끗한 무료 화장실이 갖추어 있는 등 세계 최고 수준이다. 경로석은 엄격하게 지켜져 젊은이들은 빈 좌석에 아예 앉지 않는다. 그런데 일반 좌석으로 시선을 돌려보면 모두들 허리 구부정하게 휴대전화에 집중하고 사회적 약자에게 자리를 양보해주는 경우는 그리 많지 않다. 또 양보 받는 이도 당연한 듯이 여기고 양보하는 이에게 감사 표시하는 사례가 절반이나 될까 말까하다. 지하철에서도 청로(靑老) 간에 갈등이 생기고 있다. 뉴욕의 지하철에서는 폭력 및 강도 사건도 발생하고 역사는 어둡고 깨끗하지 않아 쥐들이 활동한다. 그러나 지하철 안에서는 노약자나 어린이에 대한 양보도 자주 볼 수 있고, 좌석이 나더라도 다투어 앉는 경우가 별로 없다. 앉기 전에 주위를 둘러보고 양보해야 할 사람이 있는지를 살피고, 긴 좌석 중 가운데 자리가 하나 나더라도 굳이 앉으려 하지 않는다. 꼭 앉아야 한다는 강박관념도 없고 또 굳이 비집고 앉아 서로 불편해할 필요가 없다는 생각이 작용한 것으로 보인다. 대중교통 예절만으로 두 곳의 문화 수준을 비교할 수는 없지만, 척도 기준의 하나로 작용하고 또 두 곳이 어떻게 변화하고 있는지를 살펴볼 수 있다.

21세기는 시간과 공간을 실시간으로 공유할 수 있는 시대이다. 지구가 하나의 공간이며 모든 인류가 하나의 시민이 되었다. 그러나 사람들이 진정으로 세계시민으로 활동하려면 그럴만한 자질을 갖추어야 한다.

세계시민으로서의 의식과 행동을 하여야 한다. 이를 위하여 국제사회에서 통용되는 원칙과 교양을 갖추어야 한다. 교양이란 에티켓과 매너 그리고 일반적 지식을 갖고 또 이를 활용하는 것을 말한다. 최근 인류는 15세기 이래 지구 최대의 질병 위기인 코로나 팬데믹 현상을 겪어 왔고 새로운 일상생활을 경험하고 있다. 나와 주위 사람의 안전을 지키고 배려하는 예절과 에티켓을 갖추는 것이 첫 번째 세계시민의 덕목이 될 것이다. 젊은이와 어른 모두 예절과 에티켓을 바로 알고 실천하며, 사회적 배려를 일상화하는 생활을 갖도록 노력해야 한다.

제 2 장

문화에 대한 이해

제 2 장

문화에 대한 이해

　앞 장에서 교양인의 요건의 하나로서 '문화적'인 사람이어야 한다고 규정하였다. 문화적인 사람이 되기 위하여 무엇보다 문화를 이해하고 문화적 요소에 익숙해야 한다. 우리의 일상생활에서 문화(文化)라는 말은 가장 많이 사용되는 단어 가운데 하나이며 다양한 의미를 지니고 있다. 인간의 모든 정신적, 물질적 행동이나 사고에 문화를 붙이며, 사람들은 문화를 공유하기도 하고 서로 다른 문화를 향유하기도 한다. 문화의 보편성 또는 특수성을 논하기도 한다. 문화의 다양성을 말할 때 싱가포르의 태형(笞刑) 이야기가 가끔 거론된다.

　1994년 여름 싱가포르에서 18세의 한 미국 청소년이 구속 수감되어 곤장 5대의 형벌을 선고 받았다. 그는 주차되어 있는 차량에 낙서를 하다가 붙잡혔는데 미국에서는 흔히 볼 수 있는 일이었다. 그러나 담배꽁초를 버리거나 껌을 씹는 것조차 엄격히 금지하고 있던 싱가포르의 법정은 그 청년에게 벌금도 아니고 태형(canning)을 선고했던 것이다. 그러니 미국이, 좀 과장해서, 발칵 뒤집어졌다. 미국인들의 문화적 사고로서는 매 때리는 형벌을 이해할 수 없었다. 그 청년의 고향인 샌프란시스코 인근의 마을 주민들은 물론 미국 언론과 정부가 나서서 태형은 비문화적 야만행위라고 비난하고 서구 인권단체는 인권침해라고 이구동성으로 규탄하는 등 여론이 들끓었으며, 미 · 싱가포르 관계도 미묘해졌다.

　이런 와중에 필자는 방콕의 국제회의에 참석하러 가는 도중 싱가포르에서 하룻밤 머무르게 되었다. 그곳의 미국 대사대리는 과거에 방콕에서 근무하면서 나와 가깝게 지냈던 사이라 나의 사전연락을 받고 오찬을 준비해 놓고 있었다. 오찬 중에 자연히 태형 당할 청년의 이야기가 화제가 되었다. 그는 본국 정부로부터 태형을 막으라는 엄중한 훈령이 와 있는데 싱가포르 외무차관이 얼마 전부터 만나주지 않는다면서 외무차관을 만나면 미국 입장을 비공식으로 전달해달라고 부탁해왔다. 당시 외무차관은 키쇼 마부바니로서 인도계인데 똑똑하고 유능해서 국제적으로도 알려져 있는 외교관이었다. 나와는 수 년전 하버드대학교에서 일 년간 연구 프로그램을 같이 했던 가까운 사이였다. 마침 그날 밤 각자 만찬이 끝난 후 나와 마부바니 차관은 호텔 로비 바에서 칵테일과 함께 근황을 이야기하며 회포를 풀었다. 대화 말미에 나는 오찬 때 미국 대사대리의 이야기를 꺼내며 미국 입장을 비공식적으로 전달하였다. 그랬더니 키쇼는 정색을 하며 말하였다.

"우리 싱가포르는 우리의 고유문화가 있으며 그 문화를 바탕으로 법치주의를 엄격히 시행하는 주권국가입니다. 그런데 미국이 이를 존중하지 않고 강압적으로 싱가포르의 사법절차에 간여하려는 것은 용납할 수 없지요."

"일단 미국 대사대리를 만나 잘 설명해주고 협의해 보세요."라고 나는 권유할 수밖에 없었다.

다음 날 나는 싱가포르를 떠나면서 미국 대사대리에게 싱가포르 정부의 불편한 감정을 넌지시 알려주고 마부바니 차관을 만나 요구가 아니라 협조를 구하라고 일러 주었다. 그 뒤 미국은 클린턴 대통령까지 나서서 싱가포르 총리에게 전화를 했는데 그 전화 값으로 곤장 두 대를 감면해 주었다는 후문을 들었다.

곤장 치는 것은 과거 우리 왕조시대에도 흔히 볼 수 있었던 형벌인데 싱가포르의 곤장은 그보다 훨씬 무서웠던 모양이다. 곤장은 등나무를 말려서 특수하게 제조해 아주 딱딱하고 강하다. 복면을 쓴 거구의 사나이가 곤장을 때리는데 한 대 맞으면 엉덩이 살이 피와 함께 튀며 정신을 잃는다고 한다. 문제는 다음 번 곤장을 맞기 위해서는 엉덩이 상처가 아물 때까지 기다려야 하는데 기다리는 한 달 정도의 기간에 엄습하는 공포감이다. 처음 맞을 때는 잘 몰랐지만 차츰 너무 아파서 다시 맞을 생각을 하면 공포감이 커진다는 것이다.

그런데 이 사건에 대한 후문이 재미있었다. 태형 사건 이후 그 청년의 고향 마을에서 미국 청소년들의 비행을 바로잡기 위한 방안으로서 태형제도를 도입하자는 의견이 나왔는데, 의견이 분분하다가 주민투표를 하게 되어 태형제도를 찬성하는 쪽으로 결론이 났다는 것이다. 이 소식은 내가 우연히 미국 언론을 통해 알게 된 것이다. 그러나 그 후 실제 태형제도를 실시했는지에 관해서는 계속 추적해 보지 않아 모를 일이다.

1. 문화의 개념

"문화는 한 사회의 개인이나 인간집단이 자연을 변화시켜온 물질적·정신적 과정의 산물이다." 한국민족문화 대백과사전의 문화에 대한 정의이다. 문화란 인류가 시작한 이래 어느 지역이나 사회에도 존재하므로 그 의미나 모습이 다양하다. 문화는 라틴어 cultura에서 파생한 영어 culture를 번역한 것으로서 원래 경작이나 재배의 뜻이었으며, cultivate(경작하다)도 같은 파생어에서 나왔다. 프랑스어로는 culture, 독일어로는 Kultur로 이들은 나중에 문화, 교양, 예술 등의 의미로 발전하였다. 제1장에서 교양과 문화의 관계에 대해서 이미 설명한 바 있으며, 영어의 cultured와 cultivated는 '교양 있는', '세련된'이란 뜻이다. 따라서 '문화적'인 사람은 '교양 있는' 사람이란 의미로도 통용된다. 여기에 '문화가 사람이라면 그 이름은 교양이다'라는 슈바니츠의 표현이 되새겨지는 대목이다.

문화에 대한 학자들의 정의를 살펴보자. 먼저 문화인류학자 에드워드 타일러(Edward B. Tyler)는 "문화는 지식, 신앙, 예술, 법률, 도덕, 풍속 등 사회의 구성원으로서 인간이 획득한 능력과 습관의 총체, 즉 인간 생활양식의 총체"라고 정의했다. 비평가 매튜 아놀드(Mathew Arnold)는 "문화는 우리가 세상의 최고 수준의 산물과 지식에 정통하여 인간정신의 역사를 잘 이해하는 것이다."라고 함으로써, 인간정신의 완성을 추구하고 또 그 과정에서 얻어지는 최고 수준의 것을 문화라고 규정하였다. 아놀드가 정의하는 문화는 다분히 정신적이고 높은 수준을 원하고 있다. 일반적으로 사람은 인류 탄생 이래 자연을 변화시키고 극복하면서 생활하여 왔으며, 그 과정에서 물질적, 정신적 산물을 창조하였는바 이 모든 일상생활과 그 산물을 문화라고 말할 수 있다. 타일러가 정의하는 생활양식과 그 산물이 모두 문화다. 예를 들어 음식문화와 식사문화(매너)를 비교해 보자.

지중해 음식문화(Mediterranean diet), 북유럽 음식문화(smogasbord), 한식문화라고 할 때는 자연에서 채취한 동·식물을 자신들의 방식으로 요리한 음식을 말하는 것이고, 식사문화라 할 때에는 그 음식을 먹는 사람들 나름대로의 방식과 매너 등을 의미한다. 후자는 생활양식이고 전자는 그 산물이다.

인류의 삶과 함께 문화는 번성하고 발전한다. 세계화 및 정보화와 함께 지구촌에서 문화는 빠르게 전파되고 큰 영향력을 발휘한다. 문화는 이제 연성 권력(soft power)의 핵심 요소이다.[1] 과거 국력은 군사력, 경제력, 자원 등의 강성 권력(hard power)에 의하여 평가되었으나, 이제 21세기에는 학문·교육·예술·과학·기술 등의 문화, 정치적 가치와 외교정책 등의 소프트파워가 큰 역할을 할 것으로 전망된다. 20세기에는 경제가 정치에 앞선다(economics precedes politics)라고 하여 왔으나, 21세기에는 문화가 경제에 앞선다(culture precedes economics)라는 말이 실감난다.

문명(civilization)은 문화와 유사하지만 구분된다. 인류가 이룩한 발전의 산물이라는 점에서는 유사하지만, 문화는 보다 정신적, 예술적이며 문명은 보다 물질적, 과학적인 것으로 구분할 수 있다. 문화와 문명이 같은 것은 아니며, 또 서로 대치되는 것도 아니다. 문화는 제한된 지역과 소수의 부족에 의해 형성되어 오랜 기간 존재할 수도 때로는 쉽게 소멸할 수도 있다. 문명은 보다 광범위한 지역에서 여러 문화를 결합하여 상당 기간을 통하여 독자적인 발전을 이룬 권역이며 세상이다. 문명은 문화의 총체이고 문화를 포괄한 것이다. 예를 들면, 고대의 부장(副葬) 문화는 사라졌지만 주거문화, 복식문화, 음식문화 등은 민족에 따라 지역에 따라 변화하고 존재한다. 메소포타미아 문명, 황하 문명, 이집트 문명, 고대 문명, 로마 문명 등이 시대와 지역을 넘어 발전하다가 사라졌고, 기독교 문명, 이슬람 문명은 여전히 정신적으로 살아 있다. 하버드대학의 헌팅턴(Samuel Huntington) 교수는 문화적 그룹의 시대적, 지역적 광역화를 문명이라 규정하였고, 토인비(Arnold Toynbee)는 문명의 단위를 국가보다는 크고 세계보다는 작은 중간적 범위로 보았다.

2. 문화의 다양성과 교류

가. 동양문화와 서양문화

동양과 서양의 구분은 지리, 역사, 종교, 문명사 등에 의해 학문적으로 다양하게 규명되어 왔으나, 여기에서는 단순하게 사전적 의미를 활용하겠다. 동양은 터키 동쪽의 아시아와 중동 지역을 포괄하며, 지리적으로 러시아권도 포함한다. 서양은 그리스·로마 문명을 기반으로 한 유럽과 북아메리카 지역을 포괄하며, 사하라 이남의 아프리카와 남아메리카는 사실상 동·서양의 구분에서 제외된다.

동양문화

동양문화는 중국을 중심으로 생성된 문화다. 중국, 한국, 일본 및 북베트남 등 유교와 한자 문화권에 있는 나라들에서 발달하였다. 중국문화는 황하문명을 형성하였다. 중국인은 황하의 범람과 자연의 위대함에 경외를 느끼면서 흙을 일구어 농경에 종사하였다. 인간은 자연의 혜택에 감사하며 자연의 일부로서 자연에 순화하는 삶을 영위했다. 사람들은 집단을 이루어 자연에 대처하였으며, 이들의 관계는 '우리'가 되었다. 이들은 우주의 본질은 흙으로부터 시작하였다고 보고, 사상적으로도 흙을 중심으로 한 자연과 인간의 조화를 강조하였다. 여기에서 유가와 도가 철학이 시작하였으며, 공자 중심의 유교는 인(仁)과 예(禮)를 중시하였다. 윤리 도덕을 이상으로 정치는 덕치를, 일상생활에서는 예절을 강조했다.

이상적인 인간형은 군자(君子)로서 도덕적이고 중용을 취하여야 하며, 군주로부터 오늘날의 신사, 교양인에 이르기까지 이에 해당된다.

한편 인더스 문명의 중심인 인도는 일찍이 유럽과의 문화적 교류를 가져왔으며, 불교와 힌두교를 탄생시키고 독자적인 동양 문화권을 형성하였다. 인도인들은 물질보다는 정신생활을 중시하고 종교를 통하여 정신적 해방을 추구하였다. 따라서 종교와 사회생활이 밀접한 관계를 갖고, 철학, 문학, 예술, 과학 등이 종교의 테두리 속에서 발전하였다.

동양문화는 우랄 산맥 동쪽부터 태평양에 이르기까지 대륙에 갇힌 채 19세기 서양문물의 유입 때까지 독자적으로 유지되어 왔고, 아시아의 동, 서, 남쪽으로 다양하게 발전하였다. 물론 칭기즈칸의 동유럽 침투, 실크로드 등을 통해 서양문화와의 교류의 기회가 있었으나 제한적이었으며, 해양 진출은 서양과는 다르게 내륙운하 및 연안 항해 수준에 그쳤다. 과학 기술은 중국의 종이, 나침반, 화약, 목판인쇄술과 조선의 금속활자, 아랍인들의 수학과 천문학 등 우수한 발명이 있었지만 체계적이지 못하여 19세기 서양의 과학기술에 압도되었다.

오늘날 아시아를 포함한 세계의 일상생활이 거의 서양화되어 있다. 그러나 과학이 체계적으로 발달하지 못했다고 해서 동양 사상과 철학이 비합리적인 것은 아니다. 오히려 제1차 세계대전 후 서구사회에서는 참혹한 전쟁을 초래한 서구문명에 대한 통렬한 반성과 비판이 일어났고, 이와 맞물려 가까이 접근하게 된 동양문명에 대한 기대 내지 흠모의 현상이 나타났다. 그러나 이러한 상황이 결코 동양은 정신문명이, 서양은 물질문명이 우월하다는 가정을 객관화하지는 못했다. 한편 20세기 후반부터 부상한 동아시아의 경제발전과 문화적 파급은 세계적으로 큰 영향을 발휘하고 있다. 또 21세기 중국의 굴기(崛起)는 국제적으로 경제뿐만 아니라 국제정치에 있어서 그 영향력을 높이고 있다.

서양문화

서양문화는 지중해를 중심으로 발생하여 유럽문명으로 발전하였다. 지중해 세력은 일찍이 이집트 문명과 메소포타미아 문명을 흡수하고, 그리스 · 로마 문명을 주축으로 유대교와 기독교 정신으로 무장하였다. 헬레니즘과 헤브라이즘의 결합이다. 당초 그리스 철학자들은 우주의 본질을 물로 보았으며, 정신과 육체의 분리, 인간과 자연의 대치를 전제로 하였다. 따라서 인간은 자연에 순응하는 것이 아니라 자연을 극복하기 위해 투쟁하는 것으로 보았다. 이들은 농경 · 유목생활을 하다가 필요하면 해양으로 진출하여 자연과 싸우며 세력을 확장시켰고, 동양의 대륙세력에 비해 진취적, 투쟁적, 외향적인 해양세력이 된 것이다.

서양문명의 2대 지주는 그리스 · 로마문명과 기독교정신이다. 세계국가를 건설하고 '팍스 로마나'를 구가한 로마는 정치, 민족, 문화, 종교 차이를 초월하였으며, 후에 중세 암흑시대를 벗어나 르네상스로 부활하였다. 유대교를 배경으로 태어난 예수는 기독교를 창시하여 박애를 전파하였으며, 기독교의 자유와 평등은 유럽사회의 기본 정신과 사상으로 자리 잡게 되어 오늘날 서구문명의 근간이 되었다. 르네상스는 사상과 문화를 신(神) 중심에서 인간 중심으로 바꾸고 인간의 존엄성을 강조하는 휴머니즘을 생성 발전시켰다. 이는 곧 종교개혁, 지리상의 발견, 과학혁명과 계몽주의 사상의 발전, 산업혁명으로 이어지며 서양문명과 역사를 이루었다.

유럽과 아시아, 서양과 동양이 만나는 19세기에 유럽은 자유주의 사상 위에서 과학기술을 발전시켜 산업혁명을 이루고, 밖으로는 해양 진출과 식민지를 통하여 풍부한 원료와 노동력을 확보하여 발전하였으며, '팍스 브리타니카'는 그러한 현상의 하나다. 유럽은 제국주의로서 동양을 만났다. 15세기 이후 대륙세력으로 폐쇄되어 있던 동양은 서양에 의해 압도되었고, 서양의 문물이 동양문화 속에 급격히 파고들었다. 과학기술의 전수는 물론 종교, 학문, 예술의 도입, 그리고 일상의 생활습관에 이르기까지 다양하게 서양화되어 갔다. 그러나 한편으로 그들은 동양 사상의 특징인 상대성, 불가지론, 조화와 중용 등에 눈을 뜨게 되고, 그 영향을 받게 되었다.

19~20세기는 서양문화와 동양문화의 교류의 시기였다. 민주주의도 20세기 후반 아시아에서 수용하기 시작하였다. 민주주의는 '우리'보다 개인을 중시하는 유럽의 자유와 평등사상 위에서 쟁취된 것으로 유럽과 북아메리카의 정치와 사상의 체제가 되었다. 제2차 대전 후 '팍스 아메리카나'는 물질과 정신 모든 면에서 세계를 선도하였으며, 새로운 서양문화를 형성하였다.

동 · 서양 문화의 비교

19세기 이래 동 · 서양 문화의 접촉과 교류로 양측 간에 사고와 행동 양식이 변하고, 학문, 예술, 종교 등 모든 분야에서 공존과 보편화 현상이 일상화되고 있다. 동양의 서양화 또는 서양의 동양화 현상을 모두 경험하고 있다. 그러나 이러한 혼재 가운데도 과거 동 · 서양 문화가 형성되는 과정에서의 기본적 차이는 내재되어 있다.

〈표 2-1〉동 · 서양 문화 형성의 상대적 비교

구 분	동 양	서 양
중 심	중국	그리스. 로마
문 명	황하문명	메소포타미아 문명
		이집트 문명
세 력	대륙	해양
우주의 본질	흙	물
자연과의 관계	인간은 자연의 일부	인간과 자연의 분리
	(순화)	(투쟁)
인간 간의 관계	우리(집단주의)	나(개인주의)
종교	유교, 불교, 힌두교	기독교, 이슬람교
언어	표의(고맥락)	표음(저맥락)

성격	내재적(음)	개방적(양)
정치의 기반	도덕	법
생활의 기본	예절	매너 · 에티켓
기술의 발전	농업, 천문기술	해양, 과학기술
문화의 특성	보수적, 수직적, 내부지향적	진보적, 수평적, 외부지향적

나. 문화의 보편성과 특수성

인간의 생활양식은 그것이 행동이든 사고이든 지역과 사회를 막론하고 유사한 것이 있을 수 있고, 지역 또는 인종에 따라 서로 다를 수 있다. 전자의 경우는 문화의 보편성이라 하고, 후자는 문화의 고유성 또는 특수성이라고 한다. 인간에게 의식주는 매우 중요하다. 사람들은 몸을 가리고 보호하기 위해 의복을 착용하고, 하루 세끼 식사를 하며 여러 형태의 주거지에서 살고 있는데, 이러한 생활양식은 인류 대부분에 의하여 공통적으로 취해지고 있으므로 보편적 문화양식이다. 그러나 지역과 인종에 따라 의복을 착용하지 않거나 원시적 의복을 걸치고 산다면, 또는 주거를 땅 위가 아니라 물 위나 나무 위 또는 절벽에 만들어 놓고 산다면, 이것은 일부 사람들의 특수한 생활문화 양식인 것이다.

문화의 보편성이란 다수의 사회에서 비슷한 문화현상을 보이는 것을 말한다. 지구상 대부분의 사람들에게 통용되는 문화는 보편적 문화요, 특정한 사람들에게만 통용되는 문화는 특수문화다. 시간과 공간을 초월하여 인간의 희로애락의 감정에서 표현된 문학, 회화, 음악 등 예술 작품에서 우리는 문화의 보편성을 느낄 수 있다. 앞으로 우리가 살펴볼 식탁 및 복장 에티켓, 운전 매너, 인사 예절 등은 모두 동 · 서양을 막론하고 보편화된 문화양식이다. 만약 이렇게 널리 보편화된 문화양식을 거슬러 행동한다면 교양을 갖추지 못한 비 정상인으로 취급되기 십상이다.

문화의 특수성이란 어떤 사회나 인종이 그들만이 갖는 고유하고 특수한 문화의 성격을 말한다. 인간은 시대와 지역에 따라 그리고 자연과 사회적 환경에 따라 고유의 삶과 사고양식을 지니기 때문에 그에 상응하는 다양한 문화양식이 발전한다. 이렇게 생성된 문화 가운데 많은 지역과 여러 사람들에게 통용되지 않고 일부 지역과 인종에게만 제한적으로 통용되는 문화가 특수문화다. 인도에서 소를 숭배한다거나 이슬람교도와 유대인들이 돼지고기를 먹지 않는다든지 또는 일부 아시아 국가 사람들이 개고기를 먹는다든지 하는 것은 그들만의 특수한 문화다.

에스키모 사회의 이누이트 족은 분쟁이 생기면 폭력이나 법원제도 없이 상대방을 조롱하는 노래시합을 통해서 갈등을 해소한다. 분쟁의 당사자들은 자기 자신을 지지하는 사람들로 합창단을 조직하여 자신의 정당함과 결백함을 호소하는 노래를 부른다. 그리고 이런 노래를 부르다 보면 갈등 상황은 뒷전에 두고 모두가 서로의 우스운 노래를 들으며 웃고 즐기는 분위기로 흘러간다. 마지막에는 주민들에 의해 선정된 심판관이 노래시합의 승자를 가르는 판결을 내린다. 이는 처벌보다는 평소의 불만을 노래를 통해 승화시키고 억압된 감정을 해소하는 효과가 있으며, 소원해진 공동체를 원상 복구시키는 기능을 한다는 견해도 있다.

남아메리카 자라라 족과 태평양 제도의 푸카푸카 족에게도 출산은 일상의 중요한 영역이다. 자라라 족에서는 어린이를 포함하여 마을 사람들 모두가 지켜보는 앞에서 임신부가 아기를 낳는다. 푸카푸카 족 소녀들에게도 진통과 분만은 친숙한 삶의 한 경험일 뿐이다. 이들 소녀들 사이에는 옷 속에 코코넛 열매를 집어넣고 진통을 겪는 흉내를 내다가 적당한 시점에 아이를 낳았다는 식으로 다리 사이에서 코코넛 열매를 떨어뜨려 보이는 놀이가 있다.

호주의 북부 원주민 티위 족은 젊은 남성들이 중 · 노년의 과부와 결혼하는 풍습이 있다. 이들도 원래 젊고 아름다운 여성을 원했지만, 모든 여성들은 결혼을 해야 하고 일부다처제가 유지되고 있어서 권력을 가진 중 · 장년층 남성들이 젊고 매력적인 여성들을 독차지하는 바람에 벌어지는 현상이다. 이곳 젊은이들은 향후 나이가 들어서 부와 권력을 갖게 되면 그때 젊은 여성과 중혼 또는 재혼할 것을 기대하면서 우선 중 · 노년의 과부와 결혼을 한다는 것이다.

다. 문화의 교류와 변동

오늘날 우리는 호텔이나 예식장 등에서 서양식 결혼식을 갖는다. 특별한 이벤트가 아니라면 사모관대와 족두리로 장식하고 가마를 타는 전통 혼례식은 더 이상 보기 어렵다. 결혼식 내용도 다채롭게 변하고 있다. 주례 없는 결혼식, 신랑과 신부가 같이 입장하고 저녁 결혼식에 무도회도 갖는 결혼식 등등……. 배달 문화도 코로나로 인해 더욱 발달하였다. 백화점이나 마트에 가서 직접 물건을 사지 않고 온라인으로 주문하고 배달을 받는 구매 방식이 일상화되었다. 음식도 배달을 통해서 주문한다. AI의 발달로 로봇이 배달을 담당하고, 음식점에서 서빙도 로봇이 한다. 그런가 하면 아프리카 벽지에서 중국 음식점을 발견할 수 있고, 미국, 유럽의 여러 나라 식품점에서 한국 김치를 구입할 수 있다. 이와 같이 문화는 시간이 지나면서 지속적으로 변화하고, 또 지역을 넘어 전파되고 있다. 문화가 변화하는 것은 일상생활에서 자체적으로 문화요소들이 변이를 겪거나, 서로 다른 문화들이 접촉하는 과정에서 발생한다.

문화 변화의 요인은 첫째, 발명과 발견, 새로운 사상 등에 의한 것이다. 불의 발명이 가져온 선사 문명, 전기, 전화, 기관차, 각종 기계의 발명이 가져온 근대 과학 문명과 산업혁명이 인류의 생활문화를 완전히 새롭게 하였다. 르네상스는 중세 신의 문화를 인간중심의 문화로 변화시켰고, 종교개혁은 일반 시민의 종교 활동을 개방시켰다.

둘째, 문화의 교류와 접촉 그리고 전파가 문화변화의 중요한 요인이다. 인간이 다른 부족과의 접촉, 다른 나라 사람들과의 교류, 다른 지역과의 왕래를 함에 따라 그들의 생활 습관과 사고 양식 등이 일방적으로 전파되거나 또는 서로 혼합되어 문화의 변화를 겪게 된다. 이 과정에서 밈(Meme)[2]의 문화 모방 역할도 거론된다. 이러한 모든 변화는 주로 문화

공존, 문화 동화, 문화 융합 등의 형태로 나타난다.

문화 공존

성격이 다른 외부 문화를 수용하여 고유문화와 같이 공존하는 것을 문화 공존이라 한다. 19세기 이래 동양과 서양의 접촉이 활발해지고, 교통과 통신의 발달로 세계가 일원화됨에 따라 서로 다른 문화가 일상적으로 교류하고 전파되어 각종 문화가 병존하는 것이 오늘날의 문화현상 가운데 하나다. 예를 들어 우리나라에서도 서양 복장을 수용하여 남녀가 양복과 양장 차림을 일상화했지만 여전히 우리 고유의 한복도 차려 입고 있다. 중국 내 많은 소수민족이 자신들의 고유문화를 보존하고 있고, 스위스에서는 영어, 불어, 독일어 등 3개 언어가 공용되고 있다.

문화 동화

하나의 문화가 다른 새로운 문화로 완전히 흡수되어 동화되는 현상을 말한다. 보통 기존 문화의 정체성이 약하거나, 정복 또는 식민통치로 문화를 강제로 유입시킬 때 발생한다. 미국 인디언이나 호주 원주민(Aborigine)이 자신의 문화를 상실하고 미국 및 호주 문화에 각각 흡수된 사례가 말해준다. 우리의 경우에도 일제 강제점령 시에 우리말을 말살시키고 일본어를 사용토록 강제하거나 창씨개명을 강요하는, 소위 내신정책에 의한 문화 동화를 경험하였다. 문화 공존에서 언급한 서양복장의 수용은 그 자체로서는 문화 동화에 해당된다.

문화 융합

서로 다른 문화가 접촉하는 과정에서 혼합되어 새로운 제 3의 문화로 창조되는 현상을 말한다. 건축양식에 있어서 요즘의 한옥은 외형은 한국식이나 내부는 서양식 구조와 시설로 건축되어 혼합형을 보여주고 있다. 또 결혼식에서도 서양식으로 웨딩 절차를 거친 후 우리의 전통 폐백 행사를 갖는 것도 일종의 문화 융합이라 할 수 있다.

지구상에는 인종이나 지역 또는 나라에 따라 다양한 문화가 존재한다. 이러한 다양한 문화를 특정한 관점에서 우열을 따지거나 선진 또는 후진으로 가르는 것은 전근대적인 접근방법이다. 고유하고 특수한 문화의 다양성과 차이에 대하여 문화의 우열이나 장단점을 비교해서는 안 된다. 과거 서구사회가 문화의 우월성을 주장하고 동양문화를 폄하한 때도 있었으며, 자신들 문화의 우수성을 과신하고 다른 문화를 부정적으로 평가하거나 인정하지 않는 문화국수주의적인 민족들도 있었다. 그런가하면 자신들의 고유하고 전통적인 문화를 업신여기고 다른 사회 특히 선진 강대국의 문화를 동경하고 무조건 따르는 사례도 많았다. 문화의 보편성은 많은 사람들이 그 문화를 공유함으로써 확보되는 것이다. 즉, 국제적 표준(global standard)의 양식을 내포하고 있다. 국제적으로 여러 지역의 많은 사람들에게 공통의 감성과 보편적 느낌을 안겨주고 있다는 것이다. 한편 문화의 특수성이란 똑같은 표준이나 공통의 감성이 아니라 자신들만의 고유한 사고와 행동에 근거한 문화의 특성을 말한다. 따라서 우리가 보편적 문화를 수용하는 가운데 다른 문화의 특수성과 차이를 인정하고 존중해주는 것이 현대 문화인과 교양인의 자세이다.

세계화에 따라 서로 다른 문화 간의 교류와 접촉이 빈번해지고, 지구 구석구석의 특수문화를 접할 기회가 많아졌다. 따라서 보편적 문화의 향유 기회도 넓어졌지만, 고유하고 특수한 문화가 널리 알려지고 받아들여져 보편성을 확보하는 경우도 발생한다. 특수한 문화가 보편성을 확보했다는 의미는 국제적 표준을 확보했다는 것, 즉 많은 사람들의 공통적 감성을 확보하고 받아들여졌다는 뜻이다. 과거에는 서양문화, 즉 서양의 생활양식, 간편음식(fast food), 스포츠 등 많은 것들이 동양으로 전파되어 보편화되었다. 그러나 그 반대의 현상도 잦아지고 있다. 중국음식은 이미 세계적으로 보편화되어 있고, 동양의 선(zen)문화나 다도(茶道)는 보편화 과정에 있으며, 한국의 김치나 불고기 음식, 일본의 가라오케나 스시 등은 세계화되어 머지않아 보편화될 문화다. 생활양식의 하나로서 미국과 유럽의 상당수의 주택에서도 우리처럼 신발을 벗고 슬리퍼 또는 맨발로 거실과 침실을 거니는 것을 볼 수 있다.

라. 한류의 전파

한류(韓流), 한국 유형의 문화가 세계 여러 곳으로 계속 전파되고 있다. K드라마로 시작하여 K팝, K무비, K푸드 등 여러 문화 분야로 확산 중이다. 한류의 초기만 하더라도 주로 일본, 중국, 동남아 국가에서 나타난 현상이었고, 외국문화에 대한 호기심에 따른 일시적인 유행이 아닌가 정도로 평가되기도 하였다. 그러나 한류는 지금 아시아뿐만 아니라 미주, 유럽, 중동, 아프리카 등 전 세계로 확산되어 있고, 그 영향력이나 파급효과가 지속되고 있는 것이 사실이다. 한류는 한국 문화산업과 한국 상품에 대한 선호도를 높이고, 무엇보다 한국에 대한 동경과 우호 감정을 드높이고 있다. 한글과 한국학의 전파, 한국에 대한 관광객 증가 등도 뒤따르는 현상이다. 주한 미국대사 필립 골드버그(Philip Goldberg)는 임명 전 상원 인사청문회에서 한국 문화를 통한 한미 양국민 간 유대강화를 강조했다. "미국인들은 한복과 김치 같은 전통적인 특징부터 BTS와 오징어 게임 등 최신 문화현상에 이르기까지 한국의 풍부한 문화를 누리고 있다."

무엇이 한류를 확산시키고 있는가? 첫째는 우리가 시와 가무를 좋아하는 선조의 문화적 유산을 이어받아 창의적으로 개발하여 좋은 상품을 만들 수 있었다. 둘째, 보다 중요한 것은 이러한 한류 문화 상품이 세계의 많은 사람들에게 보편적 감흥과 재미를 주고 공유할 수 있기 때문이다. 셋째, 우리의 한류 음악, 드라마 등이 정보화 발달에 따라 각종 IT 방법으로 쉽게 전 세계에 실시간으로 확산될 수 있는 기회를 얻었다. 우리 영화 '기생충'이 아카데미상을 수상하고, 드라마 '오징어 게임'이 전 세계 넷플릭스에서 1위를 차지하는 등 크게 인기를 얻었다. 이는 그 내용이 세계적으로 만연한 어두운 현실을 많은 사람들이 보편적으로 공감하고 생존투쟁 게임에 모두 아슬아슬한 재미를 느끼기 때문이다. 우리 영화나 드라마에서 보는 한(恨)과 권선징악 정서도 일부 국가에서 공유되고 있는 것은 흥미롭다. K푸드의 경우, 뉴욕이나 파리 등지에서 이름을 얻어가고 있는 한식 레스토랑의 음식은 웰빙 음식으로 자리 잡고 현지인 식성에 맞게 다소 변형한 플레이트들도 많다. 하나의 문화 융합 사례다.

　K팝의 음악과 춤은 한류를 선도하고 가장 큰 인기를 얻고 있는 장르다. 가수 싸이의 '강남스타일'을 계기로 K팝의 세계화가 본격화되었고, 지금 BTS의 노래와 춤은 세계 최고의 인기를 얻으며 전파되고 있다. 세계의 젊은이들에게 보편적 감흥과 에너지를 일으켜주고 있기 때문이다. K팝의 노래와 춤은 미국 등 서양에서 도입되어 우리 식으로 창의적으로 개발되어 다시 세계로 역수출한 현상이라 할 수 있다. 만약 보편성과 창의성을 잃는다면 한때 유행하고 스쳐가는 음악이 되고 말 것이다. K팝 아이돌들에게는 각각 팬덤이 형성되고 있다. 흥미로운 것은 자신들의 아이돌 그룹에 대해 보내는 팬덤들의 애정과 지원이 환호에 그치는 것이 아니라 아이돌과 함께 사회적, 정치적인 영향력을 발휘하는 행동으로 발전하는 현상을 보인다는 것이다. 소위 K팝 행동주의(K-Pop Activism)가 시현되고 있다. 이들이 사회적으로 선한 영향력을 선도하는 역할을 한다면

한류의 영향력 또한 더욱 높아질 것이다.

〈사진 2-1〉 BTS 공연 모습

〈사진 2-2〉 영화 기생충 아카데미 시상식

　한류를 관통하는 특징은 보편성과 창의성이다. 인류의 보편적 감성을
자극하고 공감을 얻는 문화이다. "가장 한국적인 것이 가장 세계적이다."
라는 말이 있다. 이는 한국적인 것이 세계 최고의 것이거나 세계 보편적
이라는 뜻은 아니다. 한국적 특수성으로 인하여 세계적으로 유일한 것이
며 고유한 것이라는 뜻이다. 다른 나라나 민족이 갖거나 느끼는 문화가
아니므로 그들이 흥미와 관심을 갖고 감상하고 경험하라는 것이다. 관광
여행객들이 자신들이 보지 못한 풍광이나 건축물, 문화재 및 유적지, 예

술품 등을 찾아 여행지를 선택하는 이유와 같은 것이다. 태국, 이탈리아, 프랑스 등이 관광지로 각광받는 것을 보면 알 수 있다. 만약 우리의 어느 특정 문화가 세계의 관심을 받고 그들에게 보편적으로 수용되어 활용된다면, 그것은 한국적인 것이 세계 유일인 동시에 세계적으로 보편화된 문화가 되는 것이다. 앞서 예시한 한국 김치는 세계적으로도 거의 보급되어 보편화되어 가는 과정에 있다고 볼 수 있다. 그러나 예컨대 개고기 음식문화는 세계적으로 보편화될 수 있는 문화는 아니다. 우리 문화가 가장 우수하며 한국적인 것이 세계 최고의 것이라는 생각은 문화국수주의적 사고이며, 국제적으로도 용납되지 않을 것이다. 우리 문화를 보편화시키는 한편 우리 문화의 고유성을 널리 알리는 활동이 필요하다.

3. 문화적 간극의 극복

누구나 다른 문화를 처음으로 접했을 때 느끼는 생소함 또는 놀라움의 감정을 경험했을 것이다. 이 때 겪는 감정을 문화적 충격(cultural shock)이나 문화적 충돌(cultural clash)이라고 표현한다. 전자는 개인이 새로운 문화를 접촉했을 때 겪는 상황이라면 후자는 서로 다른 문화현상 간의 대립상태를 말한다. 예컨대 한국에서만 살다가 처음으로 서구사회에서 생활할 때 겪는 관습의 차이나 문화적 생소함과 불편이 전자라면 새뮤엘 헌팅턴이 말한 문명의 충돌(clash of civilization)은 후자다. 위에서 예로 든 싱가포르의 태형은 미국인 및 서구인들에게 커다란 문화적 충격이다.

헌팅턴 교수는 문화적 그룹의 시대적, 지역적 광역화를 문명이라 규정짓고 이를 주로 종교적 관점에서 지역 그룹화하였다. 그는 이슬람과 중국 문명이 연합하여 서구문명에 대립했을 때의 위험을 경고하였다.[3] 헌팅턴의 문명충돌론에 대하여 많은 반론이 제기되었으며, 대표적으로 독일의 하랄트 뮐러(Harald Müller)는 〈문화공존(Das Zusammenleben der Kulturen)〉을 통하여 상이한 문화 그룹 간의 교류와 접촉을 통하여 문화가 공존할 수 있다고 주장하였다. 대체로 충돌보다는 공존이 지지를 받았다. 그러나 21세기 들어 2001년 뉴욕에서의 9.11 사태, 2021년 아프가니스탄에서의 미군 철수 이후 상황 등에서 보듯이 이슬람 근본주의자들의 끊임없는 도전은 헌팅턴의 우려를 돌아보게 된다. 물론 헌팅턴도 궁극적으로 문명충돌을 방지하기 위하여 문명 간의 대화와 교류의 필요성을 강조했다.

문화적 충격은 다분히 개개인이 겪는 것이라 충격을 받게 된 내용과 충격의 정도는 사람마다 다를 것이다. 유럽 사람들이 한국에 와서 느끼는 충격과 한국인이 유럽이나 아프리카에서 느끼는 충격은 모두 다르다. 필자가 처음 유럽 생활을 시작했을 때의 낯설음과 생활의 불편으로 예를 들겠다.

48년 전 역사와 전통의 나라 오스트리아에 도착했을 때 나는 약관의 외교관으로서, 비록 시골 농촌에서 태어났으나 부모 덕택에 유복하고 불편 없이 자랐고, 책을 많이 읽고 예의 바르게 성장한, 그리고 개방적이고 진취적인 야망에 찬 젊은이였다. 객관적으로 보아 우리 사회에서는 충분히 국제화되고 교양적인 엘리트로 보였다. 그러한 한국의 젊은 외교관이 서구 생활과 문화에 접했을 때 이에 쉽게 익숙할 수 없었다. 불편한 것이 한두 가지가 아니었다.

첫째, 여성 존중의 문화, 즉 '레이디 퍼스트(lady first)'의 문화이다. 여성을 앞세우고 여성을 우선 배려하고 보호하는 일이다. 모든 일상생활에서 자연스럽게 이루어져야 하는데 역시 쉽게 익숙해지지 않았다. 당시만 해도 한국 사회는 남성위주의 사회였고, 사회생활도 주로 남성 위주로 전개되었으며, 담배, 술 같은 것은 공개석상에서 여성들은 삼가는 옛 문화가 남아 있었다. 따라서 행사장에서 여성에게 외투를 입혀주는 일, 더군다나 여성에게 담뱃불을 붙여 주는 일은 우리 한국 남성들에게는 낯선 일이라 서양사회에서도 그 일에 익숙할 수 없었다. 리셉션장에서 나와 마주서서 대화하고 있는 여성이 핸드백에서 담배 꺼내는 순간을 나는 의식적, 무의식적으로 알 수가 없었고, 또 바로 라이터를 켜주는 반사행동으로 이어지지 않았다. 그때마다 번번이 주위의 다른 남성이 한 걸음에 다가와 불을 붙여주는 상황이 발생하곤 하였다. 내가 대화하는 여성에게 즉각 라이터를 켜주는 습관이 배는데 꼬박 6개월이 소요되었다. 지금의 문화는 공개된 장소에서 금연이 대부분이니 그러한 수고는 접어도 괜찮게 되었다.

둘째, 우리와 다른 사회제도와 규칙들에 적응하는 일이다. 당시만 해도 모든 상점, 구멍가게, 백화점들이 오후 6시가 되면 정확하게 문을 닫기 때문에 시간을 맞추지 못하면 생필품을 살 곳이 없었다. 동네 푸줏간에 들르기 위하여 부리나케 퇴근을 하였는데도 6시가 땡 쳐서 푸줏간 문 닫는 것을 보면서 주인에게 고기 팔라고 사정해도 주인은 절대 팔지 않았다. 토요일 정오까지 우유, 빵 등을 장만하지 않으면 주말 내내 굶어야 할 판이었다. 마지막 비상으로 기차역 구내매점에서 사는 방법 외에는……. 특히 독일 계통 사람들의 시간 관념에 빨리 익숙하지 않으면 생활하는데 지장이 많았다. 이 사람들은 밤 9시가 넘으면 또 지키는 게 있다. 설거지 안 하는 것, 목욕탕 샤워기 안 쓰는 것, 크게 소리 내어 이야기하지 않는 것 등등…… 이웃 간에 지켜야 할 것이 한두 가지가 아니었다. 독일에서는 토요일 오전에 쓰레기를 버릴 수 없었다. 동네마다 곳곳에 철제 쓰레기통이 비치되어 있고 일반, 플라스틱, 유리제품 등으로 분리수거토록 한다. 그들은 유리제품의 경우 재활용을 생각해서 일부러 쓰레기통 속에 요란스럽게 깨뜨리면서 버린다. 이 소리는 닷새 열심히 일하고 토요일 오전에 늦잠 자면서 휴식을 취하는 사람들에게 크게 귀에 거슬리는 소리다. 그래서 토요일 오전에는 아예 쓰레기를 버리지 않는 것이 일상화되어 있다.

셋째, 사회적 약자에 대한 배려이다. 어린이, 장애인, 노인, 그리고 여성에 대한 관심과 우대가 분명하였다. 유럽과 미국사회에서는 어린이에 대한 보호, 장애인 우대, 노인에 대한 예우, 그리고 앞서 언급한 여성에 대한 배려가 우리 사회와는 비교할 수 없이 확연히 눈에 띄었다. 이들은 사회적 약자를 위한 법과 제도를 잘 갖추고 일상생활에서도 잘 지키고 있었다. 우리가 동방예의지국이라고 자찬하고 장유유서라는 말은 알고 있었으나 당시만 해도 약자를 위한 법과 제도가 충분히 정비되지 않았다. 요즘에는 법과 제도가 비교적 잘 마련되어 있지만 일상생활에서 약자에 대한 배려 정신은 서양보다 훨씬 뒤떨어져 있다.[4]

2년 뒤 문명의 도시에서 서부 아프리카의 오지(奧地) 시에라리온으로 근무지를 옮겼다. 또 다른 문화적 충격을 겪어야 했다. 수도 프리타운에는 신호등이 딱 한 군데 있고, 밤에는 도시가 캄캄했다. 시내에서 잠깐만 뒷골목으로 들어가거나 현지인들이 사는 동네에 가면 여인들이 노소 없이 윗옷을 입지 않고 맨가슴을 드러내 놓고 활보했다. 가난한 살림에도 일부다처제로 가슴 내놓은 늙고 젊은 아내들과 한 집에서 평온하게 같이 살았다. 우리 집으로 노란 망고를 배달하러 온, 다 큰 소녀도 가슴을 내놓고 왔다. 백인들은 남녀 하인들의 잔 도둑질을 방지하기 위해 냉장고에 자물쇠를 만들어 채웠다. 하인들은 봉급날 후 며칠 동안만 호주머니에서 딸랑딸랑 동전 소리를 내고 다닌다.

장관이나 국회의원이 초청한 만찬에 가면 현지 음식들이 나오는데 특히 카사바(casava) 음식 때문에 난처했다. 카사바를 으깨고 끓여서 걸쭉한 죽처럼 요리한 것인데, 이들은 스푼을 사용하지 않고 손으로 집어 주물럭거린 후 입으로 가져가는 것이다. 난처했으나 잠시 흉내를 내볼 수밖에 없었다. 후일 서남아시에서도 비슷한 음식문화를 볼 수 있었다.

세계가 하나의 지구촌이 되었고, 교통과 통신의 발달로 교류와 접촉이 빈번한 가운데 많은 사람들이 새롭고 다른 문화를 접하게 되고, 이 때 문화적 차이에서 오는 간극과 충격을 경험하게 된다. 어떻게 하면 우리가 문화적 간극과 충격을 극복할 수 있는가?

첫째, 우리의 생각과 행동양식이 보편화되고 국제적 표준에 맞도록 행동하는 것이다. 널리 보편화된 매너와 에티켓을 지키고, 국제적 표준을 받아들이며, 법과 질서, 도덕과 상식에 따라 행동해야 한다. 특히 그 나라의 법과 제도와 규칙을 존중하고, 그들의 생활양식에 적응할 수 있도록 한다.

둘째, 우리와의 문화적 차이를 인정하고 그들의 고유하고 특수한 문화를 이해하고 존중해야 한다. 생활의 선·후진을 가릴 수는 있으나, 고유문화의 우열이나 선·후진을 따질 수는 없다. 우리가 억지로 그들의 고유문화를 습득할 필요는 없으나 그들의 존재를 인정해야 한다. 예컨대 아프리카나 서남아의 음식문화를 손가락질할 일은 아니다.

셋째, 위와 같이 문화의 보편성을 받아들이고 고유성을 이해하고 존중하려면 방문하고자 하는 지역과 사람들 그리고 그들의 문화에 대하여 사전에 알아보고 확인하도록 한다. 우리가 여행을 갈 때 방문 지역의 정보를 미리 파악하는 것도 큰 도움이 될 것이다.

문화적 충격은 다른 나라 사이에서만 발생하는 것은 아니다. 같은 사회 안에서도 급격한 사회 변화를 겪는 과정에서 남녀, 노소, 빈부, 도농(都農) 간에 문화적 간극과 충격을 느낄 수 있다. 이러한 현상은 어느 사회가 특히 산업화, 민주화 및 정보화를 급격하게 경험하는 과정에서 발생한다. 무엇보다 기성세대와 젊은 세대 간에 사고와 생활습관의 차이에서 오는 간극이 크다. 소위 MZ 세대 등 젊은이들은 개인주의가 발달하고 직진 본능인데 기성세대 특히 노년층은 집단 우선에 예절을 강조하고, 소위 '꼰대' 노릇을 한다고 비판 받는다. 요즘 청소년들의 행동양식 등 청년문화에 대한 노인들의 반응은 충격적이다.

정보화 격차(digital divide)로 인한 문화적 차이도 심각하다. 남녀 간에도 젠더문제, 페미니즘으로 인한 갈등 구조가 사회문제로 대두되고 문화적 간극을 발생시키고 있다. 도시와 농촌 간의 문화 수혜의 차이(cultural divide)는 다소 해소되어 가는 과정에 있는 것으로 보인다. 같은 사회에서의 문화적 간극을 좁히는 길은 무엇보다 당사자 간에 대화와 소통을 통하여 상대방을 이해하고 상호공존을 모색해야 한다. 여기에는 교양과 건전한 가정의 복원도 큰 몫을 담당할 것이다. 사회적으로는 국가나 지방자치단체가 나서서 복지와 문화정책을 활성화하여 문화적 수혜가 모든 계층에 골고루 돌아갈 수 있도록 해야 한다.

4. 21세기 문화는 어디로

인류의 발전과 함께 문화도 발전하고 진화한다. 19세기 문화와 20세기 문화가 다르듯이 20세기와 21세기 문화가 같지 않다. 이는 특히 4차

산업혁명의 바람과 그 기술이 우리 생활을 변화시키고 문화계와 접목하여 다양한 진화를 생성하고 있기 때문이다. 21세기의 문화나 예술의 장르가 복잡하게 엉키고 혼합되어 새로운 모습을 보여주고 있다.

문화생활을 즐기는 40대 부부의 주말 오후 일정을 들여다본다. 오후에 덕수궁 미술관을 방문한다. 피카소 특별전이 열리고 있기 때문이다. 예약에 따라 10명으로 구성된 그룹이 첫 번째 전시실을 들어서자 "안녕하십니까. 어서 오십시오. 저는……"하고 자기소개를 하는데 도슨트이다. 그런데 어디서 많이 본 것 같은 인물이다. 지난해 스위스 루체른의 로젠가르트 미술관에서 수없이 보았던 피카소 사진을 떠올리기도 전에 도슨트는 자신이 피카소 AI라고 소개한다. 부부는 반갑고 얼떨떨한 가운데 "나이스 투 미튜(Nice to meet you)"라고 얼버무렸다. 도슨트는 세 전시실에 전시된 자신의 작품을 초기부터 말년에 이르기까지 연대적 변화와 함께 작품의 해설을 1시간 가까이 친절하게 진행하였다. 간단한 질문에는 직접 답하였다. 너무 리얼해서 흠뻑 빠져들었다. 미술관을 나오면서 피카소 AI가 몇이나 동원되었을까 하는 생각을 해보았다.

캠퍼스 커플 A군과 B양은 토요일 저녁 대학로 공원에 특설된 야외공연장에 입장했다. 요즘 트랜디한 보컬 그룹과 아이돌 그룹의 공연이다. 노래와 춤과 밴드음악이 어울려 어두운 밤 하늘을 찌를듯하다. 아이돌의 댄스에 맞춰 국악 오케스트라가 연주하는 것은 일상이다. 프로젝션 맵핑으로 무대 뒤에 조각품이나 키 큰 마로니에 나무가 있음에도 그 위에 각종 영상을 화려하고 변화무쌍하게 표현한다. 무대에는 갑자기 호랑이가 뛰어 다니고 무대 위에는 용이 날아다닌다. 바야흐로 용호상박의 순간이다. 모두 AR(증강현실) 기술로 가상의 영상을 만들어 낸 것이다. 공연의 클라이맥스는 마이클 잭슨 AI의 출연이다. 영상을 통하여 그의 대표곡 2개를 부르고 특유의 문 워크댄스로 사라져갔다. 토요일 밤을 흠뻑 즐겼다. 다음 주에는 둘이서 360도 VR(가상현실)로 파리와 로마의 뒷골목을 다녀올 계획이다.

위의 사례는 지금 우리가 체험하고 있거나 맞게 될 21세기적 일상이다. 새로운 문화생활이다. 21세기 예술은 새로운 과학기술, 4차 산업혁명이 이끄는 바람으로 새롭게 변화된 모습을 보이고 있다. 백남준이 20세기 후반에 일상의 과학기술인 TV 모니터를 활용한 비디오아트를 창시하여 예술 창작에 대한 정의와 표현의 범위를 확대시킨 것처럼 4차 산업 혁명의 핵심기술은 문화계와 접목하여 다양한 예술 표현을 창출하고 있다. 대표적으로 메타버스(Metaverse)의 역할을 보자. 현실세계와 같은 사회, 경제, 문화 활동이 이루어지는 3차원의 가상세계는 AR, VR, MR(혼합현실), XR(확장현실) 기술로 발전하면서 현실세계와 가상세계를 융합한다. BTS 콘서트, 아이돌 가수의 온라인 콘서트, 연말 예능시상식 등에서 이러한 기술이 활용되고 있으며, 곧 많은 예술 장르에서 일상이 될 것이다. 사람들은 관객 또는 시청자로서 가상체험을 할 뿐만 아니라 아바타를 통하여 공연 등 각종 예술 활동에 직접 참여하게 될 것이다. 이렇듯이 과학기술에 의한 예술 창조와 변화는 21세기 예술 장르의 확장이 될 것인지 아니면 예술의 정의와 범위를 아예 바꿀 것인지는 두고 볼 일이다.

다음으로 21세기 예술의 특징은 각 장르 간의 경계를 무너뜨리고 융합하며 발전하는 현상이다. 이를 하이브리드 문화라고 칭하기도 한다. 하이브리드 문화는 전통적인 장르와 이분법적인 경계의 구분을 뛰어넘어 끊임없이 새로운 실험과 모색을 이루어낸다. 그리하여 전통과 현재, 낯선 것과 익숙한 것이 공존하며 특정 경향에 정박된 문화적 관습을 흔든다.[5]

첫째, 장르와 장르 간의 융합이다. 과거에도 시와 그림, 글자와 이미지의 융합 등은 이루어져 왔으며, 이제는 음악과 회화, 국악과 클래식 및 대중음악과의 결합, 설치예술과 비디오아트의 연계 등 여러 장르가 서로 결합하고 융합하는 시도를 하고 있다. 앞서 언급한 메타버스 기술은 문학, 회화, 음악, 무용, 공연 등 모든 장르를 넘나들며 장르 허무는데 기여를 하고 있는 셈이다. 안데르센 아동문학상을 수상한 이수지의 북아트도 글 없는 그림책으로 시각언어를 구현한 예술 장르이며, 전기차 배기음 작곡은 일상의 실용음악적 시도이다.

둘째, 고급문화와 하급문화의 결합이다. 또는 주류문화와 비주류문화의 혼합이다. 아니면 A급 문화와 B급 문화의 융합이다. 그간 비주류, 뒷골목 문화로 취급받던 문화가 대중에 의하여 본 마당으로 불려 나온 것이다. 우아하게 자리 잡고 있던 고급문화는 그 중심무대를 상당 부분 하급문화에 양보하거나 공존 또는 융합을 택해야 한다. 힙합, 비트박스, 비보이, 그래피티, 만화, 웹툰, 에니메이션, 스쾃(squat) 등 거리문화 또는 비주류문화가 주 무대로 등장한 것이다. 여기에서 예술과 대중문화의 접점이 이루어진다. 이런 가운데 키치(kitch)나 힙스터(hypster)같은 소위 싸구려 문화도 얼굴을 내민다. 전통적인 고급문화로서의 문학, 회화, 조각, 음악 등은 고전으로서 윗목에 모셔지거나 무대에 새로이 등장한 대중문화와의 접목을 도모하고 있다. 21세기 문화는 고급이냐 주류냐가 아니라 얼마만큼 대중의 지지를 받고 영향력을 행사하느냐로 구분될 수 있다.

21세기 문화의 또 다른 특징은 신속하게 끊임없이 움직이고, 짧고, 산만하다는 것이다. 교통과 통신의 발달은 사람들의 이동을 신속하게 함으로써 일하는 장소, 예술을 창조하고 즐기는 공간 등을 자유롭게 만들었다. 더군다나 코로나 팬데믹은 사람들의 접촉을 차단하고 비대면으로 일하는 상황을 가속화시켰다. 노트북이나 스마트폰 등 첨단 디지털 장비를 갖추고 시간과 장소에 상관없이 이동하는 사람들을 대량 생산한 것이다. 이들을 디지털 노마드(digital nomad)라고 일컫는다.[6] 이들은 재택근무를 통해서 또는 호텔, 휴양지 등 편리한 곳의 대체사무실(alternative offices)에서 업무를 처리하고 문화생활을 즐긴다. 인터넷 홈페이지를 통하여 집, 일하는 장소로 끊임없이 이동하고, 문화생활, 사람들과의 접촉을 무한대로 즐길 수 있다. 메타버스로 가상공간과 현실공간을 자유로이 넘나든다. 특정 가치나 삶의 방식에 얽매이지 않고 창조적이며 자유로운 영혼이 되어 세계시민의 일원으로 살아간다.

코로나 상황에서의 문화생활은 문화산업의 변화와 발전을 앞당기고 있다. 디지털 모바일 서비스 기반의 문화콘텐츠 분야를 중심으로 새로운 형태의 구독경제(subscription economy)와 기업 간의 이상동몽(異床同夢)적 협력이 이루어지고 있다. 예술 작품을 공유하는 아트테크도 확대되고 있다. "비대면이지만 더 접촉한다(untact & connect)"는 상황 아래 온디맨드 문화(On-Demand Culture), 초 맞춤화(Hyper-Customization), 초 실감화(Ultra Reality)가 발달하고 있다. '보이지 않는 컴퓨팅(invisible computing)'으로 각종 문화예술을 한 눈 안에 소환할 수 있다. 그야말로 디지털 뉴딜이라 할 만하다.[7]

〈사진 2-3〉 2022 베네치아 비엔날레 한국관 전시작 '크로마 V'

〈사진 2-4〉 과학과 예술의 만남-작품 '디지털 악수 합의'

21세기 신속성 문화는 한편 대부분의 문화 활동에 '짧고 빠르기'를 요구한다. 책 한 권을 5~10분 내에 요약해서 읽고, 전시회장에서 팔짱을 끼고 그림을 감상하는 대신 영상을 통하여 휙 돌아보는 일이 잦아진다. 이로써 시간절약은 가능하나 그 내면 깊숙이 감상하거나 사유할 여유를 갖지 못할 것이다. 사람들 간의 의사소통도 스마트폰의 축소된 단어, 이모티콘, 해시태그가 문장을 대신하고 있다.

그런가하면 끊임없는 디지털 이동으로 일과 문화, 사교활동을 손쉽게 하다 보면 피상적이고 산만한 활동이 될 우려도 있다. 의학의 발달로 사람들은 백세를 살아 나간다. 머리 위로는 플라잉 카(flying car)가 날아다니고, 달나라나 화성으로의 우주여행이 일상이 되면 인류는 어떠한 문화생활을 즐길 것인가. 한 가지 전망할 수 있는 것은 '짧고 빠름' 속에서 원격으로 입체적 문화 활동을 향유하는 가운데 고전으로의 복고 현상도 보게 될 것이라는 것이다.

우리 인류는 지금 하나의 세계에서 첨단 과학과 무한한 정보의 흐름 속에 소통하며 살고 있다. 문화의 개념과 예술의 장르도 과거와 다르게 변화하고 있다. 고전적, 전통적인 문화와 새로운 대중문화가 공존하고, 때로는 서로 융합하면서 경계를 넘나들고 있다. 우리가 향유할 수 있는 문화의 종류와 질이 너무 다양하고 우리에게 선택의 자유는 끝이 없다.

자칫하면 정보의 홍수, 문화의 범람 속에서 자아를 상실하고 좌표를 잃을 수도 있다. 디지털에 의존하여 자신의 길을 개척할 수 있겠으나, 가끔 트위터, 카카오톡, 인스타그램 등 각종 소셜 미디어를 끊고 미디어 금식을 하면서 스스로에게 침잠하고 주위를 돌아볼 시간을 갖는 것도 필요하다. 이를 통하여 나의 위치를 찾고, 나에게 맞는 문화 트렌드를 추구하며, 나와 소통할 수 있는 사람들과 연대를 형성해 나가는 삶을 가져야 한다. 21세기를 살아가는 자아를 발전시키고 세계시민으로서의 역할을 버리지 않아야 한다.

5. 우리가 읽어야 할 책

우리는 "책 속에 보물이 들어 있다."라는 말을 들으며 살아왔다. 책을 통하여 지식을 얻고, 간접경험을 함으로써 삶의 지혜를 얻을 수 있기 때문이다. 현대사회에 필요한 전문적인 지식을 습득하고, 인간과 사회와 자연에 대한 폭넓은 교양을 함양하여 올바른 가치관을 확립할 수 있다. 그런데 요즘은 문자매체 시대에서 영상매체 시대로 변화하여 젊은이들은 주로 텔레비전, 컴퓨터, 스마트폰 등으로 필요한 정보를 얻고 영화, 드라마 등으로 이야기를 즐긴다. 따라서 독서는 필요한 지식과 정보를 제공해 주는 전문 또는 실용서적에 제한되는 경우가 많다.

그렇다면 왜 전문 직업에 열중하는 30대 중반의 전문가들이 젊은 시절의 독서 부족을 후회하고 뒤늦게나마 책을 찾는 것일까. 4~50대 주부들은 왜 인문학 강의에 열광하고 관련 책들을 보게 될까. 노인들은 왜 시력이 나빠짐을 한탄하며 책을 많이 볼 수 없음을 속상해 할까.

책은 새로운 정보와 지식, 교훈과 메시지, 철학과 윤리, 문학적 가치와 감동, 간접체험 등을 전달한다. 이것들은 독서를 통하여 몸 속 저 아래에서 융화되고 소화되어 침잠해 있다가 나도 모르는 사이에 때맞추어 일반지식과 교양으로 다시 태어나게 된다. 전문가들이 자신의 직업에 종사하는 가운데 바로 이러한 기본적 밑받침의 필요성을 뼈저리게 느낀다. 왜냐하면 독서는 논리적 사고, 비교 판단력, 창의적 표현, 의사소통 능력 등을 나도 모르게 함양시켜주기 때문이다. 예컨대 책에서 제대로 된 '주어+목적어+술어' 문장을 늘 보고 익숙해진다면 나중에 자신의 글쓰기, 비즈니스 문서 작성에 도움을 준다. 성장 시기에 책이 아니라 컴퓨터와 스마트폰으로 문장이 아닌 단어의 나열로 의사소통을 하고 자란다면 어떻게 되겠는가.

어떤 책을 어떻게 읽을 것인가. 가능한 여러 분야의 책들을 많이 읽으면 좋겠지만, 우선 자신이 필요한 전문 학술 서적과 함께 역사, 철학, 문학 서적은 꼭 읽어야 할 책이다. 책의 선택은 학교나 주위의 추천을 따르고, 또 자신이 흥미와 관심을 갖는 책들을 택하면 된다. 이해하기 어려운 책은 정독을 하고 시간을 두고 몇 차례 읽어도 좋다. 다독은 무방하나 남독은 하지 않는다.

〈표 2-2〉 권장도서 100선

분야	번호	도서명	저자명
한국문학	1	다산문선	정약용
	2	임꺽정	홍명희
	3	그 많던 싱아는 누가 다 먹었을까	박완서
	4	광장	최인훈
	5	태백산맥	조정래
	6	토지	박경리
	7	유배지에서 보낸 편지	정약용
	8	가만히 좋아하는	김사인
	9	개밥바라기별	황석영
	10	태평천하	채만식
	11	엄마를 부탁해	신경숙
	12	열하광인	김탁환
	13	난장이가 쏘아 올린 작은 공	조세희
	14	선비답게 산다는 것	안대회
	15	감옥으로부터의 사색	신영복
	16	열하일기	박지원
	17	일곱 개의 단어로 된 사전	진은영
	18	고도를 기다리며	사무엘 베케트
	19	돈키호테	세르반테스
	20	마음	나쓰메 소세키
	21	백년동안의 고독	마르케스

외국문학	22	셰익스피어 선집	셰익스피어
	23	아Q정전	루쉰
	24	일리아드, 오딧세이	호메로스
	25	이갈리아의 딸들	게르드 브란튼베르그
	26	내 이름은 빨강	오르한 파묵
	27	다섯째 아이	도리스 레싱
	28	방드르디, 태평양의 끝	미셸 투르니에
	29	어둠의 심연	조지프 콘래드
	30	포우 단편선	애드거 앨런 포
	31	픽션들	호르헤 르이스 보르헤스
	32	호밀밭의 파수꾼	제롬 데이비드 샐린저
철학, 사상	33	논어	공자
	34	맹자	맹자
	35	목민심서	정약용
	36	장자	장자
	37	백범 일지	김구
	38	권력이동	엘빈 토플러
	39	제2의 성	시몬느 보봐르
	40	고백록	아우구스티누스
	41	철학과 굴뚝청소부	이진경
	42	지식인을 위한 변명	장 폴 사르트르
	43	소유냐 존재냐	에리히 프롬
	44	자본론	칼 마르크스
	45	군주론	니콜로 마키아벨리
	46	정치사상사	조지 세이빈 외
	47	홉스봄 4부작(혁명의 시대, 자본의 시대, 제국의 시대, 극단의 시대)	에릭 홉스봄
	48	사랑의 기술	에리히 프롬
정치, 경제, 사회	49	새로운 미래를 말하다	폴 크루그먼
	50	작은 것이 아름답다	E. F. 슈마허
	51	죽은 경제학자의 살아있는 아이디어	토드 부크홀츠
	52	세속의 철학자들	로버트 L.하일브로너
	53	사다리 걷어차기	장하준
	54	오래된 미래: 라다크로부터 배운다	헬레나 노르베리-호지
	55	사빠띠스따	해리 클리버
	56	제국	안토니오 네그리 외

	57	생각의 좌표	홍세화
	58	세계화의 덫	한스 페터 마르틴 외
	59	당신들의 대한민국	박노자
	60	마을이 세계를 구한다	마하트마 간디
	61	고대문명 교류사	정수일
	62	진경시대	최완수 외
	63	문화와 제국주의	에드워드 W. 사이드
	64	물질문명과 자본주의	페르낭 브로델
	65	한국미술의 역사	안휘준
	66	그리스 로마 신화	
	67	문화의 수수께끼	마빈 해리스
	68	문학과 예술의 사회사	아르놀트 하우저
문화,	69	서양미술사	E.H. 곰브리치
예술, 역사	70	이탈리아 르네상스의 문화	야콥 부르크하르트
	71	해석에 반대한다	수전 손택
	72	역사란 무엇인가	E.H. 카아
	73	나의 문화유산 답사기	유홍준
	74	삼국유사	일연
	75	우리문화의 수수께끼1,2	주강현
	76	사기열전	사마천
	77	실크로드 문명기행	정수일
	78	미쳐야 미친다	정민
	79	과학혁명의 구조	토머스 S. 쿤
	80	부분과 전체	베르너 하이젠베르크
	81	객관성의 칼날	찰스 길리스피
	82	이기적 유전자	리처드 도킨스
	83	종의 기원	찰스 다윈
	84	시간의 역사	스티븐 호킹
과학	85	카오스	제임스 글리크
	86	진실을 배반한 과학자들	윌리엄브로드외
	87	같기도 하고 아니 같기도 하고	로얼드 호프만
	88	현대물리학과 동양사상	프리초프 카프라
	89	수학의 확실성	모리스 클라인
	90	엔트로피	제레미리프킨
	91	엘러건트 유니버스	브라이언 그린

92	이중나선	제임스 D. 왓슨
93	파인만씨 농담도 잘 하시네!	리차드 파인만
94	생각의 탄생	로버트 루트번스타인
95	통섭	에드워드 윌슨
96	총, 균, 쇠	재레드 다이아몬드
97	거의 모든 것의 역사	빌 브라이슨
98	프린키피아	아이작 뉴턴
99	침묵의 봄	레이첼 카슨
100	인체사냥	소니아 샤

[출처: 고려대학교]

6. 우리가 찾아가 볼 곳

우리가 여행을 하다 보면 통상 그 지역의 경관, 유명한 장소, 유적지 등을 돌아보고 공연과 쇼핑을 즐긴다. 그리고 시간적 여유가 생기면 박물관이나 미술관을 찾기도 한다. 그러나 문화인, 교양인의 입장에서는 박물관 방문이 여유 있을 때 하는 일이 아니라 필수적 요소이다. 왜냐하면 박물관은 인류의 역사와 예술을 한 눈에 보여주는 곳으로서, 우리의 지성과 감성을 풍성하게 하고 문화적 소양을 높여주기 때문이다. 아울러 방문하는 지역을 이해하는데 큰 도움을 준다. 박물관은 역사적 유물, 예술품, 고고학적 자료, 학술적 자료 또는 동식물 등을 수집·보존·진열하여 사람들에게 전시하고, 학술연구와 사회교육에 기여할 목적으로 만든 시설이다. 전시한 종류에 따라 민속, 미술, 건축, 역사 박물관 등으로 분류하고, 동물원, 식물원, 수족관도 넓은 의미에서 포함된다.

박물관, 즉 'Museum'은 뮤즈 여신들을 모시는 신전을 뜻하는 고대 그리스어 'Museion'에서 유래한 말이다. 박물관은 Museum(영국, 미국, 독일 등), Musée(프랑스), Museo(이탈리아) 등으로 불린다.

가. 세계 4대 박물관

(1) 루브르 박물관(Musée du Louvre)

- 루이 15세 때 루브르궁전을 박물관으로 사용토록 하였으며, 나폴레옹이 수많은 보물과 예술품을 전리품으로 가져와 전시했다. 중국계 미국 건축가 아이오밍 페이가 설계하여 박물관 광장에 세운 유리 피라미드도 유명하다.
- 소장 예술품은 40만 점이 넘으며, 고대 이집트, 그리스, 로마부터 동방 각국의 예술품까지 다양하게 갖추고 있다. 또한 중세 및 현대의 회화, 조각, 건축, 보물 등을 다량 보유하고 있다. 레오나르도 다빈치의 '모나리자', 밀로의 '비너스' 등이 대표적이다.

(2) 영국 박물관(British Museum)

- 통상 대영박물관으로 불리어 왔으며 런던 블룸스버리에 소재한다. 3백년 전 조지 2세의 주치의 한스 슬론 경이 방대한 수집품을 국가에 기증하여 공개됨으로써 시작하였다.
- 소장품은 7백만 점 이상이며 세계 4대 문명의 유물을 모두 볼 수 있다. 특히 이집트와 중국 유물이 뛰어나다. 한국관도 2000년에 독립 설치되었다.

(3) 메트로폴리탄 박물관(Metropolitan Museum of Art)

- 1870년 뉴욕 맨해튼의 중심가에 건립한 박물관으로서, 세계 각국의 역사, 문화, 예술, 과학, 종교에 관한 유물 및 예술품 등을 3백만 점 이상 소장하고 있다. 1988년 한국관도 따로 설치되었다.
- 박물관 입장권을 구입하면 그 입장권으로 클로이스터스 분관(The Met Cloisters)과 브로이어 미술관(The Met Breuer)을 3일 이내에 무료로 관람할 수 있다.

(4) 에르미타주 박물관(Hermitage Museum)

- 예카테리나 2세가 상트페테르부르크에 있는 겨울궁전에 유명 화가 작품을 전

시한데 이어, 1922년 볼세비키 소비에트 정부가 이 궁전을 박물관으로 바꾸어 수많은 보물과 예술품들을 공개하였다.
- 중국 헤이수이청에서 출토된 서하 유물을 다수 소장하고 있으며, 이는 중국 역사 연구에 크게 기여하였다.

나. 세계의 주요 박물관 및 미술관

(1) **교황청의 바티칸 박물관**(Museo Vaticani)
- 로마의 산피에트로 대성당에 위치하고, 시스티나 성당 내 미켈란젤로의 천지창조와 최후의 심판, 라파엘로의 아테네학당, 고대 조각 라오콘 등이 유명

(2) **그리스의 국립 고고학 박물관**(National Archaeological Museum)
- 아테네 소재, 선사시대부터 로마 및 비잔틴 시대까지의 유물과 예술품을 대량 소장한 세계적 박물관

(3) **네덜란드**
- 암스테르담 국립미술관(Rijksmuseum Amsterdam): 17세기 네덜란드 회화가 집중적으로 전시되고, 렘브란트의 작품을 다수 소장
- 반 고흐 미술관(Van Gogh Museum): 드로잉과 스케치를 포함한 700 점 이상의 고흐 작품들을 세계 최대로 다량 소장

(4) **대만의 고궁박물원**(National Palace Museum of Taiwan)
- 중국 고대의 청동기와 명·청나라 유물 중심으로 60만 점 이상 소장. 타이페이 소재

(5) **대한민국**
- 국립중앙박물관(National Museum of Korea): 국보 금동미륵보살 반가사유상 등

한국의 고미술, 유물 등 40만 점 이상을 소장

- 한국 국립민속박물관(The National Folk Museum): 한국의 전통 민속문화를 이해
할 수 있는 문화 유물과 생활상을 전시

(6) 독일

- 젠켄베르크 자연사박물관(Senckenberg National History Museum): 프랑크푸르트에
소재하며, 민간 자연연구협회 주관으로 설립하여 각종 동식물, 고생물화석,
광물의 표본을 수집 및 전시
- 뮌헨 피나코텍 미술관(Pinakothek): 고전, 근대, 현대 미술관으로 나뉘어 있으
며, 반 고흐의 해바라기를 비롯 고갱, 모네 등 19세기 거장들의 작품 소장

(7) 러시아의 트레치야코프 미술관(State Tretyakov Gallery)

- 모스크바 소재, 트레치야코프 가문이 설립하여 시에 기증한 미술관으로서 러
시아의 고전 및 현대 작가들의 미술품을 전시

(8) 멕시코의 국립인류학박물관(National Museum of Anthropology)

- 라틴 아메리카 최대의 박물관으로 마야, 아즈텍, 잉카 등 고대 인디오 문명의
유산 및 생활품을 인류학적으로 전시

(9) 미국

- 국립자연사박물관(National Museum of Natural History): 스미소니언협회 소유 워
싱턴 소재. 코끼리, 공룡 등의 동물 표본과 화석 등 1.1억 점 이상 소장. 한국
관 있음.
- 국립미술관(National Gallery of Art): 멜런가의 설립, 기증으로 '멜런미술관'으로
도 불리며 워싱턴 소재. 중세부터 현대까지의 미술품 3만 점 이상 소장
- 뉴욕현대미술관(The Museum of Modern Art, MoMA): 19세기부터 현대까지의 세
계적 화가들의 유명 작품 15만 점 이상 소장

- 휘트니 미술관(Whitney Museum of American Art): 조각가 휘트니의 컬렉션을 바탕으로 설립한 현대미술관으로 미국의 근 현대 회화, 건축, 조각, 디자인, 사진 등 2.5만 점 소장. 뉴욕 하이라인 파크 입구 쪽에 위치
- 폴게티 미술관(J. Paul Getty Museum): 폴 게티 재단이 로스앤젤레스에 설립한 미술관으로서 게티센터 단지에 위치. 그리스 로마부터 현대까지의 미술품 소장. 반 고흐의 아이리스가 유명

(10) 스웨덴의 스톡홀름 스칸센 박물관(Stockholm Skansen Museum)
- 1891년 설립된 세계 최초의 야외 박물관으로서, 스웨덴의 농촌 및 옛 도시의 전통 생활모습과 건축물을 재현한 민속원

(11) 스페인
- 프라도 미술관(Prado National Museum): 고야, 벨라스케스, 엘 그레코 등 스페인 화가와 15~17세기 유럽 근대 화가들의 작품을 대량 소장
- 티센-보르네미서 미술관(Museo Thysen-Bornemisza): 귀족 티센가(家)가 수집한 13세기부터 20세기까지의 미술 작품을 시대, 사조별로 감상할 수 있음.

(12) 싱가포르의 우표수집 박물관(Singapore Philatelic Museum)
- 전 세계의 우표를 수집하여 전시하고, 우표 제작과 발행 과정, 우편물 처리 등을 견학하고 실제로 우표 제작 과정에 참여할 수 있음.

(13) 영국
- 국립미술관(National Gallery): 1824년 런던에 설립된 국립미술관으로서 13세기부터 20세기까지의 유명 회화 작품을 다량 소장
- 국립자연사박물관(National History Museum): 런던 소재 세계적 규모의 역사박물관으로서 지구의 역사, 공룡 등 동식물의 표본을 전시하고, 산하에 자연사 연구를 위한 다윈센터를 운영

- 빅토리아앨버트 박물관(Victoria and Albert Museum) : 빅토리아 여왕과 앨버트 공이 설립한 왕립박물관. 세계 최대의 장식미술공예 박물관으로서 공예품 및 디자인 예술품 등 4백만 점 이상 소장. 1992년에 한국실 설치

⒁ 오스트레일리아의 파워하우스 박물관(PowerHouse Museum)
- 호주의 과학 기술 생산품, 디자인과 생활 공예품, 원주민의 예술품 등 다양하게 전시. 시드니 소재

⒂ 오스트리아
- 비엔나 미술사박물관(Vienna Museum of Art History) : 모든 시대를 망라한 각종 미술품 및 보물 등을 대량 소장. 마리아테레지아 광장에 위치하고 맞은편에 쌍둥이 건축물인 자연사박물관이 있음.
- 오스트리아 무기박물관(Museum of Weapons in Austria) : 1642년 그라츠에 세워진 무기고에 각종 화기, 냉병기, 갑옷 등 3만 점 이상 소장

⒃ 이라크의 국립박물관(National Museum of Iraq)
- 수메르 문명 등 메소포타미아 문명, 바빌론 문명 등의 유물과 문헌을 역사 단계별로 전시. 바그다드 소재

⒄ 이집트
- 이집트박물관(Egyptian Museum) : 카이로 소재, 고대 이집트의 유물과 고고학적 유물 대량 소장. 투탕카멘무덤 부장품, 파라오 미라 등이 유명
- 콥트박물관(Coptic Museum) : 이집트내 기독교인인 콥트인의 4~11세기 예술품 소장

⒅ 이탈리아
- 보르게제 미술관(Galleria Borghese) : 추기경 보르게제의 저택과 컬렉션을 바탕으

로 한 국립미술관으로서 베르니니의 조각품, 타치아노, 보티첼리 등의 회화
등으로 유명. 로마 보르게제 공원 안에 소재

- 우피찌 미술관(Galleria degli Uffizi): 바사리 설계에 메디치가의 재력으로 수집한
르네상스 포함 13~18세기 말의 걸작 2,500여 점 전시. 피렌체 소재

(19) 인도의 국립박물관(National Museum of India)

- 인도, 중국, 중앙아시아 유물 및 예술품을 다수 소장하여 초기 인도문명, 불
교와 힌두교 문화와 전통을 일별할 수 있음. 뉴델리 소재

(20) 일본의 국립박물관(Tokyo National Museum)

- 일본 고대 역사 유물 및 미술품 10여만 점 소장. 동양관에는 한국, 중국, 인도
등 아시아 국가들의 유물과 예술품 전시. 교토, 나라, 규슈에 각각 국립박물
관 있음.

(21) 중국

- 국립고궁박물원(The Palace Museum): 자금성에 소재하고 주로 중국 유물과 예술
품을 소장. 중요 소장품 중 상당수가 장제스에 의해 타이완으로 옮겨져 대만
국립고궁박물원에 소장됨.
- 중국국가박물관(National Museum of China): 중국이 전근대 유물과 근현대사의
유물 등을 전시하여 역사박물관의 역할

(22) 터키

- 이스탄불 고고학박물관(Istanbul Archaeological Museums): 헬레니즘, 오스만제국,
이슬람 문화의 유물과 예술품을 대량 소장
- 아나톨리아 문명박물관(Museum of Anatolian Civilizations): 앙카라에 소재하고 고
대 히타이트의 유물과 그리스 로마 이전의 고대 아나톨리아 문명의 유물 소
장

(23) 프랑스

- 오르세 미술관(Musée d'Orsay): 오르세 기차역을 미술관으로 변형한 것으로, 19세기 신고전주의 및 인상파 화가 작품과 조각가 작품을 주로 전시. 2024년 12월 인천공항에 분관 개관 예정
- 오랑제리 미술관(Musée de l'Orangerie): 모네의 수련 그림을 중심으로 인상파 화가들의 회화 전시. 통합입장권 구입하면 4일 내에 오르세와 오랑제리를 각각 입장할 수 있음. 매월 첫째 일요일에는 무료입장
- 퐁피두 센터(Centre Pompidou): 건물 철골이 외벽에 드러난 하이테크 건축의 효시로 꼽히며 프랑스 국립현대미술관이 소재. 피카소, 마티스 등 입체파 작품과 설치미술 등 현대미술 작품을 전시. 부산에 분관 개설 협의 중
- 로댕미술관(Musée Rodin): 로댕 작품 6,600 점을 소장한 미술관으로 로댕이 자신의 저택과 소장품을 국가에 기증하여 사후 미술관으로 개관

(24) 헝가리의 국립박물관(Hungarian National Museum)

- 부다페스트 소재, 구석기 시대부터 마자르족이 헝가리에 정착할 때까지를 보여주는 고고학전시관, 이후 19세기 중반까지 보여주는 역사전시관으로 구분

제3장

사회적 의제에 대한 이해

제3장

사회적 의제에 대한 이해

교통과 통신의 발달로 세계가 하나의 지구촌이 되면서 인류가 직면하는 지구적 문제(global issues)에 공동으로 대응하고, 각종 사회적 문제에도 관심을 갖고 협치(governance)에 참여하는 것은 오늘을 살아가는 세계시민들의 책무다. 교양인이라면 당연히 관심을 가져야 할 대내외 사회적 의제들에 대하여 살펴보기로 한다.

1. 지구적 문제

가. 기후변화와 탄소중립

기후변화(climate change)는 장기간에 걸친 기후의 변동으로 지구 대기에 존재하는 온실가스의 배출 및 농도 상승이 주원인이 되어 발생하는 현상이다. 지구 대기에 존재하는 물, 이산화탄소, 아산화질소, 오존, 메탄, 사염화탄소 등의 기체는 지구 기온에 주로 영향을 주는 물질인데 이를 온난화 가스 또는 온실가스라고 부른다. 지구로 들어오는 태양에너지의 30% 정도는 구름, 대기 중 입자, 지구 표면에 의해 다시 반사되고, 약 70%는 대기나 지표면에 흡수되는데, 이 흡수된 에너지는 적외선 형태로 다시 방출된다. 이때 온실가스는 적외선을 흡수하고 지표면에 재 방사한다. 이로써 온실가스는 열에너지가 지구로부터 우주로 빠져나가는 것을 방해하여 지구 표면의 온도를 증가시키는데, 이러한 지구온난화 작용을 온실효과라고 한다. 지구온난화(global warming) 현상은 온실가스 외에도 인류에 의한 자연파괴와 태양의 흑점 폭발로 발생하는 태양풍에도 그 원인이 있다고 할 수 있다.

'기후변화에 관한 정부 간 협의체(IPCC)'는 2021년 8월에 지구 온도가 산업혁명(1850~1900년) 시기에 대비해 2019년까지 1.09℃ 상승하였다고 보고하였다. 우리나라의 경우는 지난 100년간 연평균기온이 1.8℃ 상승하여 여름이 19일 길어지고 겨울은 18일 짧아졌다. 지구온난화로 인한 기후변화의 영향은 인류와 지구 생태계에 막대한 피해를 끼치고 있다.

첫째, 해수면을 상승시키고 있다. 대륙 빙하가 녹아 내려 연평균 1.2cm 높이의 해수면이 상승하고 있으며, IPCC는 금세기 말까지 0.28~1.02m 상승할 것으로 전망했다. 지구 온도가 1.5℃ 이상 상승할 경우 태평양의 섬나라나 저지대에 위치한 일부 육지 지역이 가라앉을 가능성이 있다. 대표적으로 베네치아, 상하이, 도쿄, 뉴욕, 암스테르담 같은 도시나 몰디브, 키리바시, 투발루 같은 나라들이 이에 해당된다. 몽블랑의 높이가 2017년 이후 4년 만에 1m 가까이 줄어들었는데, 이는 지구온난화로 얼음이 녹아 높이가 낮아진 것이라는 설명도 나온다. 우리나라 국립해양조사원이 2021년 12월에 보고한 바에 따르면, 한반도 해수면은 지난 30년 간 9.1cm 상승하였다고 한다.

둘째, 사막화 현상이다. 특정지역이 기상 이변으로 오랜 가뭄 등 건조해지는 자연적 요인이나, 인간에 의한 관개사업, 산림벌채, 환경오염 등의 인위적 요인으로 인해 토지 및 환경이 점차 사막으로 변해가고 있다.

셋째, 지구 곳곳에 예기치 못한 폭우와 홍수, 폭염과 한발, 폭설, 산불 등의 기상 이변을 일으켜 인명 손실 및 이재민 발생 등 인류 생활에 큰 피해를 주고 있다. 지구 온도가 1도 상승하면 폭염의 발생 빈도는 2.8배 높아지고, 집중호우는 1.3배, 가뭄은 1.7배 빈도가 높아진다고 한다. 또한 지구 담수량의 감소로 현재 1년에 한 달 이상 물 접근에 어려움을 겪는 인구가 36억 명인데, 2050년에는 50억 명에 달할 수 있다는 세계기상기구(WMO)의 전망도 나왔다.

넷째, 해충 등 유해동물의 증가이다. 지구에 추위가 덜하고 따뜻해지면 곤충이나 동물들의 번식이 늘어날 것이며 이는 생태계의 균형을 깨고 해충은 사람에게도 피해를 줄 것이다. 최근 송충이나 매미, 독나방이 급증한 것도 바로 이 지구온난화 현상의 결과다. 그런가 하면 반대로 빙하가 파괴되면서 북극곰이 먹이와 살 곳을 잃고 그 개체가 감소되고 있다. 지구 기온이 2~3도 상승하면 최대 54%의 생물종이 멸종 위기에 처하고, 21세기 후반에는 수산자원이 17% 감소할 것으로 전망된다.[1]

다섯째, 지구온난화는 환경의 변화로 생태계와 인체의 변화를 겪는 과정에서 각종 질병과 전염병, 그리고 새로운 질병을 야기시키는 원인의 하나로 보인다. 코로나19도 바로 이러한 환경문제에서 발생한 것이 아닌가로 추정하고 있다.

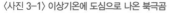
〈사진 3-1〉 이상기온에 도심으로 나온 북극곰

[출처: 조선일보, 2021.8.10.]

국제사회는 1979년 지구온난화에 대한 경고에 이어 이를 막기 위한 논의를 시작하였으며, 1992년 브라질 리우 지구환경회의에서 유엔기후변화협약(UNFCCC)을 체결하여, 이산화탄소를 비롯한 온실가스의 배출을 줄이기 위해 당사국들이 노력하기로 합의하였다. 그 후 1997년 일본 교토의 기후변화협약 당사국회의(COP3)에서 교토의정서를 체결하여 선진 37개 국에 5% 온실가스 감축 의무를 부과하였다. 2015년 파리 당사국회의에서는 드디어 191개 당사국 모두에게 '2030년까지 자발적으로 실천할 기후정책(NDC)'을 정해 보고한 후 이행하도록 하는 파리협약을 체결하였다. 이에 따르면 2050년까지 지구 온도를 산업혁명 전 대비 1.5도 이내로 상승을 억제하려면 2030년까지 온실가스 배출량의 45%까지 감축이 필요하다는 것이다.

2021년 10월 영국 글래스고에서 열린 당사국회의(COP26)에서는 국가별 NDC 상향 목표를 발표하였다. 한국을 포함하여 미국, 영국, 프랑스, 일본 등 121개 국가는 이미 '2050 탄소중립 목표 기후동맹'에 가입하였는바, 2050년까지 '탄소제로(Carbon Zero)'를 달성키로 각각 확인하였다. 탄소제로 또는 탄소중립(Carbon-neutral)은 각처에서 배출된 이산화탄소를 다시 흡수해 실질적인 배출량을 0으로 만든다는 것으로서, 배출된 탄소의 양을 계산하여 그만큼 나무를 심거나 풍력, 태양력 발전과 같은 청정에너지 분야에 투자해 오염을 상쇄한다는 것이다. 우리나라는 2050년 탄소중립을 목표로 2021년 8월 탄소중립기본법을 통과시키고 2030년까지 국가온실가스 감축목표(NDC)를 2018년 대비 40%로 결정하여 당사국회의(COP26)에서 발표하였다. 그러나 중국, 러시아, 카자크스탄, 사우디아라비아는 탄소중립 목표연도를 2060년으로 발표하였고, 인도는 2070년으로 보고하였다.

문제점과 전망

온실가스 감축에는 개발도상국의 협조가 필수적이다. 과거에는 선진국이 온실가스 오염을 주도했으나, 개도국의 산업화로 2017년에는 개도국이 전체 배출량의 59%를 차지하고 선진국은 37%를 차지하는 등 역전을 이루고 있기 때문이다. 그러나 선진국의 1인당 배출은 여전히 개도국의 3배로 심한 불평등 구조를 이루고 있다. 개도국으로서는 뒤늦게 경제개발에 힘쓰고 있는데 온실가스 배출이 불가피한 실정이다. 그런데 이제까지 선진국이 온실가스 피해를 초래해 놓고 개도국에 동참을 요구하는 데 대하여, 비록 자발적 감축이지만 개도국으로서는 선뜻 상향 감축을 제시하는데 주저하고 있다. 특히 중국은 전세계의 28%를 배출하는 세계 최대 온실가스 배출국이므로 향후 감축 규모가 주목된다. 개도국 가운데 기후 취약국가들에 대한 선진국의 기후 관련 재정지원이 필요하다. COP26에서 선진국이 2025년까지 기후변화 대응기금을 증액하기로 '글래스고 기후조약(Glasgow Climate Pact)'에서 합의하였는바, 이의 실질적 이행이 주목된다. 한편 탄소중립 과정에서 에너지와 원자재 가격의 상승으로 전기료 등 물가 인상을 초래하는 현상으로서 소위 그린플레이션(Greenflation)의 문제가 국제사회 전체에 대두되고 있다.

우리나라에서도 감축량과 시기 및 방법 등에 관하여 논쟁이 분분하다. 우선 산업계에서는 무리한 감축 목표는 에너지 및 원자재 등 원가 상승으로 기간산업 경쟁력에 타격을 줄 수 있다고 우려를 표명하고 있다. 우리는 선진국에 비해 탈 탄소정책 출발이 늦은 만큼 속도 조절이 필요하다는 것이다. 개도국의 주장과 유사하다. 한편 일부 학계 및 전문가들은 풍력, 태양광 등 신재생에너지의 증가세가 느리다는 문제와 이들 에너지의 불확실성과 변동성에서 오는 간헐성 문제를 제기하고 있다. 따라서 탈 원전정책을 재고하고 미래 원전으로 불리는 소형모듈원전(SMR)의 기술개발을 서두르며, 간헐성 문제에 대비한 에너지 저장장치(ESS) 구축 계획을 더욱 확고히 해야 할 것을 제시한다. 그러나 환경단체 및 종교계에서는 우리나라가 온실가스 배출 세계 11위, OECD 5위 국가로서 이에 상응하는 부담을 지고 적극적으로 대처해야 한다고 주장한다. 즉, 40% 감축 목표를 상향 조정해야 한다는 것이다. 특히 청년 기후활동가들은 2040년을 기후중립(탄소제로) 목표로 하고, 2030년 61% 탄소 감축, 2035년 모든 화석연료 사용중단까지 건의하였다.

정부로서는 산업계의 경쟁력 약화를 줄이기 위하여 신재생에너지의 생산 증가를 추진하는 과도기에서 원전 등 에너지 확보 보완책을 허용하는 것을 검토해야 한다. EU가 2022년 2월에 지속가능한 경제활동을 위하여 녹색산업 분류체계인 '그린 택소노미(Green Taxonomy)'에 원자력과 천연가스를 포함시킴으로써 이 분야에 대한 금융 투자를 가능케 한 것은 시사한 바가 작지 않다. 또한 감축 목표연도에 가까워져서야 감축을 한꺼번에 서두르는 일이 없도록 연도별로 목표치를 세워 감축을 제때에 진행해야 할 것이다.

나. 국제 난민 보호와 지원

국제법상 난민(refugee)에 관한 정의는 1951년에 채택된 '유엔 난민협약'의 제1조에 규정되어 있다.

"인종, 종교, 국적, 특정사회집단의 구성원 신분 또는 정치적 의견을 이유로 박해를 받을 우려가 있다는 충분한 근거가 있는 공포로 인하여, 자신의 국적국 밖에 있는 자로서, 국적국의 보호를 받을 수 없거나, 또는 그러한 공포로 인하여 국적국의 보호를 받는 것을 원하지 아니하는 자…… 또는 무국적자로서 종전의 상주국으로 돌아갈 수 없는 자……"

이러한 정의에 따른 난민은 일반적으로 정치적 난민이라 한다. 그러나 현재 국제사회에서는 여러 가지 이유에서 국적국 또는 체류국으로부터 외국으로 탈출하거나 비자발적으로 피난해 나와 보호가 필요한 상태에 있는 사람들을 모두 광범위하게 난민이라고 부른다.

이러한 광의의 난민은 발생 요인에 따라 상기 정치적 난민 외에도 전쟁난민, 경제적 난민, 환경난민으로 분류할 수 있다. 첫째, 정치적 난민은 상기 난민협약에서 정의한 5가지 요건에 해당하는 자로서 국적국의 박해를 받고 있으며 국적국 영토의 밖에 있을 것이 난민 인정의 중요한 기준이다. 이들은 망명자(asylum seeker)라고도 부른다.

둘째, 전쟁난민은 내전이나 민족분규가 발생한 경우 이를 피하여 타국 또는 국내 타 지역으로 피난한 난민을 말하며, 피난민 또는 실향민(displaced person)이라고도 한다. 이 경우 소수민족 박해 사유가 결부되어 정치적 난민과의 복합적 형태를 나타내기도 한다. 2022년 2월 24일 러시아의 우크라이나 침공으로 480만 명 이상의 난민이 유럽 및 여타 지역으로 피난하였다.

셋째, 경제적 난민은 경제적 빈곤을 탈피해 생존을 위해 타국으로 탈출해 나온 난민을 일컫는다. 여러 가지 이유로 농촌의 황폐화, 식량생산 및 분배구조의 파괴로 인한 기아(famine)는 전쟁 자체보다 더 큰 생존의 문제로 대두되었다. 아프리카의 기아현상은 끊임없이 경제난민을 양산하고 있는 실정이다.

넷째, 환경난민이란 원전사고, 화산폭발, 기후온난화로 인한 한발, 홍수, 산불, 사막화, 해수면 상승 등 각종 자연재해로 발생한 난민을 말한다. 이들은 대부분 국외 탈출보다는 국내 피난민(internally displaced person)의 형태로 존재한다.

기본적으로 난민은 난민협약에 따라 체류국에서 외국인과 동등한 대우를 받는데, 특히 재산의 취득, 임금이 지급되는 직업에 종사할 권리, 자영업 또는 회사 설립권, 전문직업에 종사할 권리, 거주시설 이용권, 각종 자격증이나 학위 취득 및 장학금 수혜와 같은 교육혜택을 받을 권리 등에 있어서는 외국인에게 부여되는 대우 중 가장 유리한 대우를 받는다. 이와 함께 종교의 자유, 지적재산권 보호, 소송능력, 배급제도의 혜택, 초등교육, 공공구호의 수혜, 노동법상 권리 및 사회보장제도 등에 있어서는 체류국의 국민과 동등한 내국민 대우를 받는다. 뿐만 아니라 난민에게는 거주·이전의 자유가 보장되며 신분증과 여행증명서가 발급된다. 반면에 난민은 체류국 내에서 그 법령을 준수함은 물론 공공질서 유지를 위한 제반조치에 복종할 의무가 있으며 납세의 의무도 진다.[2]

이러한 권리 및 의무는 기본적으로 난민협약 당사국과 국제법상 규정된 정치적 난민 간에 발생하는 내용이다. 그러나 전술한 바와 같이 국제사회의 변화와 함께 새로이 발생하는 전쟁난민, 경제난민, 환경난민 등도 그 생존권이 위협받고 있다는 점에서 인도주의적으로 난민에 준하여 보호를 제공하여야 한다는 국제사회의 인식이 확산되었다. 특히 난민의 권리 보호와 복지 제공을 목표로 유엔 총회 아래 보조기구로 설립된 유엔난민기구(UNHCR)가 광범위한 난민 보호활동을 선도하고 있다. 유엔난민기구는 난민뿐만 아니라 여타 실향민, 무국적자 등 보호대상자(Persons of concern)들의 강제송환을 방지하고, 난민 체류국에서 국제법에 따른 난민 취급을 받도록 보장하고 있다. 또한 식량, 피난처, 의료지원, 교육 및 사회서비스 등 긴급조치와 물자를 제공하고 있다. UNHCR은 전세계 강제 실향민 수를 2020년 말 현재 총 8,240만 명으로 집계하고 있으며, 이 가운데 난민은 2,640만 명, 국내 실향민 4,800만 명, 난민 신청자 410만 명, 해외 거주 베네수엘라 실향민 390만 명이다.

〈사진 3-2〉 벨라루스와 폴란드 국경지역의 중동 난민 어린이들

〈사진 3-3〉 우크라이나 난민 어린이

　　그러나 국제사회와 UNHCR의 난민 범위에 대한 확대 인식 추세에도
불구하고 난민의 급격한 증가로 각 체류국의 난민에 대한 인식 및 인정
수위도 변화를 겪고 있다. 역사적으로 유럽은 난민에 대해 비교적 유화
적 입장을 취해 왔으나, 2015년경부터 중동과 아프리카로부터 난민이 대
규모로 유입되면서 유럽연합의 정체성과 안전을 지키기 위하여 난민 입
국을 반대한다는 측과 난민에 대한 인도적 대우를 주장하는 측이 대립하
는 양상을 띠게 되었다. 이라크 전쟁과 시리아 내전의 피해자들이 수백
만 명 단위로 유럽으로 이동함에 따라, 이들에 의한 범죄 등 사회문제와

취업 등 경제적 문제가 발생하였다. 이와 함께 유럽인들의 외국인 혐오, 이슬람 근본주의에 대한 공포, 다문화주의에 대한 반감 등이 일어났다. 이에 따라 영국, 헝가리, 체코 등 유럽 다수의 국가들과 미국, 캐나다, 터키, UAE, 러시아 등이 난민 수용을 거부하거나 소극적 태도를 보였으며, 난민 수용을 반대하는 여론도 급증하였다.

이에 독일의 메르켈 총리는 국가별로 난민을 분산 수용하는 '난민 할당제'를 주장하였고, 주로 난민의 최초 도착지인 이탈리아, 스페인, 그리스 등은 이를 찬성하였다. 이 과정에서 2015년 9월 2일 터키 통신이 지중해를 통해 유럽으로 이동 중 사망한 3세 남자 아이 '아일란 쿠르디'의 사체가 터키 해안 가로 밀려온 사진을 게재함으로써 유럽인들의 난민 수용에 대한 인식에 변화를 주기도 하였다. 또한 2018년 12월 유엔 총회는 '난민 글로벌 협약(Global Compact on Refugees)'을 채택하여 회원국들이 난민 보호와 지원을 증진할 것을 촉구하였다. 그러나 국제사회와 UNHCR의 난민에 대한 인도주의적 처우 개선의 노력에도 불구하고 현실은 유럽 및 북미 등 선진국들이 난민에 관한 국내법을 강화하여 난민 지위 판정 절차를 엄격히 하고 불법 입국자들을 철저히 제지하는 등의 조치를 취하고 있다.

사실상 난민은 국적국과 가까운 나라로 입국하여 그 곳에 머무는 경우가 많다. 따라서 시리아, 베네수엘라, 아프가니스탄과 가까운 몇몇 국가들에 난민이 많이 몰린다. 아래 표(3-2)에서 보듯이 난민을 가장 많이 배출한 시리아, 베네수엘라, 아프가니스탄의 인접국인 터키, 콜롬비아, 파키스탄 등이 난민을 가장 많이 받아들이고 있다. 전체 난민들의 86%가 개발도상국에 체류하며 그 가운데 27%는 극빈국에 거주한다. 난민들이 대부분 개도국에 체류하다보니 일자리를 둘러싼 갈등과 복지 수혜의 문제가 대두된다. 난민들의 임시정착촌인 난민캠프도 대체로 빈곤국을 포함한 개도국에 있다. 선진국 가운데 독일이 유일하게 난민을 많이 받는 상위 10개국 안에 들어 있다. 난민 신청자에 대한 처우가 비교적 좋은 나라는 독일, 캐나다, 스웨덴 정도이며, 처우가 좋지 않은 곳은 영국, 호주 등이다. 아시아에서는 일본, 중국, 한국이 난민 인정 절차에 아주 까다로운 곳으로 알려져 있다.

전 세계 난민과 해외 거주 베네수엘라 실향민의 68%는 다음 5개국에서 발생하였다.

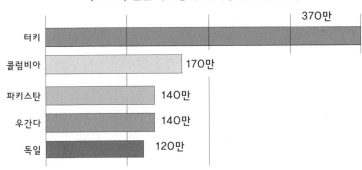

〈표 3-1〉 난민 발생 상위 5개국 (단위: 난민수 명)

시리아 670만
베네수엘라 400만
아프가니스탄 260만
남수단 220만
미얀마 110만

[출처: UNHCR 2020 연례 보고서]

전 세계 국가 중 시리아 주변국 터키가 370만 명으로 6년 연속 가장 많은 난민을 비호했다.

〈표 3-2〉 난민 비호 상위 5개국 (단위: 난민수 명)

터키 370만
콜럼비아 170만
파키스탄 140만
우간다 140만
독일 120만

[출처: UNHCR 2020 연례 보고서]

아프가니스탄 난민

아프가니스탄에 주둔해온 미군의 철수로 갑작스레 아프간인들의 국외 탈출이 시작되었고, 급기야 2021년 8월에 한국 정부를 도운 아프간 현지 조력자와 가족들 391명이 정부 도움으로 입국하게 되었다. 정부는 이들에게 난민 대신 '특별 기여자' 자격을 부여하고 우선 단기 방문비자(C-3)를 발급하였다. 또 이들에게 장기체류와 취업 및 학업이 가능토록 출입국관리법 시행령을 개정하였다. 이들 가운데 10세 이하가 절반이라고 한다. 이들 아프간 특별 기여자들은 6개월간 임시 생활시설에서의 정착 준비를 마치고 2022년 2월에 지역사회에 정착하였다. 분쟁 지역의 외국인이 이처럼 대규모로 유입된 사례는 처음이며 이들을 맞는 시민들의 대응도 성숙해졌다. 사실 그간 한국인의 난민 수용에 대한 인식은 낮은 편이며, 정부의 난민 인정률도 G20 국가 가운데 끝에서 두 번째로 낮다. 1994.1.~2021.7.사이의 난민 신청 건수는 72,403건인데 난민 인정은 119건으로 인정률 1.5%에 불과하다. 우리의 난민 인정률과 인도적 체류 허가율을 합산한 난민보호율은 17%로서 OECD 평균 38%에 훨씬 못 미친다. 실제로 2016년 7월에 시리아 난민 1,700명이 입국해 그 가운데 91명만 난민 인정을 받았고, 2018년 6월에는 제주도에 500명의 예멘 재정착 난민이 입국하였다.

우리나라에서는 난민이 인정되면 체류허가와 함께 각종 사회보장 혜택을 받게 되며, 난민 인정을 받지 못하고 인도적 체류자(보충적 보호자) 허가를 받으면 체류 허가를 받되 6개월마다 갱신해야 하고 취업 활동은 가능하나 사회보장제도 혜택은 없다. 그간 우리 국민의 난민에 대한 입장은 외국인 특히 무슬림 유입에 대한 회의적 입장이 많았으나, 최근에 선진 한국의 위상에 따라 난민 수용 문턱을 낮추자는 인도주의적 입장도 증가하고 있는 추세다. 예컨대 UNHCR이 조사한 바에 의하면, 난민 수용에 찬성한 우리 국민이 2018년 24%에서 2020년 33%로 높아졌다 한다. 우리 정부도 앞으로 난민 심사절차와 심사체계 등의 행정 개선을 통하여 선진국으로서 보다 효율적인 난민 정책을 수행해야 한다. 또한 난민이 빠르게 경제자립을 하고 사회통합을 이룰 수 있도록 효과적인 정착 지원을 하며, 인도적 체류자에 대한 처우를 개선하여야 한다. 우리 국민과 정부가 함께 난민 수용에 대하여 보다 전향적 자세를 취하여야 할 때가 왔다. 다만 우리는 탈북민 수용의 특수 상황을 갖고 있다는 것도 국제사회가 충분히 인지하여야 할 것이다.

2. 사회적 약자의 보호와 지원

가. 장애인

우리나라 「장애인복지법」 제2조에 따르면, 장애인은 '신체적·정신적 장애로 오랫동안 일상생활이나 사회생활에서 상당한 제약을 받는 자'로 정의된다. 영어로는 과거 통상 'The disabled person'이나 'The handicapped'로 불리었으나, 2019년 이래 유엔 등 국제기구에서 'Persons with disabilities'로 호칭한다. 장애보다는 개인을 강조하고 개별적 권리를 중시한다는 의미에서다. 우리나라도 '한국장애인 고용공단'의 영문 명칭을 'Korea Employment Agency for the Disabled'에서 'Korea Employment Agency for Persons with Disabilities'로 변경했다. 장애인은 외부 신체기능의 장애, 내부기관의 장애, 발달장애, 정신장애로 구분되며, 각각 분야별로 세분된다. 장애인은 또 장애 발생 시기에 따라 선천적 장애와 후천적 장애로 나뉜다. 상기 장애인복지법상 '오랫동안'이란 표현은 의료기관의 장애인 판정 시 6개월 이상의 관찰을 필요로 하였음을 참고하면 된다. 유엔 통계에 의하면 세계 인구의 10%가 장애인이며, 우리나라의 경우에는

2018년 현재 258만 명으로 우리 인구의 5%에 해당된다.

　유엔은 1981년을 '세계 장애인의 해'로 선포하고 장애인의 권리와 복지에 관하여 각국 정부가 관심과 노력을 가져줄 것을 촉구하였다. 우리나라도 이 시기부터 장애인의 복지에 관하여 연구하고 정책을 수립하기 시작하여 1990년대에 법과 제도적 확립을 이루었다. 「장애인복지법」(1989)은 장애인에게 등급을 부여하고 복지를 제공하는 내용을 규정하였는데, 2019년 시행규칙에서는 기존의 장애인 등급제를 폐지하고 중증(과거의 1~3급으로 심한 장애)과 경증(과거의 4~6급으로 심하지 않은 장애)으로만 구분하여 이에 따른 복지정책을 시행한다. 「장애인 등에 대한 특수교육법」은 장애인 및 특별한 교육적 요구가 필요한 사람에게 특성에 적합한 교육을 실시할 목적으로 제정된 법이다. 다만 장애인이 모두 특별법의 적용 대상은 아니고, 특별교육 수혜자가 모두 장애인이란 뜻은 아니다. 또한 장애인의 의무고용제를 위하여 「장애인 고용촉진 등에 관한 법률」(1990)을 제정하고(후에 「장애인 고용촉진 및 직업재활법」으로 개정), 1998년에 장애인 인권헌장을 제정 및 공포하였다.

　장애인 정책에 있어서 가장 중요한 것은 첫째, 장애인에 대한 인식의 문제다. 과거 우리 사회는 장애인을 비정상적 인간으로 취급하고 멸시하였으며 소위 '병신'이라고 비하하였다. 그러나 민주화와 더불어 시민의식의 발달로 사회적 약자인 장애인의 인권을 존중하고 배려하게 되었으며 이를 뒷받침하는 법과 제도가 마련되어 포용사회로 발전하고 있다. 그러나 사회 일각 특히 젊은 세대들 간에는 장애인 복지로 인한 피해의식을 갖는 경향이 있고, 한편으로는 장애를 악용하는 사례도 없지 않다. 서양의 경우 제2차 세계대전 이후 장애인에 대한 처우가 특히 발달하였으며, 현재는 법과 제도의 완비는 물론 장애인에 대한 인권 존중과 배려는 비장애인과 차별 없이 높은 수준이다. 장애인 인권과 배려 시설물들이 가장 잘 발달한 곳은 미국이다.

뉴욕 맨해튼에 가면 휠체어 탄 장애인들이 왜 그리 많은지. 이들이 버스를 오르내리는데 보호자가 없을 때는 운전사가 운전석에서 내려와 휠체어를 밀어 버스에 태우고 장애인석에 버클까지 채워준다. 내릴 때도 마찬가지다. 승하차 때 장애인이 최우선으로 오르내리는데 그동안 줄 서 있는 다른 승객들은 전혀 불평 없이 기다린다. 시간이 바쁜 출퇴근 시간에도 마찬가지다. 장애인 숫자가 특별히 우리보다 많은 것도 아닌데 거리에 많이 보이는 것은 장애인들의 대중교통 접근성이 수월하기 때문이다. 버스에 휠체어가 쉽게 오르내릴 수 있도록 구조가 되어 있고, 다른 승객들의 눈총을 받지 않아도 되는 사회인 것이다. 버스 운전석 뒷자리는 휠체어 우선 좌석(Wheelchair Priority Seating)으로 지정되어 있고, "휠체어 승객이 탑승하면 귀하는 이 좌석을 양보해야 합니다(You must give up these seats if a wheelchair passenger board)"라고 표기되어 있어서 평소에는 일반좌석으로 이용되다가 휠체어가 오르면 그 일반석 의자들은 젖혀지고 휠체어의 버클이 채워진다.

둘째, 전술한 장애인의 인식 변화에 입각하여 법적, 제도적으로 장애인에 대한 차별을 근절해야 한다. 우리는 2007년에 「장애인 차별금지 및 권리구제 등에 관한 법률」을 제정하여 시행 중이다. 장애를 사유로 정당한 사유 없이 제한 · 배제 · 분리 · 거부하여 불리하게 대하거나, 장애를 고려하지 아니하는 기준을 적용하여 장애인에게 불리한 결과를 초래하는 경우나, 장애인에게 정당한 편의제공을 거부하는 것을 금지하는 법이다. 그 금지 영역은 고용, 교육, 재화와 용역의 제공 및 이용, 사법 · 행정 절차 및 서비스와 참정권, 모 · 부성권, 성 등, 가족 · 가정 · 복지시설, 건강권, 장애여성 및 장애아동 등이다. 비교적 차별이 적은 이탈리아에서 차별 받는 이유를 조사한 결과, 10개 항목 가운데 성적 지향(27%), 인종(26%)이 상위 순이며 장애(10%)는 열 번째 마지막 순위에 있다.

셋째, 장애인의 일상생활에서 이동권을 보장하고 접근성을 더욱 증진시켜야 한다. 장애물 없는(Barrier Free) 생활환경을 조성하여야 한다. 우리의 경우 특히 교통시설, 여행, 문화 활동 등에 장애물 없이 접근할 수 있도록 제도적, 행정적 조치를 강화해야 한다. 또한 장애인 등이 생활을 영위함에 있어 이동과 시설 이용의 편리를 도모하고 정보에의 접근을 용이하게 하는 편의시설과 설비를 보장하는 「장애인·노인·임산부 등의 편의증진법」이 시행 중에 있는데, 특히 공원, 공공건물 및 공중이용 시설, 공동주택, 통신시설 등에서 장애인이 비장애인과 동등하게 편리하게 이용할 수 있도록 정부 및 지방자치단체가 관심을 기울여야 한다. 2022년 2월에 서울시가 2025년까지 지하철 모든 역사에 '1동선 엘리베이터'를 설치하고 시내버스도 모두 저상버스로 바꾸겠다는 계획을 발표한 것은 다행한 일이다. 그러나 이 시기를 앞당기고 전국적으로 전면 확대하는 조치가 요구된다.

넷째, 장애인 의무고용제도의 철저한 시행이다. 우리나라 2021년의 장애인 고용 목표는 공공 3.4%, 민간 3.1%인데, 공공기관의 절반 이상의 기관에서 시행이 부실하며 민간의 경우 대기업의 고용 목표 달성이 취약하다.

나. 아동

일반적으로 출생 후 5세 이하를 영유아로 보고, 그 후 사춘기가 시작되기 전까지를 어린이 또는 아동으로 분류하며, 13세 이상 17세 이하는 청소년으로 보고 18세 이상은 성인에 속한다. 그러나 법적으로는 우리나라 「아동복지법」과 「한부모가족지원법」은 18세 미만의 사람을 모두 아동으로 규정하며 유엔아동권리협약도 전 세계의 18세 미만 사람을 아동으로 규정하고 있다. 다만 법목적상 교육법에서는 만 6~12세까지를 초등학교 의무교육을 받아야할 학령 아동으로 규정하고, 형법상으로는 만 13

세 미만인 자로 분류하고 있다. 아동복지법은 모든 국민과 국가 등이 아동을 보호 및 양육하고 사회생활에 잘 적응할 수 있도록 육성할 것을 의무화하며, 어른들로 하여금 이러한 정신을 실천할 수 있는 사회 분위기를 조성하도록 규정하고 있다. 아동은 미성숙 단계에서 의존적이고 감성적이며 주변 환경에 민감하게 영향을 받는 가운데 적응해 나간다. 이 과정에서 아동은 자신이 속한 사회와 문화의 지배 아래서 교육과 학습을 통하여 새로운 지식과 기술을 습득하여 성인으로 독립된 인격체로 발전하게 된다. 그러므로 아동의 보호와 육성은 가정에서 시작하여 학교가 담당하고 온 마을, 즉 사회가 돌보며 궁극적으로 국가가 보장하는 일이다.

유엔아동권리협약(1989)은 세계의 모든 아동이 보호받고 성장할 수 있기 위하여 누려야 할 권리를 규정하고 있다. 첫째, 모든 아동은 인종, 서열, 언어, 종교, 신분 등 제반 여건에 관계없이 동등한 권리를 누리는 비차별(Non-discrimination) 원칙을 적용 받는다. 둘째, 아동 최선의 이익(Best interests of the child) 원칙으로서, 아동에게 영향을 미치는 사항을 결정할 때는 그 아동의 이익을 최우선으로 고려해야 하는 것이다. 셋째, 아동은 생존과 발달을 위해 다양한 보호와 지원을 받는 생존과 발달의 권리(The right to life, survival and development)를 누린다. 넷째, 아동 의견 존중(Respect for the views of the child) 원칙으로서, 아동은 자신의 잠재능력을 최대한 발휘할 수 있도록 적절한 사회활동에 참여할 기회를 갖고, 자신의 생활에 영향을 주는 일에 대해 의견을 말하고 그 의견이 존중받아야 한다. 협약은 이 4대 원칙 외에도 교육을 받을 권리, 건강하게 자랄 권리, 놀 권리 등 아동이 보장받아야 할 권리를 포함하고 있다.

우리나라는 아동 문제에 앞서 아주 저조한 출산율이 심각한 문제다. 한 명의 여성이 가임기간(15~49세) 동안 출산할 것으로 예상되는 평균 자녀수를 합계출산율(TER)이라 하는데, 우리나라의 합계출산율은 1960년

6.16명에서 1970년 4.53명, 1980년 2.82명, 1990년 1.57명, 2018년 0.97명, 2019년 0.91명, 2020년 0.84명으로 계속 낮아져서 출생아보다 사망자가 더 많은 인구 자연 감소세에 이미 들어섰다. 소위 '데드크로스'(dead cross) 현상이 나타난 것이다. 출산율은 미국(1.7명)이나 일본(1.3명)보다 낮고, 37개 경제협력개발기구(OECD) 회원국 중에서 가장 낮은 수준이다. 이는 인구 감소는 물론 경제활동 가능 인구의 축소, 고령화에 따른 복지비용의 증가, 경제의 잠재성장율의 저하 등으로 사회에 부정적 영향을 미치고 있다. 이러한 저출산의 원인은 미혼 및 비혼 등 가족 형태의 변화, 자녀 양육에 따른 부담 및 고비용 지출, 고용 불안정에 따른 만혼과 출산 기피 등 때문이다.

정부와 지방자치단체는 저출산 문제에 대응하기 위하여 다양한 대책을 마련하여 시행하고 있다. 예컨대 출산비 및 출산장려금 지원, 아동의 기본 권리와 복지를 위한 아동수당, 홈스쿨링하는 가정보육 아동에게 지급하는 양육수당, 두 돌 이전의 영아를 위한 영아수당이 있고, 부부 모두에게 허용하는 육아휴직 등의 제도가 있다. 그러나 출산지원을 위한 재정적 지원도 중요하지만, 무엇보다도 청년들의 주거문제 해소와 좋은 일자리를 창출하고, 여성 고용을 확대하여 경제활동 참여를 높이며, 24시간 어린이집 운영 등 육아에 대한 사회 공동책임 부담, 육아휴직 후 직장에의 복귀를 보장하는 사회적 조치가 근본적으로 요구된다.

아동학대 문제

아동학대란 보호자를 포함한 성인이 아동의 건강 또는 복지를 해치거나 정상적 발달을 저해할 수 있는 신체적, 정신적 폭력이나 가혹행위를 하는 것과 아동의 보호자가 아동을 유기하거나 방임하는 것을 말한다(「아동복지법」 제3조 제7호). 아동학대의 유형으로는 (1) 신체적 학대, (2) 아동의

인지, 정서, 사회 등 심리학적 발달에 영향을 끼치는 심리적 학대, (3) 성적 접촉, 성적활동을 강요하는 성적 학대, (4) 부모 또는 양육자가 아동에게 필요한 음식, 옷, 거주지, 의료서비스, 건강관리, 안전, 행복 등을 적절히 제공하지 못하고 실패하는 유기 또는 방임, (5) 그 외, 아동 매매나 구걸행위 강요 등으로 분류된다.

이러한 아동학대의 결과는 심각하다. 아동에게 신체적 부상을 주어 정상적인 발육을 저해하거나, 심리적으로 정신적 장애를 초래하여 우울증, 외상 후 스트레스, 불안감에 시달리고, 이로 인해 게임중독, 마약, 타인 폭행 등의 범죄에 빠져들기도 한다. 미국의 아동학대 통계에 의하면, 이들의 청소년기 범죄 확률이 일반아동보다 59% 더 높고, 성인기 범죄 확률은 28% 높다고 한다. 아동학대 범죄는 주로 가족 등 가까운 사람들에 의하여 저질러진다. 부모가 가장 많고, 형제자매 등 가족, 친척, 베이비시터, 유치원 및 어린이집 교사, 이웃 및 동네의 주위사람들이 대부분이다.

그러면 왜 이런 아동학대가 발생하는가? 무엇보다도 첫째, 부모의 스트레스를 아동에게 해소하는 경우다. 부부 갈등 및 폭력의 결과, 특히 배우자에게 물리적으로 학대당하는 사람이 자신의 아동을 학대하는 경우가 많다. 실업 및 재정적 어려움도 아동을 학대하는 스트레스의 원인이다. 둘째, 부모의 성장기 시절 아동학대를 당한 경험이 있는 사람들이 아동학대를 되풀이하는 경우다. 내가 당했으니 너희도 당해보라는 비정상 심리 현상이다. 셋째, 원하지 않은 임신 또는 입양으로 아동에 대한 애정이 별로 없는 경우다. 장애아에 대한 아동학대도 적지 않다. 넷째, 부모 또는 양육자, 주위사람들의 정신질환, 성적 결함, 알코올 중독, 마약 복용 등에 의한 비정상적 아동관계이다. 다섯째, 아동 혐오 또는 아동에 대한 애정 결핍으로 인한 아동학대다. 베이비시터, 유치원 및 어린이집 교사의 아동학대는 기본적으로 아동에 대한 사랑이 부족하거나 자신의 직업의식에 충실치 못한 경우이지만, 약자에 대한 자신의 분노와 스트레스 해소, 그리고 폭력 성향의 발현에서 나온 것이라 할 수 있다.

우리나라의 아동학대 보호대책은 16개월 된 입양아동 정인이가 입양부모의 물리적 학대와 방임으로 2020년 10월 사망한 사건으로 크게 사회적 물의를 일으키면서 「아동학대 범죄처벌 특례법 개정안」(정인이법)'이 국회에서 통과되고 정부와 사회에 아동학대 방지를 위한 경각심을 일으켰다. 동 개정안에 따라 보건복지부에서 전국 시·군·구에 아동학대 전담공무원을 배치하고, 2회 이상 신고 된 학대사건에 대해서는 즉각적으로 가해자와 피해자를 분리하고 내사에 착수토록 하였다. 또한 영유아보육법 시행규칙을 개정하여 현장조사를 거부하거나 아동학대 전담공무원의 업무를 방해할 경우 5백만 원 이하의 과태료 및 징역형에 처하고, 아동학대를 한 원장과 보호교사에 대한 자격정지 기준을 5년으로 강화시켰다. 한편 2016년에 도입된 학대예방 경찰관(APO) 인력을 전국적으로 강화하였고, 2021년 1월에는 민법의 징계권(제915조) 조항을 삭제하여 훈육을 명분으로 자녀를 포함한 아동에게 물리적 체벌을 가하는 행위를 할 수 없도록 원천 조치하였다.

차세대의 주역인 아동에 대한 학대를 예방하고 정상적인 양육을 위하여 무엇보다도 건전한 가정과 사회의 공동 관심과 협력이 필요하다.

첫째, 아동학대의 의심사례를 발견할 경우에는 누구라도 즉각 거주지 관할경찰서 또는 국번 없이 1577-1391로 신고해야 한다. 신고하면 응급아동학대 의심 사례는 12시간 내 현장조사를 하고, 아동학대 의심사례의 경우에는 72시간 내 현장조사하도록 되어 있다.

둘째, 현장조사의 경우 부모나 양육자의 말보다는 아동의 신체적, 심리적 상태를 실질적으로 조사하여 필요시 격리보호를 해야 한다. 일정

기간 격리보호 후 원 가정으로 복귀하거나 장기보호로 들어가는데 이때부터 해당 아동에 대한 보호와 관리가 상당 기간 지속적으로 이루어져야 한다.

셋째, 아동을 교육하거나 양육하는 직업에 종사하는 자가 영유아에게 중대한 신체적, 정신적 손해를 입힌 경우에는 '원 스트라이크 아웃제'를 적용하여 그 자격을 박탈해야 한다.

넷째, 아동보호 전문기관, 아동학대 전담공무원, 학대예방 경찰관 등의 인력을 보강하고 전문성을 강화해야 한다.

다섯째, 가장 중요한 것은 어린이를 보호하고 존중하는 시민의식을 높이고, 자녀를 자신의 소유물로 여기는 반인권적 · 반사회적 사고를 불식시키는 사회적 요구와 감시가 일상화되어야 한다.

민식이법

민식이법은 2019년 9월 충남 아산의 어린이보호구역(스쿨존)에서 교통사고로 사망한 김민식 군(당시 9세) 사고 이후 발의된 법안으로 2020년 3월 25일부터 시행되고 있으며, 「도로교통법」을 개정하여 스쿨존 내 신호등과 과속 단속카메라 설치를 의무화하고, 「특정범죄가중처분 등에 관한 법」을 개정하여 스쿨존 내 안전운전 부주의로 사망이나 상해사고를 일으킨 가해자를 가중 처벌하도록 하였다. 또한 민식이법에 따른 대책으로서 정부는 '어린이 보호구역 교통안전 강화대책'을 발표하였는바, 스쿨존 내 차량속도를 30km 이내로 조정하고, 신호등 없는 횡단도로에서도 차량이 의무적으로 멈추며, 스쿨존 내 어린이 사망자 숫자를 0명으로 줄이겠다는 것이다. 또 이에 추가하여 2021년 10월에는 도로교통법을 개정하여, 전국 스쿨존 내 모든 도로의 반경 300m 이내에서 18:00~20:00 동안 구급차 및 소방차 등을 제외한 제반 차량의 주정차를 전면 금지시키고, 위반차량에 대하여는 일반도로 과태료의 3배인 12만 원(승용차)~13만 원(승합차)를 부과토록 하였다. 이 외에도 어린이 안전관련 법안으로는 어린이 안전 주관기관을 명확히 하고 안전사고 피해자에 대한 응급조치를 의무화한 '해인이법(2020)', 어린이 통학버스 안에 CCTV 설치를 의무화한 '한음이법(2016)', 경사진 주차장에 미끄럼 방지를 위한 고임목과 안내표지 등의 설치를 의무화한 '하준이법(2019)' 등이 있다.

그런데 민식이법이 시행되자 곧바로 청와대에 청원이 올라왔는바, 이 법이 형벌 비례성의 원칙에 어긋나고 모든 책임을 운전자에게 부담시키는 것은 부당하다는 것이다. 정부는 이에 대하여 스쿨존 내 사고 책임이 무조건 운전자에게 부담되는 것은 아니며, 스쿨존 내 각종 표지 시설 및 장치를 완비하겠다고 답변하면서, 어린이 보호가 일상이 되고 실천이 습관이 되는 교통안전 문화가 우리 사회에 깊이 뿌리 내릴 수 있도록 노력하겠다고 다짐하였다. 한편 스쿨존 내 주정차 금지에 대하여도 학교 주변 학원, 음식점, 가게 등은 방문객이나 화물차량 및 배달기사 등이 차를 세울 곳이 없다고 불만을 토로하고 있다. 그러나 자동차문화는 주행보다 보행이, 자동차보다 사람이 우선이라는 것, 어린이 안전이 최우선이라는 원칙 등이 예외 없이 지켜지는 문화라는 것을 운전자 모두가 깊이 인식하고 생활화하는 것이 급선무다.

자동차 문화 선진국에서는 스쿨존 내 교차로나 횡단보도(신호등 유무 관계없이) 앞에서 무조건 일시정지를 하며, 어린이가 인도에서 차도로 들어서기 직전부터 차량을 멈추고 어린이가 다 지나간 후에야 출발한다. 또 통학 차량을 추월하지 않고, 통학 차량이 정차하면 일반차량도 정차하고 어린이들의 승하차가 완료될 때까지 기다리는 것이 생활화되어 있다. 차량 제한속도를 엄수하는 것은 너무나 당연하다. 스쿨존 내 무인 교통단속 장비를 활성화하여 모든 과속 차량에게 범칙금을 자동 부과시킴으로써 제한속도를 지키는 습관을 뿌리내리는 일이 급선무다. 한편 경찰은 스쿨존 내에 '안심 승하차존'을 별도로 설정하여 5분간 주정차할 수 있도록 조치 중인바, 주변 상가에서도 이를 활용하고 물품 하역 시간을 조정하는 등 자구책을 강구해야할 것이다.

자립준비 청년(보호종료 아동)

보육원 등 아동복지시설이나 공동생활 가정, 위탁 가정 등에서 생활하는 보호대상 아동이 아동복지법에 따라 만 18세가 됐거나 보호 목적이 달성되었다고 인정되는 경우 동 복지시설이나 위탁 가정을 떠나게 되는데, 이들을 자립준비 청년(보호종료 아동)이라 한다. 이들은 2022년 6월부터 본인의 의사에 따라 25세에 달할 때까지 보호기간을 연장하여 보육원 등에서 계속 지낼 수 있다. 그간 보호대상 아동은 매년 4천여 명이 생겼고, 보호종료 아동은 매년 약 2,500명으로 보호시설을 떠날 때 자립정착금 5백만 원 이상과 5년간 매월 30만 원의 자립수당이 주어진다. 이들은 대부분 진학이나 취업 준비가 제대로 되어 있지 않고 주거도 스스로 마련하여야 한다.

복지부 자료에 따르면, 2020년 보호종료된 자립 1년차 1,031명 가운데 613명(59.5%)이 기초생활 수급자로, 10명 중 6명이 기초생활수급비에 의존해 생활한다는 것이다.[3] 일반 20~29세 기초수급생활자가 2.2% 수준인 것에 비추면 무척 높은 수치다. 정부는 LH 임대주택 확대 등으로 주거 지원을 하고 있는데, 이 LH 지원을 받는 보호종료 아동은 32.2%에 머물고 있다. 나머지는 월세, 기숙사, 고시원을 전전하는데 특히 도시의 경우에는 정착금이나 수당으로 주거와 생계를 해결해 나가는 것이 어려운 실정이다.

정부는 자립준비 청년의 자립을 위하여 후견, 주거, 교육 등에 재정적

지원을 강화하고 있으나, 중요한 것은 보호종료 아동의 취업과 독립된 사회생활에의 적응을 미리 준비하고, 사회 정착 과정에서도 선의의 관리를 효율적으로 유지하는 조치가 필요하다. 보호아동 종료와 더불어 사회에 외톨이로 내쳐지는 이들을 종료 시기 이전부터 단계적으로 취업과 진학을 할 수 있도록 개인상담사를 두어 사전 준비를 시키고, 보호 종료 이후에도 이들이 자립할 수 있도록 일정 기간 정부 기관이 긴밀한 접촉관계를 갖고 실질적인 지원을 해야 한다. 우리나라도 양육시설 종사자나 자립지원 전담요원들이 보호종료 5년 이내 매년 보호종료 아동들을 대상으로 주거, 진학, 취업 현황을 조사하고 있지만 형식적 절차일 뿐이라는 평가가 있다. 이들 보호종료 아동을 위한 민간 지원도 점차 늘어나고 있다. 삼성전자는 보호종료 아동 지원센터를 운영하고 확장하고 있으며, 현대차정몽구재단, 아산장학재단, 아름다운재단 등은 대학생 학비를 지원하고 있다 한다. 정부 및 지자체가 이들 민간 기업 및 재단 등과 연계하여 보호종료 아동의 사회 적응과 자립을 효과적으로 지원하는 방안도 강구해야 한다.

아울러 복지시설에 거주하는 보호대상 아동에 대하여도 '국가와 지방자치단체는 아동이 태어난 가정에서 성장할 수 없을 때에는 가정과 유사한 환경에서 성장할 수 있도록 조치해야 한다.'(「아동복지법」 제3조 제4항)는 규정에 맞게 아동들의 자율적 성장과 자립능력을 보장받을 수 있도록 선의의 관리를 게을리하지 않아야 한다.

다. 노인

노인문제는 주로 고령화와 빈곤문제로 집약된다. 일반적으로 65세 이상의 인구가 총인구의 7% 이상을 차지하면 고령화 사회(aging society)라 하고, 65세 이상의 인구가 14% 이상이면 고령사회(aged society), 20% 이상을 차지하면 후기 고령사회(post-aged society) 또는 초고령사회(super-aged society) 라고 한다. 우리나라의 고령화 속도는 급속도로 진행되고 있다. 1970년 부터 2010년까지 노인 증가율이 OECD 국가 중 가장 높다. 우리는 1999 년의 7% 고령화 사회에서 2017년에 14% 고령사회로 진입하였다. 이 추 세로는 2025년에 초고령사회로의 진입이 예상된다. 2045년에는 일본과 비슷하게 37%의 초고령사회, 2060년에는 65세 이상의 일본인이 38%인 데 비하여 한국인은 44%에 달하는 것으로 전망된다고 한다. 한국경제연 구원의 연구에 따르면, 우리나라의 고령화 속도가 최근 10년간 연평균 4.4%로 OECD 평균 2.6%의 1.7배가 되며, 현재의 고령 인구 비율은 15.7%로서 OECD 회원국 가운데 29위에 해당되고, 2048년에는 37.4% 로서 세계 최고령국가가 될 것으로 전망된다 한다. 한편 현재 고령화가 가장 많이 진행된 국가 중 하나인 일본은 1970년 고령화사회, 1994년 고 령사회, 현재 29%의 초고령사회이다. 중국은 2000년에 고령화사회가 되 었고, 미국은 2013년에 고령사회에 진입하였으며, 2020년에 초고령사회 에 진입한 대부분의 국가들은 유럽 국가들이다. 이러한 고령화 추세는 선진국들이 겪는 보편적 현상이다.

고령화의 원인은 무엇보다 저출산과 사망률 저하에 있다. 가정 또는 가족에 대한 인식이 변화하면서 비혼과 미혼이 늘어나고 무자녀를 선호 하는 경향도 증가하고 있다. 이러한 경향은 물론 청장년의 주거, 일자리, 양육 문제에서 오는 경제적 부담과도 밀접한 관계가 있다. 사망률의 저 하는 현대 의학의 발달과 복지 수혜로 기대수명이 연장되고 있기 때문이 다. 고령화는 생산가능인구(15~64세)의 감소로 국민총생산의 감축을 초 래하는 문제를 야기한다. 또한 청장년층의 부양 부담이 급격히 가중될 것이다. 생산가능인구 1백 명당 유소년인구(0~14세)와 고령인구(65세 이상) 수를 뜻하는 총부양비율은 2020년 38.6에서 2030년에는 53.0, 2040년에는 77.5로 가파르게 늘어 2070년에는 부양층보다 피부양층이 더 많은 102.8을 기록할 것으로 전망되고 있다.[4] 한편 사망자 수가 출생자 수보다 더 많아 인구가 감소하는 지방이 많아져 도시와 지방간의 불균형 발전도 문제거리다. 고령화는 또한 질병, 빈곤, 고독, 무직업에 따르는 사회 · 경제적 문제를 당연히 수반한다.

우리나라의 노인빈곤율은 OECD 37개 회원국 가운데 가장 높은 것으로 나타났다. 노인빈곤율이란 65세 이상 가운데 소득이 중위소득의 절반에 미치지 못하는 인구의 비율을 말한다. 2018년 43.4%로 OECD 평균 14.8%의 3배 수준이다. 노인빈곤율이 다소 감소 추세에 있어 2020년에는 38.9%를 기록하였다. 2019년 OECD 평균은 13.5%다. 고령화 속도가 매우 빠른데도 절반 가까운 노인이 경제적으로 곤궁한 상태에 놓여 있다. 주요 5개국인 미국(23.1%), 일본(19.6%), 영국(14.9%), 독일(10.2%), 프랑스(4.1%)와 비교해 보면, 격차가 최소 20% 포인트 이상일 정도로 한국의 노인 빈곤문제는 이미 심각한 상황이다.[5] 통계청의 '2021 고령자 통계'에 의하면, 2020년 기준 혼자 사는 65세 이상의 고령자 가구가 전체 고령자 가구의 35.1%인 166만 1천 가구에 달한다. 혼자 사는 노인 중 노후 준비를 하는 경우는 33.0%에 불과했고, 3명 중 2명꼴인 67%가 준비를 하지 않는다고 답했다 한다. 고령층의 자녀 부양에 기대는 비율도 낮아지고 있다. 60세 이상의 고령자 가운데 생활비를 본인이 스스로 마련하는 사람이 전체의 57.7%로 증가세로 나타났으며, 반면 자식이나 국가의 도움은 줄었다. 2020년 고령자 생활비 원천 비율은 자녀 도움은 10.7%, 국가와 지방자치단체의 보조는 11.1%였다. 우리나라의 국내총생산(GDP) 대비 공공사회복지 지출 비율도 OECD 평균인 20.0% 이하로 2019년 기준 12.2%이며, 이는 37개 회원국 중 34위 수준이다. 공공사회복지 지출은 노인, 가족, 근로 무능력자, 보건, 실업 등 9개 분야에 대한 지출을 의미한데, 상대적으로 노인에 대한 지출은 낮다.

서울 장지동 하훼마을에 사는 박미순(75세, 가명) 할머니는 매달 정부로부터 생계급여를 타지만 대부분 약값으로 지출한다. 외출은 엄두도 못 낸다. 집 앞 의자에 앉아 사람을 구경하며 하루를 보낸다. 같은 마을에 사는 동갑내기 김명자(가명) 할머니는 아픈 남편과 두 남매를 키우는데 청춘을 바쳤다. 지금은 기댈 데가 없다. 그나마 있는 아들딸은 실업과 이혼으로 형편이 안 좋다. 손을 벌리기도 미안한 처지다. 폐지를 주워 생계를 이어가고 있는 기초생활보장 수급자인 박병남(66세, 가명) 할아버지는 "나는 밥 벌려고 폐지 줍지만, 정부 일자리는 용돈 버는 노인들한테나 가능한 얘기"라고 토로했다. 대한민국의 노인들은 가난하다. 젊어서 누구보다 열심히 일했지만 남는 게 없다. 사회에서 만연한 저임금에 착취당했고, 가정에선 부모와 자녀를 모두 부양했다. 자신을 돌볼 여유가 없다. 노후를 준비할 제도적 수단도 없다. 국민연금, 퇴직연금, 주택연금 등 노후소득 보장제도들은 비교적 최근에야 도입됐다. 그 결과는 경제협력개발기구(OECD) 회원국 중 가장 높은 빈곤율이다. 대다수 노인이 가난을 강요받았다. 경제성장 과정에서 구멍 난 노인 복지는 아직도 제대로 메워지지 않고 있다. 2008년 기초노령연금, 2014년 기초연금(기초노령연금 개편)이 도입됐지만, 기초생활보장제도에 따른 생계급여 등과 중복 지급되지 않는다. 결국, 기초연금은 빈곤층 노인보단 차상위, 중산층 노인을 위한 제도로 운영되고 있다. 주유원, 매장 계산원, 아파트 경비원 등 노인들이 주로 종사하던 일자리는 키오스크, 폐쇄회로(CCTV) 등으로 대체되고, 그나마 노인의 주거안정을 위한 임대주택 공급은 '혐오시설'로 찍혀 공급지 인근지역 주민들의 반대로 추진이 지연되고 있다. 더 큰 문제는 미래의 노인이다. 현재 중장년층을 그대로 두면 미래의 빈곤층이 된다. 이는 사회·경제적으로도, 재정적으로도 후세에 부담이다.[6]

고령화와 노인빈곤 문제의 대응책으로는 첫째, 출산율을 높여서 고령화 속도를 완화시켜야 한다. 적정한 규모의 이민을 개방하고, 외국인 근로자들에게도 문호를 넓혀 생산 가능인구를 증가시켜야 한다. 둘째, 사적연금 지원을 강화하고 공적연금의 지속가능성을 제고하여 노후소득

기반을 보장해야 한다. 경로연금의 확대, 의료보험제도의 개선도 요구된다. 셋째, 고령층에게 양질의 민간 일자리를 확대 제공해야 한다. 이는 노동시장의 유연화와 직무·성과 위주의 임금체계 개편을 필요로 한다. 2016년에 60세 이상 고용율이 39.5%에서 2020년에는 42.4%로 상승했는데, 이는 정부의 세금 일자리 정책에 기인한 것이다. 넷째, 지자체가 부득이한 사유로 가족의 보호를 받을 수 없는 노인들에게 단기적으로 돌봄 서비스를 제공한다든지, 문화 격차를 해소하기 위하여 문화적 수혜를 누릴 수 있도록 교육과 기회를 제공하는 사회적 제도가 마련되어야 한다. 다섯째, 무엇보다 젊은 세대와 시민들이 노인들의 경험과 지혜를 긍정적으로 활용하고, 노인들을 존중하는 시민의식을 높이는 것이 필요하다.

라. 탈북민

탈북민은 북한이탈주민(North Korean defector)의 약칭으로서 북한을 이탈하여 제3국에 체류하거나 제3국의 협조를 받아 남한으로 들어온 북한 주민을 말한다. 「북한이탈주민의 보호 및 정착지원에 관한 법률」(1997)에 따르면, 탈북민은 '군사분계선 이북 지역(북한)에 주소, 직계가족, 배우자, 직장 등을 두고 있는 사람으로서 북한을 벗어난 후 외국국적을 취득하지 아니한 사람'이다. 시기적으로는 1953년 휴전협정 이후에 입국한 경우에 해당되며 그 이전에 월남한 북한 사람들은 실향민이라 한다. 북한이탈주민은 과거 약칭으로 탈북자, 새터민 등으로 불리었으나 현재는 탈북민으로 통일하여 부른다.

탈북민은 여러 가지 사유로 발생한다. 황장엽이나 태영호 전 주영 공사(현 국민의힘 국회의원)등 북한 고위층의 정치적 망명이 있었으나, 대부분 1995년 식량 사정의 악화 등 경제적 이유로 주로 발생하였다. 이들 경제적 탈북민들은 (1) 식량 획득을 위해 수일 내지 수주 동안 중국에 체류 후 귀환하는 단순월경자, (2) 조선족 친척 방문 등을 이유로 월경하여 상당기간 중국 내 불법 체류하는 장기체류자, (3) 북한귀환 의사가 없거나 돌아가지 못할 사정이 있어 일정한 거처 없이 장기간 은신·도피 생활을 하고 있는 탈북민 (4) 평소 남한 및 외국에 대한 동경으로 처음부터 동 국가 입국을 위하여 일시적으로 중국 또는 동남아 등 국가에 체류하는 탈북민 등으로 분류된다. (3) 유형의 탈북민에는 중국 체류 희망자, 제3국 정착 희망자, 한국 정착 희망자들이 모두 포함되어 있다. 따라서 우리가 탈북민의 문제를 다룰 때에는 (3) 및 (4) 유형을 두고 이야기해야 한다.

탈북민의 법적 지위는 어떠한가? 탈북민은 우선 북한 국적을 소지한 북한 인민이다. 따라서 국제법적으로 국적국인 북한만이 이들에 대한 대인고권(personal supremacy)을 갖고 외교적 보호권을 행사할 수 있다. 과거 우리 헌법의 제3조 영토조항에 의거 탈북민을 대한민국 국민으로 보고 자국민 보호원칙을 원용해야 한다고 주장하는 경우도 있었으나, 북한은 국제사회에서 엄연히 별개의 주권국가로 존재하고 있다. 따라서 탈북민들이 대부분 체류하고 있는 중국의 입장에서 탈북민은 정당한 여행문서나 입국절차를 거치지 않고 밀입국한 불법체류 외국인이다. 중국 정부는 탈북민을 식량난 등 경제적 사유에 따른 밀입국자 또는 불법체류자로 보고 있으며, 국제법상의 난민으로 인정하지 않고 있다. 이러한 경우 중국은 자국 영토에서 추방 또는 강제퇴거를 시킬 수 있는데, 북한과 체결한 '중·북한 변경지역관리에 관한 의정서(1986)'에 따라 탈북민들을 북한으로 송환시키고 있다.

그러나 우리 정부로서는 국제사회의 난민개념 확대 추세에 비추어, 탈북민들이 비록 인종, 종교, 국적, 정치적 견해 등을 이유로 하는 난민협약(1951) 상의 난민은 아니라 할지라도 식량부족이나 독재체제 등으로 인해 생존의 위협을 느껴 북한을 탈출했다는 점에서 광의의 난민의 범주에 속하므로 이들을 인도적으로 보호해야 하며, 재난발생지역인 북한으로 돌려보내서는 안 된다는 입장을 표명하고 있다. 한편 유엔난민기구(UNHCR)는 아프리카 및 중동 지역에서 천재지변, 내란, 기아 등으로 발생한 대량 피난민과 실향민들을 광의의 난민으로 간주하고 인도적으로 보호와 지원을 제공하고 있으며, 대부분의 국가들이 UNHCR의 난민지위 인정을 존중하고 보호활동을 반대하지 않고 있다. 그러나 난민 인정 관련하여 UNHCR과 특별협정을 체결하지 않는 한, 각국은 자국의 국내법 절차에 따라 난민 자격을 독자적으로 결정하고 있으며, 중국은 탈북민을 난민으로 인정하지 않을 뿐만 아니라 이들의 제3국 정착을 위한 UNHCR의 개입이나 제3국으로의 출국을 허용하지 않고 있는 것이 현실이다.

국내법적으로는 우리 헌법 제3조와 탈북민법 제1조에 따라 "북한 주민도 대한민국 국민"이며 따라서 대한민국 국민으로 본다. 정부는 해외 체류 탈북민 가운데 한국으로의 입국을 희망하는 자는 모두 수용하는 것을 원칙으로 하고, 제3국 정착희망자에게는 정착 지원을 제공하고 있다. 다만 탈북민의 국내 이송은 그들이 체류하는 국가들의 주권적 관할권을 존중하여 체류국 정부와의 협조 또는 양해 아래 이를 시행하고 있다. 또한 체류국 정부가 UNHCR의 개입에 동의하고, 이 기구를 통하는 것이 직접 처리하는 것보다 효과적일 경우에는 UNHCR에 협조를 요청하고 있다. 그러나 이러한 조치는 모두 정부 간 '조용한 비공개 교섭'을 통하여 인도적인 고려에서 이루어지고 있다. 왜냐하면 상대국 정부가 이러한 사실이 대외적으로 알려지는 것을 원치 않고 있기 때문이다. 만약 탈북민들의 한국 입국 또는 제3국으로의 정착 사실이 공개될 경우, 앞으로 자기

네 나라가 계속 탈북민들의 탈북 루트가 될 우려가 있고, 북한과의 관계 악화 가능성에 대하여도 염려가 되기 때문이다.

탈북민은 2019년 12월 현재 약 3만 3천 명이 한국으로 입국했고, 2020년도 실제 거주 탈북민은 약 2만 7천 명에 이르며, 2021년 9월 현재 신변보호대상 탈북민은 25,556명이다. 탈북민 숫자는 1999년에 1백명을 기록한 후 매년 증가하여 2000년대에는 1,500명대에 달하고 2019년 1천 명을 기록한 후 2020년에는 코로나 사태로 급감하였다. 탈북민이 입국하면 국가정보원 주관으로 자유누리센터(북한이탈주민보호센터)에서 탈북민 여부를 심사하고, 통일부 산하 탈북민 전문교육기관인 하나원(북한이탈주민정착지원사무소)에서 3개월 간 사회 적응 교육을 받은 후 한국 사회에 정착하게 된다. 이 과정에서 남북하나재단(북한이탈주민지원재단)이 각종 사업을 통하여 이들의 초기 정착부터 취업까지 지원한다.

통일부에 의하면, 2019년 탈북민의 성비는 남성 28%, 여성 72%이고 한국 생활에의 만족도는 74.2%로서 경제적, 문화적 적응도가 점차 상승하고 있다고 한다. 만족도의 이유는 자유로운 삶을 살 수 있다(30.5%), 일한만큼 소득을 얻을 수 있다(25.2%), 북한보다 경제적 여유가 있다(21.9%), 가족과 함께 생활할 수 있다(7.5%), 하고 싶은 일을 할 수 있다(7.3%)로 조사되었다. 한편 2019년 남북하나재단이 조사한 바에 의하면, 한국 생활 불만족 이유로 가족과 떨어져 살다(27.6%), 경쟁이 너무 치열하다(19%), 탈북민에 대한 차별과 편견(15.4%), 경제적 어려움(13.5%), 남한 사회 적응 어렵다(4.7%)가 있다. 탈북민의 한국 사회 적응 과정에서는 자본주의 및 민주주의 사회에 대한 이해와 자유경쟁 사회에서의 치열한 생존의 문제, 그리고 편견의 극복 등이 가장 큰 관건이다. 한국 사회에서의 적응에 실패하고 제3국에로의 재정착이나 북한으로의 귀환하는 사례도 적지 않음에 유의할 필요가 있다.

<표 3-3> 최근 10년 간 탈북민 입국 현황

구분	2010	2011	2012	2013	2014
남	591	795	404	369	305
여	1,811	1,911	1,098	1,145	1,092
합계	2,402	2,706	1,502	1,514	1,397
여성비율	75%	71%	73%	76%	78%

2015	2016	2017	2018	2019	2020(잠정)
251	302	188	404	202	72
1,024	1,116	939	969	845	157
1,275	1,418	1,127	1,137	1,047	229
80%	79%	83%	85%	81%	72.0%

[출처: 통일부, 통일백서 2021]

탈북민과 관련한 여러 문제점을 개선하기 위하여는 첫째, 중국 등 제3국에서 탈북민의 북송 조치를 억지하고 국내 유입을 원활하게 하는 것이다. 탈북민이 발생하면 정부는 재외공관을 통하여 주저하지 않고 신속히 체류국 정부와 조용한 교섭을 통하여 우선 탈북민의 북송 조치를 막고 이들에 대한 인도적 보호와 지원을 제공해야 한다. 정부가 남북관계를 고려하여 탈북민을 받아들이는데 소극적이라는 오해를 받지 않도록 해야 한다.

둘째, 탈북민 관련하여 평소 우리 민간 인권 및 구호단체들이 적극적인 지원을 아끼지 않고 있는데, 이들도 주재국 국내법을 존중하는 가운데 탈북민 업무를 추진하고, 정부의 조용한 교섭에도 협조해야 한다. 한편 정부는 2016년 제정된 「북한인권법」에 따라 설립되는 '북한인권재단'을 조속 출범시켜 북한 인권 조사 및 연구, 북한 주민에 대한 인도적 지원 업무를 수행하도록 조치해야 한다.

셋째, 탈북민의 정착 과정에 보다 실질적인 지원을 하고 특히 일자리 찾는데 도움을 주어야 한다. 탈북민은 대체로 여성이 많고 학력 수준도 낮아 고임금 일자리 얻기에 힘들고, 고위직 및 전문직 종사자들의 비중은 낮은데(8.8%) 이들마저 상응하는 마땅한 일자리나 처우를 받지 못하고 있는 실정이다. 정부는 남북관계 때문에 이들을 방치한다는 오해를 불식시키고 적극적인 조치를 취해야 한다. 한편 경찰과 지자체 간의 연계를 통하여 탈북민의 범죄피해예방과 지역사회 정착 지원을 강화해야 한다.

넷째, 무엇보다 우리 국민들이 탈북민에 대한 차별과 편견을 버려야 한다. 이념과 체제가 다른 사회에서 살아온 사람들을 이해하고, 특히 이들의 취업 등 경제생활 과정에서 협조하고 지역사회에서 포용하는 이웃이 되어야 한다.

마. 다문화가족과 이주노동자

'다문화가족'이란 결혼이민자 또는 귀화 허가를 받은 자와 대한민국 국적자로 이루어진 가족이며, 국제결혼 가족, 외국인 근로자 가족, 새터민 가족 등으로 나눌 수 있다(「다문화가족 지원법」 제2조). 다문화가족이라는 용어는 2003년 30여개 시민단체로 구성된 건강가정 시민연대가 기존의 혼혈아, 국제결혼, 이중문화 가족 등 차별적 용어 대신 다문화가족으로 대체하자고 권장하면서 사용하기 시작하였다. 국가와 지방자치단체는 다문화가족 구성원이 안정적인 가족생활을 영위하고 경제, 사회, 문화 등 각 분야에서 사회 구성원으로서의 역할과 책임을 다 할 수 있도록 필요한 제도와 여건을 조성하고 이를 위한 시책을 수립 및 시행하도록 되어 있다(상기 제3조). 또 여성가족부장관은 다문화가족 지원을 위하여 5년마다 다문화가족정책에 관한 기본계획을 수립하여야 한다.

다문화가족의 구성은 시대에 따라 변천되어 왔다. 1950년대에는 6.25 한국전쟁 이후 미군 병사와 한국 여성으로 구성된 가족이 많았다. 1980

년대 산업화와 더불어 외국인 노동자를 중심으로 다문화가족이 구성되었고, 1990년대에는 주로 결혼이민자와 한국인 배우자로 이루어졌다. 한편 2010년 이후로는 외국인으로 구성된 가족, 외국인과 귀화자로 이루어진 가족들이 많아졌다.[7] 현재 다문화가족 숫자는 2015년 88만 명에서 2020년 109만 명으로 늘어났다. 이는 우리나라 전체 인구의 2.1%에 해당되고, 다문화가족의 출산은 1.6만 명으로 전체 27.2만 명에서 6.0%를 차지한다. 따라서 다문화학생의 숫자도 증가하고 있다. 2012년 4.7만 명에서 2021년 16만 명으로 240% 크게 늘어났다. 반면에 전체 학생은 2012년 672만 명에서 2021년 532만 명으로 21%의 감소세를 보였다.[8]

다문화가족이 늘어나고, 이주노동자 및 외국인 거주자들이 점점 증가하고 있으나, 인구의 96%가 단일민족으로 구성된 우리나라에서 이들이 차별 없이 정착하고 생활하는데 여러 가지 문제점이 상존하며, 따라서 정부의 정책적 조처와 시민사회의 관심이 필요하다.

다문화가족의 가장 큰 애로사항은 다문화부모의 정착과 자녀의 교육 문제이다. 첫째로, 가족구성원 간의 갈등이다. 국제 결혼한 부부 간에 언어소통의 어려움, 경제적 빈곤, 생활습관과 사고방식의 차이, 문화적 차이에서 오는 대립과 불화다. 특히 한국인 남성과 동남아 여성과의 국제결혼에서 초기에 나타나는 현상으로서 이혼이나 가출로 이어지는 경우도 적지 않다. 이러한 문제는 궁극적으로 당사자들이 해결해야할 문제이나, 정부도 이들의 우리 사회 적응을 위하여 지원할 수 있는 조치들이 있다.

둘째, 자녀들의 교육 문제다. 학령기 자녀들의 학교생활 적응과 사회진출 지원 문제인데, 우선 이들이 언어문제와 기본 학력수준 등으로 인하여 희망 학력 수준이 상대적으로 낮다. 실제로 다문화가족 청소년과 국민 전체의 고등교육기관 취학률 간 차이가 18% 포인트에 달하고 있다 한다. 또 부모인 결혼이민자는 사회적 네트워크 및 한국 학교제도에 대한 정보 부족으로 자녀의 학습을 지도하는 데 어려움이 있고, 이로 인해 자녀의 학력 격차가 심화되는 측면이 있다. 셋째, 다문화가족 구성원에 대한 사회적 차별과 인식 부족이다. 지역사회에서 다문화가족을 수용하지 못하고 차별함으로써 직장 및 이웃 간에 정착하지 못하고 있는 이들을 더욱 어렵게 하고 있다. 이에 따라 학교에서도 다문화 자녀들에 대한 학생들의 차별 및 왕따 현상이 지속됨으로써 다문화가족의 한국 사회 정착이 지연되고 있다.

이러한 문제점들을 해소하기 위하여 정부나 사회단체들의 지원과 노력이 증가하고 있으나, 무엇보다 중요한 것은 우리 사회 및 국민들의 다문화가족에 대한 인식과 이해다. 다문화가족도 우리 국민의 구성원이고 특히 저출산 시대에 우리의 미래를 함께 책임 저야 할 동반자다. 지역사회에서 다문화가족을 포용하고 더불어 살기 위하여 지역사회 주민, 학생, 부모, 선생님들의 열린 마음과 태도가 가장 중요하다. 학교와 지역사회에서 다문화 이해교육을 실시하고, 각종 계기에 서로 소통하고 어울릴 수 있는 프로그램을 운영하도록 한다. 학교에서는 다문화 학생의 이중언어를 장려하고 재능을 개발토록 하여 스스로 정체성을 회복하고 우리 사회의 우수한 인재로 성장할 수 있도록 지원한다. 한편 법률상 다문화가족으로 인정되지 않아 자녀지원 프로그램 혜택을 받지 못하는 사각지대 해소를 위하여 다문화가족 범위를 확대하는 법적 조치도 요구된다.

다문화가족의 정착을 위하여 결혼이민자의 사회. 경제적 참여를 확대해야 한다. 결혼이민자에게 특화된 직업교육훈련을 실시하여 이들이 지역사회에서 농업, 제조업, 서비스업 등에 종사할 수 있도록 지원하도록 한다. 특히 결혼이민 여성에게 맞춤형 농업교육을 실시하여 이들이 안정적으로 농촌에 정착하도록 지원한다. 또 한국어 교육과 생활문화 체험교육을 지원하여 한국 사회생활에 빠르게 적응하도록 해야 한다. 한편으로는 결혼이민 여성이 가정폭력, 인권침해, 범죄피해를 당하지 않도록 예방하며, 실제로 피해를 입었을 때 '범죄피해 이주여성 보호 및 지원 협의체'로 즉각 연계해 피해 회복을 지원하도록 한다. 아울러 다문화가족을 위한 심리 상담 및 치료 서비스를 제공해야 한다.

다문화가족의 학령기 자녀들의 학교생활 적응과 사회진출 지원을 위한 정책이 요구된다. 이들이 언어 소통 및 학력 수준의 차이를 극복하고 일반 학생들과 동등한 위치에서 출발할 수 있도록 학교와 사회에서 지원해야 한다. 다문화 아동. 청소년의 기초학력을 제고하기 위하여 정부는 2022년부터 90개 가족센터에서 다문화가족 자녀를 대상으로 초등학교 입학 전후 읽기, 쓰기, 셈하기 등 기초학습 지원으로 '다배움 사업'을 시작한다고 한다. 또 중도입국 아동. 청소년이 한국어를 습득할 수 있도록 학교 내 한국어학급 설치를 확대하고, 학교 밖 중도입국 자녀를 위한 '레인보우스쿨'을 운영한다고 한다. 한편 다문화 학부모가 자녀를 학습지도할 수 있는 능력을 갖추도록 '다문화 부모학교'등을 설치하여 효율적으로 운영하여야 한다.

이주노동자

이주노동자란 취업을 목적으로 본래 살던 곳을 떠나 다른 지역이나 다른 나라로 일하러 가는 노동자를 말한다. 우리나라에서는 취업 자격으로 체류하는 외국인 중에서도 단순 기능에 종사하는 외국인을 주로 이주노동자라 하며, 정부의 고용허가제를 통해 입국한 16개국의 노동자들이 이에 속한다. 이들은 중국, 태국, 인도네시아, 베트남, 필리핀, 몽골, 스리랑카, 파키스탄, 방글라데시, 우즈베키스탄, 키르기스스탄 등의 사람들이며, 그 법적 지위는 「외국인 근로자의 고용 등에 관한 법률」(2004)에 따른다.

고용허가제에 따른 입국 숫자는 각국의 쿼타에 의거하며, 2021년 5만 2천 명이 입국하였다. 이들은 4년 10개월간 체류하며, 한 차례 연장하여 최장 9년 8개월 간 한국에서 일할 수 있다. 여기에 외국인 간병노동자들도 주요 이주노동자에 속한다. 2020년 외국인 간병인 수는 1만 7천 명으로서 전체 간병인의 46%에 해당되며, 외국인 요양보호사는 전체 7만 3천 명 가운데 0.6%에 해당된다.

이주노동자들의 노동 조건과 환경은 열악한 상태이다. 첫째, 장시간의 노동이다. 60시간 이상 일하는 비율이 29.8%로서 내국인 14.7%에 비해 2배가 넘는다. 이는 5인 미만 사업장이거나 농어촌근로기준법의 적용을 받지 않는 사각지대이기 때문이며, 주 52시간 근로나 연장근로제한 등에서 제외되어 있다.

둘째, 보험 수혜를 받지 못하거나 산재 신청의 어려움이 있다. 사업장 규모에 따라 또는 노동 직종으로 인해 4대 보험 제도 밖에 있는 사람들이 많다. 특히 외국인 간병노동자들은 그들의 근로자성을 인정받아 4대 보험 제도에 편입되기를 강력히 희망하고 있다. 이주노동자들의 산재신청과 허가도 극히 낮은 수준이다. 이들의 질병 산재신청은 내국인 신청자의 1.5%에 불과하며, 미등록 이주민(불법체류자)의 경우는 더욱 그러하다. 과로사의 정황에도 여러 제약으로 사인도 제대로 밝히지 못하고 적절한 보상을 받지 못하는 경우도 허다하다.

셋째, 낮은 임금과 체불, 열악한 환경 등이다. 이주노동자 간에도 임금 수준에 편차가 있으며, 소위 악덕고용주에 의하여 이주노동자들의 법적 지위 등을 악용한 임금 체불 또는 미불 사태가 발생하고, 열악한 거주 환경으로 건강과 생명을 해치는 경우도 있다.

넷째, 이주노동자에 대한 인종 및 직업, 종교에 따른 차별과 인권 침해다. 이러한 차별은 다문화가족과 이주노동자의 자녀들에게도 적용되나 최근의 학교생활에서는 다소 개선되어 가고 있다할 수 있다.

유엔은 1990년 12월 제45차 총회에서 '모든 이주노동자 및 그 가족의 권리에 관한 국제협약'을 채택하고, 부적법한 상태에 있는 노동자를 포함한 모든 이주노동자가 향유할 권리와 노동자와 그 가족의 인권을 보호하도록 하였다. 우리나라에 체류 중인 미등록이주민은 2020년 말 39만 2천명으로 전체 이주민의 19%에 해당한다. 이들은 코로나 방역과 노동력 부족 해소를 위해서라도 합법화해줄 것을 요구하고 있다. 적법한 이주노동자들의 권리와 인권보호에도 정부의 철저한 관리가 필요하며, 우리 국민들도 과거 우리 국민의 해외 취업 역사를 돌이켜보고 이들을 우리의 이웃으로 생각하며 배려해야 한다. 더군다나 이주노동자는 우리 국민의 일자리를 빼앗는 것이 아니라 질 낮은 일자리 소위 3D 일자리를 메우는 것이 현실이다. 이들이 우리의 일상생활과 산업의 근간을 받쳐주는 역할을 하고 있음을 잊지 않아야 한다. 마치 한국, 멕시코 등 해외 이주노동자들이 뉴욕 등 미국 대도시의 제조업과 서비스업 등의 근간이 되어 왔던 것처럼…….

3. 기부·나눔과 봉사

기부란 남을 돕기 위한 자선이나 공공사업을 지원하기 위하여 돈이나 물건 따위를 대가 없이 제공하는 것을 말한다. 남을 돕는 것에는 자신의 몸과 재능으로 하는 자원봉사도 있다. 기부는 재력이 있는 사람이나 단체, 또는 종교단체가 주로 하여 왔으나 현대에는 일반 시민들도 다양하게 참여하고 있다. **노블레스 오블리주**(Noblesse oblige)는 '귀족은 의무를 갖는다'라는 프랑스어로서, 부와 권력은 그에 상응하는 책임과 의무를 수반한다는 의미를 가진다. 역사적으로 귀족 등 상류층과 사회 지도층이 솔선수범해온 기부와 봉사를 한마디로 표현한 것이며, 오늘날도 권력과 부를 향유하는 사회 지도층에게 은근히 요구하는 말로도 사용된다.

파리 로댕박물관 뜰에 보면 '칼레의 시민'이란 청동 조각품이 서있다. 14~15 세기중의 영국과 백년전쟁으로 오랫동안 싸우던 프랑스의 칼레시(市)가 영국에 항복하자, 영국 왕 에드워드 3세는 "모든 칼레 시민의 목숨을 살려주는 대신에 6명의 시민 대표를 처형하겠다."라고 선언한다. 전 시민을 살리기 위해 어느 6명이 대표로 희생할 것인가를 놓고 의견이 분분하던 가운데 도시의 최고 부호였던 생 피에르가 자신이 처형당하겠다고 솔선해서 나섰다. 이 모습을 본 많은 칼레의 고위층 인사들이 스스로 죽음을 자청하여 그 가운데 5명이 뽑혀졌다. 교수대에서 사형 당하기 직전, 오랜 세월 임신하지 못했던 영국 왕비가 임신에 성공하여 자비를 베풀어 이들 6명은 기적적으로 목숨을 건지게 된다. 이 애국적 이야기가 후에 희곡으로 쓰여지고, 로댕의 조각 작품으로 만들어지게 되었다.

위 칼레 시민 이야기는 역사적 근거가 없다는 말이 많으나 오늘날 노블레스 오블리주의 대표적인 예시로 회자되는 일화이다. 영국 왕실과 귀족들도 노블레스 오블리주의 대표적 모범을 보이는 것으로 잘 알려져 있다. 전시에는 왕실과 귀족들이 자원하여 참전하는데, 실제로 왕실과 왕실에 속한 귀족들은 자체적으로 모두 장교로 입대하도록 규정되어 있으며, 여성들도 예외가 아니라는 것이다.

기부 · 나눔의 전통

유대인 탈무드 제1장〈씨앗〉편에 "추수를 다하지 말고 남겨두며, 땅에 떨어진 낟알은 거둬들이지 말라."고 쓰여 있다. 가난한 사람들을 위한 배려다. 구약성서 〈룻기(Ruth)〉에서도 과부 며느리 룻이 시어머니 나오미와의 생계를 위하여 동족 보아스의 밭에서 추수 때 이삭을 줍는 모습이 나온다. 주인 보아스는 룻과 가난한 사람들을 위하여 추수한 밭고랑에서 이삭을 줍게 배려한다. 보아스가 룻을 취하여 아내로 삼고, 후일 이들의 증손자로 다윗이 나온다. 가난한 사람들에 대한 나눔의 정신은 이들의 삶 속에 살아있다. 지금도 유대인 가게는 안식일을 맞이하는 금요일 오후에 상품들을 봉투에 싸서 가게 앞에 내놓고 문을 닫는다. 가난한 사람들이 필요한 물건을 자유롭게 가져가도록 하기 위함이다. 유대인들은 또 어린이에게 저금통을 2개 선물하는데, 하나는 자신을 위한 것이고 다른 하나는 가난한 자를 위한 것이라 한다.

불가에서 말하는 보시(布施)는 원래 자신의 돈이나 물품 등을 어떤 조건이나 바라는 것 없이 자비의 마음으로 다른 사람에게 베푸는 것을 말한다. 후에 신도들이 절의 불사를 위해 자신의 돈, 물품을 바치거나 승려에게 음식을 공양하는 것으로 통용되었다. 보시에는 부처님의 법을 원하는 자에게 설법하는 법보시(法布施), 가난한 사람들에게 재물을 주는 재보시(財布施), 공포에 휩싸여 있는 중생들에게 두려운 마음을 없애주는 무외시(無畏施) 등으로 나뉜다. 불사는 현세의 희망과 내세의 공덕을 기리는 일인데, 진정한 재보시는 아무런 조건 없이 또 자신의 공덕과 관계없이 다른 사람에게 베푸는 일이다.

로마의 집정관과 귀족, 그리고 제국의 황제들은 국가가 위기에 처할 때마다 개인 재산을 정부에 헌납하였다. 집정관은 전쟁에 승리한 후 개선하여 전리품을 기증하고 공공사업을 추진하였다. 로마 귀족들은 여러 특권을 누리는 대신 공공봉사와 기부를 의무와 명예로 여겼으며, 이 전통은 유럽에서 뿌리내려 기부와 봉사의 문화로 자리 잡고, 미 대륙으로 건너가 확대 발전하게 된다. 미국의 기부 문화는 주로 기업가들에 의하여 형성되었다. 철강왕 앤드루 카네기가 65세인 1900년에 철강회사를 매각하여 도서관 3천개의 설립과 교육·과학·문화·예술 분야에 쾌척하고, 전쟁 예방을 위한 기금도 설립함으로써 기부 전통의 시초가 되었다.

그 뒤를 석유왕 존 록펠러와 자동차왕 헨리 포드 등이 따름으로써 기부는 미국 사회의 전통이자 문화로 자리 잡게 되었다.

우리나라에는 '소욕다시(小慾多施)'(욕심은 적게 내고 많이 베풀어라)라는 말이 있지만 기부의 전통이나 문화가 정착되어 있지는 않다. 역사적으로, 경주 최 부자 가문이 17세기 이후 3백년에 걸쳐 "사방 백리 안에 굶어 죽는 사람이 없게 하라."는 가훈 아래 큰 재산을 기부하였다. 조선 정조 시대에 제주 거상 김만덕은 제주도민의 구호에 힘쓰고 사후 전 재산을 제주 빈민에게 기부하도록 하였다. 현대에 이르러서는 유한양행의 설립자 유일한 박사가 회사 경영권을 가족이 아닌 다른 사람에게 이양하고 세상을 떠나면서 전 재산을 사회와 교육에 기증함으로써 기업인의 모범을 보였다.

기부의 현황

기부는 자신이 만들어낸 부를 자식에게 물려주는 것보다는 사회에 환원하면서 사회적 약자를 돕고 '선한 영향력'을 퍼뜨린다. 사람들은 "왜 기부하는가?"라는 질문에 대부분 '행복감' 때문이라고 답한다. 미국의 부호 워런 버핏도 "행복해지기 위해서" 기부한다고 답했다. 카네기도 "베푸는 것 자체에서 기쁨을 얻을 때 행복해질 수 있다."라고 말하였다. 기부의 방식으로는, 거액을 한 두 차례에 걸쳐 쾌척하거나, 소시민의 생활 속에서 꾸준히 소액을 기부하는 경우가 있다. 또 재물이 아니라 자신이 갖고 있는 재능을 기부하거나 봉사하는 경우도 많다. 거액 기부 방식의 하나로 **기빙 플래지**(The Giving Pledge)가 있다. 세계적인 부호 빌 게이츠와 워런 버핏이 설립한 기부클럽으로서, 10억 달러 이상의 자산가가 재산의 절반 이상을 기부하기로 서약하여 회원으로 가입한다고 한다. 2010년에 40명으로 출발하여 2021년 현재 25개국의 220명이 가입해 있다고 한다. 마크

저그버그, 일론 머스크, 레이 달리오 등도 회원이다. 우리나라에서는 배달의 민족 창업자 김봉진 우아한형제들 의장에 이어 김범수 카카오이사회 의장이 이 클럽에 가입하였다.

우리의 경우 1억 원 이상을 기부한 사람들의 '아너 소사이어티(honour society)'가 활성화하고 있다. 또 자산가나 기업인의 거액 기부 사례도 늘어나고, 최근 사회취약계층을 위한 기업의 사회기여 및 봉사활동이 활발해지고 있다. 코로나 시국의 지속과 함께 기업의 사회적 책임 활동으로 다음과 같은 사례가 대표적으로 언론에 거론된 바 있다.[9]

삼성전자는 보호종료 청소년의 자립지원 프로그램 '삼성 희망디딤돌'을 운영하고, 삼성 전자계열사와 함께 청소년 사이버폭력 예방을 위한 '푸른코끼리' 교육 사업을 개시했다. 한화그룹은 'hy 홀몸노인 돌봄사업'을 진행 중이고, 시각장애인을 위한 점자달력 제작 및 무료배포를 한다. 또 국내외 친환경 숲을 조성하는 '한화 태양의 숲' 프로젝트를 펼치고 있다. LG화학은 청소년 환경지킴이 사업으로 'Like Green' 캠페인을 추진하고, LG디스플레이는 임직원 사회공헌 기금을 조성하고, 소외계층 어린이들의 정보격차 해소를 위한 'IT 발전소사업'을 진행하고 있다. 롯데지주는 군장병 자기계발을 위한 독서카페 '청춘책방'을 열고, 효성은 경력단절 여성 및 장애인 취업 지원과 함께 장애인을 위한 '배리어프리 영화'를 제작 지원한다. SK는 '한끼 나눔 온(溫)택트 프로젝트'를 시작하고 취약계층과 영세 음식점을 동시에 지원한다. 현대자동차그룹은 '대학생 교육봉사단 H—점프스쿨'을 통해 소외 청소년교육을 지원한다. GS건설은 '꿈과 희망의 공부방' 사업으로 저소득층 어린이를 위한 공부방을 제공한다. 하이트진로는 중소상공인들을 위한 방역 지원 서비스를 시작하였고, 동서식품은 미래의 꿈나무들을 위한 '꿈의 도서관' 사업을 진행하고 있다. 동양생명은 건강한 사회문화 확산을 위해 '수호천사 봉사단'이 활동하고 있다.

사회적 약자와 미래 세대를 위한 기부 · 나눔 · 봉사는 정부나 기업, 재력가, NGO만의 몫은 아니다. 사회 구성원 모두가 참여해야 한다. 영국의 자선단체 '자산지원재단(CAF)'은 갤럽과 함께 매년 각국 사람들의 기부 및 자원봉사에 관한 지수를 조사하여 **세계기부지수**(WGI)를 발표하고 있다. 즉, 지난달에 자선단체에 기부한 적이 있는가? 봉사활동을 한 적이 있는가? 도움이 필요한 낯선 사람을 도와준 적이 있는가? 를 종합하여 비율을 내는 방식이다. CAF가 2019년에 2009년부터 2018년까지 10년간의 종합 지수를 발표하였는데, 미국(58%), 미얀마, 뉴질랜드, 호주, 아일랜드, 캐나다, 영국, 네델란드, 스리랑카, 인도네시아(50%) 순이었다. 중국(16%)이 126개 국 중 가장 하위이고, 그리스, 에멘, 세르비아, 팔레스타인, 러시아 순으로 올라갔다. 우리나라는 32%로 57위에 기록되어 있다. 2020년도 세계기부지수로 살펴보면, 상위 10개국은 인도네시아(69%), 케냐, 나이지리아, 미얀마, 호주, 가나, 뉴질랜드, 우간다, 코소보, 태국(46%)이다. 우리나라는 24%로 114개국 중 110위이고, 일본은 12%로 꼴지 114위에 해당된다. 하위 10개국은 라트비아(23%), 프랑스, 파키스탄, 레바논, 모로코, 한국, 이탈리아, 벨지움, 포르투갈, 일본(12%)이다. 대체로 부유한 선진국 시민들이 기부에 많이 참여하나, 부유하지 않은 미얀마, 스리랑카, 인도네시아 등은 종교적 이유로 기부율이 높은 경우이다. 그러나 2020년의 경우에는 코로나로 타격을 받은 유럽 국가들이 저조하고, 도리어 아시아, 아프리카 지역 국가들의 기부 참여도가 경제력에 관계없이 높아졌다.

〈사진 3-4〉 시민사회단체의 해외봉사활동

　　동북아 3개국 즉, 한국, 일본, 중국은 낮은 기부율을 보여 왔으며, GDP등 경제력에 비하면 더욱 그러하다. 이들 국가의 기부에 대한 소극적 자세는 역사적으로 시민들이 오랫동안 빈곤을 겪어 왔고, 보수적이고 폐쇄적인 성향으로 낯선 사람에 대한 배려와 관심에 익숙하지 않은 생활을 한데서 기인한 것으로 보인다. 우리나라 통계청이 발표한 〈2019년 사회조사〉에 의하면, 우리나라의 기부 경험율은 25.6%이다. 13세 이상 1인당 평균 기부 횟수는 2.2회이고, 1인당 평균 기부금액은 97.3천 원이다. 기부하지 않는 이유에 대하여 설문한 결과, 경제적 여유가 없어서(51.9%), 기부에 관심이 없어서(25.2%), 기부단체에 대한 불신 때문에(14.9%)가 주요 사유로 드러났다. 코로나19 사태로 기부율도 줄어들었을 뿐만 아니라 2020년 봉사활동 인원도 전년 대비 46.7%나 감소했다.

기부의 일상화

　　"경제적 여유가 없어서"라든지 "우리도 굶는 사람 있는데 해외원조는 무슨 원조냐"라는 말을 종종 듣는다. GDP 순위 세계 10위인 한국으로서 얼마만큼 넉넉해야 남을 도울 수 있는지, 어느 정도 선진국이 되어야 외국에 원조를 할 수 있는지 알 수 없다. 세계기부지수로 보면 부유국 가운데도 기부율이 낮은 나라가 있고, 가난한 나라인데도 기부율이 높은 국가들도 있다. 또 개인적으로도 가난한 사람들이 기부와 나눔에 앞장 선 경우도 많다.

하루는 마리아 테레사 수녀가 마을 주민으로부터 인근에 8명의 자녀를 둔 힌두교도 가족이 굶고 있다는 말을 듣고 찾아가 쌀을 제공하였다고 한다. 그러자 이 힌두교도는 곧바로 받은 쌀의 절반을 싸가지고 나가더니 옆집에 사는 또 다른 8명의 자녀를 둔 이슬람교도 가족에게 주고 돌아왔다는 일화가 있다. 우리 주위에도 가난한 사람들의 기부와 나눔 이야기가 넘쳐난다. 일생 동안 폐지를 모아 저축한 돈을 말년에 학교에 모두 기부한 김말례 할머니, 남한산성 길목에서 김밥을 팔아서 모은 전 재산 6억 5천만 원을 초록우산어린이재단에 기부한 박춘자 할머니, 기초생활수급자이면서 12년째 기부해온 전주의 중증장애인 부부, 작은 회사를 빠듯하게 운영하면서도 지난 10년간 10억 원이 넘는 기금을 기부해온 대구의 키다리 아저씨, 매 연말이면 쌀 또는 기부금을 일정 장소에 익명으로 놓고 가는 사람들...

따라서 부자가 기부를 많이 하고 가난한 사람들은 여유가 없어서 기부나 나눔을 잘 하지 못한다는 설명이 전적으로 옳은 것은 아니다. 기부나 봉사에 대한 개개인의 생각과 행동 그리고 습관에 달려있다. 어떻게 하면 기부에 대한 시민의식을 높이고 일상화할 수 있는가? 첫째, 사회 지도층과 부유층의 모범적 기부가 증대되고 보편화되어야 한다. 반드시 유명 기부클럽에 가입하지 않고도 아무 때나 기부를 할 수 있어야 한다. 홍콩 톱스타 주윤발은 "돈은 내 것이 아니라 잠시 보관하는 것일 뿐"이라며 전 재산 8천 1백억원을 사후 사회 환원하겠다고 발표했으며, 방송인 오프라 윈프리는 연예계의 기부왕으로 다양한 분야에 지속적으로 거액을 쾌척하고 있다. 우리나라 이수영 회장은 카이스트에 766억원을 기부했는데, 어린 시절 부모님이 어려운 사람들에게 베푸는 것을 보고 자라며 나중에 돈을 벌면 사회에 환원하겠다고 마음먹었다 한다.

둘째, 시민들의 기부에 대한 인식이 바뀌고 기부가 습관적으로 일상화가 되어야 한다. 경제적 여유가 있어야 기부한다는 생각을 버리고, 큰돈이 아니라도 기부를 아무 때나 또는 정기적으로 하는 습관을 가져야 한다. 어디에 어떻게 기부할 것인가는 개별적으로 주위 또는 구호·자선단체를 선정하는 방법도 있겠으나, 기부 단체에 관한 정보를 통합적으로 제공하기 위하여 행정안전부가 2021년에 개통한 〈1365 기부포털〉을 활용하면 보다 간편하고 안전하게 기부할 곳을 알아볼 수 있을 것이다. 2020년에 20대 젊은이들의 기부가 전년 대비 23.8% 상승했다는 것은 고무적인 현상이다. 이들은 복잡한 절차보다는 비정기적이고 간편한 방법을 선호한다. 온라인 크라우드펀딩 방법이나 팬덤 기부를 찾고, 재능 기부나 자원봉사, 캠페인 참여 같은 나눔 활동에도 관심이 많다. 기부도 소비처럼 간편하고 일상적으로 하는 습관이 필요하다.

셋째, 기부금의 사용이 투명해야 한다. 기부단체나 개인 온라인 모금 등에서 기부금의 사용이 목적과 다르거나 유용되는 사례가 발생함으로써 기부단체에 대한 불신 때문에 선뜻 기부를 할 수 없다는 우려도 있다. 전술한 〈1365 기부포털〉은 기부금품 모집등록 절차를 전산화하고 기부금품의 모금 및 사용 관련 서류를 공개함으로써 기부의 투명성을 높이고 건전한 기부문화를 조성하기 위하여 발족한 것이다. 기부단체나 NGO 등은 기부금이나 기금 모집 과정과 사용 및 회계결과를 투명하게 공개하고, 이를 어기거나 목적 외 사용 또는 유용하였을 경우에는 반드시 이에 상응한 법적 조치가 뒤따라야 한다.

넷째, 기부 문화를 확산하고 활성화하기 위하여 법적 제도적 개선을 해야 한다. 우선 「기부금품의 모집 및 사용에 관한 법률」을 시대에 맞게 개정하여, 지나친 모금 규제를 완화하고, 효율적인 관리·감독을 위한 보완조치를 강구해야 한다. 국세청 통계에 의하면 우리나라의 2018년 기부금 규모는 13조 9천억 원인데 이 가운데 기부금품법에 따라 관리. 감독되는 금품 규모는 4.3%인 6천억 원에 불과하다 한다. 또 온라인 개인 모금에 대한 관리. 감독을 실시하고, 성행하는 개인 불법모금도 규제해야 한다. 세제 개선으로 생전에 재산을 기부할 경우 증여세를 감면하거나, 사후 유산을 기증하면 상속세를 감면하는 조치를 법제화 필요가 있다.[10] 또 기부액의 일정 비율을 본인이나 가족에게 일정기간 지급하는 기부연금제도의 도입도 검토해야 한다. 제도적으로는, 기부금품 모집 등록 절차를 일원화하여 중복 규제를 해소하고, 기부단체가 정부 기관(지방자치단체, 국세청, 등록 주무관청)에 제출하는 사용 및 회계 관련 보고서를 통일시켜주는 조치가 필요하다.

이런 이야기가 있다.

"한 시간을 즐겁고 싶다면 낮잠을 자고, 하루를 즐겁고 싶다면 낚시를 가라. 한 달을 행복하게 살려면 결혼을 하고, 일 년을 행복하게 살려면 재산을 물려받아라. 그러나 일평생 행복하게 살고 싶다면 다른 사람을 도우라."

제 4 장

예절과 매너

제4장

예절과 매너

교양인으로서 갖추어야 할 첫 번째 소양은 예절과 에티켓 및 매너이다. 동양에서는 예절이라 하고 서양에서는 에티켓 및 매너라고 부른다. 이 모두가 사회에서 타인과의 관계를 원만하게 갖기 위한 말과 몸가짐의 일정한 준칙이나 규범이라는 점에서 유사한 역할을 한다. 이는 동·서양 모두 오랜 사회생활 속에서 쌓여온 문화의 일종이다. 교양인은 이러한 문화에 익숙하고 일상에서 이에 따라 행동해야 한다.

1. 예절(禮節)

예절은 예의범절(禮儀凡節)의 준말로서 사람이 일상생활에서 지켜야하는 예의와 제반 절차를 말한다. 예의는 예(禮)와 의(儀)의 합성어이다. 예(禮)는 유교적 제의(祭儀, cult, rite)의 어원적 의미를 갖고 인간사회의 제반 행동준칙과 규범이라고 이해된다. 주희는 예를 '하늘 이치의 절도 있는 문채요, 인간 사무의 본이 되는 행동규범'이라고 정의하였고, 공자는 논어에서 '예를 모르면 사회에 설 수 없다'라고 가르쳤다. 실제로 예는 인간 삶의 중대한 일 관혼상제에서부터 이웃과의 일상적 교제에 이르기까지, 음식·의복과 앉고 일어나며 나아가고 물러나는 모든 동작을 규정하는 등 생활 전반에 걸쳐 핵심적 기능을 수행한다. 따라서 유교사회의 통치 기능과 더불어 유교문화의 특징을 '예교문화(禮敎文化)'로 규정짓기도 한 다.[1]

의(儀)는 거동, 법도, 본보기라는 뜻을 가진 글자이다. 올바른 법, 정 의의 뜻인 의(義)와 구분하여 '사람의 올바른 행동, 본보기'라는 뜻이다. 따라서 예의는 '사람이 일상생활에서 지켜야하는 행동 준칙과 본보기'라 고 정의할 수 있다. 일반적으로 사람들은 예의가 '있다' 또는 '없다'로 다 른 사람을 평가하는데, 이는 다른 사람과의 관계에서 말과 몸가짐이 보 편적인 행동준칙에 맞춰 바르냐 바르지 못하냐를 구분하는 말이다. 범절 (凡節)은 모든 일의 순서와 절차를 뜻한다. 따라서 예의범절 또는 예절은 '사람이 일상생활에서 지켜야할 보편적인 예의와 제반 절차'라고 규정할 수 있다. 통상 '예절이 바르다, 바르지 못하다'고 하거나 '예절에 맞다, 맞 지 않다'고 하는 것은 정해진 어떤 준칙을 전제로 하고 있는 것이다.

예절은 한 인간을 법도에 맞게 수양하고 인격을 형성토록 하여 사회 생활에서 대인관계를 바르고 원만하게 하는 역할을 한다. 예절에는 두 가지 기능이 있다.[2] 하나는 수기(修己), 즉 자기 관리의 기능이다. 이는 정 성스러움이 기본이 되어 스스로 예절을 지키며 항상 조심하고 삼가는 것 을 말한다. 자신을 다스리는 의지적 노력을 통하여 자존감과 인격적 성 숙을 이루는 것이다. 둘째는 치인(治人), 즉 원만한 대인관계의 기능이다. 자신의 욕구를 절제하고 이익과 권리를 적절히 양보하여 모든 사람이 서 로 편히 잘 지내는 사회를 만드는 것이다.

예절의 근간인 예법 또는 준칙은 시대에 따라 변한다. 또 지나친 예법 의 준용은 예의 본질보다는 형식에 치우치게 되어 과거 조선시대 사회에 서 부정적 영향을 끼쳤고 근대사회에서는 서양문물의 도입과 함께 혼선 을 가져왔다. 우리나라가 동방예의지국이라고 알려진 것은 고대사회에서부터 예를 존중하고 예가 발달했기 때문이다. 삼국시대와 통일신라 때에는 의례문화가 향상되었고, 고려시대에는 국가의례가 정비되고 〈가례(嘉禮)〉의 보급이 시작되었다. 조선 초기에는 가례의 시행이 확산되고 후기에는 가례가 대중적으로 확산되었다. 17세기에는 예학의 융성한 발전으로 '예학시대'로 일컬어졌으나 의례와 예법에 관한 지나친 논쟁은 당파적 정쟁을 일으킨 원인 가운데 하나가 되었다. 1910년 국권 상실과 서양문물의 보급이 확산됨에 따라 국가의례의 급격한 붕괴가 일어나고 더불어 가정의례도 혼선에 빠지게 되었다. 광복 이후 기존 의례의 형식적 폐단을 개혁하기 위하여 1969년 정부가 〈가정의례준칙〉을 제정함으로써 시대와 우리 국민 생활에 맞는 예법으로의 변화를 가져왔다.

한 언론기관이 예의에 관한 설문조사를 하였는데,[3] 세대에 따라 예의의 개념이 바뀌고 있다는 것과 예의의 주객전도 경향을 보여줬다. 첫째의 경우는 '수직적 예의'에서 '수평적 예의'로 예의의 결이 바뀌고 있다는 것이다. 밀레니얼 세대는 나이, 권력에 따른 예의 개념이 아니라 인권, 평등, 인격존중 등을 예의로 본다. 조직 내에서도 예의를 둘러싼 인식차가 드러나는데, 밀레니얼 직원은 사생활을 침범하지 않기 위해 '선을 지키는 것'이 예의라고 생각하고, 기성세대에선 선(장벽)을 걷어내고 챙겨주는게 예의라고 생각한다. 둘째의 경우는 예의의 주체는 나이고 객체는 상대방이어야 하는데, 역으로 상대가 나에게 먼저 베풀어야 하는 것으로 여긴다는 것이다.

즉, 설문에서 "나는 예의 바른 사람이라고 생각하는가"라는 질문에 '그렇다'가 48.3%, '아니다'는 7.7%였다. "평균적으로 남들은 예의 바르다고 생각하는가"라는 물음엔 '그렇다'가 28.9%로 급감하고 '아니다'는 14.5%를 보였다. 나는 예의를 지키는데 상대적으로 남들은 무례하다고 생각하는 사람이 많다는 얘기다. 결국 타인과 자신에게 이중 잣대를 적용하는 셈이다. 예의란 나를 먼저 바르게 하고 남을 배려하는 것인데 상대가 나에게 먼저 베풀어야 하는 것으로 여기고 있기 때문이다.

이러한 것들이 나타난 사회현상이 바로 소위 '내로남불'이나 '님비'현상, 진영논리이다. 소위 혐오시설 또는 불편한 공공시설 등의 사회적 필요성을 인정하면서도 내 집 내 동네 근처에는 못 들어오게 결사반대하는 상황을 도처에서 볼 수 있다. 장애아를 위한 특수학교 설립에 극구 반대하여 학부형들이 무릎을 꿇고 울며 호소했던 사건이 서울 한 복판에서 일어나지 않았던가. 공공임대 아파트 제도가 왜 활성화되지 않는가? 과거 민주주의와 인권 그리고 사회정의를 부르짖고 대중들을 선도하며 군자나 우상처럼 행세했던 사람들이 자신과 주위의 문제들에 대하여는 다르게 처신하며 이중 잣대를 적용하여 젊은이들을 혼돈에 빠뜨리고 기성사회에 대한 실망과 불신을 야기 시키고 있다. 옛날에는 틀리고 지금은 우리가 맞다는 식으로 자신들의 진영이 하는 것은 모두 옳다고 보호하며, 다른 진영에서 하는 일은 무조건 비난하는 현상이 정치에서 특히 심화되고 있어 사회와 국론의 분열이 우려되는 시대이다.

예절은 아기 때부터 보고 배워야 한다. '남녀 칠세 부동석'은 이제 사라진 옛 고루한 예절이지만 우리가 어렸을 때부터 예절교육을 분명히 했다는 증거 중의 하나이다. 예절교육은 가정으로부터 시작하여 학교, 사회에서 계속 지속되어야 한다. 예절은 동양의 예교문화의 일부이다. 이 예절에 해당되는 서양의 문화가 바로 매너(manners)와 에티켓(etiquette)이다.

2. 에티켓과 매너

에티켓과 매너의 뜻

에티켓(etiquette)과 매너(manners)의 뜻은 동양의 예절이나 예법과 같은 뜻이다. 사람이 사회생활을 해 가는데 있어서 지켜야 할 몸가짐과 행동 규범이다. 그러나 에티켓과 매너에는 다소의 차이가 있다. 영국의 옥스퍼드 사전은 다음과 같이 풀이하고 있다.

Etiquette(에티켓):

- rules for formal relations or polite social behaviour among people, in a class of society or a profession
(어떤 사회나 직업군에 있어서, 사람들 간의 공식관계 또는 예의바른 사교적 행동을 위한 규범)

Manner(매너):

- (단수) person's way of behaving towards others
(타인에 대한 행동거지의 방법)

- (복수) habits and customs ; social behaviour
(습관과 관습 - 사회적 행동)

위 에티켓과 매너의 차이를 구분할 수 있도록 몇 개의 사례를 보겠다.

- You will be able to learn all about court etiquette.
(너는 궁중예절에 관한 모든 것을 배울 수 있을 것이다)

- He's never learned any of the drinking etiquette, has he?
(그 녀석 주도를 하나도 못 배웠네, 그치?)

- He has an awkward manner. I don't like his manner.
(그는 이상한 습관을 갖고 있다. 나는 그 사람의 매너를 좋아하지 않는다)

- It's a bad manners to stare at people.
(사람을 빤히 바라보는 것은 나쁜 매너이다)

- Arn't you forgetting your manners, Anne?
(앤아, 너 예의를 잊어 버렸니? … 선물을 받고 고맙다고 인사하는 것을 잊어버린 아이에게 하는 말)

에티켓은 사회생활의 규범이며 형식인가 하면 매너는 그것의 구체적인 표현 방법이며 행동양식이다. 에티켓은 예법이고 매너는 예의이다.

에티켓은 포괄적이며 매너는 세부적이다. 에티켓은 "있다" "없다"로 표현하고 매너는 "좋다" "나쁘다"로 평가한다.

예를 들어 서양에서 Lady first(여성존중 정신)를 모든 일상생활에서 지키는 것은 에티켓이며, 여성이 엘리베이터에 먼저 타도록 한다든지 차에서 내리는 여성의 손을 잡아준다든지 여성이 편히 앉도록 의자를 빼어 준다든지 하는 것은 매너이다. 어른을 보면 인사하는 것은 에티켓이고, 공손하게 인사를 잘 하는 것 또는 모자를 벗고 인사하는 것은 매너이다. 그러나 때로는 일상생활에서 에티켓과 매너가 구분이 잘 안 되는 경우도 있고 또 혼재하여 사용되는 사례도 있으므로 에티켓이냐 매너냐로 다툼을 할 필요는 없다.

에티켓과 매너의 어원

에티켓은 프랑스 고어에 기원을 두고 두 가지 설이 있다. 그 하나는 17세기 프랑스의 루이 14세가 상주하던 베르사유 궁전을 방문하는 각국 대사의 순위와 그에 따르는 예식과 절차 등 궁전에서 지켜야할 사항을 간략히 적은 티켓인 'Estiqueire'에서 유래했다는 것이다. 이 티켓은 궁전 출입증으로 대사와 귀족에게 허용되었으며, 티켓에 적힌 준수사항들이 궁중예절로 발전되고 'étiquette'로 정착한 것이다. 다른 하나는 같은 시기에 베르사유 정원을 오물로부터 보호하기 위하여 정원사가 나무 말뚝에 출입금지라는 표시를 한 푯말을 설치했는데 이 푯말을 'Estiquier'라고 불렀으며, 후에 예의범절이라는 의미로 발전했다는 것이다.

결국 estiquier(붙이다)의 명사형으로 푯말이라는 단어가 파생되었으며, 이것이 다시 명사형 'étiquette'로 발전한 셈이다. 오늘날 프랑스어로 보면, 'étiqueter'는 '명찰(가격표, 라벨, 짐표)을 붙이다'는 동사이고, 'étiquette'는 명사로서 '명찰, 라벨, 가격표, 짐표' 또는 '(궁정. 공식 석상에서의) 예법,

예의범절, 에티켓'을 말한다. 따라서 어원을 유추해보면 티켓이나 푯말이 모두 같은 étiquette로 집합되고, 그것이 에티켓이나 예절로 추상명사화된 것으로 보인다.

한편 매너는 라틴어 Manuarius에서 생겨났다 한다. 이는 manus와 arius의 복합어로 manus는 손(hand)이라는 뜻 이외에 사람의 행동, 습관 등을 말한다. arius는 more at manual, more by manual로 방법, 방식을 의미한다. 따라서 manuarius는 '사람들이 가지고 있는 특별한 습관과 행동 방식'을 뜻하게 되고, 영어 manner(s)로 표기되며 오늘날 '사람들이 갖는 예의바른 습관과 행동양식'을 의미하게 되었다.[4]

에티켓과 매너의 기본 정신

에티켓은 당초 궁중예절로부터 시작되어 발전한 것이다. 동양에서도 예법은 왕실과 양반사회에서 통용된 것이지 일반 상민들에게는 해당되지 않았다. 따라서 에테켓이나 예절은 당초 특정한 사회 그룹이나 직업군에서의 습관이나 행동양식을 의미하였던 것이다. 이들은 상호간의 지위나 관계에 있어서 적정한 행동규범을 통하여 서로 마찰하거나 폐를 끼치지 않고 불편한 상황을 만들지 않기 위하여 그 필요성이 요구된 것이다. 즉, 원만한 사교생활을 위한 행동 준칙이다.

에티켓과 매너를 형성한 기본정신은 다음과 같은 것이다.

첫째, 상대방을 존중하고 배려하라.

둘째, 여성을 존중하라.

셋째, 상식에 따르라.

상대방을 존중하기 위하여 상대방에게 폐를 끼치지 않고 배려해야 하며, 상대방에게 호감을 주어야 하고, 상대방의 문화와 종교를 이해하여야 한다. 상대방에 대한 존중은 자연스럽게 상대방의 나에 대한 존중도 아울러 기대하게 된다. 에티켓과 매너는 상호주의 정신 위에 유지된다.

여성을 존중하는 것은 서양 에티켓의 기본이다. 'Lady first' 정신은 학문적으로까지 연구되고 여러 학설이 있다. 필자는 기독교에서 마리아에 대한 숭상에서 시작하여 중세시대 기사들이 봉건 영주의 부인에 대하여 존중하고 연모하는 전통에 연원을 두고, 그 후 약자이면서 아름다움의 상징인 여성을 보호하고 배려하는 에티켓으로 정착한 것으로 유추한다. 이는 또한 장애인, 어린이, 노인 등 노약자에 대한 배려와 보호로도 연계된다.

상식은 모든 에티켓 문화의 기본이며 앞서는 것이다. 에티켓이나 예절에 관한 규범이나 준칙이 세워져 있지 않은 경우에는 상식에 의해 판단하고 행동해야 한다. 상식은 서로 간에 이해하고 받아들이기 쉬우며 비교적 합리적이기 때문이다. 미국의 제6대 대통령인 John Quincy Adams는 백악관 의전[5]을 세우면서 "상식(commonsense)과 배려(consideration)가 매너와 의전의 기본이 되어야 한다. 이 요구가 훼손되면 공적, 사적 생활에서 문제가 발생한다."라고 지적했다.

3. 에티켓과 매너의 생활화

매너의 생활화

좋은 매너는 사회 바퀴를 움직이는 윤활유 같은 것이다. 좋은 매너는 인구가 밀접한 장소에서 사람들이 마찰 없이 살아가게 해준다. 예의와 배려는 충격을 완화시키고 삶의 즐거움을 고조시킨다. 좋은 매너는 교양시민의 자연스러운 속성이다.[6]

올바른 에티켓과 매너는 자신이 속한 그룹과 사회에서 보이지 않는 준칙과 약속에 의하여 인간관계를 원활하게 유지시켜주는 역할을 한다.

따라서 바르지 않은 매너는 인간관계를 깨뜨리고 일상생활을 그르치게
한다. 그 결과 그러한 사람은 그 사회에서 외면당하고 비교양인으로 취
급받을 것이다. 그런데 좋은 매너는 하루아침에 갑자기 습득되는 것이
아니라 오랫동안 몸에 배어 습관화되고 생활화 되어야 한다.

미국에서는 유아원에서부터 철저히 교육받는 두 가지 사항이 있다.
첫째는 "Do no harms to others"(다른 사람에게 피해를 주지 말라), 둘째는
"You are something special"(너는 특별한 아이야) 이다. 이러한 원칙들은 선
생님과 학부모들에 의하여 일찍부터 생활화 되었다. 특히 첫 번째 원칙
이 몸에 배 에티켓을 알고 질서와 공중도덕을 지키며 법을 존중하는 사
람으로 성장하는 것이다. 학부모는 자기 자식들에게 "네가 최고다. 네가
잘났다"라고 사기를 북돋아 주는 동시에, 다른 아이들의 잘난 것도 인정
하면서 다른 아이나 사람들에게 폐를 끼쳐서는 안 된다는 생각을 각인시
킨다. 일본에서도 비슷하게 첫 번째 원칙을 강조하며 교육시킨다. 안타
깝게도 우리 한국 부모들은 두 번째 원칙을 강조하는 것으로 보인다.

지구상에는 각종 사람들이 가장 많이 사용하는 단어들이 있다. '고맙
습니다(Thank you)'와 '실례합니다(Excuse me 또는 Pardon)', '미안합니다(Sorry)'
그리고 '죄송하지만, 좀..(Please)' 등이다. 이러한 말은 일상생활에서 하루
에도 수 없이 숨 쉬듯 되풀이된다. 그런데 우리가 서양 사람들과 같이 생
활할 때 이러한 짧은 한 마디도 적시에 바로 내뱉지 못하는 경우가 많다.
그들만큼 자연스럽게 하는 데는 실로 오랜 시간이 소요된다. 영어를 못
해서가 아니라 일찍부터 입과 몸에 배지 않았기 때문이다. 서양에서는
어렸을 때부터 가정에서 유아원에서 수없이 훈련받고 습관화되었다. 다
행이도 요즘 우리 젊은이들도 '고맙습니다'라는 말을 제법 수시로 사용한
다. 물론 영어로 하는 것은 별개의 문제이지만……

필자는 1974년에 오스트리아 비엔나에서 첫 해외생활을 시작하였다. 그런데 아주 당연하고도 쉬운 표현이지만 익숙해지는데 시간이 오래 걸린 것은 감사의 표현이었다. 상대방의 호의나 어떤 조치에 "감사합니다(Thank you)"라고 즉각 표현하고 상대방이 감사하다고 했을 때는 "천만에요(You're welcome)"라고 바로 대응해주는 일인데, 독일어로는 "Danke schön"과 "Bitte sehr"이었다. 이 사람들은 눈에 띄는 배려나 조치뿐만 아니라 아주 사소한 제스처에도 감사를 입에 달고 살았다. 우리 사회에서는 무표정하게 그냥 받아들이고 지나치는 모든 일들에 대하여 그들은 감사 표시를 하였다. 그러나 감사 표시에 서툰 나로서는 즉각 현장에서 바로 반응하는데 애를 먹었다.

어느 날 한 유학생 부인이 한국인 모두가 겪는 경험이라며 익숙해지는 방법을 가르쳐 주었다. 기차소리 "칙칙폭폭 칙칙폭폭" 하듯이 "당케쉔 비테제어, 당케쉔 비테제어"를 계속 중얼거리며 연습하라는 것이었다. 그 연습으로 효과를 좀 보았지만 현지인들만큼 자연스럽게 표현하는 데는 그 뒤로도 시간이 많이 소요되었다. 당시 우리에게서는 왜 "고맙다'는 표현이 자동적으로 튀어 나오지 않을까도 생각해보았다. 우리는 유교적 관습에 따라 말수가 적고 근엄한 표정을 짓고 살아와서, 또 어지간한 것은 마음으로 서로 주고받기 때문에 일일이 감사하다는 표현을 밖으로 하지 않고 살아서인가? 서양 사람들은 왜 감사 표시를 잘 할까? 유대인의 율법이나 기독교 성경은 하느님에 대한 감사와 사랑으로 꽉 차있어서 기독교사상을 근간으로 한 서구문화에서는 감사의 표현이 그렇게 자연스러운가?

일상생활에서 예절과 매너를 갖추어야 제대로 사람 구실을 하는 것은 동양이나 서양에서나 마찬가지다. 유교문화권인 우리 사회도 개인과 개인, 단체와 단체, 기업과 기업 간의 접촉이 활발하고, 해외여행과 국제적 비즈니스로 인하여 예절과 에티켓 및 매너의 이해와 생활화의 중요성이 아주 높아졌다. 세계화로 인해 오늘날의 지구촌에서는 문화의 교류와 접촉으로 문화의 전파, 수용, 동화가 심화되고 있어 상대방의 예절과 매너에 대해 이해를 하고 거기에 맞춰 행동을 해야 한다. 그렇지 못할 경우에는 개인생활에서 불편을 겪거나 비즈니스 관계에서 불이익을 당할 수 있다.

예절과 매너의 변화

예절과 에티켓은 시대와 장소에 따라 변한다. 공통점은 점차 간소화하고 생활화한다는 것이다. 공자는 논어 〈자한(子罕)〉 편에서 예법과 관련하여 "옛 전통을 존중하되 고루한 것은 감연히 이를 타파하여 현실에 맞도록 시정하여야 하고, 비록 새로운 유행이 눈을 끌지만 도리에 맞지 않으면 이를 배격해야 한다."라고 가르쳤다.

과거 우리의 예법은 중국에서 전수 받았으며, 그 가운데 중요한 것은 일상생활과 밀접한 관계가 있는 관혼상제 즉, 사례(四禮)이었다. 이 사례를 중심으로 편찬한 〈주자가례(朱子家禮)〉가 조선시대 가례의 표준이 되었다. 그런데 이 주자가례의 예법과 예절은 주로 양반 계층에서 지켜졌으며 상민계급에서는 별로 통용되지 않았다. 조선시대의 지나친 예법 존중은 그 본질보다는 형식에 치우치게 되어 여러 가지 부작용을 초래하였다.

한편 조선 후기의 실학자 이덕무의 〈사소절(士小節)〉은 일제 강점기까지 널리 읽힌 예절에 관한 생활 지침서로서, 이념에 치우치지 않고 선비, 부녀자, 어린이가 지켜야 할 예법을 모은 실용적 책이다. 그 후 일제 강점과 서양문화의 유입으로 우리의 전통이 무너지고 예절의 혼선을 겪다가 정부가 1969년 〈가정의례준칙〉을 제정하면서 우리의 의례는 유교적 형식으로부터 차츰 벗어나 생활화되는 큰 변화를 가져왔다.

'남녀 칠세 부동석'이라는 예법은 기억에서조차 사라진지 오래고 남녀평등에 따른 또는 여성존중에 합당한 예절과 매너를 갖추지 못하면 비정상인으로 취급 받는다. 관혼상제에 있어서도 형식과 절차가 간소화되거나 변하였으며, 생활의 서구화에 따라 우리의 의식주 예절에도 많은 변화를 가져왔다. 옷 입는 법, 식사하는 법, 사교 모임이나 남의 집 방문하는 법 등에 있어서 그에 따르는 에티켓과 매너를 익혀야 한다. 한편 국제적 교류와 해외여행 등으로 우리가 상대국의 문화와 매너를 이해하는 것처럼 외국인들도 동양, 또한 한국의 문화와 에티켓을 이해하고 이에 따라 행동해야 한다. 한식을 먹는 법, 한국인의 집을 방문하는 법, 어르신을 공경하는 법 등등.

서양의 에티켓과 매너는 궁전의 예절로부터 시작하여 귀족 등의 특권 계층 안에서 엄격하게 지켜졌다. 특히 중세시대의 봉건제도 하에서 예절이 발달하였다. 르네상스 인문학자인 네덜란드의 에라스무스(Desiderius Erasmus)는 1530년 〈어린이의 예절에 관하여〉를 통하여 귀족 자제들의 일상 예절과 구체적 생활 에티켓 등을 제시하였는바, 이는 후에 근대 서양 문화의 기초가 되었다. 16세기 영국에서는 이탈리아의 예법서 〈Il libro del cortegiano〉가 유명하였고, 〈영국신사, The English Gentleman〉〈양처의 특징, Description of a Good Wife〉 등은 식민지 미국으로까지 전해졌으며, 상류층은 예법으로 자신들을 특권화 하였다. 그러나 제1, 2차 세계대전 후 사회적 평등이 강조되고 자본주의가 발전하면서 기존의 귀족 같은 계층은 점차 사라지고 행동양식이 단순화되면서 특권층만의 예절이 아니라 보통 사람들을 위한 예절로 보편화 되었다. 즉, 인사예절, 식사예절, 공중도덕, 장례예절 등 일반적인 생활 에티켓이 자리를 잡았다.[7] 물론 일상적 에티켓과 매너와는 별도로 의전(Protoccol)은 국가 간의 행사, 국내 국가원수의 공식행사 등에서 예법준칙으로 계속 잘 지켜지고 있다.

4. 코로나 팬데믹 이후의 변화

모든 교회에 날마다, 거의 매 시간 헤아릴 수 없을 만큼의 시체가 잇달아 운구 되었으므로 묘 자리가 충분하지 못했습니다. 여기나 저기나 다 찼으므로 교회의 묘지에 아주 큰 구덩이를 파고, 그 속에 새로 운구 되어 오는 시체를 몇 백구씩 함께 묻었습니다. 시체는 마치 짐짝처럼 한 단 한 단 구덩이의 꼭대기에 이르기까지 포개어져 흙을 덮는 것도 겨우 겨우 이루어졌습니다.

보카치오(1313~1375)의 〈데카메론〉에서

14세기 중엽 전 세계를 휩쓴 전염병 페스트는 유럽 인구 1억 명 가운데 최소 1/4 이상의 목숨을 앗아 가고 세계 기준으로는 6~7천만 명의 희생자를 내었다. 이는 제1, 2차 세계대전 사망자보다 더 큰 수치이다. 유럽 사회는 페스트 이후 큰 변혁을 가져왔다. 전염병을 신앙적으로나 의학적으로 극복하지 못함으로써 종교적 권위가 붕괴되고 학문적 권위도 실추되었다. 장원경제의 붕괴와 농노제도의 종식으로 중세에서 근대사회로 바뀌었다. 르네상스가 일어나고 과학의 발달을 보게 되었다. 시민 그룹이 형성되며 사람들의 생활태도도 달라지고, 일반 시민의 생활양식의 향상과 함께 예절문화가 형성되기 시작하였다.

카뮈의 소설 '페스트'에서 "페스트균은 사라지지 않고 잠복해 있다가 언젠가 인간들에게 교훈을 주기 위해 다시 나타난다."고 경고했듯이 2019년 말에 코로나19가 발생한 이래 팬데믹으로 전 세계를 휩쓸며 인류가 이제까지 겪어보지 못한 상황에 처한 바 있다. 중세 페스트 때와는 달리 현대 의학이 백신을 발명하였고 또 치료약이 개발되어 전대미문의 이 역병을 치유하고 있지만 인류가 겪는 고통은 그 때와 크게 다르지 않다. 2022년 4월 현재 전 세계에 5억 명의 확진자가 발생하고 직·간접적 영향으로 1,500만 명의 사망자를 가져 왔으며, 초기에 미국, 남미, 유럽 등에서는 데카메론에서 묘사된 것처럼 시체 처리를 하였다.

세계는 사회적 거리두기를 통해 소위 '언택트(untact)' 생활을 하며 '뉴노멀(newnormal)'의 일상을 살아왔다. 사람 간의 접촉을 줄이고 방역수칙을 잘 지켜야하는 사회가 된 것이다. 재택근무가 늘어나 사무실 출근이 줄어들고, 각종 공연, 영화, 스포츠 등에서 현장 대면이 감소되며 온라인 구매와 소통, 원격진료 등의 현상이 일상화되었으며, 학생들도 비대면 수업으로 정상적인 학교생활을 하지 못하였다. 이제 코로나 팬데믹에서 앤데믹(endemic)으로 전환하고 사회적 거리두기도 해제되어 차츰 일상을 되찾아가고 있지만, 그간 코로나 상황으로 예절과 에티켓 문화도 변화되고 있다. 코로나를 계기로 그간 버리지 못한 습관들이 일상생활에서 변화해야하는 몇 가지 사례를 들면 다음과 같다.

(인사 방법) 신체적 접촉이 줄어든다. 서양에서는 포옹, 볼을 맞대는 것, 입 또는 손등에 키스하는 인사가 보편적인데 과거로 돌아가더라도 다소 자제하게 되고 악수가 보편화될 것이다. 어느 지역에서는 코나 이마를 부비거나 귀를 잡아 흔드는 등 여러 신체의 접촉이 필요한 인사 방법이 있는데 점차적 변화를 갖게 될 것이다. 한국의 경우 악수가 보편적인데 고유의 고개 숙여 하는 인사 또는 목례도 똑같이 활용될 것이다.

(식사 매너) 한국 등에서 찌게와 반찬을 같은 그릇에서 나누어 먹는 습관이 근절되고 각자의 반찬 그릇으로 바뀌는 식사 매너가 빠르게 정착할 것이다. 식당에서 큰 소리로 떠들거나 건배를 외치는 일, 노래 부르는 일도 없어져야 한다.

서남아 등 일부 지역에서 도구 대신 손으로 음식을 집어 먹는 전통도 점차 개선될 것이다. 특히 외국인을 접대할 경우에는 그러한 전통을 고집해서는 안 된다. 서양의 경우 식사 전 손을 청결하게 하지 않는다. 고급 식당을 제외하고는 핑거볼이나 티슈가 제공되지 않으며, 사람들은 식당에서 악수하고 포옹하는 인사 다음에는 바로 앉아 주문하고 씻지 않은 손으로 빵부터 뜯는다. 그야말로 비위생적이지만 아무도 화장실에 가서 손을 씻으려는 사람도 없고 그러할 기회도 없다. 과거 귀족사회에서는 그렇지 않았다. 반드시 개선해야 할 문화이다.

(음주 문화) 우리나라의 술잔 돌리기 문화는 그야말로 비위생적이고 불편한 관습이므로 하루빨리 청산해야 한다. 단체로 합창하고 노래를 부르는 일도 자제해야 한다. 또 상대방에게 술 마시기를 강요하는 일도 없어져야 하는 문화다. 이는 우리뿐만 아니라 러시아, 중국 등 일부 국가에도 해당되는 일이다. 과도한 음주로 술자리 후 고성방가, 다른 사람에게 시비걸기, 갈지자로 도로 활보하는 추태를 끝내야 한다. 이러한 모습은 선진국에서는 좀처럼 찾아보기 어렵다.

(방문 에티켓) 우리의 경우 사전 예고 없이 이웃 또는 사무실을 방문하는 무례를 없애야 하며, 밤중에 술 마시고 동료들을 집으로 끌고 가는 황당한 사례도 근절되어야 한다. 남의 집을 방문했을 때는 그 집의 문화를 존중하고, 신발을 벗어야 할지 또는 신고 있어야 할지도 판단해야 한다. 특히 서양 사람들의 경우 주의해야 할 사항이다. 요즘 서양 가정에도 위생을 고려하여 신발 벗는 생활양식이 늘어 가고 있다.

(공공시설 이용) 버스나 지하철의 노약자 및 임산부 좌석을 지켜주어야 한다. 서양 사람들이 우리 한국인보다 더 잘 지키고 있다. 공원, 바다, 산에서 지방자치단체의 주의사항을 잘 준수하고 특히 쓰레기 처리에 유의해야 한다. 쓰레기를 수거하지 않을 경우 쓰레기 세를 징수하는 방법도 고려할 만하다. 엘리베이터를 이용 시 가능한 '닫기' 버튼을 누르지 않고 기다리며, 순서대로 타고 내리는 예절을 갖춰야 한다. 순서는 장애인, 어린이, 노약자, 여성, 남성 순이 보통이다. 만약 환자가 추가될 경우에는 가장 우선순위를 차지한다. 내리는 경우에도 같은 순서나 탑승인이 꽉 차 있을 때는 편리하게 앞에서부터 차례로 나가는 것이 순리이다.

(자동차 문화) '사람이 우선이다'라는 철칙을 준수하고 교통법규를 잘 지켜야 한다. 학교 앞 감속 및 어린이 보호, 건널목 주행, 신호 및 차선 지키기 등 모든 규칙을 준수한다. 한국의 자동차 문화는 아직 후진적이

라는 평가를 받을 수 있다. 대중교통을 이용할 때 혼잡하므로 서로 부딪치지 않고, 불필요한 대화를 하지 않고, 휴대전화 사용으로 인한 불편을 제공하지 않도록 주의한다. 횡단보도, 건널목은 물론 이면도로에서도 보행자가 우선이다.

(해외여행 문화) 위생시설, 병원 시설이 취약한 곳은 가능한 한 피한다. 항공기, 선박, 열차 등 교통수단을 이용 시 탑승 규칙, 출입국 절차 등의 법규와 관례를 준수한다. 비위생적 숙박이나 음식을 회피하고 특히 이방인과의 음식 나눠먹기를 조심해야 한다. 또 여행자 간의 문란한 성생활도 자제해야 한다. 배낭여행, 트래킹 등 모든 여행 과정에서 손 씻기를 철저히 해야 한다.

(경조사 문화) 사회적 거리두기에 따라 결혼식 및 장례식 등 각종 경조사에 참석 인원을 제한하고 가족 중심으로 예식을 치르고 있는 바, 코로나 팬데믹이 지나간 후 앞으로도 가족 중심의 경조사 문화가 보편화되기를 기대한다. 서양사회에서는 이미 가족과 가까운 친지 중심으로 예식을 갖고 있지만, 대규모 예식을 선호하는 나라들에서도 경조사 문화에 변화를 가져올 것이다.

사회적 거리두기 이후

2009년 인플루엔자 팬데믹이 발생하자 WHO에서 처음으로 '사회적 거리두기'를 규정하였다. 2020년 WHO에서는 코로나 팬데믹을 인정하고, 사회적으로는 연결되어 있지만 물리적으로만 거리를 두는 것을 강조하는 의미로 '물리적 거리두기(physical distancing)' 표현을 권장하였다. 둘 다 전염병의 지역사회 감염 확산을 방지하기 위하여 사람들 간의 거리를 유지하자는 캠페인으로 동일하지만, 물리적 거리두기는 사회적 거리두기 안에 포함되는 구체적 조치이다. 또한 사회적 거리두기는 외출자제, 재택근무나 유연근무제 권장, 종교예배나 집회 등 집단 행사나 모임을 하도록 추진하였다.

이제 코로나 팬데믹의 종식으로 사회적 거리두기도 해제되어 모두 과거의 일상으로 돌아가고 있다. 그러나 전문가들에 의하면 코로나19 바이러스의 변이는 계속되고, 카뮈의 예언처럼 코로나 같은 새로운 역병이 주기적으로 나타나 인류를 괴롭힐 것이라 한다. 인류는 물론 의학을 발전시키면서 그러한 도전을 극복하겠지만, 보다 겸허한 자세로 자연과 환경을 보호하고 조화를 이루면서 살아야 한다. 이 과정에서 과학의 발달과 정보의 확산으로 인간은 최상의 문명 혜택을 향유하겠으나, 한편으로는 사람들 각각 세계시민의 일원으로서 인류애를 갖고 각종 지구적 문제들의 해결을 위하여 협력해야 한다. 이러한 세계시민의 일상은 새로운 생활습관과 예절 및 에티켓으로 무장되어야 한다. 여기에서 우리는 자연을 보호하고 아끼는 **'자연거리 끌어안기'**와 사회생활의 절제와 예절을 지키는 **'사회거리 존중하기'**를 추구해야 한다.

제 5 장

식사(Table Manners)

제5장

식사

    연회 또는 식사모임은 우리의 사회생활에서 빼놓을 수 없는 중요한 행사의 하나이다. 함께 식사를 하는 일은 인간관계를 보다 부드럽고 친근하게 한다. 테이블 매너란 즐거운 식사를 위하여 사람들이 지켜야할 행동 양식과 태도 등에 관한 규범들을 의미한다. 테이블 매너의 기본정신은 서로 음식을 맛있게 먹기 위한 데 있다. 음식의 맛은 기본적으로 요리의 솜씨나 재료에 따라 결정되는 것이지만 함께 식사하는 사람이 어떤가에 따라 식사의 질이 달라질 수 있다. 함께 식사하는 사람들이 서로 통용되는 테이블 매너에 따라 분위기를 맞춰 좋은 음식을 먹는다면 만족한 식사가 될 것이다. 13세기 시인 로베르 드 블루아(Robert de Blois)가 집필한 기사도 매너에 관한 책이 있는데, 이 책에 식사 격식과 접대 예절에 관한 상세 규칙이 들어 있다.

    이 개론서에서 저자는 손을 항상 깨끗이, 손톱은 짧고 단정하게 유지할 것, 첫 번째 요리가 나오기 전에는 빵을 먹지 않을 것, 음식의 제일 좋은 조각을 독차지하지 않을 것, 이를 쑤시지 않을 것, 나이프로 긁지 않을 것, 입에 음식을 물고 말하지 않을 것, 너무 크게 웃지 않을 것을 권고하고 있다. 식사 전과 후에 손을 씻는 것은 의무적인 관습이었다. 하인들은 손님들에게 향이 나는 물을 담은 구리대야와 수건을 내주었다. 에라스무스 역시 1526년에 자신이 쓴 〈예의범절 개론(Traite de civilite)〉에서 식탁에 앉기 전에 손을 씻고 손

톱을 깔끔히 다듬을 것을 권고했다.[1]

프랑스 앙리 2세의 왕비인 피렌체 출신 카트린 드 메디치가 이탈리아 요리를 파리에 소개하면서 프랑스 식탁이 새로운 면모를 갖추고 식사예절도 격상되었다. 오늘날 프랑스 요리가 세계적으로 인정된 배후에는 이탈리아 음식을 도입하여 특히 17세기 중엽 루이 14세 때에 발전시킨 결과이다. 그러나 유럽에서 테이블 매너가 완성된 것은 19세기 영국의 빅토리아 여왕 시대라고 알려졌다. 이 시기에는 형식을 매우 중요시하고 도덕성을 까다롭게 논했던 때이다.

이처럼 테이블 매너는 서양 식탁에서의 매너를 주로 말한다. 그러나 동양에서 특히 한식 식탁에서의 매너도 살펴보아야 한다. 한편 우리가 테이블 매너를 이야기할 때에는 식탁에서의 매너뿐만 아니라 그 이전의 식사 초대, 음식 준비, 식사 후 헤어질 때까지를 포함해서 세심한 주의를 기울여야 한다. 훌륭한 연회 또는 식사모임을 위하여 꼭 필요한 요소들이다.

1. 초대와 참석

사람을 연회에 초대할 때는 참석인사 선정, 초대방식 및 장소, 예약, 좌석 배치 등을 고려하여야 하며, 초청을 받은 사람은 참석 여부 통보, 복장, 선물 지참 여부 등을 결정해야 한다.

가. 초대

연회의 종류
국가의 공식행사가 아닌 일반 연회는 비공식 연회로 분류되며 대체로 사교적 식사나 비즈니스 식사로 나뉜다. 일반적으로 연회에는 조찬(Breakfast), 오찬(Luncheon), 만찬(Dinner), 리셉션(Reception), 칵테일 파티(Cocktail Party), 다과회(Tea Party), 가든파티(Garden Party), 뷔페(Buffet) 등의 방법이 있다. 여기서는 오찬과 만찬을 중심으로 테이블 매너를 살펴보기로 한다.

초청인사 및 장소

초청 인사가 복수일 때에는 그들 간의 관계가 원만치 않거나 어색한 경우가 있는지 여부를 고려하고, 그들 간에 모르는 사이라도 직업 및 성향 상 문제가 없을 경우에는 같이 초대해도 무방하다. 비즈니스 식사에서는 특별히 조심하여야 한다. 또 부부동반으로 초대할 것인지 여부도 결정해야 한다. 식사 장소는 초청자의 자택 또는 레스토랑인데, 과거에는 자택으로 초대하는 것이 보다 정중하거나 친밀감을 표시하는 것으로 여겨졌으나 요즘에는 반드시 그렇지는 않다. 요즘처럼 복잡한 현대사회에서는 집에서 요리하는 것도 어렵지만 초대받는 사람에게도 시간과 교통 문제 등의 불편을 줄 수 있기 때문에 제3의 장소인 식당에서 만나는 것이 편리하다. 특히 비즈니스 식사를 위하여 레스토랑을 선택할 경우에는 어떤 레벨의 어떤 수준의 식사를 대접할 것인지 신중해야 한다.

우리나라의 국회의원, 고위공직자 등이 해외를 나갈 때에는 그곳의 한국 대사관저에서 오·만찬을 제공하는 것이 관례이다. 우리와 주재국 간의 현안문제에 관하여 의견교환을 하고 또 여행 중 한식을 맛 볼 수 있는 기회이기도 하다. 그러나 대사관저 식사에 가는 것은 격식도 차려야 되고 또 주재국 및 국내정세에 관하여 대화를 하다 보면 시간이 많이 소요된다. 또 요즘은 해외에서 꼭 한식에 집착하지 않는 수준이 되었고 대부분 수도에 한식당도 있기 때문에 해외 출장을 자주 하는 이들은 관저 만찬보다는 현지 음식을 즐기고 남은 시간에 도시 야경을 살피고 자유롭게 보내고 싶어 하는 사람들도 있다. 따라서 상대에 따라 관저 보다는 현지 레스토랑에서 식사를 제공하는 사례도 발생한다. 이 경우에는 서양식 테이블 매너가 요구된다.

예약

레스토랑에서의 식사는 반드시 충분한 시간을 두고 예약을 하여야 한다. 예약을 할 때에는 날짜, 시간, 인원수, 메뉴, 모임의 성격 등 필요한 사항을 물어보고 또 알려주는 것이 필요하다. 또 손님 가운데 시간이 많이 소요되는 요리를 원할 때에는 미리 요청해놓지 않으면 적시에 제공받기가 힘들 것이다. 현대사회에서 예약은 필수적이며, 예약 후 통보 없이 나타나지 않는 '노쇼(No show)'는 선진 신뢰사회에서는 용납될 수 없는 일이다. 앞으로 레스토랑에서는 사전 예약금 제도를 검토해볼만 하다. 특히 단체예약의 경우는 더욱 그러하다.

초청장

비공식 연회 즉, 사교모임이나 비즈니스 식사에서는 초청장이 필요치 않으나 초청 숫자가 여럿이고 사전에 구체적 모임 약속을 하지 않은 상태라면 간략한 형태의 초청장을 보낼 수 있다. 초청장은 백지 또는 사교용 명함에 필기 또는 타자를 한다. 요즘은 이메일, 문자메시지, 카톡 등 SNS를 통해 초청 내용을 전달하는 것이 대세이다. 초청 내용은 상대방 성명, 연회의 종류, 시간, 장소, 참석여부와 연락처를 명기한다. 장소에 관한 약도 및 교통수단을 포함할 수 있고, 초청장의 경우에는 통상 좌측 하단에 '참석여부(R.S.V.P)'를 표기한다. 사전에 약속을 한 후 초청장을 보낼 경우에는 'To remind'를 좌측 하단에 표기하고, 여러 사람에게 일방적으로 초청장을 보내면서 참석치 않을 경우에만 회신을 요청할 경우에는 'Regrets only'라고 표시한다. 대체로 대규모 리셉션이나 비즈니스 모임에 해당된다.

공식 연회의 경우에는 통상 2~3주 전 초청장을 발송하고 늦어도 1주일의 여유를 주는 것이 관례이며, 참석 여부 회신은 가능한 빨리 해야 한다. 비공식 사교모임은 초청장이 필요치 않으나 부득이 보내야 할 경우에는 서로 간에 소통할 여유를 주어야 한다.

좌석 배치

좌석배치는 연회 시 음식과 더불어 가장 중요한 부분이며, 납득할 수 없는 배치로 연회 분위기를 망치는 일이 결코 있어서는 안된다. 기본적으로 좌석배치는 참석자의 서열에 따라 하는 것이나, 비공식 사교 식사 모임에서는 주빈 중심으로, 초청자와의 친분관계, 식사 목적에 따라 상식적으로 그리고 융통성 있게 좌석배치를 할 수 있다. 좌석배치의 기본 원칙은 다음과 같다.

- 주빈(Guest of Honor)은 초청자(Host)의 오른쪽 또는 마주보는 쪽에 앉고, 다른 참석자들은 이들의 오른쪽 왼쪽 순으로 배치한다. 마주보는 경우에는 초청자 우측이 1, 주빈 우측이 2, 초청자 좌측이 3, 주빈 좌측이 4 순이다.
- 원탁테이블이 여럿 있는 경우 초청자와 주빈이 마주보며 앉으면 둘 중 어느 한 쪽의 등이 다른 테이블의 참석자들에게 보이므로 이 경우에는 초청자와 주빈을 모든 참석자들이 볼 수 있도록 나란히 배치하는 것이 좋다.
- 여성을 존중하여 일자 테이블의 경우 가능한 부인을 맨 끝에 배치하지 않고 (공식 연회에서 직책을 가지고 참석하는 여성 경우는 제외), 남성과 여성을 섞어서 배치하며, 외국인끼리 나란히 앉는 경우도 피하는 것이 좋다.
- 입구보다는 안쪽이, 창문을 등진 좌석보다는 창밖을 볼 수 있는 좌석이 상석이다. 초청자와 주빈의 서열이 큰 격차가 있지 않을 때 우리나라의 경우 주빈을 상석에 배치하는 것이 예우다. 사교 식사에서는 반드시 그러하지는 않다.

‒ 일반 테이블 (H 와 G/H)

※ Guest of Honor(G/H)：주빈

‒ 일반 테이블(남녀 혼성)

• Host와 Hostess가 테이블 양쪽 끝에 앉는 경우

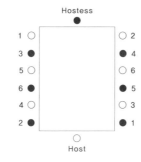

• Host와 Hostess가 테이블 중앙에서 마주볼 때

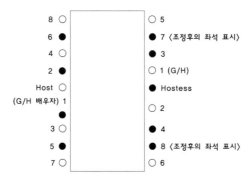

※ 테이블 끝에 여성이 앉는 것을 조정

- 원탁 테이블 (H 부부와 G/H 부부)

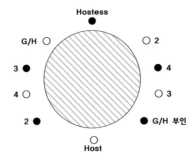

- 원탁 테이블이 여럿 있는 경우

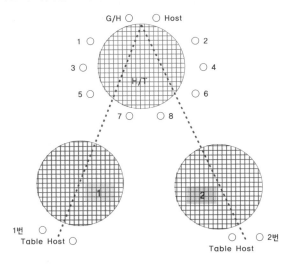

나. 참석

복장

공식 연회의 경우 초청장 우측 하단에 복장(dress code)을 명시하는데, 'Informal'이라 적히거나 'Lounge suit' 또는 'Business suit'라고 적히면 모두 일상 업무용 신사복으로 간주하고, 비공식 연회 또는 모임에도 통상 입는 것으로 보면 된다. 남성들은 상의와 바지에 조끼까지 합해서 한 벌로

된 신사복을 입는데 한 종류의 소재로 된 한 벌의 신사복을 '슈트(suit)'라고 부른다.

- 조끼는 맨 아래 단추 하나를 채우지 않는 것이 영국과 미국의 풍습인데, 조끼를 입고 있을 경우 양복의 상의단추는 채우지 않아도 실례가 되지 않는다. 요즘은 조끼는 빼고 상의와 바지만을 입는 것이 대세다. 그러나 조끼를 입지 않을 때는 반드시 저고리 단추 하나를 채우는 것이 복장 예법이다. 2 버튼일 경우에는 아래 단추는 채우지 않는 것이 보통이고 3 버튼인 경우에는 단추 셋을 다 채우는 것이 정식이다.
- 현대 생활에서는 일상업무에서 뿐만 아니라 오찬, 만찬, 다과회, 결혼식 등에도 신사복을 입어도 무방하다. 연예인이나 예술인 등 예술 관련 업무에 종사하는 사람이 아닌 일반이라면 너무 요란하거나 유행의 첨단을 걷는 복장은 피하는 것이 좋다.
- 양복의 색깔은 신사복이 밤 행사에 많이 사용되는 점을 고려하여 흑색 계통이나 감색 또는 짙은 회색을 기초로 한 것이 무난하다.
- 양복의 줄무늬는 줄 사이가 좁은 것은 조촐해 보이고 줄 사이가 넓은 것은 화사해 보이는데, 너무 눈에 띄게 줄이 뚜렷한 것보다는 조금 떨어진 곳에서 보면 무지로 보일 정도로 연한 줄무늬 쪽이 품위가 있고 점잖게 보인다.
- 양복 상의의 소매 길이는 손등 위로 알맞게 얹힐 정도로 하고, 바지 길이는 서 있을 때 단이 구두 등에 가볍게 닿는 정도가 좋으며, 바지는 언제나 줄이 잘 서 있어야 한다.
- 동남아나 아프리카 등 고온 다습한 열대지방에서는 흰 양복을 많이 입는다. 이 때 주의할 사항은 구두만은 흑색 단화를 신어야 한다는 것이다. 또 비공식 연회에서는 바틱 등 그 나라의 전통복을 같이 입어도 되고, 노타이에 캐주얼 복장을 해도 된다.

여성의 복장은 기본적으로 품위 있고 세련되어야 한다. 옷을 잘 입기 위해서 옷의 가짓수가 많아야 하는 것은 결코 아니며, 계절에 따라 또 파티 종류별로 유행 타지 않고 자기가 잘 소화할 수 있는 질 좋은 정장 몇 벌에다 부수적인 것 몇 가지만 구비되어 있으면 장신구, 스카프, 블라우스 등의 응용으로 오랫동안 싫증나지 않게 애용할 수 있다(복장에 관하여는 제6장 참조)

선물

선물교환은 자발적인 개개인의 교제에서 사랑, 감사 등의 의사전달을 돕는 조력자의 역할, 체면 유지를 위한 의례적이고 다소 의무화된 역할, 원활한 비즈니스를 돕는 가교의 역할 등 다양한 범위에 걸쳐 일상생활에 깊이 자리한 행동양식이다.[2] 그러나 선물 교환에는 그 장소, 시기, 종류 등에서 예의와 관행에 맞게 해야 한다. 또 요즘에는 외국인과의 교환 즉, 문화가 다른 사람 간의 교환이 빈번하므로 상대방의 선물 관습과 문화를 이해하고 이를 배려하는 것이 필요하다.

공식 연회에서는 선물 준비가 필요치 않지만, 비공식 연회로서 주최자의 자택에서 갖는 사교 식사에는 최소한 주빈은 선물을 준비하는 것이 예의에 맞다. 레스토랑의 식사 경우에도 초대 목적에 따라서는 선물을 준비하는 것이 바람직할 수 있다. 선물 에티켓으로는 다음과 같은 사항을 고려한다.

- 받는 이의 취향과 문화를 고려하고 받기에 부담스러운 고가 품목은 삼가도록 한다.
- 가격표는 포장 전 반드시 제거하고 성의 있는 포장과 함께 카드를 봉투에 넣어 전달한다.
  • 카드는 주최자가 연회 후 별도로 선물을 개봉했을 때 누가 준 것인지를 식별하는데도 도움이 된다.
  • 지구 환경보호를 위해 가급적 과 포장은 지양한다.
  • 친근한 관계나 의사소통이 쉬운 경우에는 추후 선물 상품의 교환 가능을 위한 조치를 할 수 있다.

- 선물을 받았을 경우 곧바로 감사의 인사를 하고 즉석에서 풀어본 후 만족의 표시를 한다. 그러나 관습이 다르거나 손님 접대에 선물을 개봉 및 감상할 여유가 없을 때는 그러하지 아니한다.
- 자신이 선물 받은 것을 타인에게 선물해서는 안 되며, 상대방의 취향이나 기호를 모르면 향수나 넥타이, 화장품 등은 적절치 않다.
- 외국인에게 선물할 때에는 일반적으로 전통적인 선물이 바람직하다.

비즈니스 식사의 경우에는 선물을 주는 일에 신중을 기해야 한다. 대체로 아시아 국가와 미국 및 유럽 국가 간에 비즈니스 선물에 대한 개념이 다르며 또 나라마다 여러 가지 차이가 있다. 상대방 국가의 비즈니스 문화와 관행을 잘 이해하고, 그 형식이나 내용, 방법까지도 세심한 주의를 기울여야 한다. 그 국가의 선물 가격관련 법규, 유엔 부패방지법 등에 저촉되어서는 안 된다.

방문

초대에 응해 약속 장소에 갈 때에는 정해진 시간보다 너무 빠르거나 늦지 않게 약 10분 정도 먼저 도착하는 것이 바람직하다. 만약 예상치 못한 일로 또는 교통 사정으로 약속 시간에 도착하지 못할 경우에는 곧바로 주최자에게 연락하여 어느 정도 늦을 것이라고 양해를 구함으로써 주최자의 연회 시작 시각 결정에 참고토록 한다. 약속 장소에 도착하면 레스토랑의 경우에는 지배인이나 리셉셔니스트의 안내를 받아 식사 룸 또는 테이블로 간다. 자택 방문의 경우에는 집사(Butler) 또는 주인의 영접을 받는다. 실내에서는 외투, 모자, 가방 등 소지품을 맡기거나 옷걸이에 처리한다. 여성의 경우에도 모자를 벗는 것이 상례이다. 선물을 소지하였을 때에는 주최자와 인사 후 직접 건넨다. 통상 참석자들이 모두 도착하기 전에는 칵테일 등을 들며 서로 인사와 대화를 나눈다. 레스토랑에서

테이블로 곧바로 안내되었을 때는 그러하지 않는다. 착석은 주최자의 안내에 따른다.

2. 테이블 기본 매너

테이블 매너의 중요한 목적 중의 하나는 상대방에게 불쾌감을 주지 않고 맛있게 식사를 하려는 데 있다. 부자연스런 자세나 어색한 동작은 상대에게 부담을 주기 쉽다. 식사의 속도는 다른 사람과 보조를 맞춰야 한다. 대화를 할 때 큰 소리로 떠들거나 대화를 독점해서도 안 된다. 대화의 내용이 너무 개인적이거나 험담을 하면 식사의 분위기를 깨게 될 것이다. 평소 식사의 시작부터 끝까지 일상적인 기본 매너를 익혀 두어야 한다.

가. 테이블 착석

- 테이블에는 주최자가 주빈에게 좌석을 안내한 후, 지정되어 있는 자리 또는 주최자가 지정해주는 자리에 앉는다. 주최자와 주빈을 제외하고 자유롭게 앉는 경우에는 참석자들의 서열이나 관계 등을 살펴 가능한 낮춰 앉도록 한다. 레스토랑에서 리셉셔니스트에 의해 바로 테이블에 안내되었을 경우에도 그러하다.
- 남성은 여성이 앉고 나면 앉거나 여성의 착석을 보좌해 준다. 여성의 핸드백은 의자와 등 사이에 둔다.
- 테이블과의 거리는 주먹 두 개 사이가 좋으며, 몸을 앞으로 구부리거나 어깨나 팔꿈치를 뻗치는 것은 보기에 흉하다. 식사가 시작되고 나서 의자의 위치를 바꾸기 위하여 소리를 자꾸 내는 것은 큰 실례이다.

나. 음식 주문

∩

사교 식사라도 격식을 갖추었을 경우에는 음식의 종류와 코스가 이미 정해져 있다. 다만 참석자가 기피하는 음식이 있을 경우에는 사전에 주최 측에 알려 두는 것이 바람직하다. 레스토랑에서 자유로이 음식을 주문하는 경우에도 매너가 필요하다.

- 음식을 주문할 때에는 메뉴를 천천히 끝까지 살펴보는 것이 예의이다. 어떤 요리를 시켜야할지 결정할 수 없을 때는 웨이터에게 오늘의 특선요리나 가장 선호도가 높은 요리를 추천 받도록 한다.
- 주문을 할 때는 옆 테이블이나 다른 사람이 먹고 있는 것을 손으로 가리켜서 주문해서는 안 되고, 메뉴 중에서 가장 비싼 요리나 가장 싼 요리는 피한다. 가격이 표기되어 있지 않은 메뉴판에서는 평소 자신이 애호하는 요리를 선택하는 것이 무난하다. 세계 어느 곳에 가거나 생소한 곳에서 요리 선택의 도움이 어려울 때는 '스테이크' 미디엄 웰(medium welldone) 정도를 주문하면 대체로 실패하지 않는다.
- 웨이터를 부를 때는 큰 소리로 부르거나 손뼉을 치는 행위 등은 하지 않는다. 고개를 돌려 웨이터의 눈과 마주치던지 가볍게 손가락을 세워 들면 된다. 이에 웨이터가 응하지 못하는 레스토랑은 고급 레스토랑이 아닌 것으로 간주해도 된다.

다. 테이블 세팅 활용의 기본

∩

냅킨(Napkin) 사용법

냅킨은 음식물이 옷에 떨어지지 않게 하기 위하여 사용하며, 그밖에 입을 닦는다든가 손가락 닦는 물그릇(Finger bowl)을 사용 후 물기를 닦을 때 사용한다. 냅킨은 초대한 주인이 펴면 따라서 펴면 된다. 첫 요리가 나오기 전에 냅킨을 펼치나, 혹시 식사 전에 소개나 인사, 건배, 연설, 기도 등이 있을 때는 끝날 때까지 펴지 않는 것이 매너이다. 식사가 끝나면 냅킨을 대충 접어 테이블 위에 놓는다.

- 처음 냅킨을 펼칠 때는 반으로 접어서 접힌 쪽이 안쪽으로 놓이도록 무릎 위에 올려둔다. 그러나 요즘에는 실용적으로 냅킨을 모두 펴서 무릎 위에 놓는 경향도 있다. 냅킨을 가슴까지 올려 대는 것은 매너에 어긋나나, 비행기나 기차 등 흔들리는 곳에서 식사를 할 때에는 와이셔츠나 조끼의 단추 구멍에 꽂는 편법을 취하기도 한다.
- 냅킨으로 입을 닦을 때는 가볍게 눌러 닦는다. 여성의 경우 입술의 루주를 냅킨으로 닦지 않도록 주의한다. 또 잘못하여 물을 엎질 렀을 때에도 냅킨으로 닦지 않도록 하며, 필요한 경우 웨이터를 조용히 불러 처리토록 한다.
- 잠시 자리를 비울 때에는 냅킨을 접어 의자 위에 올려 둔다.

서양식 테이블 풀세팅

〈그림 5-2〉양식 테이블 풀 세팅

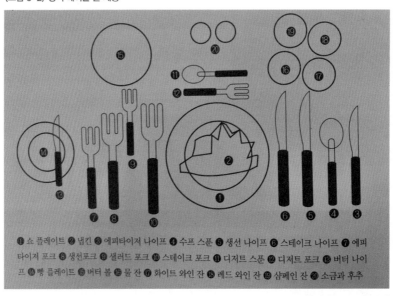

❶쇼 플레이트 ❷냅킨 ❸에피타이저 나이프 ❹수프 스푼 ❺생선 나이프 ❻스테이크 나이프 ❼에피타이저 포크 ❽생선포크 ❾샐러드 포크 ❿스테이크 포크 ⓫디저트 스푼 ⓬디저트 포크 ⓭버터 나이프 ⓮빵 플레이트 ⓯버터 볼 ⓰물 잔 ⓱화이트 와인 잔 ⓲레드 와인 잔 ⓳샴페인 잔 ⓴소금과 후추

[출처: 에티켓과 매너]

'좌빵 우물'

식탁에 앉았을 때 자신의 오른쪽에 물, 와인, 샴페인 잔 등이 놓이고 왼쪽에 빵이 놓인다. 소위 '좌빵 우물'이다. 촘촘히 앉아있는 좌석에서 특히 조심해야 한다. 만약 자신의 왼쪽 손님이 자신의 빵을 집어 갔을 때는 당황하거나 오른쪽 손님 빵을 택하지 말고, 웨이터를 불러 조용히 빵을 요청한다. 빵 바구니에 빵이 담겨 나오면 빵을 왼쪽 접시에 덜고 바구니를 왼쪽 손님에게 전달해주면 된다.

나이프와 포크의 사용

접시를 중심으로 나이프는 오른쪽에 포크는 왼쪽에 놓인다. 따라서 있는 그대로 상태에서 왼손과 오른손을 이용하면 된다. 설령 왼손을 쓰는 사람이라도 위치에는 변동이 없다. 양식에서의 나이프와 포크는 각 코스마다 새로운 것을 사용하는데, 각 코스의 요리에 따라 사용하기 쉽게 크기와 모양 및 순서가 구별되어 있다. 나이프와 포크는 밖에 놓인 것부터 안쪽으로 코스마다 하나씩 새로운 것으로 사용하면 된다.

- 오른쪽에 수프용 스푼, 전채용 나이프, 생선용 나이프, 고기용 나이프의 순으로 세팅되고, 왼쪽에는 전채용 포크, 생선용 포크, 고기용 포크가 차례로 놓인다. 나이프와 포크는 각각 3개 이하로 놓이는데, 주요리(main dish)를 생선이나 고기에서 선택하게 될 경우에는 웨이터가 필요하지 않은 나이프와 포크를 수거해 간다.
- 나이프와 포크를 동시에 사용하여 고기를 자를 때는 끝이 서로 직각이 되게 하며 팔꿈치를 옆으로 벌리지 말고 팔목 부분만 움직여 나이프의 앞부분으로 자르는 것이 좋다. 식사 중 자른 고기를 입으로 가져갈 때 잠깐 나이프를 내려놓고 오른손으로 포크를 잡아도 무방하다. 손에 든 나이프와 포크는 세워 잡지 않으며, 나이프를 입에 대거나 넣는 것은 절대 삼가야 한다.
- 식사 중 나이프와 포크는 접시의 양쪽 끝에 걸쳐 놓거나 접시 위에 서로 교차

해서(8시 20분 위치) 놓는다. 식사 중의 포크를 접시 위에 놓을 때는 엎어 놓는다. 나이프는 칼날이 자기 쪽을 향하여 놓는다. 식사가 끝났을 때는 접시 중앙 윗부분에 나란히 놓는다(4시 20 분 위치).

- 한 코스에 나이프, 포크, 스푼을 같이 사용했을 경우에는 바깥쪽부터 나이프, 포크, 스푼 순으로 차례로 모아 놓는다.
- 식사 중 나이프나 포크가 떨어졌을 때는 본인이 절대 줍지 않고 웨이터에게 새 것을 요청하며, 옆 여성이 떨어뜨렸을 때는 여성을 대신하여 남성이 웨이터에게 새 것을 가져오게 부탁한다.

조미료와 소스

요리가 나오면 맛도 보지 않고 소금과 후추를 뿌리는 일은 삼가야 한다. 다른 조미료나 소스도 마찬가지다. 고급 레스토랑일수록 가장 맛이 좋은 상태에서 요리가 나오므로 대체로 조미료가 필요치 않은 것으로 여겨지며, 홈파티라면 호스티스의 실력을 믿지 않는다는 뜻으로 오해받을 염려가 있기 때문이다. 소금이나 후추, 조미료 등이 필요한데 손에 닿지 않는 곳에 있을 때는 직접 손을 뻗지 말고 옆 사람에게 부탁하여 건네받도록 한다. 사용 후에는 옆 사람이 사용하기에 편한 위치에 놓아둔다.

이탈리아에서는 식탁 위에 놓여있는 소금, 후추 등을 다른 사람에게 건네받으면 좋지 않은 일이 생긴다고 믿기 때문에 직접 가져다 먹는 것이 예의라고 생각하는 경우도 있다. 한편 필자가 로마 거주 시 고급 레스토랑에서 파스타 코스에 타바스코 소스를 웨이터에게 요청했는데 자기네 레스토랑에는 그런 소스 갖고 있지 않다고 대답해서 머쓱해진 일이 있으며, 다른 고급 레스토랑도 마찬가지인 것을 알게 되었다. 자신들이 세계 제일의 파스타를 요리하는 데 그런 대중적 소스는 필요치 않다는 자부심이 엿보였다.

라. 식사 속도와 대화

식사는 참석한 다른 사람들과 속도를 맞춘다. 혼자 너무 빨리 먹어 치운다든가 더디게 먹는 일이 없도록 신경 쓴다. 또 호스트나 호스티스는 상석의 손님들과 보조를 맞추어 손님들보다 빨리 먹어서는 안 된다. 식사 중 대화를 위하여 한입에 먹는 양을 평소보다 조금 줄이는 것이 좋다. 원래 서양에서는 입 속에 한 가지 종류만을 넣고 씹는 경향이다. 입안에 음식물을 넣은 채 말하지 않는다. 입안에 음식물을 먹고 있을 때 옆에서 말을 걸어오면 즉시 대꾸하지 말고 음식을 삼킨 후 "Excuse me"라고 양해를 구하고 대답한다. 또한 상대방에게 말을 걸 때도 상대방이 음식을 먹고 있을 때는 피하도록 한다.

식사중의 대화는 모임의 목적에 맞게 또 분위기에 맞게 적절한 대화를 나누도록 한다. 무엇보다 교양 있는 대화를 해야 한다. 상대방의 사생활을 캐묻거나 남의 험담을 하는 일은 결코 있어서는 안 된다. 여행 경험담, 스포츠나 뮤지컬 등 취미생활, 건강 등에 관한 이야기와 유머를 항상 준비하여 적절히 사용하도록 한다. 대화는 가까운 사람들을 상대로 조용히 나눈다. 먼 곳에 있는 사람과 큰 소리로 대화를 나누는 것은 주위에 실례가 된다. 또 혼자서 대화를 독점하거나 침묵을 지키는 것은 실례다.

필자는 파티에 참석하거나 주최할 때 그 날의 대화 주제를 생각해 보고, 주최자 또는 주빈의 관심 사항 등을 미리 염두에 두며 한 두 가지 유머나 재미있는 에피소드 등도 준비한다. 또 상대방 나라의 중요 이슈나 이벤트에 관하여도 긍정적으로 관심을 표시한다. 연회 참석자들이 소외되지 않고 대화에 참석하도록 배려도 해야 한다. 특히 연회를 주최할 때에는 모든 참석자들이 불편하지 않고 즐겁게 식사를 하고 대화에 참여토록 관찰하고 이끌어 가야 한다.

마. 주의사항

식사 중의 실수

식사 중에 실수를 범했을 경우에는 직접 처리하지 말고 웨이터나 지배인을 불러 도움을 청한다. 이때 가능한 다른 사람들이 눈치 채지 않도록 처리하는 것이 매너이다. 한편 호스트는 손님이 실수하거나 매너에 맞지 않는 경우에 모른 체 넘어가는 것이 예의다.

기침, 재채기, 코풀기

한 두 번 하는 기침, 재채기 등을 할 때는 손수건으로 입과 코를 가리도록 한다. 손수건이 없거나 꺼낼 시간적 여유가 없을 때는 냅킨을 사용하고 다급할 때는 손을 사용한다. 기침이 계속 나오면 실례한다는 양해를 구하고 잠시 자리를 떠서 처리한다. 코를 풀고 싶을 때에도 양해를 구하고 자리를 뜬다. 서양에서는 자리에서 코를 푸는 것은 다소 양해가 되지만 트림을 하는 것은 좋지 않다.

음료 등을 사양할 때

술이나 주스 등을 굳이 마시고 싶지 않을 때는 단순히 "No"라고 하며 거절하기 보다는 "No, thanks"라고 하며 거절하는 것이 좋다. 음식이나 음료 등을 남기는 것은 주최자에게 대한 커다란 실례이므로 스스로 조절하는 것이 좋으며, 모두 먹거나 마시기가 어렵다면 사전에 거절하는 것이 옳다.

기타 주의사항

- 머리를 긁거나 팔꿈치를 편다든가 다리를 꼬지 않는다.

- 식탁에서 지루하다고 몸을 비틀거나 자주 시계를 들여다보지 않는다.
- 식기를 움직이지 않는다. 식사가 끝났다고 식기를 포개 놓는다든가 한 쪽으로 치워 놓지 않는다.
- 식기가 더럽다고 냅킨으로 닦지 말고 웨이터를 불러 새로운 것으로 바꿔 달라고 한다.
- 잔이나 컵에 스푼을 꽂아두지 않는다.
- 음식을 먹을 때는 입을 다물어 쩝쩝 소리가 나지 않도록 한다.
- 입에 음식물이 있을 때 음료를 마시거나 다른 음식물을 먹지 않는다.
- 이쑤시개가 준비되어 있어도 식탁에서는 쓰지 않는 것이 예의이다.

3. 테이블 요리 매너

서양식 요리는 뷔페가 아닌 한 코스별로 차례로 제공된다. 크게 분류해 전채요리, 주 요리(main dish), 디저트의 세 코스로 이루어지며, 연회의 종류 및 내용에 따라 코스가 추가된다. 매 코스의 요리에 따라 먹는 방식과 매너가 있는데, 처음에는 까다롭고 생소하지만 곧 익숙해질 수 있다. 서양식 요리는 가장 먹기 좋은 온도일 때 제공되기 때문에 다른 사람들을 기다리지 않고 바로 먹기 시작해도 예의에 어긋나지는 않는다. 그러나 주최자는 다른 손님들이 모두 서브될 때까지 기다렸다가 시작하는 것이 바람직하며, 통상 주빈부터 음식이 서브되므로 주빈도 최소한 옆 사람들이 어느 정도 서브되는 것을 보고 시작하는 것이 좋다. 그러나 국빈만찬 등에서는 주최자와 주빈이 먼저 동시에 시작하게 된다.

가. 식전주 (Aperitif)

(1) 식전주는 식욕을 촉진시키기 위해 마신다. 따라서 타액이나 위액의

분비를 활발하게 만드는 자극적인 것이 좋다. 식전주는 식탁에 앉기 전 칵테일 시간에 마시거나 식탁에 바로 앉을 경우에는 첫 번째 코스로 마신다. 대표적인 식전주로는 다음과 같은 것이 있다. 주류를 원치 않을 경우에는 쥬스 등 다른 음료를 택하면 된다.

- Sherry: Cream sherry, Dry sherry
- Vermouth: Dry vermouth(프랑스), Sweet vermouth(이탈리아)
- Martini (남성)
- Manhattan (여성)
- Kir또는 Kir Royal: Kir 는 Creme de Cassis라고 하는 리쿼에 White Wine을 혼합한 것이고, Kir Royal은 Champagne을 혼합한 것
- Campari

필자는 술을 마시면 금방 얼굴이 붉어지므로 공식, 비공식 연회거나 칵테일에서 대부분 위스키 색깔과 비슷한 진저에일(Ginger ale)을 마셨다. 그러나 식사 중에는 와인을 조금은 마셨고 건배를 위한 샴페인도 한 모금씩은 했다.

(2) 차가운 술인 경우에는 잔(glass)의 목(stem) 부분을 잡는다. 식전주는 식욕을 촉진하기 위해 찬 것이 준비되는 경우가 많다. 이 경우에는 잔을 감싸듯 잡게 되면 체온으로 인해 술의 온도에 변화가 오므로 본래의 맛을 잃게 된다. 또한 술의 아름다운 빛깔도 볼 수 없다. 따라서 잔의 목 부분을 잡도록 하며 너무 시간을 끌며 마시지 않는다.

(3) 식전의 위스키(Whisky)는 약하게 마신다. 위스키는 원래 식후주이나 식전에 마시는 일이 많아졌다. 그러나 위스키는 알콜 함유량이 높으므로 물이나 얼음, 소다수를 희석하여 마시도록 한다.

나. 전채요리 (Appetizer / Hors-d'oeuvres)

전채요리는 식욕을 촉진시키기 위해 식사 전에 가볍게 먹는 요리로서 불어로는 오되브르라고 한다. 이는 사전에 먹는 엑스트라 요리라는 의미를 갖고 있다. 미국에서 주 코스(Main course)를 앙트레(Entrée)라고 부르기도 하는데 이는 원래 영어의 입구(Entrance)라는 의미로 프랑스에서는 주 코스 전에 먹는 요리를 총칭하여 앙뜨레라고 하는 경우도 있다.

(1) 전채요리는 너무 많이 먹지 않는다. 전채요리는 아무리 맛이 있어도 지나치게 많이 먹으면 곧 이어 나올 주 요리를 제대로 즐길 수 없으므로 적당히 먹는다. 한편 메뉴에 전채요리가 있다고 해서 반드시 전채를 먹어야 하는 것은 아니다. 수프(Soup)에서 시작해도 된다.

(2) 대표적인 전채요리는 다음과 같다.

– 찬(Cold) 요리: Caviar (철갑상어 알), Foie gras(거위 간), Fresh Oyster(생굴)
  * 동물애호가들의 반대로 거위 간 요리에 대한 거부감이 늘어나고 있음.

– 뜨거운(Hot) 요리: Escargot(달팽이), Pie(파이), Scallop(관자)

다. 수프(Soup)

우리가 흔히 수프와 관련된 용어로 포타주(Potage)와 콩소메(Consomme)를 사용한다. 미국에서는 진한 수프를 포타주, 맑은 수프를 콩소메라고 구분하고 있다. 콩소메는 만드는 과정이나 시간에 따라 맛이 크게 차이가 나므로 그 레스토랑의 요리사 실력이 그대로 나타난다고 해도 과언이 아니다. 고급 레스토랑에서 일류 요리사가 정성을 다해 만들어 내놓은 콩소메를 맛도 보지 않고 소금이나 후추를 뿌리는 일은 삼가야 한다. 반면 진한 수프의 경우에는 콩소메보다 섬세한 맛은 덜하나 감자, 옥수수,

야채 등을 첨가해 맛이 좀 더 진하다. 따라서 진한 수프의 경우에는 담백한 요리가, 콩소메의 경우에는 진한 맛의 메뉴가 어울리며 코스가 많은 정찬에 적합하다.

(1) 수프를 먹을 때는 가슴 앞쪽에서 바깥쪽으로 스푼을 떠먹는 것은 미국식이고, 바깥쪽에서 안쪽으로 먹는 것은 유럽식이다. 그러나 요즘은 자신이 편한 방법으로 먹는 것이 대세이다. 수프는 고개를 숙여 마시듯이 먹지 말고 스푼을 거의 잎 높이까지 올려서 먹는다.

(2) 뜨거운 수프가 나왔을 때 입으로 후후 불어가며 식혀 먹거나 소리를 내어 먹는 것은 매너가 아니다. 그러나 스푼을 이용해 저어서 식히는 것은 괜찮다. 손잡이가 달린 그릇에 담긴 수프는 손으로 그릇을 들고 마셔도 실례가 되지 않는다. 수프를 다 먹으면 그릇에 스푼을 넣어 두지 말고 접시에 올려놓는다.

라. 빵 (Bread)

(1) 빵은 대체로 수프를 먹고 나서 먹기 시작한다. 빵은 처음부터 테이블에 놓여 있거나 착석 후 바로 서브되는 경우도 있다. 연회의 경우 대개 수프가 서브되기 전 또는 후에 바로 제공된다. 빵은 수프 이후 요리와 함께 먹기 시작해 디저트를 들기 전에 끝낸다. 그러나 빵이 처음부터 제공되는 경우에는 수프에 관계없이 조금씩 먹어도 된다. '좌빵우물'을 분명히 지켜야 한다.

(2) 빵은 나이프로 자르지 않는다. 빵은 웨이터가 여러 종류를 가져와 서브하든 식탁 위에 미리 놓여 있든지 간에 자신의 손으로 취향대로 가져다 먹는다. 또한 포크나 나이프를 이용해 먹지 않는다. 적당량을 조금씩 손으로 뜯어서 먹으면 된다. 빵을 손으로 뜯다보면 빵 부스러기

가 떨어지기 쉬우므로 빵 접시 위에서 뜯도록 하고 식탁 위에 부스러기가 떨어져도 손이나 냅킨으로 털 필요 없다. 나중 디저트가 서브되기 전에 웨이터가 치우게 된다. 토스트의 경우에는 나이프를 이용해 자른다. 버터나 잼이 발라져 있기 때문에 손으로 자르면 묻어서 불편하다. 이 경우에는 왼손으로 빵의 한쪽 끝을 잡고 오른손에 나이프를 들고 자르면 된다.

(3) 토스트(Toast)나 크루아상(Croissant)은 조식용 빵이므로 오찬이나 만찬에서 찾는 실수를 범하지 않도록 한다. 버터는 1인용으로 제공되기도 하고 2인용으로 나올 때도 있다. 2인용일 경우에는 버터나이프로 빵 접시에 버터 한 조각을 옮긴 다음 먹도록 한다.

마. 샐러드 (Salad)

(1) 샐러드는 여러 가지 채소로 만들며 주로 육류인 메인 요리와 곁들여 먹는다. 고기와 야채는 맛에서 조화를 이루지만, 고기는 산성이 강한 식품이므로 알칼리성이 강한 생야채를 먹음으로써 중화를 시킬 수 있다는 영양학적 의미를 갖는다. 또한 고기의 냄새를 중화시키는 역할을 한다. 혹시 식당에서 일품요리(A la Carte)로 고기를 주문할 때에는 샐러드도 함께 주문하도록 한다. 영·미국인들은 샐러드를 육류와 함께 먹거나 그 전에 먹는 반면 프랑스인들은 육류 요리가 끝난 다음에 먹는 경향이 있다.

(2) 샐러드에 사용되는 소스를 드레싱(Dressing)이라고 하는데 샐러드의 맛을 한층 높여주는 역할을 한다. 드레싱은 옷을 입는다는 뜻으로 쓰여졌다고 하여 소스가 약간 흘러 내려야 정상이다. 소스에 뿌려진 모습이 마치 여성들이 드레스를 입은 모습과 흡사하다고 해서 생겨난 말

이라고도 전해진다. 드레싱 종류로는 크림, 오일 앤 비니거, 마요네즈, 사우전아일랜드, 프렌치, 아메리칸, 레몬, 라비곹(Ravigotte), 그리비쉬(Gribiche) 드레싱 등이 있다.

사우전아일랜드 드레싱은 한국에서도 가장 잘 알려진 흔한 드레싱인데, 양상추 샐러드 위에 마요네즈와 토마토케첩을 주재료로 한 드레싱을 뿌리면 천 개의 섬들이 모인 것 같다고 하여 붙여진 이름이다. 그런데 이름의 유래에는 여러 설이 있다. 그 가운데 하나는 필자가 뉴욕 거주할 때 1982년 여름휴가로 나이가라 폭포와 토론토에 갔을 때 들은 이야기로 미국에서는 많이 알려져 있다. 미국 뉴욕주와 캐나다 온타리오주 사이에 세인트로렌스 강이 있는데 그 안에 조그만 섬들이 1,860개나 있어 '사우전아일랜드(Thousand Island)'라고 불리며 아름다운 경관을 자랑하므로 많은 관광객들이 유람선을 타고 섬 사이를 누비며 관광을 즐긴다. 미국 가이드가 어느 섬을 가리키며 "뉴욕의 최고급 호텔인 월도프 아스토리아 호텔 사장(George Boldt)의 소유인데, 말년에 사랑하는 아내가 병에 걸리자 휴양 치료를 위하여 이 섬을 매입해 유럽식 성을 지으려고 각종 대리석과 석재를 수입해 건축 중 아내가 죽게 되어 건축을 중단하여 저렇게 미완성 상태로 재료가 녹쓸고 있습니다. 그런데 당시 이 호텔의 주방장(Oscar Tschirky)이 Boldt 사장 부부에게 새로운 샐러드 드레싱을 개발하여 서브하였고, 마요네즈 위에 빨간 점들이 뿌려져 있는 것이 사우전아일랜드 같다고 하여 이름을 사우전아일랜드 드레싱이라 명명했으며 이 호텔에서 드레싱으로 내놓게 되었지요."라고 내게 설명하였다.

바. 셔벗 (Sherbet)

셔벗은 과즙에 설탕, 향이 좋은 양주, 난백(egg white), 젤라틴 등을 넣고 잘 섞어서 얼린 것으로서, 정식에서 주 요리 전에 입안을 깔끔하게 하여 주 요리의 본 맛을 제대로 느낄 수 있도록 입안을 산뜻하게 하려고 내놓는다. 불어로는 소르베(sorbet)라고 하며, 요즘에는 후식으로도 먹는다. 식사 중간에 나오는 셔벗은 술 종류가 들어간 것이 많고 후식으로 나오는 셔벗은 주로 과즙을 사용해 단맛을 낸다. 셔벗은 정식으로는 소르베 글라스라는 발 달린 기다란 잔에 담으며 손님에 서브할 때는 너무 단단하게 얼지 않도록 한다.

알렉산더 대왕이 페르시아와 전쟁 중 병사들이 더위로 고생하자 산에서 만년설을 가져와 과즙을 섞어 먹도록 하였는데 여기서 셔벗이 유래되었다는 설이 있다. 이후 1550년경 포도주 등을 눈 혹은 얼음과 섞어 먹기 시작하면서 오늘날의 셔벗 형태가 되었다.[3]

사. 와인 (Wine)

와인은 신선한 양조용 포도를 수확하여 이를 압착한 뒤 즙을 발효시킨 주류다. 유럽인들은 "와인이 없는 식탁은 태양이 없는 세상과 같다"라고 표현하듯이 그들의 일상생활에서 소중하다. 특히 와인은 알칼리성이기 때문에 육식을 주로 하는 서양인들의 식탁에서 빠져서는 안 되는 중요한 존재이다.

와인의 역사는 6~8천 년 전으로 추정되고 있다. 기원전 6천 년쯤 과일과 포도를 압착하는데 사용한 것으로 추정되는 유물이 다마스커스에서 발견되었고, 기원전 4천 년 쯤에 와인을 담는 항아리와 관련한 유물이 메소포타미아에서 발견되기도 했다. 기원전 3천 5백년 전쯤에는 포도를 따서 재배하는 벽화와 제조법이 새겨진 이집트 유물이 발견돼 인류가 오래 전부터 와인을 마셨다는 사실을 알 수 있다. 성서에도 와인과 관련한 기록이 무려 165 차례에 걸쳐 나올 만큼 그 역사가 길다. 와인은 로마 제국의 확장, 특히 시저의 정복전쟁 때 로마 병사들에게 전쟁에서 사기 진작과 낯선 땅에서의 물갈이로 인한 식중독을 예방하기 위해 마시기 시작했다는 기록으로 미뤄 이때부터 음식문화의 한 부분으로 등장한 것으로 추정하고 있다. 1152년에 영국의 헨리 2세가 프랑스의 아키텐느(Aquitaine)의 엘레노아 공주와 결혼하면서 지참금으로 받은 보르도는 '해가 지지 않는 나라' 영국의 권력 신장과 더불어 세계적으로 유명한 와인이 되었다. 그 뒤 유럽 열강들의 식민지 경영에 카톨

릭이 선구자 역할을 하게 되면서 포도 재배 지역은 자연스럽게 확장되었으며, 19세기 중반에 이르러 세계 50여 개국에서 와인을 생산하게 되었다.[4]

(1) 와인 마시는 매너

손님을 초대한 사람(Host)이 제일 먼저 와인을 시음(tasting)하는 것이 테이블 매너의 상식이다. 시음은 그 와인의 맛이나 온도를 체크해 이상 유무를 확인하기 위한 것이다. 와인은 가끔 마개가 완전치 못해 맛이 나빠지는 경우도 있고, 또 마개를 뺄 때 코르크(cork)등이 일부 병 속으로 빠지는 경우가 있기 때문에 손님을 초대한 사람이 확인할 필요가 있다. 호스트는 주문한 와인이 맞는지 웨이터가 보여주는 병의 라벨부터 확인한다. 확인이 끝나면 웨이터가 마개를 뽑은 뒤 호스트에게 건네주기도 하는데 이 때 코르크의 냄새를 맡아보면 된다. 코르크의 냄새를 통해 와인이 상했는지와 젖어 있는지 여부를 확인한다. 코르크가 말라 있다면 와인을 잘못 보관했다는 뜻이다. 다음으로는 웨이터가 잔에 소량의 와인을 따르면 먼저 색깔을 살피고, 이어 잔을 두 세 번 흔들어 코에 대고 향기를 맡은 뒤 소량을 시음해 본다. 즉, 시각(sight), 후각(smell), 미각(taste)의 시음을 거치는 것이다. 아무런 이상이 없으면 웨이터에게 서브할 것을 허락하고 웨이터는 주빈부터 차례로 또는 여성부터 따른다. 호스트는 시음 과정에서 맛이나 상태 등에 있어서 만족하지 않으면 와인의 교체를 요구할 수 있다. 화이트와인과 샴페인은 섭씨 6도 정도로 차게 해서 마시고 레드와인은 실온 상태인 섭씨 18도 정도로 마신다.

오랜 숙성 기간을 거쳐 식탁에 제공된 와인은 비로소 대기와 접촉, 공기 중의 산소와 섞이게 된다. 이를 'Marry' 즉 와인과 공기의 결혼이라 하는 것이다. 특히 레드와인은 산소와 결합되면 더욱 활력이 생겨난다. 따라서 레드와인은 마시기 30분 혹은 1시간 전에 마개를 빼두면 더욱 맛이 좋아지는데 이를 전문 용어로는 숨쉬기(Breathing)라고 한다.

와인 잔으로는 대개 튤립 형태의 다리가 긴 잔이 사용된다. 튤립형을 사용하는 것은 와인의 향을 효과적으로 유지하기 위한 것이다. 즉 향기를 잔 속에 발산시켜 조금이라도 오래 잔 속에 남아있게 하기 위해 입을 대는 부분이 다소 굽어지도록 만든 것이다. 다리 부분이 긴 것은 와인이 들어 있는 부분에 손을 대어 차갑게 해 놓은 와인이 손의 온도로 따뜻해지지 않도록 하기 위한 것이다. 와인의 색깔이나 타입에 따라 다른 모양의 잔을 사용한다.

〈그림 5-3〉 와인 잔

레드 와인 잔   화이트 와인 잔   샴페인 잔

- 와인을 따를 때 잔을 들어 올리지 않는다. 그러나 호스트나 옆 사람이 따를 때는 손가락 끝으로 잔 받침 부분을 지긋이 붙잡아주는 것이 상대의 서브에 대한 호응이다. 와인 잔을 쥐고 마실 때는 긴 목(stem)을 잡는다.
- 와인이나 주류를 마시지 않는 사람이라면 잔 가장자리에 가볍게 손을 올려서 "No thanks"라는 표현으로 사양의 뜻을 전한다. 서양에서 잔을 엎어놓는 것은 금기다.
- 와인은 직접 따르지 않고 웨이터 혹은 호스트로부터 서빙 받는다. 와인은 잔에 6~7부 정도 따르며 줄어들면 웨이터가 리필 해준다. 여성은 결코 와인 병에 손댈 일이 없으며, 여성의 잔이 비어 있을 때는 여성의 왼쪽에 앉아 있는 남성이 채워주어야 한다.
- 와인을 마시기 전에는 입에 있는 음식물을 다 삼키고 마셔야 하며, 마시기 전

냅킨으로 가볍게 입 주위를 닦도록 한다. 여성의 경우에는 입술의 루주가 잔에 묻지 않도록 주의한다. 만약 루주가 잔에 묻으면 엄지손가락으로 즉시 닦으면서 마신다. 또는 냅킨으로 살짝 닦아내도 무방하다.

와인을 요리와 함께 마셔 입안에 섞이게 되면 와인 특유의 섬세한 풍미가 없어져 버린다. 요리와 와인의 궁합이란 혀에서 코로 빠져 나오는 향과 풍미에서 느끼는 맛의 조화를 의미한다.

– 건배 시 잔을 부딪칠 때는 잔의 끝 부분이 아닌 볼 부분끼리 가볍게 대는 기분으로 한다. 와인을 마시고 난 다음에는 잔을 원래의 위치에 놓아야 한다.

(2) 와인의 종류

전문가들은 와인의 종류가 하늘의 별처럼 무수히 많다고 말한다. 그러나 와인은 대개 색깔, 거품, 맛, 지역, 용도, 알코올 도수, 향기 추가 여부에 따라 분류할 수 있다.

– 색깔: 적(red), 백(white), 로제(rose/pink)
– 탄산가스: 일반와인 – 탄산가스 제거한 것
　　　　　　스파클링(sparkling) 와인 – 제거하지 않은 것 (예: 샴페인)
– 단맛: 드라이(dry) – 단 맛이 나지 않는 와인
　　　　스위트(sweet) – 단 맛이 나는 와인
– 시음 용도: 아페리티프(Aperitif) – 식사 전 입맛 돋우는 와인(드라이한 백 포도주, 덜 숙성된 샴페인)
　　　　　　테이블 와인 – 주 식사 용
　　　　　　디저트 와인 – 디저트 용(달콤한 화이트와인, 숙성된 샴페인)
– 브랜디 첨가 여부: 일반 와인
　　　　　　강화 와인(Fortified) – 브랜디 첨가해 알코올 도수 높인 것(예 : Port 와인, Sherry)

가향 와인(Flavored) – 와인 발효 전후에 과일 즙이나 쑥같은 향을
첨가해 냄새를 좋게 한 것(예: Vermouth)
– 포도 생산 지역: 구세계 와인 – 프랑스를 비롯한 유럽국가의 전통적 와인
신세계 와인 – 미국, 칠레, 호주, 뉴질랜드, 남아공 등 와인 생산
의 역사가 일천하나 기계화 및 대량생산을 하는 지역 와인

* 샴페인(Champagne): 샴페인은 스파클링 와인에 속한다. 그러나 프랑스의 상파뉴
(Champagne) 지방에서 생산되는 와인에만 붙이는 이름이다. 이는 법률로 정해져 있다.
샴페인을 만드는 포도 종류는 세 가지이며, 백 포도와 적 포도 모두 가능하다. 샴페인 이름
에 사용되는 퀴베(Cuvee)라는 단어의 의미는 첫 번째 압착에서 얻어진 포도즙으로만 만
들었다는 것으로 최고급 샴페인이다. 샴페인은 잔에 따를 때 섭씨 7~8도 정도가 최적의
온도이고 입에 들어갈 때는 10도 정도가 가장 좋다고 한다. 따라서 샴페인을 즐기기 위해
서 얼음통(Ice bucket)이 필요하다. 물과 얼음을 채운 통에 30분 이상 담가두어 차갑게 한
후 마시는 게 좋다.

(3) 와인의 선택

전문적으로 와인을 선택할 때는 산지, 수확연도(Vintage), 브랜드 명과
등급(Classification), 요리와의 조화 등을 고려한다. 그러나 레스토랑에서 와
인을 주문할 때 잘 모르는 경우에는 와인을 관리하고 서빙하는 전문 웨
이터인 소믈리에(Sommelier)에게 추천을 받으면 된다.

산지

세계의 거의 모든 와인 산지는 남, 북반구의 위도 30~50도 사이, 연
평균 기온이 섭씨 10~20도 사이의 온대성 기후지역에 위치하고 있다.
가장 북쪽 상한 지역에 위치한 독일의 경우는 지형과 포도 재배가 가능
한 예외 지역이다. 포도 재배에 영향을 끼치는 요건으로는 밤낮의 기온
차, 여름과 겨울의 기온 차, 채광, 강수량, 습도, 바람이다. 대체로 지중

해성 기후가 포도 재배를 위한 최상의 조건이다.

- 프랑스: Bordeaux, Bourgogne, Alsace, Loire, Rhone, Provence, Languedoc-Roussillon, Champagne 이 주요 산지. 우리에게 잘 알려진 보르도에서는 샤토(Chateau), 마고(Margaux), 메독(Medoc), 생 쥘리앙(St. Julien)등을 생산
- 독일: 산지는 Rheingau, Rheinfaltz, Mosel-Saar-Ruwer 등이며, 기후적으로 화이트 와인을 주로 생산하고 리슬링(Riesling)이 유명. 스파클링으로는 젝트(Sekt)를 생산.
- 이탈리아: 전 지역에서 와인 생산되고 특히 피에몬테, 토스카나, 베네토가 중심지. 토스카나의 키안티와 키안티 클라시코, 브루넬로 몬탈치노가 유명
- 신세계: 미국, 호주, 뉴질랜드, 칠레, 남아공 등 신세계 와인의 특징은 품종와인으로서 한 종류의 포도로 한 포도주를 만드는 것. 미국의 캘리포니아 와인은 품질과 가격에서 유럽 와인과 경쟁하며, 칠레도 카베르네 쇼비뇽, 메를로 등 세계적 수준의 와인을 생산.

수확연도(Vintage)와 등급

와인의 빈티지(수확연도)가 중요한 것은 각 포도주 별로 보관하는 기간이 다르고, 포도의 발육과 숙성을 좌우하는 그 해의 기후조건이 다르기 때문이다. 빈티지 표(Vintage chart)란 주로 프랑스 와인을 수확연도에 따라 와인산지 별로 등급을 표시해 놓은 표를 말한다. 그 등급은 오래된 연도수에 따르는 것이 아니라 포도를 수확한 해의 날씨, 즉 일조량, 일사량, 강우량, 온도, 습도, 바람 등에 따라 결정된다. 포도는 나무에 꽃이 피고나서 포도가 익을 때까지 100일간의 날씨가 가장 중요하다고 한다. 등급의 결정은 와인을 전문적으로 감정하는 사람(Connoisseur)들이 와인의 재료로 쓰인 포도가 수확되는 해에 엄중한 심사를 하여 결정한다.

[출처: 월간조선 2000년 4월호 '포도주 핸드북']

프랑스 와인 라벨(부르고뉴 와인)

① 생산 국가

② AOC 명칭: Beaune라는 마을 이름 뒤에 일등급 포도주임을 뜻하는
1er cru가 함께 붙어 새로운 AOC가 된다.

③ Classification

④ 생산연도(빈티지)

⑤ 생산자 이름과 주소

⑥ 알콜 함유량

⑦ 용량: 가장 기본적인 포도주병의 용량이 75cl(750ml)이다.

요리와의 조화

서양요리는 육류가 주류를 이루기 때문에 식사가 진행됨에 따라 입안
이 지방으로 인해 점점 요리의 맛에 무디어지게 된다. 와인의 독특한 시
고 떫은 맛은 지방분을 없애주고 혀를 긴장시켜 신선한 미각을 되찾아주
는 역할을 한다. 또 와인의 알콜 성분은 적당히 위를 자극하여 식욕을 촉
진시켜 준다. 기본적으로 생선류에는 화이트 와인, 육류에는 레드 와인
이 서브되며, 따라서 정찬에서는 화이트와 레드가 순차적으로 서브된다.

그러나 요즘에는 레스토랑에서 한 종류의 와인을 선택하게 되는 경우에 반드시 요리에 맞추지 않고 취향에 따라 화이트나 레드를 선택하여도 무방하다.

아. 생선 (Fish)

생선요리는 수프 다음에 서브되는 코스 음식에 해당되나 육류를 대신한 주 요리의 역할도 한다. 생선 요리는 지방 성분이 적고 비타민과 칼슘이 매우 풍부하므로 요즘 사람들이 건강식으로 즐겨 찾고, 특히 여성들은 건강 및 다이어트 음식으로 찾는다. 이탈리아, 스페인, 그리스 등 남부 유럽에서는 생선과 올리브 등을 주재료로 한 '지중해 식단(Mediterranean Diet)'을 건강과 미용식으로 자랑한다.

(1) 생선은 뒤집어서 먹지 않는다.

생선 위쪽을 다 먹은 다음에는 생선을 뒤집지 말고 그 상태에서 나이프를 뼈와 아래쪽의 살 부분에 사이에 넣어 살과 뼈를 갈라놓고 먹는다. 간혹 가시를 함께 먹게 된 경우에는 입 속에서 발라내 왼손으로 입을 가린 후 오른손으로 살짝 빼내어 접시 가장자리에 올려놓는다.

생선요리의 대표적인 것으로 광어 무니에(Meuniere) 요리가 있는데, 광어를 통째로 요리하는 경우와 머리와 꼬리 부분을 떼어 내어 요리하는 경우가 있다. 밀가루와 달걀 또는 버터를 입혀 후라이팬으로 익힌 요리로서, 통째로 요리된 광어를 먹으려면 우선 포크로 머리 부분을 고정시키고 나이프로 머리, 꼬리, 지느러미 부분을 차례로 잘라낸 후 접시 위쪽에 한데 모아 놓는다. 그리고 뼈를 따라 왼쪽에서 오른쪽으로 나이프를 수평으로 움직여 위쪽의 살과 뼈를 발라 놓는다. 생선의 살만을 앞쪽에 놓고 왼쪽에서부터 먹을 만큼 잘라가며 먹는다. 필자가 오스트리아에 살 때 식당에서 우리 돈까스 같은 슈니첼이 먹기 싫으면 넙치 무니에(Sole meuniere)를 주로 주문했는데 레몬을 잔뜩 뿌리고 매운 소스까지 쳐서 먹곤 했으며 나중에는 느끼해서 그 요리마저 싫증이 났던 기억이 있다.

(2) 생선 요리에는 레몬즙을 뿌려서 먹는다.

생선요리에는 레몬이 곁들여지는데 생선의 비린내와 튀긴 기름의 맛을 제거할 수 있다. 생선프라이나 석쇠구이 등의 요리에는 오른손의 엄지, 중지, 집게손가락으로 즙을 내어 생선 위에 뿌린다. 무니에 요리에서는 레몬의 한쪽 끝을 포크로 고정시키고 나이프로 가볍게 눌러 즙을 낸다. 이 때 너무 세게 누르면 생선이 부러질 수 있으므로 주의한다. 즙을 짠 레몬은 접시 한쪽에 놓는다. 생선요리는 살이 무르기 때문에 나이프와 포크가 함께 놓여 있더라도 포크만으로 먹어도 된다.

(3) 식용달팽이(Escargot)도 조개류, 새우, 게 등과 마찬가지로 생선이다.

에스카르고는 버터와 마늘, 향료 등을 넣어 오븐에 구운 직후에 서브한다. 전채요리로 많아 먹는데 이럴 경우에는 생선 코스를 생략하고 바로 육류요리로 들어 갈 수 있다. 먹을 때는 왼손의 에스카르고용 홀더(집게)로 껍질을 고정시킨 후 오른손의 에스카르고용 포크로 집어내어 먹는다. 알맹이를 꺼내먹고 난 후 국물도 맛있으므로 입으로 가져가 소리 내지 않고 마셔도 된다. 대합을 먹을 때는 손으로 껍질을 잡고 포크로 관자부분을 밑으로부터 떠서 살을 떼어 먹으면 된다. 왕새우요리는 포크와 나이프를 이용해 살 전체를 껍질에서 꺼내놓고 먹는다.

(4) 소스가 나올 때까지 요리에 손을 대지 않는다.

서양요리에서는 소스의 맛이 매우 중요하다. 레스토랑 메뉴에는 대개 요리 이름에 소스가 함께 쓰여져 있다. 소스 뿌리는 요리를 주문했을 때는 소스가 나올 때까지 기다렸다가 소스가 서브된 후 먹기 시작한다. 대체로 물기가 포함되어 있는 요리 즉 삶은 것이나 조린 것에는 소스가 따로 없으며 조금 기다려 보아 확실히 소스가 서브되지 않으면 먹기 시작한다. 소스가 나오면 요리에 바로 뿌리지 말고 마요네즈, 타타르 등 진한 소스는 접시 한쪽에 덜어 놓고 조금씩 찍어 먹도록 한다. 육류에는 묽은 소스가 나오므로 그대로 요리에 뿌려도 된다.

자. 육류 (Meat)

육류요리는 대체로 쇠고기(Beef), 송아지(Veal), 양고기(Lamb and Mutton), 돼지고기(Pork and Bacon), 가금류(Poultry), 야생동물(Game) 요리 등으로 구분할 수 있다. 생소한 곳에서 메뉴를 잘 읽거나 요리 이름을 알 수 없을 때는 스테이크(Steak)를 주문하면 크게 실패하지 않는 것처럼 육류에서는 쇠고기 요리가 가장 많이 서브된다. 쇠고기 중에서는 안심(Fillet)이 으뜸이며 안심으로 요리한 스테이크인 샤토브리앙(Chateaubriand)이 최상급이다. 안심이나 등심을 뼈채로 구운 포터하우스(Potterhouse) 스테이크나 티본(T-bone)도 스테이크의 진수라 할 수 있겠다.

(1) 스테이크는 굽는 정도에 따라 맛이 다르므로 주문할 때 웨이터에게 굽기를 알려주어야 한다.

〈표 5-1〉 스테이크의 굽기 정도

굽기 정도	조리 시간	특징
레어(rare)	2~3분	자르면 붉은 육즙이 흐르는 정도
미디엄 레어(rare)	3~4분	레어와 미디엄의 중간 정도
미디엄(medium)	5~6분	자르면 육즙은 흐르지 않지만 속은 붉은 상태

미디엄 웰던(medium welldone)	8~9분	미디엄과 웰던의 중간 정도
웰던(welldone)	10~12분	속까지 완전히 익은 상태

미국의 스테이크 굽기 정도(Degrees of steak doneness) 전문 안내에 따르면 위 5단계 이전에 블루레어(blue rare)가 있는데 이는 레어보다도 덜 익힌 것으로 아주 살짝 익힌 상태를 말한다.

(2) 스테이크의 참맛은 육즙에 있다.

쇠고기는 적게 구울수록 육즙이 많아 그 참맛을 즐길 수 있다. 스테이크를 자를 때 나오는 피 같은 핑크색의 즙은 피가 아니라 고기가 열을 받을 때 나오는 액기스다. 이 육즙이 바로 스테이크 고유한 맛의 원천이다. 따라서 굽는 시간이 길어지면 이 육즙이 증발해 버려 맛이 떨어지고 또 씹을 때 육질이 다소 질기게 느껴진다. 고기를 편하게 미리 전부 잘라놓고 먹는 경우에는 육즙이 접시로 흘러내려 스테이크의 맛도 떨어지고 금세 식어버리게 되므로 피해야한다.

(3) 고기는 세로로 자른다.

고기를 먹을 때는 고기의 왼쪽을 포크로 고정시켜 나이프로 먹기 좋을 만큼 씩 잘라가며 먹는다. 스테이크를 자를 때는 접시의 바깥쪽에서 안쪽으로 세로로 자른다. 티본이나 립(Rib) 스테이크는 크기 때문에 세로로 한 번 잘라도 한 입에 먹기 클 수 있으므로 다시 비스듬히 잘라가며 먹으면 된다. 나이프로 고기를 자를 때는 톱질하듯 자르지 말고 앞부분이 톱니같은 칼날을 위에서 자신의 앞쪽으로 당기듯 자르면 된다.

(4) 기타 매너

오른손에 나이프, 왼손에 포크를 사용해 음식을 먹어야 하나 왼손 사용이 불편할 때는 고기를 자른 후 나이프를 내려놓고 오른손으로 포크를 잡고 음식을 먹어도 무방하다. 포크로 음식을 찍어 먹을 때는 포크의 뒷면(구부러진 쪽)이 위로 향하게 먹는다. 접시에 남아있는 소스를 빵조각으로 깨끗이 닦아 먹어도 매너에 어긋나지 않는다. 스테이크와 함께 제공되는 감자(baked potato)는 껍질을 함께 먹어도 좋다.

차. 치즈 (Cheese)와 후식(Dessert)

(1) 치즈는 우유에 미생물이나 효소를 섞어 응고시킨 발효식품이다. 아주 오래된 식품 중의 하나로 특히 로마 시대에는 군량으로서 매우 중요한 취급을 받아 로마 지배 아래 있던 프랑스, 스위스, 영국 등지에서 발달하였다. 서양에서 치즈는 주 요리가 끝나고 디저트 전에 먹는다. 한 종류의 커다란 치즈를 내기도 하고 때로는 한 접시에 여러 종류의 치즈를 내기도 한다. 치즈에도 나이프와 포크가 따라 나오지만 포크만으로 먹어도 무방하다. 치즈에는 레드 와인, 신선한 포도, 비스켓 등이 잘 어울린다.

(2) 주 요리가 끝나고 빵, 조미료, 접시 등을 다 치운 후 치즈와 관계없이 디저트가 서브된다. 디저트로는 과자나 케이크, 과일 등이 주로 제공된다. 케이크 등 달콤한 것들이 주로 서브되므로 영. 미 지역에서는 'Sweet'라고 부르기도 한다. 서양요리에서는 설탕을 거의 사용치 않으며 전분도 적게 사용하므로 후식으로 달콤한 것이 먹고 싶어진다. 그러나 쿠키나 빵 등의 마른 과자는 만찬에 적당치 않으며, 달콤하고 부드러워야 한다. 따뜻한 것으로는 푸딩(Pudding)이 있고, 크림이나 과일을 이용한 과자나 파이 등이 있다. 차가운 디저트로는 아이스크림과 셔벗이 많이 서브된다.

카. 커피와 홍차(Tea)

(1) 식후 진한 커피와 홍차 등이 서브된다. 커피로는 작은 잔(demi-tasse)에 에스프레소, 카푸치노, 아메리칸 커피나 카페인을 제거한 커피 (decaffeinated cofee) 등이 있다. 카페인에 예민한 경우에는 진한 커피를 피하고 'caffein-free' 커피를 주문한다.

* '드미 따스'는 보통 잔의 절반 정도의 크기 잔을 말한다. 보통 에스프레소 잔이라고 여기면 된다. 이탈리아나 프랑스에서는 오·만찬의 정찬에 카푸치노를 주문하지 않는 것이 좋다. 이들은 아침에 주로 빵과 큰 사발의 카푸치노 한 잔으로 식사를 대신하기 때문에 점심이나 저녁에 식사를 잘 대접받고 잔의 크기에 관계없이 카푸치노를 찾으면 혹시 식사가 부족하거나 만족치 못했나? 라고 호스트가 생각할 수 있기 때문이다. 필자는 진한 커피를 좋아하지 않는데 이탈리아에서 근무할 때 에스프레소를 습관적으로 마시게 되었다. 주재국의 국회의원이나 정부 고위당국자를 오찬에 초대하여 식사를 하는데 점심이 워낙 늦게 시작하고 또 오래 걸리기 때문에 커피 마시는 시간이라도 줄이기 위하여 한 번에 훅 마시는 에스프레소를 택할 수밖에 없었다.

(2) 커피 잔의 손잡이는 엄지와 검지로 가볍게 쥐는데 손가락을 방아쇠 당기는 것처럼 손잡이에 끼워서는 안 된다. 커피는 섭씨 70도 정도가 가장 맛있다고 하며, 다소 뜨겁다고 느낄 때는 입으로 불지 말고 시간을 두고 약간 식어지면 마신다. 설탕이나 크림을 넣고 너무 많이 젓는 것도 모양이 좋지 않다. 커피를 마실 때는 커피 잔에 스푼을 넣어 두거나 잔 받침을 들어 올려서는 안 된다. 또 두 손으로 잔을 감싸고 마시지 않으며, 커피 스푼으로 커피를 떠 마시지 않는다.

(3) 홍차나 녹차의 티백(Tea bag)은 그 차가 지니고 있는 향이 적당히 우려나왔을 때 들어내어 잔의 한 쪽에 가로로 놓는다.

타. 식후주 (After drink)

식전주(Aperitiff)를 식욕 촉진주라고 하면 식후주는 소화 촉진제 (Digestiff)라고 한다. 식사가 끝나고 자리를 옮겨 거실 소파에 앉아 담소를 나누면 웨이터가 왜건(After dinner drink wagon)이나 트롤리를 끌고 와 식후 주 주문을 받는다. 서양식에서 식후주는 크게 브랜디류와 리큐어(Liqueur) 로 나뉘는데 남성은 브랜디를 여성은 리큐어를 주로 마신다. 물론 알콜 없는 다른 음료도 서브된다.

(1) 브랜디(Brandy)

브랜디는 와인을 증류해서 만든 술로서 식후의 소화뿐만 아니라 특유 의 향과 풍부한 무드가 식후의 여유 있는 분위기에 잘 조화되는 술이다. 와인이 아닌 체리나 복숭아, 사과 등 다른 재료를 증류하여 만든 경우에 는 그 브랜디 앞에 그 원료가 되는 과일 이름을 붙인다.

* 브랜디의 알코올 함량은 최소 40도 이상으로 10~13도 사이의 와인보다 훨씬 높다. 코냑(Cognac)은 브랜디의 한 종류로서 프랑스 보르도 북쪽의 남서부 해안에 위치한 지역 의 이름이다. 헤네시, 마르텔, 쿠르부아제, 레미 마르텡, 카뮈, 오지에 등 유명 메이커들이 대부분의 코냑을 생산하고 있다. 코냑의 상표에서 별 세 개는 2년 이상 숙성된 코냑을 가 리키며, VSOP는 4년 반 이상, 나폴레옹, XO, 빌레 레제르베는 6년 이상 숙성된 코냑이란 뜻이다. 기본적으로 브랜디는 25~50년 사이에 숙성된 것이 최고의 맛과 향을 지닌다고 한다. 코냑 못지않게 세계적 명성을 얻고 있는 아르마냑은 프랑스 남서부 보르도와 툴루즈 사이 지역에서 생산되는 브랜디이다.

- 식후 한잔에서 세잔까지가 적당하며 위스키처럼 병째 비우는 술이 아니다.
- 브랜디 잔은 아래가 넓고 위쪽이 좁은 라군형(lagoon shape)인데 향을 보존하고 극대화시키기 위함이다. 따라서 마실 때는 잔을 흔들어 브랜디가 안에서 파

도치게 한 후 둘째와 셋째 손가락으로 잔을 잡고 손바닥으로 잔을 감싸 브랜
디를 데우면서 조금씩 색과 맛과 향기를 즐기면서 마신다.
- 따라서 브랜디에 물을 타거나 얼음을 넣어 마시지 않는다. 그러나 요즘에는
알코올 도수를 희석시키기 위하여 얼음을 넣는 것도 도처에서 볼 수 있다.

(2) 리큐어(Liqueur)

리큐어는 당도가 있고 색깔이 아름다운 술로 여성들이 주로 식후에
마신다. 리큐어는 증류주를 기본으로 하여 과즙, 약초, 꽃, 천연향료, 식
물의 잎이나 뿌리 등을 가미하여 만든다. 리큐어의 주정은 섭씨 27~80
도에 이르기까지 다양하며 그 종류도 50 여종에 이른다. 리큐어는 그 맛
과 향기를 즐기기 위해 작은 1~2 온즈 용량의 잔에 스트레이트로 마신
다.
- 꽝트로 (Cointreau)
- 드람부이 (Drambuie)
- 베네딕틴 (Benedictine)
- 샤르트뢰즈 (Chartreuse)
- 크림 드 멍트 (Creme de menthe)
- 삼부카 (Sambuca) 등

4. 건배

건배를 어느 때 하느냐는 나라마다 관습이 다르다. 보통 디저트가 끝
날 즈음 호스트가 일어나서 샴페인 잔을 들고 건배를 제의한다. 연설을
하게 될 경우에는 건배 제의 직전에 한다. 우리나라의 경우에는 식사 전
에 연설을 하고 건배한 후 식사를 시작한다. 건배는 주로 샴페인을 사용
하는데 비록 술을 못하는 여성이라도 소량이나마 잔을 채워 함께 건배에

동참한다.

　건배는 국빈 만찬에서는 정상 간에 주고받는 것이지만 일반 오. 만찬에서는 호스트가 건배를 제의하고, 주빈이 있을 경우에는 주빈이 답례 건배를 하는 것이 매너이다. 모임의 성격에 따라서는 참석자 가운데 지을 받아 건배를 하는 경우도 있고 복수의 사람이 건배를 하는 경우도 있

　건배를 제의할 때 건배자(Toast master)가 "신사 숙녀 여러분, …을 위해 건배합니다(Ladies and gentlemen, may I propose a toast to …)"라고 제의하면 참석자들은 자리에서 일어나 잔을 얼굴 높이까지 치켜들고 "…을 위하여 (To …!)"라고 하면서 샴페인을 마신다. 이 때 좌 우 옆 사람과도 건배를 나눌 수 있는데 잔을 부딪칠 필요까지는 없다.

　건배할 때 특히 주의할 것은 술잔은 가슴과 턱 사이 정도의 높이에 두고, 상대방과 눈을 마주치며, 술잔을 가까이 접근시키되 부딪치지는 않는다는 것이다. 시선을 술잔에 두지 않고 상대방과 눈을 맞춘다는 것이 핵심이다.

귀빈 여러분, 신사 숙녀 여러분, 대통령 각하 쿠마라퉁가의 건안과 성공을 위하여 그리고 한국, 스리랑카 양국의 영원한 우의를 위하여 저와 함께 건배를 들 것을 제의합니다. 감사합니다. (스리랑카 대통령 주최 만찬에 대한 필자의 답례 연설 후 건배)

(Distinguished guest, ladies and gentlemen, may I now ask you to join me in a toast to the continued good health and every success of Her Excellency, President Kumaratunga, and the everlasting friendship between Sri Lanka and Korea. Thank you.)

여러분 모두 잔을 들어 여러분의 건강과 협회의 성공과 번영을 위하여 건배합시다. 우정! 감사합니다.(한 · 이탈리아 의원친선협회에서 필자의 건배)

(Please raise your glass for a toast to your good health, every success and the prosperity of the Association. Friendship ! Thank you.)

보다 자유로운 약식 식사 자리에서는 모두 잔을 들고 "건배!(Cheers!)"라든가 "여러분의 건강을 위하여!(To your health!)"라고 한다. 특정한 사람에 대하여 건배할 때에는 "…를 위하여!(Here's to…!)"라든가 단순히 "To…!"라고 하면 된다. 이 때 건배 받는 이가 특히 여성인 경우에는 목례로 답을 할 수 있고, 아니면 "감사합니다, 여러분을 위해서도 건배를!(Thank you, here's to you, too!)"라고 답례 건배를 하기도 한다.

우리나라의 경우 아주 자유스럽고 비공식 모임에서는 돌아가면서 건배를 제의하고 덕담을 하는데, 우스갯말이나 신조어들을 경쟁하듯 내어 놓는다. 그러나 이 때 지나친 풍자, 남을 비하하거나 성희롱적 언어를 사용하지 않도록 각별히 주의해야 한다.

5. 한국 요리 매너

한국 요리는 사계절의 변화가 뚜렷한 우리나라의 기후 조건 때문에 계절마다 식재료가 다르고 지방마다 특색이 있다. 또 쌀 등 곡물 중심으로 여러 반찬이 보조역할을 하며, 고추장, 된장, 청국장, 김치 등 발효식품 등이 다양하다. 특히 신선로 등이 포함된 궁중요리는 다른 나라 음식에서는 찾아볼 수 없는 독특한 운치와 모양새, 그리고 맛을 지니고 있어 우수한 음식이라 하겠다. 더군다나 요즘처럼 세계적으로 건강 식단이나 다이어트 식단을 선호하는 때에 한식은 이에 알맞은 요리로서 한류와 함께 한식문화가 널리 전파되고 있다. 따라서 한식의 메뉴, 서브 방법, 식사 예법 등에 대한 주의가 필요하다.

가. 한식상 차림

전통적으로 한식상 차림에는 반상(飯床), 면상(麵床), 주안상(酒案床), 교자상(交子床) 그리고 제상(祭床) 등이 있다. 반상은 어른들이 먹는 진지상으로 3, 5, 7, 9, 12 첩 반상이 있다. 면상은 점심 때 밥 대신 국수나 냉면, 떡국 등 별식을 차리는 상이다. 주안상은 술을 대접하기 위하여 차리는 상을 말한다. 교자상은 명절, 생일, 환갑, 혼인 등 경사 때 차리는 잔치상으로 음식을 한꺼번에 전부 한 상에 차려서 내어 온다. 전통적으로 우리나라의 식탁은 1인 외상(single setting)이 기본 상 차림으로 손님이 수십 명이 되어도 일일이 외상으로 모셨다. 그러나 가정에서 그리고 외부 식당에서 겸상을 하고, 또 회식 및 잔치상, 교자상 등에서 음식을 한꺼번에 차려놓고 같은 국, 같은 반찬을 각자의 수저와 젓가락으로 나누어 먹는 습관을 갖게 되었다. 이는 비위생적이며 외국인들에게도 불편한 상황이었다. 이러한 식사 습관을 버리고 각자의 반찬을 먹거나, 국자, 큰 젓가락 등의 공동용구로 음식을 덜어놓는(sharing) 방법으로 바뀌는 것은 바람직하며, 전통적인 우리의 외상 식사로 복귀하여야 한다.

- 외국인에게 우리 한식을 대접하는 경우에는 요리는 한국 요리로 준비하고, 서양식 서브 방식에 따라 음식을 한꺼번에 모두 내놓지 말고 사람 앞에 한 접시씩 순서대로 시간적 여유를 두어가며 상에 올리도록 한다.
- 간장 및 김치, 나물, 조림 등 3~4가지 밑반찬은 뚜껑이 있는 작은 함에 담아 각자의 상 위에 준비해 놓고, 전채-죽-생선-고기-밥과 국-후식 순으로 내는 것이 좋다. 외국인들을 위해 포크와 나이프도 준비하고 수저의 경우 서양식으로 바깥쪽부터 죽-신선로-밥을 먹는 수저를 각각 놓는다.
- 밥그릇은 먹는 사람의 왼쪽에, 국그릇은 오른쪽에 놓으며, 수저는 국그릇의 오른쪽에 젓가락은 수저의 오른쪽에 놓는다.
- 서양 사람들은 수프에 건더기가 너무 많은 것을 좋아하지 않으므로 만둣국 같은 경우 만두를 아주 작게 빚고 한 두 개 정도만 담는 것이 좋다. 전채로 전을 내놓는 경우에도 예쁜 색깔로 여러 개 내놓으려 하지 말고 아주 작은 크기

로 2~3개만 올려놓는다. 오이냉국은 더운 나라에서는 여름철에 좋고, 또 잣
죽과 호박죽은 국이 아니지만 수프 대신에 내놓아도 좋다.

– 한식 정찬의 요리 수는 김치나 나물 등의 밑반찬 외에 4~5가지 정도가 적당
하며, 흰 밥 대신에 김밥이나 볶음밥을 내놓는 것도 무방하다.

– 술은 와인 등 양주를 주로 사용하나 우리 전통주인 인삼주, 청주, 복분자주
등을 특별히 소개할 수 있으며, 후식주로 내놓아도 무방하다.

〈표 5-2〉 접대용 한식 메뉴의 예

만찬	오찬
인삼, 오이 냉채	잣죽
……	……
대추죽	옥도미찜
……	……
은대구 구이	안심구이와 야채
……	……
궁중 신선로	진지와 신선로
……	……
갈비구이와 더운 야채	한과
……	……
진지와 만둣국	수정과
……	
생과일과 한과	
……	
홍삼차	

나. 한식 식사 예절

한국과 일본, 중국은 쌀밥과 젓가락을 사용하는 식문화를 공통으로
가졌으나, 그 사용 방법이나 식사 예절에는 차이가 있다. 우리는 수저와
젓가락을 다 같이 사용하며 또 재질도 주로 쇠로 만들었으며, 은수저와
은 젓가락도 보편화되었다. 과거에는 궁중에서 주로 은제품이 사용 되었
고, 이것이 고대 일본으로 넘어가 일본의 고분에서 은수저가 발견됨으로

써 일본의 조상이 한민족이라는 학설도 수립되었다. 왜냐하면 일본 식문화에는 수저가 거의 사용되지 않았기 때문이다. 일본과 중국에서는 밥그릇과 국그릇을 손으로 들고 다른 손에 젓가락을 들고 먹는 것이 예절이나, 우리의 경우에는 그릇을 들고 먹지 않는 것이 예절이다. 일본에서는 젓가락으로 음식을 건네주거나 받지 않으며, 반드시 개인 접시를 사용하고 한 접시에 한 가지 요리만을 담는다. 중국 연회에서는 20가지 이상의 다양한 요리가 제공되기 때문에 한꺼번에 많이 먹지 말고 음식마다 조금씩 맛보는 것이 좋다. 회전식탁에서는 시계 방향으로 식탁을 천천히 돌리며, 찬 음식부터 더운 음식 순으로 먹는다.

- 식사 전에 손을 씻고, 물수건을 사용할 경우에는 손만 닦아야 한다.
- 전통 한식에서는 웃어른이 수저를 든 다음에 들어야 하며, 식사를 할 때도 보조를 맞추는 것이 예의이다. 외국인과의 식사의 경우에도 호스트나 주빈이 수저를 들어 식사를 시작하도록 한다.
- 한꺼번에 여러 가지 음식을 입안에 넣고 뒤섞어 먹어서는 안 된다. 음식 먹는 소리를 내거나 입안이 다른 사람에게 보이지 않도록 한다.
- 맛있는 음식만 골라 먹거나, 뒤적거리며 집었다 놓았다 하는 것은 피해야 한다. 특히나 자신의 젓가락이나 수저로 공동의 음식에 손을 대어서는 안 된다.
- 수저가 그릇에 부딪치는 소리나 후루룩 소리를 내거나 뜨거운 음식을 후후 불어대는 것도 실례다.
- 밥은 한 쪽부터 먹기 시작하고 국은 그릇째 들고 마시지 않는다. 음식은 남기지 않을 정도로 주문하거나 덜어 먹는다.
- 대화 시 입안에 있는 음식을 삼키고 수저를 놓고 해야 한다.
- 식사를 다 마쳤어도 웃어른이나 주빈 등이 일어선 후 자리에서 일어난다.
- 식사 후에는 이쑤시개를 사용하거나 화장을 고치는 일 등은 화장실에서 또는 한 쪽 구석에서 조심스럽게 한다.

제6장

복장 (Dress Code)

제6장

복장

    예나 지금이나 우리는 옷차림으로 상대방의 됨됨이를 유추하곤 한다. 옷차림과 옷치장으로 사람을 판단할 수는 없으나, 옷이 날개라는 말이 있듯이 사람의 첫 인상이 그 사람이 입고 있는 복장에 의해서 좌우될 수도 있다는 점에 유의할 필요가 있다. 물론 복장이 그 사람의 인격을 말해주는 것은 아니지만 때와 장소에 맞는 단정하고 깔끔한 복장은 평소 그 사람의 마음가짐, 사고와 취향을 어느 정도 보여준다.

    옷의 중요성에 대하여는, "단정한 옷차림은 죄가 아니라 의무다"(J.웨슬리), "막대기도 옷을 잘 입히면 막대기로 보이지 않는다"(세르반테스), "옷이 사람을 말해주는 경우가 많다"(셰익스피어) 등 수많은 인용문들이 있다.

    복장에는 기능과 장식의 두 가지 역할이 있다. 추위나 더위를 막는 등 신체를 보호하고, 일 하는데 편하다든지 하는 것이 기능이고, 멋과 모양을 내고 치레를 하는 것이 장식이다. 좋은 복장이란 이 기능과 장식이 때와 장소 그리고 경우에 맞는 것을 말한다. 복장 예절은 필요 이상으로 값비싼 명품 의복을 입는 것이 아니고, 자신의 몸에 잘 어울리는 옷을 장소와 상황에 맞게 단정하게 입는 것이다. 과거에는 복장이 사회적 계급이나 직위를 나타내는 데 중점이 있었으나, 현대에 이르러서는 착용자의 개성과 메시지를 전달하는 역할의 중요도가 높아졌다.

　복장이 그 사람의 인품을 말하는 것은 아니다. 그러나 대외관계에 있어서 복장에 주의와 관심을 기울여서 나쁠 것은 없다. 단정하고 잘 어울리는 옷을 입은 사람과 꾀죄죄하거나 불량하게 입은 사람이 차별적으로 대우 받는 일이 흔히 일어나기 때문이다. 외교관들은 통상 정장을 하나 주말 등 기타 개인적인 일로 외출할 때에도 캐주얼 복장에 신경을 써야 한다. 개인이 받는 대우가 나라를 대표하는 외교관의 체면으로 비화할 수도 있다. 필자가 해외근무 시 직원들에게 은행, 회사, 병원, 공항 등에 캐주얼하게 갈 때도 캐주얼 슈트를 입도록 권장하였다. 미국이나 유럽 등 서양에서 한국인은 비교적 신장이 작고 피부색도 다르기 때문에 점퍼 등이 잘 어울리지 않는 듯했기 때문이다. 일반인도 마찬가지다. 성경에서도 허름한 옷을 입고 푸대접을 받았다거나, 허름한 차림의 천사가 대접을 잘 받고 은혜를 베풀었다는 이야기도 볼 수 있지 않은가.

　아주 오래 전 일이다. A 여교수가 집에 놀러왔다 가는 친구를 배웅차 집에서 입는 헐렁한 옷차림으로 고무신을 끌고 경복궁 버스 정류장까지 걸어 나오다가 근처에 있는 유명한 역술인에게 심심풀이로 들렸다. 이 역술인은 A 교수를 보자마자 대뜸 "그냥 지금 집에 눌러 있어! 다른 데로 옮기지 말고……."라고 호통 쳤다. A 교수는 아마도 자신의 차림새 때문에 가정부로 오해 받은 것 같다고 나중에 남편과 함께 깔깔 웃었다고 한다.

　복장문화는 나라마다 그 특징이 다르다. 그 나라의 환경과 역사, 그리고 사람들의 의식구조에 따라 각각의 고유한 전통의상이 있다. 중국에 여체의 곡선미가 넘쳐흐르는 '차파워'가 있고, 일본에는 여성들을 위해 화려하고 정성이 든 '기모노'가 있으며, 베트남에는 생동감과 맵시가 있는 '아오자이'가 있다. 인도에는 육체미를 살리고 부처님을 연상케 하는 '사리'가 있고, 서양에는 키가 크고 어깨가 넓고 엉덩이가 큰 서양여성들에게 잘 맞는 '양장'이 있다. 우리에게도 전통 한복이 있다. 남녀는 물론 계층별로도 다양한 종류의 한복이 있으며, 한복의 아름다움은 국제적으로도 널리 평가받고 있다. 비록 한복을 입는 기회가 줄어들었지만 입는 방법과 예절은 알아두어야 할 것이다. 이제는 양복과 양장 등 서양 옷이 일상 복장이 되었다. 이 옷들을 적재적소에 어울리게 맞춰 입고 또 복장 예절을 익혀야 할 것이다. 이 또한 교양인으로서 갖춰야 할 요소이다.

1. 한복

한복은 우리 민족 고유의 전통복장으로서 색상, 문양, 재질, 형태 등에서 우리 고유의 멋과 아름다움을 나타낼 뿐만 아니라 오랜 세월 동안 우리 민족의 정서와 의식이 담겨있는 복합적 산물이다. 한국 여성에게는 우아한 아름다움을 보여주는 '치마저고리'가 있고, 남성에게는 체격에 알맞은 '바지저고리'가 잘 발달되었으며, 대다수의 평민들은 흰색을 즐겨 입어 '백의민족'이라는 표현을 갖게 되었다.

1600여 년간 이어진 고유한복의 전통성은 세계에서 제일 길며, 그것은 고구려 고분벽화(4~6세기)와 신라, 백제 유물로 확인할 수 있다. 전통의 선을 현대부터 그어보면, 영조시대 혜원 신윤복, 단원 김홍도의 풍속도에 나타난 한복까지 그을 수 있으며, 다시 조선 초기, 고려, 통일신라를 거쳐 고구려 고분벽화의 기본복까지 이어진다. 더 나아가 가시적인 자료는 없으나 고조선까지도 이을 수 있다고 본다.[1]

가. 한복의 특징

기본적으로 상체가 길고 하체가 짧은 한국인의 체형에 따라 활동성을 중시하며, 천 자체를 보면 직선형이지만 몸에 입을 경우 곡선이 살아나게 도와주는 미적 특징도 나타나는데 이는 주머니가 없는 구조이기 때문이기도 하다. 일본, 중국옷과는 달리 한복은 저고리와 치마, 즉 상·하의가 분리되어 있어 형태상으로 구분된다. 정중동의 미가 담겨있는 옷이다.

동정, 깃, 진동, 섶, 도련 등은 직선적이고 정적이고 고정된 선으로서 안정미가 느껴지는 부위이다. 반면에 치마, 고름, 배래선, 버선 앞 코 등은 곡선적이며 동적이고 유동적인 선으로서 율동미가 느껴지는 부위이다. 특히 옷고름은 인체에서 분리된 유일한 장식으로서 외국인들이 한복에서 가장 독특하고 매력적인 부위로 높이 평가하고 있다. 이렇듯 한복은 직선과 약간의 곡선이 조화를 이루어 아름다우며, 특히 여성 한복은 짧은 저고리와 넉넉한 치마가 어울려 옷차림이 단정하고 아담하다. 남성은 바지저고리를 기본으로 조끼와 마고자로 멋을 내고 있다.[2]

여성은 실내에서 치마와 저고리를 입으며, 외출할 때나 의례가 있을 때에는 배자와 두루마기까지 입는 것이 상례이다. 남성 한복은 평상시와 외출 시에 모두 두루마기를 입는다. 색상은 백의민족답게 기본적으로 흰색이며, 신분과 성별에 따라 입는 예법이나 소재와 색상이 모두 다르다.

결혼과 같은 특별한 예식에는 평민들도 귀족들이 입는 화려한 빛깔의 옷과 장신구로 멋있게 꾸몄다. 장례식에는 상주들이 흰 삼베옷 또는 무명옷을 입었다. 최근 실용성을 강조한 생활한복이 자리잡아가고 있음이 하나의 특징인데, 때와 장소를 잘 가려 고유한복의 예법을 그르치지 않도록 유의해야 한다.

나. 한복의 종류

(1) 전통 남성 한복

남성 한복은 갓(외출모자), 망건, 탕건(상투싸개), 정자관(가정모자), 도포(예복 겉옷), 토시(팔뚝), 행전(발목), 신, 두루마기(평상 겉옷), 마고자, 조끼,

바지, 속바지, 버선, 대님, 허리띠, 저고리, 속저고리, 적삼, 등거리, 잠
방이 등으로 구성된다.

〈그림 6-1〉 남성 한복 대님 매는 법

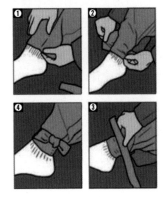

≪대님 매는 법≫

① 가운데 솔기(두 폭을 맞대고 꿰맨 줄)를 발
   안쪽에 댄다.
② 왼손으로 바짓부리를 잡고 발목을 한
   번 돌려 앞서 누르고 있는 곳까지 와서
   오른손으로 같이 잡는다. 남은 여유분
   은 왼손으로 잡고 뒤쪽으로 돌려 바깥
   쪽 복사뼈까지 가지고 간다.
③ 대님을 대고 두 번 돌린다.
④ 외코로 매어주면 끝난다. 반대 방향도 같은 방법으로 매면 된다.

≪남자 한복 입는 법≫

1. 속옷(속고의, 적삼)을 갖춰 입은 후 바지를 입는다. 바지를 입을 땐 앞뒤
   를 구분해 큰 사폭(邪幅)이 오른쪽으로, 작은 사폭이 왼쪽으로 가게 입
   어야 한다. (사폭은 남자 한복 바지에서 허리와 마루폭 사이에 잇대어 붙이는
   네 쪽의 헝겊을 말한다) 이어 바지를 왼쪽으로 여미어 허리띠를 맨다.
2. 대님(발목을 졸라매는 끈)을 맨다.
3. 저고리를 입고 고름을 맨 후 그 위에 조끼를 입는다.
4. 마고자를 입는다. 마고자를 입을 땐 저고리가 마고자의 소매 끝으로
   보이지 않아야 깔끔하다. 외출할 땐 위에 두루마기를 걸치면 된다.

(2) 전통 여성 한복

  여성 한복은 조바위(모자 일종), 남바위(방한모), 장옷, 쓰게치마, 두루

마기, 마고자, 배자(덧저고리), 저고리, 속저고리, 적삼(웃옷), 치마, 속치마
(아래옷), 버선, 속버선, 바지, 넓은 바지, 고쟁이, 속속곳, 단속곳(아래 속
옷) 등으로 구성된다.

《그림 6-2》 여성 한복 고름 매는 법

《옷고름 매는 방법》

① 왼손은 긴 고름을, 오른손은 짧은 고름
을 아래서 받치듯 손으로 들어준다.

② 오른손의 짧은 고름을 위로 가게 해 X
자 모양으로 교차시킨다.

③ 위로 올라간 짧은 고름을 긴 고름 아래
에서 감아 위로 뽑는다. 이어 왼손을
위로 올려 짧은 고름을 잡은 다음, 둥
근 원을 만든다. 오른손으론 밑에 있는
긴 고름을 둥글게 말아 접어 짧은 고름
의 원 안으로 넣어준다.

④ 양손으로 모양을 바로잡는다.

《여자 한복 입는 법》

1. 속바지와 속치마를 차례로 입는다.

2. 겉치마를 입는다. 이때 왼손으로 치마꼬리를 잡을 수 있게 하기 위해
   서, 겉치마 자락을 왼쪽으로 여며 입어야 한다(사람들이 대부분 오른손잡
   이므로, 오른손으로 일해야 하는 상황을 배려함, 왼손잡이라면 반대로 하면 된
   다).

3. 속적삼을 입고 버선을 신는다.

4. 저고리를 입고 옷고름을 맨다.

5. 필요에 따라 마고자(저고리 위에 덧입는 옷)나 두루마기를 입으면 된다.

(3) 개량 한복

전통적인 한복을 생활하는데 편리하게 모양이나 재료 등에 변화를 주어 실용적으로 만든 한복으로서 생활 한복이라고도 한다. 우리 젊은이들이 개량 한복을 입는 경우가 늘어나고 있으며, 패션계에서도 개량 한복의 대중화를 위해 자주 패션쇼를 갖는다. 일부 지방자치단체에서는 한복 착용을 장려하기 위하여 박물관, 문화·유적 시설, 공원 등 공공시설에 한복을 착용하고 입장할 경우 이용료 또는 관람료를 감면해주는 제도를 채택하고 있는데, 여기에 개량 한복도 포함된다.

시대의 흐름에 따라 우리의 전통한복도 색상과 소재 그리고 모양 등이 현대화하고 있으나, 그 전통적 특징에 있어서는 개량 한복과 다르다. 전통한복의 우아한 자태와 아름다움은 국제적으로 좋은 반응을 얻고 있으므로 특히 여성의 경우 사교모임이나 공식행사 등에 정장으로 착용하는 것도 바람직하다. 일상에서도 결혼식이나 명절 때에 여전히 한복을 입는 것은 분위기를 보다 멋스럽게 고조시켜준다. 이와는 다르게 개량 한복은 그야말로 일상생활에서 간편하고 편리함을 강조하는 측면에서 입는 복장이다.

2. 남성 복장

가. 신사복(business suit)

(1) 슈트

남성복의 전체적인 모습을 결정짓는 데는 슈트가 가장 큰 비중을 차지한다. 신사들은 일반 업무용으로 비즈니스 슈트(business suit) 또는 라운지 슈트(lounge suit, 프랑스어로는 tenue de ville)를 입는데, 상의와 바지에 조끼까지 합해서 한 종류의 소재로 된 이 한 벌의 신사복을 슈트(suit)라고 칭한다. 조끼는 맨 아래 단추 하나를 채우지 않는 것이 영국과 미국의 풍습이며, 조끼를 입고 있을 경우 양복의 상의 단추는 채우지 않아도 실례가 되지 않는다.

최근에는 신사복도 조끼는 빼고 싱글이든 더블이든 상의와 바지만을 입는 것이 대세이다. 그러나 조끼를 입지 않을 때는 반드시 저고리의 단추 하나를 채우는 것이 복장 예법이다. 2버튼일 경우에는 아래 단추는 채우지 않는 것이 보통이고, 3버튼의 경우에는 단추 셋을 다 채우는 것이 상례이다.

사교복이란 원래 업무용 복장이지만, 요즘과 같이 바쁜 세상에서는 일상 업무는 물론 방문, 오·만찬, 리셉션, 결혼식 등 과거에는 예복을 입어야할 상황에 신사복을 입어도 무방한 것으로 변해가고 있다. 연예인이나 예술인 등 예술 관련 업종에 종사하는 사람이 아니고 일반인들이라면 너무 요란하거나 유행의 첨단을 걷는 이상한 복장은 피하는 것이 좋다. 또 지나치게 유행을 좇는 것도 좋지 않다. 흰 상의는 피서지나 고온 다습한 열대지방에서 많이 입는다. 그러나 흰 양복을 입을 때 주의해야 할 사항은 구두만은 흑색 단화를 신어야 한다는 것이다.

- 양복의 색깔은 감청색, 흑색, 회색, 갈색, 베이지 색 계열이 있는데, 신사복이 밤의 파티에 사용되는 경우가 많다는 점을 고려하여, 흑색 계통이나 감색 아니면 짙은 회색 등 다크슈트(dark suit)가 무난하다.
- 양복 상의의 소매 길이는 손등 위로 알맞게 얹힐 정도로 하고, 바지의 길이는 서 있을 때 단이 구두 등에 가볍게 닿는 정도가 좋으며, 바지는 언제나 줄이 잘 서 있어야 한다.
- 양복의 줄무늬는 줄 사이가 좁은 것은 조촐해 보이고, 줄 사이가 넓은 것은 화사해 보이는데, 너무 눈에 띄게 줄이 뚜렷한 것보다는 조금 떨어진 곳에서 보아 무지로 보일 정도의 연한 줄무늬 쪽이 품위가 있고 점잖게 보인다.

(2) 드레스 셔츠

드레스 셔츠(dress shirt)란 우리가 흔히 와이셔츠(white shirt)라고 일컫는 것으로서 일본 사람들이 그렇게 발음한데서 생긴 잘못된 표현이다. 비즈니스 정장에는 흰색 드레스 셔츠가 기본이나 상황에 따라 스트라이프 무늬나 색깔이 있는 것을 선택할 수 있다.

– 드레스 셔츠의 소매는 양복 소매 끝보다 1~1.5cm 정도 나오도록 하는 것이 깨끗해 보이며 상의의 소매도 더럽혀지지 않는다. 칼라 뒷부분도 상의보다 1cm 가량 밖으로 보이도록 하는 것이 좋다.

– 셔츠의 길이는 허리 아래로 적어도 15cm 정도 내려오는 길이가 적당하다. 소매의 커프스는 여유 있게 손목에 맞도록 하며, 단추를 풀지 않고는 손을 넣을 수 없을 정도가 알맞다.

(3) 넥타이

넥타이(necktie)는 목 또는 칼라 둘레를 매는 밴드형의 천을 총칭하는 말인데 양복 색과 잘 맞아야 한다. 대체로 무지의 양복에는 무늬가 있는 타이, 줄무늬가 있는 양복에는 무지의 타이가 잘 어울린다. 타이의 길이는 허리띠 위에 살짝 닿거나 약간 길게 매는 것이 보기 좋으며, 폭은 상의의 깃과 폭이 같은 것으로 선택하는 것이 잘 맞는다. 폭이 넓은 타이는 매듭 밑에 움푹한 주름을 만들어 주면 악센트가 있어 보인다.

넥타이는 목 언저리까지 꼭 여미되 볼륨감 있게 하고, 자신의 개성을 살린 것을 매일 다른 것으로 갈아매도록 한다. 조끼를 입을 때는 넥타이가 조끼 밑으로 나와서는 안 된다. 넥타이핀은 장식용인 경우 검은색이나 흰색 진주가 좋다. 조끼를 입지 않았을 때 하는 클립식 타이핀은 금색으로 단순한 형태의 것이 좋다.

넥타이는 기원전 50년경 고대 로마 병사들이 목을 휘감아 착용한 '포칼(Focal)'에서 기

원되었고, 현대의 타이 원형은 17세기 중엽 크로아티아 기마병들이 목에 감은 선명한 빛깔의 천(cravate)을 프랑스인들이 본 뜬 것으로 프랑스 상류사회에서 남성복으로 일반화되었다. 넥(neck)과 타이(tie)의 복합어인 넥타이(necktie)란 용어는 1830년경부터 쓰이기 시작하였으며, 영국 신사들에 의해 넥타이 매는 법이 고안되어 19세기 말에는 더비타이(Derby tie)와 포인핸드(Four-in-hand) 라는 현대적인 모양의 넥타이로 발전하게 되었다.[3]

(4) 포켓 칩(pocket chief)

포켓 칩은 슈트의 상의 위쪽 바깥에 있는 윗주머니에 넣어 긴급할 때 사용한 손수건의 용도였으나, 지금은 장식용으로 활용되므로 손을 닦는 데 사용하지 않도록 한다. 따라서 포켓 칩의 색상이나 접는 모양 등이 슈트와 잘 어울리도록 연출해야 한다. 통상 포켓 칩과 넥타이가 같은 무늬와 색상이면 가장 무난하고 안전하다.

(5) 벨트

슈트 바지에 반드시 벨트를 착용하며, 색상은 양복 및 구두 색상과의 조화를 고려하여 선택한다. 폭은 약 1인치 정도가 적당하며, 굵으면 캐주얼한 느낌이 들기 때문에 정장 차림에는 삼가도록 한다. 특정회사의 로고가 두드러진 것은 품위를 손상시키며, 버클은 네모 등 보수적인 것이 좋다. 서스펜더와 벨트를 같이 하지 않는다.

(6) 양말

양말은 기본적으로 발을 보호하는 역할이나 정장 패션에 있어서 중요한 부분의 하나이다. 양말의 핵심은 색상으로서, 바지와 구두의 색상과 같거나 비슷하게 맞춰 신어야 한다. 우선 흰색은 금물이며, 검은 색이 가장 무난하다. 특히 우리나라 사람들 가운데 흰색이 청결하게 보이므로 정장이나 짙은 슈트에 신는 경우가 많은데 이는 잘못된 양복 차림이다.

또 바지 색상과 어우리지 않게 튀는 색깔이나 모양도 금해야 한다. 목이 짧은 양말은 품위를 떨어뜨린다. 의자나 바닥에 앉은 자세에서 다리 맨살이나 속옷이 드러나지 않을 정도의 길이의 양말을 신어야 한다. 정장에는 발가락이 한 개 씩 들어가는 양말도 삼가는 것이 원칙이다.

(7) 구두

서양에서는 구두를 신고 방에 들어가므로 구두를 신사복의 일부로 여길 정도로 중시한다. 구두의 색깔은 양복 색과 맞추는 것이 좋으며 검은색과 갈색의 가죽 제품이 일반적이다. 두 가지 색이 섞인 구두나 '스웨이드(suede)'화는 교외용이며, 에나멜화는 저녁 또는 예복용이다. 흑색 구두는 감색이나 갈색, 베이지색 또는 회색 양복과 잘 어울린다. 흑색이나 감색 계통의 양복에 갈색 구두는 피하는 것이 좋다. 정장에는 끈이 있는 구두를 신도록 하고, 늘 광택이 구두 축까지 잘 나도록 유지한다. 요즘은 캐주얼 복장에 샌들 같은 간편화를 신고 출근하고, 또 회사 안에서 슬리퍼로 갈아 신는 경우가 있으나, 어쨌든 신사복을 입고 타인을 공적으로 접촉하는 경우에는 구두를 신도록 한다. 여성의 경우 중간 정도의 굽이 있는 구두를 신는 것이 원칙이다. 운동화, 샌들, 플랫슈즈 등은 캐주얼하고 일상적인 경우에 신으면 편하나 공식적인 곳에서는 피하도록 한다.

나. 야회복(white tie)

'테일 코트(tail coat)'라고도 부르는 야회복은 상의의 옷자락이 제비 꼬리 모양을 하고 있어 연미복(燕尾服)이라 불리는데, 정식의 남자 예복이며 무도회나 정식 만찬 또는 저녁 파티 때 입는다.

– 흰 넥타이, 흰 조끼, 흰 장갑을 착용하고, 모자는 실크해트(silk hat)나 오페라해

트(opera hat)를 쓴다. 테일 코트를 입어야할 때는 초청장에 드레스코드가 'white tie'라고 표기되어 있다. 요즘에는 야회복을 실제로 요구하는 경우가 그리 많지 않다.

- 드레스 셔츠는 가슴이 빳빳하고 단추 구멍이 한 개 또는 두 개 있는 하얀 것으로서 끝이 접혀진 빳빳한 칼라(wing collar)로 되어 있다. 포켓 칩도 흰 색이다. 구두는 검은색의 에나멜가죽 무도화(pumps) 또는 끈 매는 구두를 신는다.

〈그림 6-3〉 야회복(white tie)

다. 약식 야회복(black tie)

일종의 만찬복으로서 턱시도(tuxedo)나 디너 재킷(dinner jacket)이라고도 하는데, 서양에서는 그간 예식적인 정식 만찬 이외의 모든 저녁 파티, 극장의 첫 공연, 음악회, 호텔이나 클럽, 또는 고급 레스토랑이나 여객선에서의 만찬 등에 편리하게 입어 왔던 약식 야회복이다.

이 복장은 특별한 이유가 없는 한 낮에는 입지 않으며, 오후 6시 이후에 입는 것이 상례이므로 'after six'라는 별명이 붙어 있다. 그러나 우리나라에서는 턱시도가 밤낮에 관계없이 결혼식 복장으로 많이 애용되고 있다. 이 복장을 할 때는 초청장에 보통 'black tie'라고 지정한다.

턱시도는 19세기 초에 영국의 'dinner coat'를 뉴욕의 'Tuxedo Club'에서 연미복 대신에 착용한데서 'tuxedo'라는 이름으로 부르게 된 것으로 알려졌다.

- 턱시도는 검은 위아래에 조끼가 딸리고, 상의의 접은 옷깃은 검은 명주로 하고, 바깥쪽에 줄을 넣은 바지에는 아랫단을 안 넣고 반드시 멜빵을 쓰며, 공단(satin) 또는 명주의 검은 보타이(bow tie)를 맨다.
- 드레스 셔츠는 턱시도 전용의 겹으로 된 흰색 커프스(cuffs)라야 하고, 가슴 단추와 커프스단추는 흑색 줄마노(onyx)가 정식이다. 조끼는 저고리와 같은 질의 검은 옷감으로 만든 것이 정식이지만 더블 턱시도를 입을 때에는 싱글 턱시도와 달리 조끼를 입지 않아도 되며, 싱글 턱시도를 입을 때도 조끼 대신 검고 폭 넓은 장식 띠(cummerbund)를 매도 된다. 일반적으로 더블 턱시도는 싱글 턱시도보다 약식으로 간주 된다.
- 외투는 단추가 안 보이는 흑색 싱글로 소위 체스터필드(chasterfield) 형이 정식이지만 무지와 검정 또는 진한 감색이라면 보통의 외투를 입어도 무방하다. 더운 지방에서 흰 색 코트를 입는 경우도 있다.
- 모자는 실크해트(silk hat)나 홈버그(homburg)를 쓰며 여름에는 파나마모자(panama hat)를 써도 좋다. 요즘은 모자를 쓰지 않는 경우가 더 많으며, 장갑도 끼지 않는다. 더운 지방에서도 구두는 검은 색이어야 하며, 에나멜 단화가 정식이나 보통의 단화도 무방하다.

〈그림 6-4〉 약식 야회복(black tie)

라. 예복 (morning coat)

낮에 입는 신사의 정식 예복은 윗저고리의 앞섶을 비스듬하게 마른 모닝코트에다 흑색 또는 옥스퍼드 회색 윗저고리와 동질의 조끼와 흑색과 회색의 줄이 있는 바지로 되어 있다. 커터웨이(cutaway)라고도 하는데, 정식 오찬, 준공식, 제막식, 경마 등 모든 예식적인 낮 행사 때 입는 일반적인 예복이다. 요즘은 보통 낮에 있는 결혼식이나 장례식 등에만 입는 정도이며, 그것도 간소화되어 모닝코트의 상의 대신 검은색 계통의 신사복 상의(sack coat)를 입는 것이 보통이다. 최근에는 바지까지도 신사복 바지를 입는 사람들이 점점 늘어가고 있다.

- 모닝코트에는 실크해트를 쓰며 신사복의 경우에는 중산모(bowler)를 쓴다. 넥타이는 흑색과 백색의 줄무늬가 있는 것을 매거나, 회색과 백색의 줄무늬가 있는 것 또는 회색 보타이를 맨다. 결혼식에서 폭이 넓은 애스콧타이(ascot tie)를 맬 때는 칼라가 바로 선 스탠드 업 칼라(stand-up collar)를 입는다. 구두는 검정 에나멜 또는 검정 단화, 양말도 검정색 계통을 신는다.

〈그림 6-5〉예복(morning coat)

3. 여성 복장

여성의 복장은 무엇보다 자신의 몸매에 잘 맞고, 품위 있고 세련되게, 그리고 상황에 맞는 옷을 입는 것이 중요하다. 상황에 맞다는 것은 파티복, 외출복, 비즈니스복 등으로 구분하여 입는 것을 의미한다. 상황에 대한 안전한 법칙은 "애매하고 의심스러울 때는 더 수수한 드레스를 입으라"는 것이다. 예컨대 무도회 드레스를 입을 것인지 만찬 드레스를 입을 것인지 모를 때는 만찬 드레스를 입으라는 것이다. 남성의 경우에는 그 반대로 '더 격식 차려서(over dressed)' 입는 것이 안전하다고 본다.

옷을 잘 입기 위해서 옷의 가짓수가 많아야 하는 것은 결코 아니며, 계절에 따라 또 파티 종류별로 유행 타지 않고 자기가 잘 소화할 수 있는 질 좋은 정장 몇 벌에다 부수적인 것 몇 가지만 구비되어 있으면 장신구 및 보석, 스카프, 모자와 장갑 등을 응용하여 오랫동안 싫증나지 않게 애용할 수 있다. 물론 배우나 모델 등 연예계 종사하는 사람들의 패션이나 젊은이들의 캐주얼 복장은 유행에 민감하고 독특한 디자인을 보일 수 있다.

공식적인 만찬이나 오찬의 초대장에는 대체로 어떤 복장을 입어야 하는지 명시되어 있으며, 언급이 없는 경우에는 미리 알아보도록 해야 한다. 상황에 맞지 않는 옷을 입었을 때의 당혹감은 파티 참석을 망친다. 다만, 오·만찬이나 공식행사에 특히 여성들은 자신의 고유한 전통의상을 입어도 무방하다. 우리의 경우 전통 한복이 이에 해당된다.

가. 복장

(1) 이브닝드레스(evening dress)

복장이 'white tie'로 명기되어 있으면, 남자는 연미복(white tie)을 입고 여성은 화려한 이브닝드레스를 입는다. 이는 왕궁 등 공식 만찬, 무도회 등에서 입는 야회복이다. 여성은 옷자락이 길고 소매가 없거나 아주 짧고 가슴과 등은 대담하게 드러내고 긴 장갑을 낀다. 자신이 지니고 있는 최고의 보석들로 치장하고, 벨벳이나 비단 또는 금. 은박의 작은 백과 구두를 맞춘다. 모자는 안 쓰는 것이 원칙이다.

(2) 디너드레스(dinner dress) / 롱드레스(long dress)

복장이 'black tie'로 명기되어 있으면, 남자는 약식 예복으로서 턱시도를 입고 여성은 디너드레스 또는 롱드레스를 입는다. 이는 공식 만찬, 오페라, 콘서트, 유람선에서의 만찬 등에서 입는 약식예복으로서, 여성은 발목까지 오는 롱드레스에 격식과 구색을 갖추어 입어야 하며, 우리나라 부인들은 이 때 한복을 입기도 한다. 한복을 입는 경우에는 숄, 백, 장신구 등을 한복에 어울리는 것으로 하고 목걸이나 요란한 귀걸이는 삼가는 것이 좋다. 한복에는 원래 고무신이나 요즘은 하이힐을 신는 경우가 많다.

(3) 비공식(informal)

복장이 'informal'로 표기되어 있으면, 남자는 평복인 비즈니스슈트 또는 신사복(sack suit)을 입으며, 여성은 일반 정장을 입으면 된다. 물론 파티의 성격에 따라 예의를 갖추어 복장과 액세서리, 구두, 백 등을 잘 선택해야 한다. 소위 칵테일드레스(cocktail dress)도 이에 해당한다고 본다.

칵테일드레스는 오후 5시 이후의 공식행사나 칵테일파티 등에 입는 옷으로 애프터 눈 드레스와 이브닝드레스의 중간에 해당된다고 여겨지나, 요즘은 별도로 구분되지는 않는다. 즉, 옷 모양은 일정하지 않고 길이도 보통 드레스 정도의 것이 일반적이다.

(4) 애프터 눈 드레스(afternoon dress)

정오 때부터 6시 사이에 사교를 위하여 입는 외출복이나 방문용 옷을 애프터 눈 드레스 또는 줄여서 애프터 눈이라고 한다. 원피스, 투피스, 앙상블의 형태가 있다. 디자인이 너무 화려하거나 야하지 않고, 우아하고 고상한 느낌을 주는 드레이프나 주름레이스 등으로 장식하며, 스포티하지 않아야 한다. 길이가 길지 않으며 시폰, 벨벳, 실크 등의 옷감을 사용한다. 장갑은 흰 가죽제품의 길지 않은 것을 사용하며, 식사 때는 벗는다. 모자, 구두, 핸드백도 옷 색깔에 맞추어야 한다. 색상이 적당하면 결혼식, 장례식 등에도 입을 수 있다.

(5) 평상복

평소 근무복으로 원피스, 투피스, 슈트를 입을 수 있다. 슈트가 가장 격식을 차린 옷차림이며 다음이 투피스, 원피스 순이다. 슈트는 비공식 파티나 애프터 눈 드레스로 활용할 수 있다. 슈트는 재킷과 스커트를 같은 재질과 색깔로 만들며 재킷 안에 블라우스를 입는다. 블라우스를 다양하게 변화시켜 입거나 액세서리, 스카프 등으로 새로운 분위기를 연출할 수 있다. 스커트는 타이트한 형태로 하며 하이힐의 구두를 갖춰 신는다. 투피스는 재킷과 스커트로 구분된 옷으로 일정한 스타일이 정해져 있는 것은 아니다. 스커트 대신 바지를 입을 수 있다. 평상시 근무복이나 외출복으로 다양하게 입을 수 있다. 요즘에 재킷과 바지의 투피스로 남성사회에서 보다 공격적이고 선도적인 리더십 모습을 연출하고자 하는 경우를 볼 수 있다.

스커트의 길이는 무릎선이나 무릎 위 5cm 정도가 보기에 좋다. 치렁

치렁한 치마나 지나치게 짧은 치마는 직장인의 품위를 해친다. 상의는 원피스이건 투피스이건 어깨 소매가 있어야 한다. 등의 파임은 목뼈가 기준이 된다. 속옷의 선이 드러나거나 가슴이 많이 파인 옷은 상대방에게 부담을 주게 되므로 일상 업무에 역효과를 준다.

나. 향수

프랑스에 "멋은 향수로 완성 된다"는 말이 있다. 세련된 복장에는 좋은 향기도 따라야 한다. 특히 여성의 향기는 옷차림만큼 중요하다. 서양 사람들은 체취가 강해서 이를 중화하기 위하여 향수가 발달했다. 베르사유 궁전에 목욕탕이 없을 정도로 프랑스 사람들이 오래 목욕을 하지 않아 악취를 없애기 위해 향수가 발달했다는 설도 있다. 우리의 경우도 냄새가 강한 음식을 먹어 향수 사용이 필요한바, 자신에게 잘 맞는 질 좋은 향수를 골라 늘 같은 향기를 내도록 사용하면 좋다.

향수는 냄새에 따라 화향향수(Parfum de fleur)와 환상향수(Parfum de fantasie)의 두 가지로 나뉜다. 화향향수는 천연의 꽃 냄새를 모방한 것이고, 환상향수는 꽃 이외의 천연물, 풍속, 그림 등을 상상한 이미지를 냄새로 표현한 것으로서 Chanel No.5, Joy, Soir de Paris 등이 있다.

향수는 또 향료의 농도, 향기의 지속시간 등에 따라 네 가지로 구분할 수 있다. 가장 순한 Eau de Cologne(1~2시간 지속), 부드러운 향의 Eau de Toilette(3~4시간 지속), 양이 많고 농도가 짙은 Eau de Perfume(5시간 지속), 가장 농도가 짙은 Perfume(6~7시간 지속)이다.

– 향수는 몸을 깨끗이 한 후에 사용한다. 농도가 짙은 향수는 맥박이 뛰는 곳에 뿌린다. 무릎 안쪽과 바깥쪽, 손목, 팔꿈치 안쪽, 귀 뒷부분 등이다. 손목은 다른 물건을 만지거나 손을 씻을 경우 향이 변할 수 있으므로 조심한다. 또

땀이 많이 나는 곳은 피한다.

- 향수는 늘 같은 한 가지만을 사용하여 자신의 향기로 인식시킨다. 향수를 지나치게 많은 양을 사용하면 주위 사람들에게 불쾌감을 줄 수 있다. 때와 장소에 따라 강약을 조정한다. 예를 들어 낮에는 은은한 가벼운 향을, 밤에는 좀 더 깊은 향을 사용한다. 식사 때 향이 지나치지 않도록 하며, 비행기나 콘서트 등 밀폐된 장소에 있을 때도 짙은 향수는 삼가도록 한다.

- 향수 뿌리는 시간을 상황에 따라 조정한다. 시간이 지나면 본래의 향이 변질되거나 다른 냄새와 섞여 변하기 때문이다. 식사 약속에는 2, 3시간 전에, 오페라 등 저녁 공연에는 1시간 쯤 전에 뿌리는 것이 좋다. 또 저녁 데이트 때는 약속 시간 가까이에 뿌리는 것이 좋다.

- 향수는 피부에 직접 사용하는 것이 원칙이며, 특히 실크처럼 탈색이나 변색의 염려가 있는 옷, 금속성의 액세서리에 직접 뿌리지 않는다. 향수는 모두 옷에 얼룩을 남기므로 얼룩이 지면 곧 알코올이나 휘발유로 닦아내야 한다.

다. 보석과 액세서리

(1) 보석(Jewel, Bijou)

여성들의 장신구 중에서 가장 중요한 것은 보석이다. 특히 이브닝드레스의 아름다움은 보석으로 완성된다. 머리에 쓰는 티아라부터 귀걸이, 목걸이, 팔찌, 반지, 브로치, 발찌 등이 모두 해당된다. 그러나 낮에 입는 외출복에 보석을 이것저것 많이 다는 것은 어울리지 않는다. 또 젊은 미혼 여성이 숙녀처럼 값비싼 보석으로 너무 치장하는 것도 좋아 보이지 않는다. 그리고 상복을 입을 때는 보석 중에서 진주만이 착용이 허용된다. 물론 이 때에도 결혼반지나 약혼반지는 껴도 된다.

보석은 아름답고, 희소가치가 있고, 단단해야 한다. 서양에서는 다이아몬드, 에메랄드, 루비, 사파이어. 진주를 5대 보석으로 여기는데, 동양에서는 비취가 5대 보석에 든다. 한복의 경우에는 요란한 보석은 어울리지 않고 비추와 옥, 진주 정도가 좋으며, 다이아몬드를 선호할 경우에는 반지나 귀걸이 정도 하는 것이 무난하다.

(2) 액세서리(Accessory)

액세서리는 부속품이라는 뜻으로 드레스를 주체로 하여 그것을 보다 완전하고 아름답게 종속적으로 보조하는 것을 말한다. 따라서 보석을 쓰지 않은 값싼 목걸이나 브로치 등 장식품은 물론 구두, 핸드백, 장갑, 스카프, 모자 등 드레스 외의 모든 것이 액세서리에 속한다. 액세서리는 자신의 체형 중 강조하고 싶은 곳, 또는 보완해야 할 곳에 착용한다. 또 의복 색깔과 자신의 피부색에도 어울리는 것이어야 한다. 단순하고 캐주얼한 의상에 여러 가지 다른 이미지의 액세서리를 번갈아 착용하여 다양한 이미지를 연출할 수 있다. 한복을 입는 경우에는 목걸이는 하지 않는다.

귀걸이, 목걸이, 브로치의 경우 얼굴과 가장 가까운 곳에 위치하므로 얼굴과의 조화를 고려한다. 얼굴이 긴 사람은 길게 늘어지는 형, 얼굴이 동그란 사람은 딱 붙는 형, 얼굴이 큰 사람은 작은 모양의 것은 피한다. 또 목이 짧은 사람은 짧은 목걸이를 피한다. 긴 목걸이를 할 때 흔들리는 귀걸이는 피한다.

4. 복장 예절

이제까지 복장 예절의 원칙을 살펴보았는데 위에서 언급하지 않은 생활 속에서의 복장예절을 숙지할 필요가 있다. 특히 주의할 사항 및 지켜야할 사항들을 알아 두어야 한다. 복장은 상황에 맞게 그러나 자신의 개성을 나타낼 수 있는 자기만의 옷차림을 표현할 수 있어야 한다. 또 어떠한 옷차림이라도 깨끗하게 잘 세탁된 옷을 단정하게 입는 것이 필수적이다.

(넥타이)

- 양복과 조화가 되는 넥타이 색상을 고르는데, 양복 색상과 비슷한 계열이나 반대로 대비되는 색상을 고른다. 선택이 어려울 경우에는 줄무늬나 작은 기하학적 무늬가 무난하다. 그러나 상황에 따라서는 작은 꽃무늬, 곤충, 동물 무늬 등도 시도할 만하다.
- 길이는 허리띠에 살짝 닿을 정도로 하며, 목까지 반듯하게 여민다. 그러나 요즘은 목을 느슨하게 여미는 스타일이 유행하며 목 단추까지 풀어 헤치는 경우도 있다. 그러나 공식 행사에 참석하는 경우에는 그러지 않는다.
- 보타이(bow tie)는 주로 약식 야회복(black tie) 또는 턱시도를 입을 때 매는데 신사들이 일반 비즈니스 슈트에도 매는 경우를 흔히 본다. 그러나 젊은이들이 일반 슈트에 보우타이를 매는 차림은 그리 어울려 보이지 않는다. 보우타이를 맬 때는 목의 넓이보다 크면 안 되고, 또 셔츠의 칼라 중심점의 바깥 부분 뒤쪽으로 나가서도 안 된다.

(모자)

- 모자는 복장과 상황에 맞는 모자를 선택한다. 예컨대 공식 행사와 비공식 및 외출 시의 모자는 다르다. 또 다음으로 자신의 얼굴형에 어울리는 모자를 고른다.
- 여성은 만찬, 콘서트, 영화관 등에서는 모자를 벗어야 하지만, 모자가 머리의 일부로 부착된 경우, 크지 않은 터번 모양의 부인용 모자 또는 비니 등을 쓴 경우에는 계속 착용할 수 있다. 길에서 누군가를 만나 인사를 할 때 모자를 벗을 필요 없다. 교회나 오찬에서는 모자를 쓰고 있어도 무방하다. 초대한 집의 호스티스는 쓰지 않는다.
- 남성은 영화관, 식당, 카페 등 실내에 들어갈 때에 반드시 모자를 벗는다. 길

에서 아는 사람을 만나 인사하거나 작별 인사를 할 때, 길에서 여성과 서서 이야기를 나눌 때, 실외에서 소개를 받을 때는 모자를 벗는다.

- 체육시설 안에서 캡 등 스포츠 모자를 쓰지만 골프 클럽하우스에서는 남녀 모두 골프 모자를 벗어야 한다. 남녀 모두 거의 모든 실내에서 캡 등 스포츠형 모자를 벗는다. 특히 교회, 공연장, 학교 강의실에서 유의해야 한다.

(장갑)

- 남성들은 악수할 때 장갑을 벗어야 하나, 여성은 그렇지 않다.
- 소매가 없는 이브닝드레스에 긴 장갑을 끼나 긴소매 드레스인 경우에는 장갑을 끼지 않도록 한다. 또 이브닝드레스 장갑 위에 팔찌는 가능하나 반지를 끼어서는 안 된다.
- 여성은 칵테일파티, 식당, 교회, 극장 등에 갈 때 목이 짧은 장갑을 끼는 것이 좋으며, 식탁에서는 장갑을 벗어야 한다. 그러나 무도회에서는 장갑을 끼고 있어도 좋다.

(스카프)

- 스카프를 사용하여 더 신비스럽고 여성다운 분위기를 연출할 수 있으며, 신체의 약점을 커버해주기도 한다. 스카프는 꼭 묶는 것보다 자체의 유연성과 유용성을 살리면서 부드럽게 묶거나 두르도록 하며, 의상의 일부로 생각하여 의상과 조화를 이루어야 한다.
- 스카프로 옷차림에 악센트를 줄 때는 옷 색깔과 반대되는 것을 선택한다. 단색 옷에는 체크나 스트라이프, 물방울무늬 스카프가 잘 어울린다.
- 밤에는 벨벳, 시폰, 실크, 금. 은박 숄 등으로 우아하게 꾸밀 수 있고, 낮에는 면, 모, 얇은 실크 등으로 옷의 분위기에 변화를 줄 수 있다.
- 서양에서는 남성들이 스카프를 두르고 있는 경우를 보는데, 이는 부드럽고 낭만적인 분위기를 주는 한편 여성적이고 감성적인 느낌을 준다는 것에 유의해야 한다.

(양말/스타킹)

- 양복바지와 조화를 이루도록 바지와 비슷한 색을 고른다. 검정색이 기본이고 감색, 어두운 회색, 청색이 무난하다. 넥타이나 손수건 색깔과 맞추는 경우도 있다. 그러나 요즘에는 특정한 메시지 전달이나 개성적 표현을 위하여 독특한 색깔이나 무늬를 선택하는 경우도 있다.
- 운동을 하는 때는 제외하고 어떠한 경우에도 흰색 양말은 신지 않으며, 목이 긴 것을 착용하도록 한다.
- 스타킹은 피부색과 비슷한 색을 착용하며, 올이 풀어지거나 구멍이 나지 않았는지 주의한다. 피부색이 아닌 경우에는 겉옷과 어울리는 색을 택하며, 화려한 무늬나 색깔은 피한다.

위에 서술한 복장예절은 각종 행사에서 복장 표기가 있는 경우에 전통적으로 착용하는 복장에 관한 예절이다. 요즘의 실용시대에도 이에 따를 필요가 있으나, 행사 내용 및 장소에 따라 때로는 다소 변형된 복장 착용이 허용될 수 있다. 특히 젊은 세대의 경우 일상에서 간편복이나 캐주얼을 선호하는데, 외부 모임의 경우에는 반바지나 민소매 그리고 슬리퍼 착용 등은 삼가야 한다. 이러한 옷차림은 사찰이나 성지 출입 시에도 허용되지 않는다. 캐주얼의 경우에도 기본적으로 단정하고 깔끔하며 요란스럽지 않은 옷을 선택하는 것이 바람직하다. 물론 예술 및 연예계 종사하는 사람들이나 일부 젊은이들이 독특한 디자인과 색깔의 의상을 착용하는 것도 일상이 되었다. 이와는 별도로 오·만찬 및 공식행사에서 각국의 남녀 전통의상은 모든 경우에 통용되는 복장이다. 우리의 경우에는 전통 한복이 이에 해당된다.

제 7 장

일상생활 (Daily Life)

제 7 장

일상생활

　우리가 가정, 학교 및 직장, 또는 다른 공간에서 매일 매 순간 생활하면서 다른 사람과 만나고 대화하고 때로는 같이 일하며 공동생활을 한다. 이러한 접촉 과정에서 서로 통용되는 최소한의 생활양식과 예절이 요구된다. 처음 만났을 때 소개하고 인사를 어떻게 하느냐에 따라 인간관계의 설정이 이루어진다. 자신이 속한 사회, 즉 학교나 직장 및 단체 안에서 지켜야 할 일상의 매너나 에티켓에 익숙해야 하고, 또 코로나 이후 새로운 직장문화에도 적응해야 한다. 공공장소에서의 활동은 생활예절이 절실히 요구되나 후진국일수록 공중도덕이나 에티켓 문화가 뒤떨어진다. 우리나라의 경우에는 이 분야에서 많이 발전하고 있으나 아직 선진국 수준에 도달하지 않았다. 공공장소, 교통수단 이용, 공연 및 스포츠 관람 때의 질서 의식과 에티켓이 특히 요구된다.

　정보화 사회에서의 통신의 발달은 그 나름의 질서와 예절이 필요하며 소위 네티켓을 갖춰야 한다. 세계가 하나로 작아지고 사람들의 왕래가 잦아짐에 따라 해외여행은 비즈니스나 관광 모두 크게 확대되었으며, 우리나라의 경우에도 생활수준과 문화수혜의 상승에 맞춰 해외여행이 급격히 늘어났다. 이 과정에서 각종 여행시설의 이용을 위한 지식과 여행지의 문화에 대한 이해를 높일 필요성이 높아졌다. 또 코로나 이후의 여행 양식에도 유의해야 한다. 궁극적으로 국제적으로 통용되는 관례와 예절, 교양의 폭을 넓혀야 한다.

1. 인사와 소개

사람을 처음 만났을 때의 첫 인상은 외모와 복장, 그리고 인사에서 나온다. 또 가정에서는 물론 직장과 공공장소에서 사람들과 만날 때도 인사부터 일상생활이 시작된다. 모르는 사람과 맞닥뜨렸을 때도 인사가 필요하다. 인사는 상대방을 인지하고 상대방을 존중하는 예의이다.

당초 인사의 유래는 "나는 당신에게 적의가 없소."라고 의사를 표현하는 것에서 시작되었다고 한다. 고대 약육강식의 사회에서 모르는 사람은 모두 적이고 싸움의 대상이었다. 내가 살아남기 위해서는 상대방을 공격해서 쓰러뜨려야 했는데, 사회와 문화가 발전하면서 서로 공존하는 질서가 만들어졌으며, 그 과정에서 자연적으로 생겨난 것이 바로 인사이다. 따라서 현대사회에서 어떤 제한적 공간에서 모르는 사람과 마주쳤을 때 가벼운 인사를 나누는 것은 상식이다. 문화적 차이는 있겠으나 이러한 인사에 익숙해지는 것이 교양인의 자세이다.

일상생활에서 소개를 주고받는 일은 늘 발생한다. 소개를 통하여 모르는 사람과 인간관계 또는 비즈니스 관계를 설정하고 자신의 인적 네트워크를 확장하게 된다. 따라서 소개를 주고받을 때 사회통념적인 예의가 요구되며, 이를 위한 매너와 에티켓에 익숙해져야 한다.

가. 인사

인사는 상대방을 인지하고 대화를 할 수 있을 정도의 거리에서 하는 것이 적당하다. 물론 인사의 종류와 방법에 따라 그 적정 거리는 달라진다. 예컨대 머리를 숙이는 우리나라 식 인사는 6보 정도가 적절하다고 본다. 인사를 할 때는 상대방과 눈을 마주쳤을 때 상대방의 눈을 바라보며 밝은 빛으로 한다. 인사를 할 때 그 상황에 맞는 인사말을 주고받는다. 누가 먼저 인사를 하는가는 연소자가 연장자에게, 하급자가 상급자에게, 남성이 여성에게 먼저 하는 몇 가지 원칙이 있으나, 이 또한 문화적 배경과 인사의 방법에 따라 다르게 적용될 수 있다. 요즘 사회에서는 상대방과 눈이 마주치면 동시에 인사하는 습관에도 익숙해질 필요가 있다.

인사의 종류와 방법

첫째, 눈으로 예의를 표시하는 **눈인사(목례)**가 있다. 상체를 숙이지 않고 또는 고개만 끄떡하는 정도이며, 상황에 따라 "안녕하세요(Hello, Hi)"라고 간단한 인사말을 주고받는다. 실내나 복도에서 사람을 자주 대할 때와 바쁘게 일하는 도중에 손님을 맞이할 때 등 눈으로 예를 표하며 가볍게 머리를 숙인다. 아파트나 호텔의 엘리베이터에서 사람을 마주치면 서로 목례하고 간단한 인사말을 교환한다. 같은 아파트에서 지내며 인사를 잘 하지 않는 것은 서양인의 입장에서는 이해하기 어려운 일이다.

둘째, **고개와 허리를 굽히는 인사**가 있다. 상체를 숙이는 인사 방법으로서 우리나라의 보통 인사이다. 허리를 굽히는 각도에 따라 일반적으로 약례(15도), 보통례(30도), 정중례(45도)가 있으며, 특별한 의식에서나 사용하는 90도 인사 방법도 있다. 인사할 때 다리를 붙이고, 양 손은 앞으로 모으거나 바지 양쪽 재봉선에 붙인다. 또 인사 전과 후에 상대방의 눈을 바라보아야 한다.

약례는 가벼운 약식인사로서 고개와 허리를 가볍게 15도 정도 숙여서 예를 표시하는 인사이다. 일반적으로 격식을 갖추지 않아도 될 때, 회사

안에서 직장 상사를 만났을 때, 아는 이웃 사람을 만났을 때, 좁은 공간에서 양해를 구할 때 하는 인사이다.

보통례는 우리의 일상생활에서 가장 많이 하는 보통 인사로서 고개와 허리를 30도 정도 숙여서 하는 정식인사이다. 면접, 손님을 맞이할 때, 출. 퇴근 때, 사람을 처음 만났을 때에 하는 인사이다.

정중례는 두 손을 앞 또는 다리 쪽에 가지런히 모으고 상체를 45도 가량 숙여서 하는 가장 정중한 인사이다. 감사 또는 사과를 표시할 때, 고객을 처음 맞이하거나 배웅할 때, 일반의식 등에서 하는 인사이다. 약례는 걷는 중에도 할 수 있지만 보통례와 정중례는 걸음을 멈추고 양 다리를 붙인 채 인사하여야 한다.

우리나라 고유의 인사 방법으로서 **절(배례)**이 있다. 팔을 굽혀 양 손을 바닥에 대고 무릎을 굽혀 바닥에 꿇는 자세로 인사한다. 절에는 큰 절과 평 절이 있는데, 큰 절은 설, 회갑, 고희 등과 혼례와 제례와 같은 의식에서 하는 정중한 절이다. 평 절은 일상에서 맞절이나 윗사람에게 세배할 때, 상제에게 조문할 때 하는 절이다. 혼례 및 왕실 행사 등 특별한 경우 외에는 죽은 사람에게는 재배(再拜), 살아있는 사람에게는 일 배(一拜)를 한다. 일반적으로 남자는 왼손이 오른손을 덮는 형태이며 여자는 오른손이 왼손을 덮는 형태이다. 상사 등 흉사 시에는 반대로 덮는다.

우리나라의 절처럼 바닥에 무릎을 꿇고 절을 하는 나라도 많다. 대부분 종교적 의식이며 이마를 바닥에 대는 것이 우리의 절과 다르다. 전 세계적으로 무슬림들이 기도할 때 절을 하고, 아프리카와 중남미의 토속신앙에서도 절을 한다.

셋째, **악수**이다. 악수는 서양 인사법 중 대표적인 것으로서, 악수는 과거 남자들이 서로 전투를 하다가 우호적 관계를 맺고자 공격하지 않고 오른손에 쥐었던 무기를 내려놓고 손을 내민 것에서 유래되었다 한다.

악수는 서로 마주 서서 허리는 곧게 펴고 상대방을 바라보면서 한 손을 맞잡고 인사말과 더불어 한다. 원칙적으로 상급자나 연장자가 하급자나 연소자에게, 여성이 남성에게 먼저 청한다. 그러나 국가원수, 왕족, 성직자는 예외이며, 파티에서는 남성이 여성에게 먼저 청할 수 있고, 주최자 부부는 누구에게나 악수를 먼저 청한다.

중세시대 기사들은 대부분 칼을 허리에 차고 다녔는데 적을 만났을 경우에는 오른 손으로 칼을 빼들어 적의를 표하고 전투태세를 갖췄다. 그러나 상대방과 싸울 의사가 없을 때에는 손에 무기를 들지 않았다는 것을 증명해 보이기 위하여 오른손을 내밀어 잡았는데 이것이 악수의 유래가 되었다는 것이 가장 신빙성 있는 설이다. 우리나라도 고려 및 조선 시대에 무기를 쥐고 있지 않다는 표현으로 오른손으로 악수를 해왔다. 또 악수를 하면서 손을 잡고 팔을 흔드는 이유는 맞잡은 손의 소매 부분에 무기를 숨기지 않았다는 것을 확인시켜주기 위한 행동이었다고 한다. 한편 무기를 들고 싸우지 않았던 여성들은 악수를 할 이유가 없었고 그래서 과거의 여성들은 악수를 하지 않았다 한다.

- 악수는 오른손으로 한다. 왼손잡이도 악수는 오른손으로 할 수 있다.
- 팔꿈치가 자연스럽게 굽혀지는 정도의 적당한 거리에서 손을 내민다.
- 가슴 윗선까지 손을 올리지 않도록 해야 하며 따라서 키 큰 사람은 이와 관련 상대방을 배려해야 한다.
- 악수를 하면서 왼손으로 상대의 손을 맞잡고 굽실거리거나 어깨를 껴안는 몸 짓은 좋지 않다. 다만 윗사람이나 연장자가 상대방의 어깨를 다독이는 등 격려의 표시를 하는 것은 무방하다.
- 악수를 하면서 머리를 숙이지 않는다. 다만 연장자나 윗사람에게 가볍게 머리를 숙이는 것은 무방하며, 국왕이나 대통령 그리고 종교 수장에게는 머리를 숙여 예를 표하도록 한다.
- 미소 띤 얼굴로 상대방의 눈을 바라본다.
- 너무 힘을 줘 잡지 않고, 상하로 가볍게 2~3회 흔들 수 있다.
- 손을 잡은 채로 계속 말을 하지 않도록 한다.
- 왼손을 주머니에 넣거나 뒷짐을 지는 등 감추어서는 안 된다.

– 남성은 장갑을 벗고, 여성은 긴 장갑일 경우 벗지 않고 해도 무방하다.
– 여성은 남성에게 악수를 청하지 않아도 실례가 아니며 가벼운 목례와 미소로 대신해도 무방하다.

코로나와 독감 이래로 악수 대신 주먹이나 팔꿈치를 가볍게 마주쳐 인사하는 경우가 많다. 서양에서는 젊은이나 흑인들 사이에 주먹과 손바닥을 가볍게 마주치거나 하이파이브로 인사하기도 한다.

넷째, **키스와 포옹**의 인사다. 키스는 자신의 입술로 상대방의 **뺨**, 목, 입술, 손등 등 신체의 일부분을 접촉하는 인사 방식이다. 귀부인이나 결혼한 상대의 여성에게는 손등에 입맞춤하는 것이 정중한 인사이다. 고대에는 교황의 발등에 입맞춤 했다. 포옹은 라틴계 또는 슬라브계 지역에서 친척이나 친구 사이에 포옹과 함께 양쪽 볼에 입을 맞추는 관습에서 유래된 것으로서 악수보다 훨씬 친밀감이 넘치는 인사법이다. 유럽이나 남미 외 아프리카나 중동 지역에서도 포옹 인사는 보편화 되어 있다.

키스와 포옹의 경우에 너무 꼭 껴안거나 입맞춤을 오래 끌지 않도록 유의해야 한다. 여성의 손등에 키스하는 인사는 오래된 유럽의 전통으로 미국을 포함한 서양사회에서 통용되었으나, 현대 사회에서는 파티장에서나 볼 수 있고, 동 유럽이나 라틴계 남미국가에는 아직까지 남아 있는 편이다. 코로나로 일시 사라졌으나 오랜 전통이므로 다시 되살아날 것이다.

다섯째, **거수경례**이다. 거수경례는 제복을 입고 정모를 착용한 상태에서 오른손을 올려 모자 차양 위치에 손끝을 절도 있게 붙이는 인사를 말한다. 정복 정모가 아닐 경우에는 눈썹 끝 위치에 붙인다. 주로 군대와 경찰에서 하는 인사다. 아랫사람이 먼저 인사를 하면 윗사람이 인사를 받고 윗사람이 손을 내리면 아랫사람도 손을 내린다.

여섯째, 기타 특정 지역에서의 **특별한 인사법**이다. 코를 비비는 에스키모족, 자신의 귀를 잡아당기며 혀를 내미는 티베트 사람 등 특정 지역에서의 전통적인 방법에 의한 인사법을 말한다.

인사의 유의사항

일상생활에서 사람을 만나면 인사를 하는 것은 지구상 모든 사람들에게 공통된 에티켓이다. 악수(handshake)와 고개를 숙여 인사(bow)하는 것이 보편적이며, 키스(kiss)와 포옹(embrace, hug)도 지역에 따라 일반화되어 있다.

- 위생상 신체를 접촉하지 않는 인사 즉, 고개를 숙여 하는 인사나 목례가 바람직하나, 코로나가 극복되고 일상이 정상화되면 악수 및 키스와 포옹이 되돌아 올 것이다.
- 국내에서는 고개 숙이는 인사가 우선이며 국제적으로는 악수가 보편적이므로, 외국에서는 악수를 하되 그 나라의 인사 관행도 알아둘 필요가 있다. 또 그 나라의 간단한 인사말을 알아둬야 한다.
- 모르는 사람과도 제한적인 장소에서 마주치면 가벼운 인사를 한다. 즉, 아파트나 호텔의 엘리베이터, 외길에서 마주칠 때 목례나 가벼운 인사를 한다. 이는 상대를 공격하지 않겠다는 고전적인 의미도 있지만 상대를 존중하는 최소한의 예의이다. 이러한 인사 관습에 익숙하지 않은 것이 문화적 차이라 할 수 있지만 점차적으로 개선되어 가는 것은 교양의 문제이다.
- 리셉션 등 파티에서는 소개 없이도 모르는 사람과 인사를 교환하고 대화를 이끌어 갈 수 있어야 한다. 인사와 명함 교환 후 바로 다른 쪽으로 가버리는 것은 실례다.
- 부부 간에 키스와 포옹 등 다정하게 인사하고 자녀들과 지속적으로 따뜻한 인사를 나누면 자녀들의 사회생활에서의 인사 습관에 도움을 준다.
- 전화, 이메일, SNS 등 각종 통신 수단을 통한 의사교환에서도 반드시 적정한 인사를 빠뜨리지 않도록 한다.
- 버스, 지하철 등 대중교통이나 공공장소에서 상대방의 발을 밟는 등 의도하지 않은 신체적 접촉을 하게 될 경우에는 즉시 "죄송합니다." "미안합니다." "Pardon!" 등과 함께 가벼운 인사를 표한다.

– 택시를 탔을 때 택시 기사가 인사를 하지 않는 것은 백화점이나 상점에서 물건을 파는 사람이 고객에게 인사를 하지 않는 것과 다름없다. 버스 등 여러 사람이 타는 교통수단에서는 운전사와 일일이 인사를 교환하려 할 필요가 없다.

나. 소개

일상에서 모르는 사람과의 만남은 자신의 인적 영역을 넓히는 길이다. 사회생활 가운데 새로운 사람을 소개 받거나 또는 사람을 누구에게 소개하는 경우가 많은데 소개에 따른 예절을 익혀두어야 한다.

소개를 주고받을 때

소개를 주고받을 때는 모두 일어서는 것이 원칙이다. 특히 남성이 여성을 소개받을 때에는 반드시 일어나고, 여성이 남성을 소개받을 때에는 반드시 일어날 필요는 없다. 성직자, 지위가 높은 사람, 연장자를 소개받을 때는 남녀 관계없이 일어나는 것이 관례다.

– 사람을 소개할 때 연소자를 연장자에게, 지위가 낮은 사람을 높은 사람에게, 후배를 선배에게, 미혼인 사람을 기혼자에게 하는 것이 원칙이다.

소개의 순서는 연소자 B를 연장자 A에게 소개할 경우 연장자를 부르면서 연소자를 소개하고 다음에 연소자에게 연장자를 소개한다. "A 선생님, 제 친구 B를 소개드립니다." "B야, A 선생님이시다."

– 남성을 여성에게 소개한다. 그러나 남성이 성직자, 지위가 높은 사람, 고령자인 경우에는 여성을 먼저 소개한다.
– 지위와 연령이 비슷한 경우에는 소개자와 관계가 가까운 사람부터 소개한다.
– 여러 사람을 소개할 때에는 그 모임의 리더가 좌측 또는 우측부터 한 사람씩 차례로, 한 사람과 여러 사람인 경우에는 한 사람을 여러 사람에게 소개한다.

– 사교모임에서 소개할 때에는 그 사람의 직업 또는 취미나 특기 등을 간단히 덧붙여 서로 대화를 계속할 수 있는 화제꺼리를 제공하는 것도 좋다.

– 소개를 받을 때는 상대방의 이름을 정확히 기억해두어야 한다. 이름이 어려울 경우에는 그 발음이나 스펠링을 물어도 무방하다.

– 소개장이나 편지로 간접적으로 소개하는 경우에는 비즈니스와 사교 목적의 두 종류가 있다. 소개장의 내용은 소개할 사람의 이름, 직업, 경력, 취미, 소개 목적을 분명히 쓰고 자기와의 관계를 간략히 설명한다.

〈표 7-1〉 소개 순서

- 남성을 여성에게,
- 미혼자를 기혼자에게,
- 연소자를 연장자에게,
- 후배를 선배에게,
- 손아래 사람을 손윗사람에게,
- 사회적 지위가 낮은 사람을 높은 사람에게,
- 지위와 연령이 비슷한 경우는 소개자와 관계가 친근한 사람부터,
- 일반인을 성직자에게,
- 소개를 부탁한 사람을 상대에게,
- 친한 사람을 상대에게,
- 가족이나 동료를 손님에게,
- 여러 사람의 소개는 그 모임의 리더가 좌측에서부터 한 사람씩 차례로,
- 한 사람을 여러 사람에게 소개하는 것이 좋다.

자기소개

소개는 가능한 한 그 모임의 주최자나 제 3자를 통해 받는 것이 좋으나, 사교적 모임이나 비즈니스 자리에서 자신을 소개해 줄 사람이 없을 경우에는 스스로 소개를 해야 한다. 자기소개는 남성이 여성에게, 연소자가 연장자에게, 서열이 낮은 사람이 높은 사람에게 먼저 한다. 본인의 이름과 성을 다 알려주고 상대방이 악수를 청하기를 기다린다. 자신의 이름 앞 존칭이나 학위 등의 호칭은 소개하지 않으나, 인사 교환 후 대화를 통하여 자신의 직업이나 관심사항 또는 모임과의 관련성 등을 화제로

이야기 한다. 여성의 경우에는 성 앞에 호칭 Mrs.나 Miss를 붙여 소개함으로써 상대방으로 하여금 호칭의 불편을 겪지 않도록 한다. 물론 호칭이 불분명할 때는 Ms.로 통용하면 된다.

면접, 오디션 등에서 자기소개를 할 때는 짧은 순간에 자신을 어필할 수 있도록 간결하고 명확히, 상대방이 잘 들을 수 있도록 표현해야 한다.

- 상대 면접관과 눈을 맞추고, 과하지 않게 자신 있는 목소리와 부드러운 말투를 사용한다.
- 문장은 간결해야 한다. 수식어나 미사여구를 생략하고 접속사를 계속 사용하지 않도록 한다.
- 장황한 설명 끝에 결론을 내놓을 것이 아니라 전달 또는 홍보하고자 하는 요점을 먼저 이야기하고 필요하면 설명을 계속한다.
- 자신의 경력 및 장점 등에 관한 소개는 지금 신청하고 있는 면접 대상 직무와 관련된 것이어야 한다.
- 면접에 앞서 자기소개 문안으로 리허설을 하면서 자신의 표정, 몸짓, 발음, 목소리의 수준 등을 교정하고, 정해진 시간을 맞춘다.

연설이나 프레젠테이션에서 서두에 자기소개를 할 때에는 인사와 함께 청중이 기억할 수 있도록 이름이나 자신의 특성에 관한 이야기를 하되, 장황한 인사치레(unpleasant pleasantry)는 생략한다. 연설의 운명은 인사 후 첫 30초가 좌우한다 한다. 이 때 상대방이나 청중을 사로잡을 수 있는 이야기를 전개해야 연설과 프레젠테이션의 집중도를 이끌고 갈 수 있다. 사람들은 보통 10분 정도를 연설에 집중할 수 있다고 한다.(연설과 프레젠테이션에 관하여는 제8장 참조)

다. 명함

명함은 자신의 이름과 소속, 직위 등을 작은 종이에 간결하게 표시한 것으로 상대방에게 자신을 알리는 소개서이며, 자신이 속해 있는 직장을 대표하는 증명서 역할을 한다. 명함은 나와 타인을 연결해주고 또 의사를 표현해주는 중요수단으로 활용된다. 따라서 명함을 주고받을 때 그리고 받은 명함을 소중히 다루는 에티켓이 필요하다.

명함의 유래와 관련하여 동양에서는 중국의 춘추전국시대에 친구를 방문했을 때 부재 시 자신의 이름을 적은 쪽지를 남겨 놓고 오는 관습에서 유래되었다고 한다. 귀가한 친구가 그 쪽지를 보고 그 사람을 찾아가 인사할 수 있도록 한 것이다. 서양에서는 프랑스 루이 14세 때 생겼다고 전해지며 루이 15세 때에는 현재와 같은 동판 인쇄의 명함을 사교에 사용한 것으로 전해진다. 19세기 중엽부터는 명문 귀족과 부르주아지 사이에 방문카드가 유행했는데, 자신의 초상 사진을 붙이고 이름과 직함, 주소 등을 메모하여 파티나 모임에서 서로 카드를 교환하거나 초대된 가문에 자신의 방문카드를 남기고 오는 것이 유행되었다. 그 뒤 명함은 사교용과 비즈니스용으로 나눠졌다.

(1) 명함의 종류와 규격

비즈니스 명함(business card 또는 professional card)

일반적으로 9×5.5cm 정도(3.5×2인치)의 사각형 순백지에 활판 인쇄하는 것이 널리 통용되는 규격품이다. 현대사회에서 가장 빈번하게 사용하는 것으로 성명과 직장명, 직위, 직장 주소, 전화 및 이메일 등 중요사항을 간결하게 적는다. 요즘에는 직종 상 필요에 따라 소속처의 엠블램, 자신의 사진, 주요경력 등을 넣기도 하고, 순 백지 대신에 색상 있는 용지를 사용하기도 한다. 외국에서 사용할 명함은 2개국 언어로 제작한다. 한 면에는 자국어로, 다른 한 면에는 방문국의 언어 또는 영어로 표기하며 다른 나라의 언어 표기가 제대로인지 정확히 확인하도록 한다. 우리의 경우 한글 대신 한자 표기가 들어가지 않도록 유의한다.

사교용 명함(visiting card 또는 calling card)

통상 9×6.35cm 정도(3.5×2.5인치)의 순백색 또는 크림색의 사각형 고급용지에 필기체로 부각(engrave)하는 것이 원칙이다. 사교명함은 업무 목적이 아니라 사교활동을 위해 사용하는 것으로서 타인의 집을 방문할 때, 꽃이나 선물을 보내면서 감사의 뜻을 전할 때, 뒷면에 날짜와 시간을 간단히 적어 초청장을 대신할 때 등에 사용한다. 우리나라에서는 대통령과 삼부 요인, 외교관 등이 주로 사용하고 일반적으로는 활용되고 있지 않지만 외국에서는 사용되고 있으므로 제작 및 사용법을 알아 두도록 한다.

- 국가원수, 삼부요인, 각료급 인사는 통상 이름 없이 직책만을 기입하나, 그 외 인사의 경우에는 남녀 모두 성명(full name)을 기입하고 이름 밑에 이름보다 작은 활자로 직책을 기입한다.
- 성명 앞에 남자의 경우 통상 Mr.를 붙이지 않으나, 여성의 경우 호칭을 붙일 수 있다. Miss나 Ms.의 경우 본인의 full name을 사용하나, Mrs.를 붙일 경우에는 남편의 full name을 기입한다. 미망인도 마찬가지다.
- 이혼한 여성의 경우, 본인의 결혼 전 이름을 쓰기를 원할 때 Mrs. 다음에 본인의 full name을 기입하며(예: Mrs. IN-soon Kim), 남편의 성을 계속 가지기를 원할 때는 Mrs. 다음에 본인의 성, 전 남편의 성 순서로 기입한다(예: Mrs. In-soon Kim Biden).
- Mr.나 Miss, Mrs. Ms. 등의 호칭 대신에 의사의 경우 Dr., 성직자의 경 The Reverend, 판사의 경우 Judge, 상원의원의 경우 Senator 등을 이름 앞에 쓸 수 있다. 그러나 학위 표시는 하지 않는다.
- 사교명함에 통상 주소를 넣지 않으나, 본인의 희망에 따라 남녀 모두 오른쪽 하단에 작은 활자로 주소를 기입한다.
- 부부 공동 사교명함은 부부가 공동명의로 꽃이나 선물을 보낼 때 또는 비공식 연회를 개최할 때 초청장 대신으로 사용한다. 두 쪽으로 접는 폴드오버카

드(fold-over card)인데 안쪽 빈 공간에 초청시간, 장소 등을 간단히 적어 보낸다. 이름 기입방법은 남편이 각료급 이상 고위 인사일 경우에는 남편의 직책과 Mrs. 다음 남편의 full name을 쓰나(예: The Prime Minister and Mrs. Gil-dong Hong), 그 외 인사들은 통상 Mr. and Mrs. 다음 남편의 full name을 쓰고 우측 하단에 작은 글씨로 주소를 표기한다.

사교 방문 시에는 현관이나 응접실에 있는 탁자 위나 명함 용기에 놓고 온다. 호텔이나 아파트 리셉션 데스크에 맡겨 놓는 경우에는 봉투에 넣고 그 외는 봉투 없이 명함만 놓는다. 방문 시 남겨놓는 명함 수는 가족 수 등 경우에 따라 다양하나 3장을 초과하지 않는다.

〈표 7-2〉 사교명함의 인사 표현법

【사교용 명함이 메시지 카드로 쓰일 때 적는 약어】

명함의 한정된 지면에 내용을 함축하기 위하여 다음과 같이 프랑스어 명함 약자가 세계적으로 널리 쓰인다. 약자는 소문자로 명함 좌측 하단에 연필로 적는 것이 원칙이나 명함을 우송하거나 대리인을 통해서 보낼 때는 펜으로 쓴다.
- 감사의 뜻을 전할 때 p.r.: pour remercier (to express thanks)
- 축하를 할 때 p.f.: pour féliciter (to express congratulation)
- 조의를 표할 때 p.c.: pour condóler (to offer sympathy)
- 소개를 하고자 할 때 p.p.: pour présenter (to present)
- 작별을 고할 때 p.p.c.: pour prendre congé (to say good-bye)
- 새해를 맞이할 때 p.f.n.a.: pour féliciter nouvel an (Happy New Year)
- 생일을 축하할 때: A happy birthday to you
- 기쁜 성탄이 되기를 바라며: A merry Christmas
- 문병을 대신할 때: To inquire
- 헌화용으로 상가에 꽃을 보낼 때: With (deepest) sympathy, In loving memory, in affectionate remembrance
- 혼인을 경하드리며 축하의 선물을 보낼 때: With all my best wishes
- 경의의 뜻을 전하기 위해 선물을 보낼 때: With compliments
- 파티에의 초대에 대한 답례로 다음날 꽃을 보낼 때: With many thanks for a most agreeable evening

[출처: 글로벌 시대의 생활 예절]

(2) 명함을 주고받는 예절

  명함은 사람의 얼굴과 같은 것으로 정중하고 신중하게 다루어야 한다. 선거나 홍보용이 아니면 아무에게나 뿌리듯이 주어서는 안 된다. 서양에서는 과거 초면에 명함을 잘 주지 않았다. 대화를 나눈 후 계속 접촉이 필요하다고 느끼면 헤어질 무렵 명함을 건넸다. 명함은 명함지갑에 지니고 저고리 안쪽 주머니에 넣고 다닌다. 상대방과 눈을 마주치며 인사를 나눈 후 자신의 이름을 말하고 명함을 건네거나 서로 교환한다.

– 명함은 아랫사람 또는 손님이 먼저 건네며, 오른손에 들고 상대방이 바로 읽을 수 있는 방향으로 가슴 높이에서 건넨다.

– 명함을 동시에 주고받을 때는 오른손으로 주고, 왼손으로 받아 오른손으로 옮겨 읽는다. 상대방의 명함을 받고 자신의 명함을 건네지 않는 것은 실례이다.

– 명함을 받자마자 보지도 않고 집어넣는 것은 실례이며 상대방의 명함을 그 자리에서 확인한다. 이때 모르는 한자나 스펠링, 어려운 외국 발음 등은 상대에게 정중하게 물어 확인하도록 한다.

– 명함을 받으면 확인 후 지갑에 소중히 넣어야 하지만 대화 중 책상 위 등 자신이 보기 좋은 곳에 놓고 참고할 수 있다. 대화중에 상대방의 이름을 잊어버려 명함을 다시 꺼내보는 것은 큰 실례이기 때문이다. 특히 여러 사람에게 동시에 명함을 받았을 때는 순서대로 놓고 이름을 혼동하지 않도록 유의한다.

– 받은 명함에 낙서를 하거나 책상 위에 그냥 버려두어서는 안 된다. 나중에 자신의 명함철에 보관할 때 그 명함에 메모를 하는 것은 무방하다.

– 회사나 기관에서 여러 사람과 인사하는 경우에는 책임자에게만 주어도 무방하며 모두에게 건넬 때는 가능한 한 직위 순서대로 건넨다.

– 받은 명함은 선별하여 명함철에 넣고 잘 관리한다. 만난 날짜, 장소, 용건 등을 메모해 두고 추후 필요시 접촉선으로 활용한다. 특히 정치인, 세일즈맨 등은 자신의 목적에 따라 명함을 그 때 그 때 잘 분류해 놓는다.

2. 직장 생활

직업(職業)은 사전적으로 생계를 유지하기 위하여 자신의 적성과 능력에 따라 일정한 기간 동안 계속하여 종사하는 일을 말한다. 직업은 과거 서양에서 '하늘로부터 부여받은 천직(天職)'이란 뜻에서 영어로는 Calling이라 하고 독일어에서는 Beruf라고 하였다. 모두 신으로부터 부여받은 소명이라는 뜻이다. 동양에서도 자신이 맡은 직업을 하늘에서 부여받은 것으로 생각하고 열과 성을 다하여 충실하게 수행하는 '천직사상'이 오랫동안 내려왔다. 현대에 직업은 job부터 occupation, 전문적인 vocation, 손재주를 필요로 하는 profession 등으로 다양하게 부른다.

현대의 직업은 단지 생계를 유지하기 위한 수단일 뿐만 아니라 여유로운 삶을 즐기기 위하여 그리고 자신이 좋아하고 즐기는 일을 함으로써 성취감과 만족감을 느끼기 위한 수단이다. 또한 직업으로서 일정한 사회적 역할을 맡게 되고 궁극적으로 그 사회에 공헌하는 결과를 갖는다. 따라서 도둑, 살인 등 반사회적 일은 법적으로 직업으로 인정되지 않는다.

직장생활은 계층과 연령이 다르고 생각과 가치관이 다른 이질적인 사람들이 모여 공동의 목표를 위하여 직업으로서 조직적으로 일하는 것을 말한다. 직장은 각각 공동의 목표와 고유한 규범을 갖고 있으며, 직장인 개개인은 그 조직의 테두리 안에서 공동의 목표를 달성하기 위하여 협력하고 기여해야 한다. 이를 위하여 최소한의 기본수칙과 행동규범을 따라야 한다. 이것을 우리는 직장생활의 예절 또는 에티켓이라 부른다.

가. 직장생활의 기본자세

(1) 성실하게 업무를 수행한다.

목적의식을 갖고 자신이 맡은 일에 최선을 다해야 한다. 직장생활은 가족의 생계를 해결하고 자아성취 및 조직의 목표를 공동으로 실현하고자 노력하는 것이다. 급여는 최선의 노동력 제공에 대한 대가이다.

(2) 책임의식을 갖는다.

직장에 대하여 긍지와 자부심을 갖고 회사를 대표한다는 마음을 견지한다. 또 자신이 맡은 일을 끝까지 책임을 지고 완수함으로써 회사를 발전시킬 수 있다는 주인의식을 가져야 한다.

(3) 능동적이고 적극적인 자세를 갖는다.

지시를 받아야만 일을 하는 수동적인 사람이 아니라 공동의 목표를 위하여 솔선수범하여 일에 적극적으로 나서는 사람이 되어야 한다. '손에 흙을 묻히는 사람'이어야 한다. 즉, 쉬운 일, 빛 보는 일만 찾아서 할 것이 아니라 남이 꺼리는 힘든 일, 궂은일에 앞장서서 희생하는 자세를 보여야한다. 언젠가는 분명히 보상받을 것이다.

(4) 긍정적인 사람이 되자

일을 대할 때, 상사의 지시를 받을 때 부정적인 생각을 갖게 되면 업무 수행과정에도 부정적인 영향을 준다. 상사의 지시에 "전례가 없다", "안 될 것 같다"라고 반응할 것이 아니라 일단 "알겠습니다"라고 받아들인 후 시행에 앞서 또는 시행하는 과정에서 지시의 부적절, 비실현성 또는 부당함을 구체적으로 지적하고 대안을 제시하는 것이 바람직하다.

(5) 창의력을 발휘하자

창의력은 회사의 발전뿐만 아니라 자기계발과 성취감에 큰 역할을 한다. 끊임없이 변화하는 사회에 적응하고 앞서가기 위하여 개개인의 창조적 사고 및 실천은 필수적이다. 무사안일주의, 적당주의는 배격되어야 하며, 타성에 젖어 일을 하는 매너리즘도 살아남을 수 없는 요소이다.

(6) 철저한 자기관리와 원만한 대인관계 유지가 필요하다

자신의 처신을 바르게 하고 상대방의 인격을 존중한다. 직장 내에 상사와 부하직원, 동료들과의 다양한 관계, 그리고 외부인과의 업무적 관계에 있어서 원만하고 올바른 관계를 유지하도록 노력한다. 이기주의자나 독불장군, 기회주의자는 긴장과 갈등 속에 결국 오래 가지 못한다.

(7) 고객의 입장에서 문제를 처리 한다

고객을 배려하고 고객의 문제를 해결해주는 것이 궁극적으로 회사에 기여한다는 자세를 갖는다. 특히 공직자는 국민의 공복으로서 국민의 이익을 위해 일해야 한다. 민원인의 입장에서 민원인의 문제와 애로사항이 해결될 수 있도록 선도하고 최선을 다한다. 선출직 공직자도 국민의 권익과 편익을 보호하고 증진하는데 업무의 최우선 순위를 두어야 한다. 정파나 이익단체의 권익보호를 위하여 국민을 희생시켜서는 안 된다.

(8) 직장예절을 지킨다

자신의 위치와 자존감을 견지하면서도 항상 겸손하고 예의바른 처신을 하여야 한다. 상대방의 인격을 존중하고, 말과 행동을 바르게 해야 한다.

나. 새로운 직장 문화

과거 '멸사봉공(滅私奉公)'이란 말이 있었다. 개인을 희생하고 공무에 전적으로 봉사한다는 의미로 조직을 위하여 헌신하는 것을 일하는 사람의 자세로 여겼다. 그 조직은 국가일 수 있고, 회사나 단체 등 민간기구일 수도 있다. 주로 개인보다는 공익을 중시하는 한국, 중국, 일본 등 동양사회에서 존중되었던 미덕이었다. 요즘은 낯 설은 단어다. 얼마 전까지도 퇴근 후 단체 회식은 업무의 연장이라고 여겨졌다. 회식에서 비공식 업무협의를 하고 조직의 단결과 협동심을 강화한다는 것이었다. 요즘은 정시에 퇴근하고, 퇴근 후에 지시와 보고 등 의 업무 연락을 일절 금하는 시대가 되었다. 우리 사회가 공(公)과 사(私)를 구분하고 개인의 사생활을 침해하지 않는 사회로 진입한 것이다.

이러한 직장문화의 변화에 가속하여 코로나 19는 직장의 근무 양태와 트렌드를 변화시키고 있다. 아침에 회사로 출근해 저녁에 퇴근하는 일상은 더 이상 직장인들의 루틴이 아니고, 재택근무와 화상회의, '랜선 회식'까지 하는 사례가 늘어났다.

국제노동기구(ILO)에 따르면 신종 코로나 대유행 이후 전 세계 노동자의 20%에 달하는 6억 6천만 명이 재택 및 원격근무를 하고 있으며, 2019년의 7.9%(2억 6천만 명)에서 1년 사이에 2배 이상으로 늘어났다고 한다. 그런데 여러 가지 주위 환경적 요소로 재택근무에 대한 피로감도 동시에 늘어나고 있다 한다. 이에 따라 집이 아닌 휴양지나 호텔이 소위 대체사무실(alternative offices)로 부상하고 있다. 업무와 주거 공간의 공유에서 업무와 휴양공간의 공유로 발전한 것이다.

영국의 여행 트렌드 분석기관 '글로브트렌더'는 앞으로는 '홈 오피스'를 '오션 오피스(ocean office)'로 바꾸는 사람들이 더 많이 늘어날 것이라고 전망했다. 한편 대체 사무실의 등장은 '디지털 노마드(digital nomad)'의 등장과 확산을 촉진하고 있다. 디지털 노마드는 유목민(nomad)처럼 세계 어디든 장소에 구애받지 않고 이동하며 일하는 사람을 뜻한다. 프리랜서뿐만 아니라 기업의 정규직원도 시도해볼 수 있는 삶의 방식이 됐다.

위에서 인용한 각종 사례는 새로운 직장문화의 트렌드를 밝혀주는 것이 분명하다. 그러나 이러한 트렌드가 직장생활의 주류가 되거나 패턴이 완전히 바뀌는 것은 아니다. 직장생활의 기본이나 규범은 그대로 유지된다. 왜냐하면 새로운 트렌드에서도 사람들이 직장의 공동목적 아래 일하고 관리해 나가는 것은 여전하기 때문이다. 사람이 모여 있건 흩어져 일하건 간에 궁극적으로는 조직의 목표를 위하여 서로 협력해야 한다. 따라서 조직 전체를 관리하고 운영하는데 필요한 최소한의 규칙과 질서, 예절과 에티켓, 지켜야할 사항들이 요구된다. 이러한 규범이 무너지면 조직 운영도 결코 성공하기 어려울 것이다.

다. 직장생활의 예절

(근무 태도)

- 시간과 약속을 지킨다. 출. 퇴근, 외출, 외근, 야근 등의 시간을 정확히 준수하고, 자신의 소재를 분명히 하여 언제든지 즉각 소통할 수 있도록 한다. 직장에서 필요로 할 때 두 차례 이상 현장부재나 소통불가일 때는 직장에 더 이상 도움이 되지 않는 존재다.
- 근무시간 중 개인적 일을 하지 않는다. 개인적 일로 통화하거나 음악 청취, 메신저 사용 등으로 주위를 방해해서는 안 된다.
- 업무 중인 동료에게 말을 하거나 협조를 구할 때는 상대방이 반응할 수 있는 기회를 보아서 한다.
- 퇴근을 위한 준비는 업무시간이 끝난 후 한다.
- 복장은 직장의 규칙 범주 안에서 자유롭게 하되 품위를 잃지 않도록 하며, 유니폼을 착용할 때는 규정을 준수한다. 슬리퍼를 신고 돌아다니지 않는다.
- 직장에서 상사와 동료에게 인사를 빠뜨리지 않고 방문객에게도 목례나 가벼

운 인사를 한다. 공사 간에 언어와 행동은 공손하고 단정해야 한다.

(지시)

- 업무 지시는 분명하고 일관성이 있으며 실현 가능성이 있어야 한다. 또 작업 시한이나 보고 시한을 확실히 한다. 업무 내용 및 능력에 따라 지시 대상을 정하고 특정인에게 업무가 과중되게 부여하지 않는다.
- 프로젝트 수행을 위하여 지시할 때 사안이 긴급하고 중요한 경우에는 회사의 방침 또는 자신의 방안을 제시하면서 지시한다. 그러나 시간적 여유가 있을 때는 직원들의 창의적 보고를 기다려 처리한다.
- 지시를 할 때는 직원의 능력을 인정해 주고 인격을 존중하면서 요구한다.
- 상사의 지시를 받을 때는 지시 받은 내용을 확인하고 보고서 제출 또는 수행 시간 등을 확인한다.

(보고)

- 보고는 지시에 대한 해답을 분명하고 구체적으로 또 시한을 넘기지 않도록 한다. 구두보고와 문서보고를 구분한다. 업무 수행 또는 보고서 작성 과정에서 상황이 바뀌거나 문제가 발생했을 경우 즉각 중간보고를 하고 새로운 지시를 구할 수 있다.
- 지시를 이행하는 과정에서 상사의 독촉을 받는 일이 없도록 한다.
- 지시를 받을 때 바로 그 자리에서 "안 됩니다"식으로 부정적인 태도를 보여서는 안 된다.
  - "전례가 없습니다." "과거에 해 보았는데 실패했습니다." 등의 반응은 긍정적이고 적극적인 직장인의 태도가 아니다. 자신이 파악하고 있는 전례가 몇 년 동안인 것인지, 과거의 상황과 지금은 다른 것이 아닌지 등에 관한 숙고가 필요하다.
  - 지시사항에 대하여 검토한 후 또는 일부 시행해 보는 과정에서 문제점을 재확인한 후 가능한 한 빠른 시일 안에 지시한 상사에게 직접 문제를 보고하고 자신의 대안을 제시하는 것이 바람직한 태도다.

- 보고 내용은 결론부터 시작한다. 이슈의 내용, 문제점, 복수의 해결 또는 추진 방안, 자신의 선택 의견(결론) 순서로 작성한다. 보고 내용은 정확해야 한다. 보고서에 인용된 통계, 사실 등은 확인 절차를 거쳐야 한다.
- 구두 보고할 때는 특히 결론부터 말한다. 그 후 시간이 허락하는 한도 내에서 구체적으로 필요한 보고를 하거나, 또는 지시자가 묻는 사안에 따라 구체적으로 추가 보고를 이어 간다. 이슈의 내용이나 전제에 대하여 장황한 설명은 금물이다. "하늘 아래 새로운 것은 없다."를 명심하라.

(대인 관계)
- 신입 사원으로서 가장 어려운 대인관계는 상사와의 관계다. 상사에 대한 예의를 갖추되 공사에 관한 구별을 적절히 할 수 있도록 노력한다. 물론 상사가 공사를 구분할 수 있으면 좋겠지만 그렇지 않은 경우에 어려움이 있다.
- 상사와 업무상 토론과 격론을 벌일 수 있으나 끝까지 의견일치가 안 될 경우에는 일단 상사의 의견을 따른다.
- 상사로부터 잘못을 지적받거나 질책 당했을 때는 이를 흔쾌히 수용하고 개선토록 노력하며, 부당한 질책이나 오해일 경우에는 추후 조용히 해명을 하는 기회를 갖는다.
- 동료는 경쟁자나 적대관계에 있는 사람이 아니라 조직의 공동목표를 위한 협조자이며, 공사 간에 서로 돕고 애로사항을 해결한다.
- 자신이 맡은 일을 책임지며, 동료에게 그 책임을 전가하거나 피해를 주지 않도록 한다.
- 직급은 같으나 연장자인 경우는 존댓말을 쓰고, 직급 상으로는 아랫사람일지라도 연상일 경우에는 높임말을 사용한다.
- 남녀 간에 평등하고 상호 인격을 존중하며, 여자니까 해야 할 일은 없다.
- 방문 외부인에게 자신은 직장을 대표하는 사람이라고 생각하고 행동한다. 방문한 손님에게 용건을 묻고 친절히 안내한다. 손님을 오래 기다리거나 불편하게 하지 않는다. 부득이한 경우에는 지연 사유를 설명하고 양해를 구한다.

(회식 및 술자리에서)

- 공식적인 회식은 근무의 연장으로 볼 수 있으나, 그렇지 않은 경우에는 참석 여부를 자유로이 결정할 수 있어야 한다.
- 회식이나 술자리에서 과음하여 실수하거나 감정의 발산 등 흐트러진 모습을 보이지 않는다. 술 때문에 저질은 실수라고 용서받는 시대는 지났다.
- 회식이나 술자리가 근무의 스트레스를 해소하는 자리는 아니다. 동료나 상사의 험담을 하지 않으며, 지나친 농담이나 성희롱적인 말을 하지 않는다.
- 주위에 술잔을 돌리거나 폭탄주 등을 강요하지 않는다. 특히 외국인, 여성, 술을 마시지 못하는 사람에게 조심해야 한다.
- 건배할 때는 술잔을 가슴과 턱 사이 정도의 높이에 들고 상대방의 눈을 마주치며 잔을 살짝 부딪치거나 부딪칠 만큼 가까이에 접근시킨다.
- 술을 마시지 않더라도 건배를 위하여 한 잔을 받아두는 것이 좋으며, 건배 후에는 잔을 그냥 내려놓는 것보다는 입에 살짝 대고 내려놓는 것이 상대방과의 타이밍 맞추는데도 좋다.

(성희롱에 관하여)

- 이성 동료 간에 성적 농담이나 제스처는 금물이며, 성희롱에 속한다.
- 성적 농담, 성적 희롱, 음란물 제공, 불필요한 신체적 접촉 등을 겪는 즉시 상대방에게 거부 의사를 분명하게 밝힌다.
- 이러한 의사 표명에도 불구하고 유사한 행위가 계속될 때는 상부 또는 관련 기관에 보고한다.
- 회의, 회식 및 술자리 등에서 개최자나 주빈 옆에 서열이 맞지 않는 이성을 앉히거나, 술을 강요하거나, 성적 농담과 불필요한 신체적 접촉을 하지 않도록 주의한다.
- 상사가 격려 차원에서 아래 이성 직원을 포옹하거나 어깨를 감싸는 일은 상황에 따라서 오해를 야기할 수 있음에 유의하고 행동한다.

필자는 1991~1992년 학기를 미국 하버드대학 국제문제연구소에서 보냈다. 9월 학기 시작 오리엔테이션에는 세계적으로 유명한 사회과학 교수들이 참석하여 설명하였고, 사무국 직원에 의한 비디오 영상이 소개되었다. 성희롱(sexual harassment)에 관한 교육이었다. 나는 그 곳에서 이 용어를 처음 접하였다. 교육은 성희롱을 한마디로 남녀관계에 있어서 상대방이 '원하지 않는 성적 들이대기(unwanted sexual advancement)'라고 정의하였다. 그리고 비디오를 통하여 남녀관계에 있어서 한계를 넘는 신체적, 언어적 성희롱 유형을 보여주고 지난 수년간 하버드 대학 내에 있었던 사례를 소개하였다. 그 당시에는 낯설고 무심하게 지나쳤던 이 용어는 그 뒤 미국은 물론 전 세계적으로 그리고 우리나라에서 큰 사회문제로 확산되어 갔다. 정치, 교육, 종교, 예술, 산업 등 모든 분야에서 끊임없이 일어나고 있는 사회문제다.

3. 공공장소에서의 생활

본장의 서두에 다양한 사람들이 여러 공간에서 공동생활을 하는 과정에서 서로 통용되는 최소한의 생활양식과 예절이 요구된다고 설명하였다. 즉, 도덕규범, 윤리, 법률 등 여러 사회 준칙을 공중도덕이라 하며, 모든 일상생활에서 이러한 공중도덕의 준수가 요구된다. 우선 일상생활에서 우리가 특히 존중해야할 공중도덕 사항을 제시하고, 각각의 공공장소에 따른 구체적 예절과 에티켓을 살펴보기로 한다.

첫째, 다른 사람에게 피해를 주지 않는다.
- 공공장소에서 시끄럽게 떠들지 않는다.
- 순서를 지키고 '빨리빨리' 문화를 버린다.
- 아파트 등 주거공간에서의 소음을 최소화한다.
둘째, 서로 신뢰하고 신용도를 높인다.
- 속임수나 거짓말 등으로 이득을 취하지 않는다.
- 증명서 없이도 나이, 직업, 신분 등을 인정받을 수준의 신용사회를 만든다.
셋째, 교통질서를 준수한다.

- 보행자나 자동차 모두 교통신호를 준수한다.
- 도로에서 자동차보다 보행자가 우선이며, 신호등이 없는 곳에 건너는 길에 보행자가 있거나 들어서려하면 자동차는 멈춘다. 신호등 있는 곳에서의 우회전도 마찬가지다.
- 자동차 경적은 위급할 때만 울리고, 운전 중 휴대전화나 DMB를 사용하지 않는다.

  넷째, 감사와 사과하는 습관을 몸에 익힌다.
- 조그만 일에도 감사의 표현을 한다.
- 사소한 잘못에 대하여도 미안함을 표하고 사과할 줄 알아야 한다.

  다섯째, 사회적 약자에 대한 배려를 한다.
- 장애인, 어린이, 노약자, 여성 등 사회적 약자를 보호하고 배려한다.
- 다문화가정, 외국인 노동자, 탈북민 등에 대해 차별을 하지 않는다.

  여섯째, 자연과 환경, 문화유적을 보호한다.
- 공공장소에 쓰레기를 버리지 않고, 재활용에 적극 참여한다.
- 자연과 환경을 보호하여 후손에게 전한다.
- 우리의 문화유적을 보존한다.

  일곱째, 법과 도덕을 존중하고 사회정의 실현에 참여한다.
- 공중도덕을 지킨다.
- 국민 개개인의 기본권과 인권을 존중하고 권익을 보호한다.
- 법 앞에 만인이 평등한 사회, 정의로운 사회를 실현하는데 참여한다.
- 참정권을 바르게 행사한다.
- 이익그룹의 이해를 위하여 다수 국민을 희생시키는 집단행위를 삼간다.
- '가짜뉴스'로 사회를 혼란시키는 행위를 근절한다.

가. 대중교통수단 이용할 때

지하철과 버스

우리나라의 대중교통 체계, 지하철과 버스의 수준, 냉난방 시설, 역사의 편의시설, 무료화장실의 청결한 운영, 교통 안내, 정차장의 운행안내 등은 세계에서 최상위 수준에 있으며, 외국인들이 모두 높이 평가한다. 그러나 이러한 시설을 이용하는 승객의 공공예절은 아직 그러한 수준에 이르지 못하고 있다.

- 승하차 시에는 먼저 내린 후 타고, 줄을 서서 승차한다.
- 장애인과 노약자가 우선 승하차하도록 배려한다.
- 노약자, 임산부 등의 좌석은 비워두며, 버스에서 노약자 석에 잠시 앉더라도 장애인, 노약자 등이 승차하면 즉시 자리를 비워준다.
- 일반석에서도 노약자나 어린이에게 자리를 양보하도록 한다.
- 다리를 벌리고 앉지 않으며, 다리를 앞 좌석의자 위에 올려놓지 않는다.
- 통로에 서있을 때 백팩이나 등산배낭을 앞쪽으로 바꿔 매어 다른 승객이 다치거나 불편을 겪지 않도록 한다.
- 휴대전화기를 진동모드로 하고, 부득이 통화를 할 경우에는 조용하고 간단하게 끝낸다. 지하철이나 버스 안은 미뤄둔 통화를 처리하는 곳이 아니다.
- 일행과 큰 소리로 대화하지 않으며, 스마트폰으로 음악이나 영상을 감상할 때는 반드시 이어폰을 사용한다.
- 지하철과 버스 안에서 음식물을 섭취하지 않는다.
- 지하철 안 판매행위를 금하고, 역사 내 노숙자가 기거하지 않도록 조치한다.
- 지하철 역사에서 뛰지 않으며 에스컬레이터에서는 바쁜 경우 한쪽 줄에서 걸어 오르내릴 수 있다. 뉴욕에서는 "지하철 역사에서 뛰는 사람은 도둑이다"라는 말이 있을 정도다.
- 지하철과 버스에 긴급사태가 발생했을 때는 질서를 지키고 안전수칙과 안내에 따르며, 서 있는 승객들은 특히 안전사고를 조심한다.

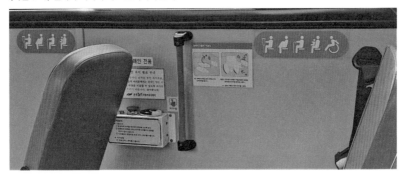

택 시

택시는 중요한 대중교통 수단의 하나이며, 승객과 택시 운전사가 제한된 장소에 있으므로 서로 지켜야할 에티켓에 유의한다.

- 택시 기사는 승객의 목적지를 재확인하고 친절하게 인지 반응을 한다. 승객은 기사에게 반말 등을 사용하지 않는다.
- 승객은 뒷좌석에 앉는 것이 바람직하며 굳이 운전석 옆에 앉고자할 때는 양해를 구한다. 그러나 택시를 혼자 탈 때 독일, 호주 등 일부 국가에서는 택시 기사 옆에 앉는 것이 일반적이다.
- 택시 안에서 흡연, 음주는 금지되며, 일행끼리 크게 떠드는 것도 삼간다.
- 택시를 내리기 전 카드나 현금 등 택시비 정산을 미리 준비함으로써 신속한 주·정차를 가능토록 한다.

- 일부 후진국에는 택시 미터제 등 정찰제가 시행되지 않으므로 출발 전에 목적지 요금을 미리 확정하여야 한다.
- 우리나라에서는 택시 팁 문화가 형성되어 있지 않지만, 미국, 독일 등 대부분의 선진국에서는 10~15% 정도의 팁을 지급한다.

승용차, 고속도로

차량의 급격한 증가로 교통이 복잡해지고 있으므로 안전 확보와 교통 흐름을 원활하게하기 위하여 교통법규와 예절의 준수가 필수적이다. 음주와 과속은 운전자는 물론 타인의 생명을 위협하는 반문화적 행위다.

- 나라에 따라 좌측통행, 우측통행이 다르고, 운전석의 좌우 위치도 다르므로 운전자와 보행자 모두 이에 잘 적응해야 한다.
- 승차 시에는 윗사람이 먼저 타도록 돕고 아랫사람은 반대편 문을 이용하여 탑승한다. 하차할 때는 아랫사람이 먼저 내린 후 윗사람의 하차를 돕는다.
- 그러나 택시 등 도로변에서 반대편으로 승하차를 할 수 없을 때에는 아랫사람과 남성이 먼저 안쪽으로 승차한 후, 윗사람이나 여성이 나중에 승차하고 먼저 하차하는 방법이 편리하다.
- 남녀 동행이고 서열에 관계없다면 여성이 우선이다. 여성이 탑승할 때는 밖에서 좌석에 먼저 힙(hip)을 앉힌 후 다리를 붙여 차 안으로 넣는다. 치마를 입은 여성의 경우 뒷좌석 가운데 앉지 않도록 한다.
- 보행자가 우선이며, 신호등이 없는 곳에 건너는 길에 사람이 있거나 들어서려면 자동차는 멈춘다. 신호등 있는 곳에서의 우회전도 마찬가지다.
- 자동차 경적은 위급할 때만 울리며, 운전 중 휴대전화나 DMB를 사용하지 않는다.
- 어린이 보호구역, 노인 보호구역 등에서 속도를 줄이고 좌우를 살피면서 주행한다.
- 차창 밖으로 담배꽁초, 휴지나 이물질을 버리지 않는다. 차창 밖으로 손이나 얼굴을 내밀지 않는다. 창문을 열어두고 음악소리를 요란하게 틀지 않는다.

- 주행차로가 줄어들거나 합쳐질(merging) 경우 차례차례 교대로 진입하는 교통 문화를 존중한다. 추월 및 끼어들기 때 신호를 주고 양보의 습관을 익힌다. 보복운전은 반문화적 행태다.
- 차량사고가 발생했을 때 도로 복판에서 잘잘못을 따지거나 싸우지 말고, 현장 상태를 촬영한 후 바로 갓길로 차량을 이동하고 보험 및 경찰 호출 등 후속조치를 취한다. 고속도로에서는 갓길로 옮기고 후방에 표지판을 세운다.
- 고속도로에서는 특히 제한속도와 최고속도를 반드시 지킨다.
- 고속도로에서 주행차로를 잘 지킨다. 버스차선, 1차선 추월차로, 2차선 주행차로, 3, 4차선 대형차선을 확인하고 주행한다. 1차선에서 추월이 끝나면 주행차선으로 바로 이동한다.
- 터널 및 교량 위에서 차선을 바꾸거나 추월하지 않으며, 왕복 2차선에서 추월선이 없는 곳에서 추월하지 않는다. 고속도로의 야간주행에서는 속도를 줄이고 상향등으로 반대편의 차량에 방해를 주어서는 안 된다.

〈그림 7-1〉 승용차의 좌석 배열

운전기사가 있을 경우　　　　손수운전의 경우　　　　지프의 경우
(택시 포함)

기 차

- 기차에서의 상석은 창가의 좌석이다. 마주 보고 갈 때에는 기차의 진행 방향을 바라보는 좌석이 상석이다.
- 자리가 비어 있다고 아무 자리에나 앉지 말고 지정된 좌석에 앉도록 한다. 차내에서는 출입구나 통로에 서 있지 않고 통로에 짐을 놓지 않는다.
- 일행과 큰 소리로 떠들거나 웃지 않는다. 단체로 탑승했을 경우에도 같은 실내에 다른 승객이 있을 때에는 게임 등 단체행위를 하지 않는다. 휴대전화는 진동상태로 하고 가능한 한 실내에서 통화하지 않도록 한다.

- 기차에서 신발은 벗지 않으며, 장거리 여행에서 부득이 다리를 쭉 뻗고 싶다면 신문지나 덮개를 임시로 깔고 그렇게 할 수는 있다.
- 장거리 여행 시 앉아있는 좌석에서 식사를 할 경우에는 옆 사람에게 양해를 구하고 강한 냄새를 피우지 않도록 한다.
- 어린이와 같이 탑승했을 때에는 주위 사람들에게 폐가 되지 않도록 예절을 가르치고 늘 신경을 쓴다.

나. 식당, 카페에서

식당에서 가장 중요한 에티켓은 지배인의 안내를 잘 따르고 다른 손님들에게 피해를 주지 않는 일이다. 식당의 예약, 좌석 안내, 음식 주문 및 식사 등에 관하여는 제5장에서 이미 설명하였다.

- 식당에 들어서면 주인 또는 지배인의 좌석 안내를 기다린다.
- 모자, 외투 등은 지정장소에 맡기거나, 식탁의 여분 의자에 놓을 수 있다.
- 옆 테이블에 방해가 될 정도로 크게 떠들거나 웃지 않는다. 웨이터가 겨우 지나갈 정도로 테이블이 빼곡한 식당에서도 각 테이블마다 조용히 대화를 나누며 식사를 할 수 있어야 한다.
- 웨이터를 부를 때 소리쳐 부르지 말고, 손을 약간 들거나 웨이터가 지나갈 때 말을 한다. 고급 레스토랑에서는 고개를 옆으로 돌리면 웨이터가 알아차리고 다가온다.
- 웨이터에게 요구할 때에는 가능하면 한꺼번에 하도록 하여 웨이터를 여러 차례 부르는 번거로움을 없앤다.
- 부모들은 아이들이 식당 안을 뛰어다니거나 다른 테이블로 접근하는 것을 철저히 막아야야하며, 식당 측에서도 이를 적절히 통제해야 한다.
- 식당이나 카페에서는 원칙적으로 금연이다. 유럽의 일부 국가나 후진국 등에서 아직 흡연이 가능하나 스스로 자제해야 한다.
- 식당 및 카페에서 일회용 용기사용을 자제한다.

다. 공연장, 전시관, 스포츠 경기장

현대인들이 영화, 연극, 음악, 미술 등의 여러 분야에서 문화적 수혜를 누리고자 하는 욕구가 크게 증대되고 있다. 또 스포츠 관람은 하나의 문화로 형성되었다. 많은 사람이 예술과 스포츠 관람 등 문화생활을 함께 즐기기 위하여 이에 따른 일정한 매너와 에티켓이 필요하다.

영화관

– 영화가 시작되기 전에 지정좌석에 앉고, 빈자리로 옮기지 않는다.

– 발로 앞좌석을 차거나 등판에 올리지 않는다.

– 모자를 벗는다.

– 휴대전화는 진동 또는 꺼놓도록 한다.

– 옆 사람과 부득이 이야기를 할 경우에는 주위에 들리지 않도록 하며, 간단한 음식물 섭취를 위하여 부스럭거리지 않는다.

– 음식물 용기와 휴지 등은 좌석에 남기지 않고 반드시 지정된 장소에 버린다.

공연장(연극, 오페라, 뮤지컬, 연주회)

– 공연장에 어린이는 동반하지 않으며, 공연에 따라 제한 연령이 표기된다.

– 공연 시작 전 충분한 여유를 갖고 도착하여 외투 보관, 박스오피스에서의 티켓 교환 등의 조치를 한다. 요즘 공연 시작 30분 전에 오페라, 연주회 등의 줄거리나 악장에 관한 사전설명회를 갖는 경우도 많다.

– 공연이 시작된 후 공연장에 도착했을 경우에는 1막이 끝날 때까지 밖에서 기다렸다가 막간에 들어간다.

– 복장은 단정하고 깨끗한 옷차림이어야 한다. 과거에는 타이를 매고 정장을 하며 여성들은 온갖 치장을 하였으나, 지금은 모두가 다 그러한 관습을 따르지는 않는다. 반바지나 이상한 노출을 하지 않는 한 캐주얼 복장도 무방하며, 특히나 여행 중인 관람객들이 정장을 찾는 수고는 하지 않아도 된다.

- 모자나 외투 등은 클로크 룸(cloak room)에 보관시키거나 좌석 뒤쪽에 걸쳐놓아 다른 사람의 관람에 방해가 되지 않도록 한다.
- 외국 오페라 하우스의 박스석에는 일행이 다수일 경우 여성들이 앞줄 왼쪽부터 앉으나, VIP의 경우는 부부가 나란히 앉는다.
- 대부분 공연 중 사진촬영은 허용되지 않으며, 휴대전화는 꺼둔다. 공연장에 음식물 반입도 허용되지 않는다.
- 관람 중에 헛기침이나 팸플릿 등의 부스럭거리는 소리를 내지 않는다.
- 공연에 따라 박수 치는 시기에 맞게 박수를 친다.
  - 오페라, 콘서트 오페라, 뮤지컬의 아리아나 발레의 독무가 끝났을 때
  - 콘서트에서 3~4악장으로 되어있는 교향곡이나 협주곡의 경우에는 모든 악장이 다 끝난 후
  - 콘서트에서 곡을 잘 모를 때는 지휘자가 뒤를 돌아 인사할 때
  - 솔로 연주회에서는 하나의 작품이 완전히 끝나고 연주자가 청중에게 가볍게 인사를 할 때
  - 성악 독창회는 팸플릿의 곡 묶음이 끝날 때마다
  - 연극의 막이 내릴 때마다
  - 판소리나 마당놀이 때 흥이 나면 수시로
- 박수와 함께 남성에게는 이탈리아어로 브라보(Bravo), 여성에게는 브라바(Brava), 여러 사람에게는 브라비(Bravi)라고 환호한다.
- 앙코르는 한 두 번으로, 커튼콜(curtain call)은 4~5회 이내로 끝낸다.
- 관객은 공연이 완전히 끝나고 불이 켜진 후 자리에서 일어나 퇴장한다.

전시장(전시회, 박물관, 미술관)

- 티켓 오피스에서 소정의 티켓을 발급 또는 교환받고 입장하며, 특정 일자 또는 시간에 무료 개방하는 경우에도 입장권을 배부 받아야 한다.
- 큰 가방이나 소지품은 물품보관소나 안내데스크에 보관한다.
- 사진과 비디오 촬영, 동영상은 허용될 경우에만 가능하다.
- 관람은 진행방향 표지에 따라 천천히 진행하고, 입·출구를 놓치지 않는다.

- 전시품이 그대로 보존될 수 있도록 만지지 않고, 지나치게 근접하지 않는다.
- 한 곳에 지나치게 오래 머물거나 다른 사람을 밀치고 앞서 가지 않는다.
- 큰 소리로 말하거나 떠들지 않으며, 특히 어린이들이 뛰거나 소란을 피우지 않도록 교육을 시킨다.
- 가이드가 인솔하는 그룹에 임의로 끼어 설명을 엿들으려 하지 않는다.
- 관람 중 음식물 섭취는 금물이다.
- 관람 중 피곤하면 실내 복판에 긴 의자나 간이 소파가 비치되어 있을 경우 그 곳에서 잠깐 휴식을 취해도 된다. 이 경우에도 음식물 섭취는 안 된다.
- 휴대전화는 진동모드나 꺼놓으며, 부득이한 통화는 복도나 계단 등에서 조용히 하도록 한다.
- 관람 후 오디오 등 임대 비품을 반환 장소에 돌려주고, 물품보관소에서 보관 물품 찾는 것을 잊지 않는다.
- 개인전시회의 경우 비치된 방명록에 서명을 하고, 전시 작품 당사자가 현장에 있으면 가볍게 예를 표하는 것이 좋다.

스포츠 경기장

- 암표를 구매하거나 새치기를 하지 않는다.
- 상대 선수나 심판에게 야유를 하거나 경기장 안으로 뛰어들지 않는다.
- 경기장 안으로 병, 쓰레기 등을 투척하지 않으며, 경기가 끝나면 주위의 쓰레기를 치운다.
- 경기장 안에서 음주와 흡연을 하지 않는다. 음주가 허용된 경우에도 지나치지 않도록 한다.
- 상대편 선수의 훌륭한 경기에도 박수를 치고, 건전한 응원문화를 창출한다.
- 골프장에서 갤러리의 가드 라인을 넘지 않으며 선수가 샷을 할 때 움직이거나 소리를 내지 않는 등 갤러리 매너를 철저히 준수한다.
- 불법 스포츠 도박에 연루되지 않는다.

라. 일상의 공공장소

아파트, 놀이터, 도서관, 공중화장실 등 우리가 거주하고 일상으로 드나드는 공공장소에서 여러 사람들이 다양하게 접촉하는 과정에서 서로 불편하거나 충돌이 일어나지 않도록 지켜야할 예절과 에티켓이 필요하다. 이러한 생활예절은 가정과 학교의 솔선수범과 교육을 통하여 어렸을 때부터 몸에 배어야 한다. 생활 에티켓과 매너가 문화로 잘 형성되어 있는지 여부가 선, 후진국의 문화 수준을 구별할 수 있는 척도의 하나이다.

아파트

- 공공장소는 아니나 다세대가 모여 시설과 장소를 공동으로 이용하는 곳이므로 다른 사람에게 피해를 주지 않고 공생하는 생활예절이 특히 요구된다.
- 엘리베이터를 같이 이용하는 이웃 사람들 간에 인사를 아끼지 않는다.
- 충간소음을 방지하고, 문제가 발생하면 상호 대화로서 해결한다.
- 복도, 계단, 놀이터 등에서 흡연하지 않는다.
- 반려동물로 다른 사람 특히 어린이들에게 위험이 가해지지 않도록 주의한다. 반려견의 목줄 착용, 배설물 처리, 놀이터 출입 금지 등의 규칙을 준수한다.
- 아파트 단지 안에서의 차량속도 제한을 철저히 준수하고, 불법 주 · 정차로 다른 사람들에게 피해를 주지 않는다.
- 커뮤니티 시설, 놀이터, 주차장 등에서 관련 준칙을 잘 지킨다.
- 쓰레기 분리수거를 잘 하고, 평소에 쓰레기를 줄이는 노력을 한다.
- 경비원, 청소원 등에 대한 처우를 바르게 하고, 아파트 주민의 일원으로 예우한다.
- 아파트 주변의 주거 및 자연 환경보호에 참여하고, 집단 이기주의를 버린다.

공원 및 놀이터

- 이용준칙을 지키고, 다른 사람들에게 피해나 불쾌감을 주는 행동을 하지 말

아야 한다.

- 공원의 꽃이나 나무를 꺾거나 금지구역에 들어가 잔디를 밟지 않는다.
- 음식 반입이 금지된 곳이나 취사가 금지된 곳에서는 음식을 가져가거나 취사를 해서는 안 된다.
- 음주는 금지되며, 거친 행동과 놀이로 주위에 피해를 주어서는 안 된다.
- 애완동물의 동행 여부에 관한 규칙을 준수한다.
- 휴지나 쓰레기를 버리지 말고, 머물렀던 장소를 깨끗이 치우고 돌아온다.
- 놀이기구는 사용규칙을 지켜 안전사고를 방지하고, 서로 양보하면서 이용한다. 어른들은 특히 어린이들의 안전을 책임 관리해야 한다.
- 불법으로 일정 장소를 점하고 영리행위 하는 것을 지방자치단체가 단속하여 자연을 보호하고 즐길 수 있도록 조치한다.

공중화장실

- 우리나라의 경우 대부분 무료이나 미국 및 유럽의 경우에는 대부분 유료이다. 우리나라의 지하철 역사 화장실은 무료에 청결하고 위생적이며 잘 관리되고 있어 높이 평가된다. 유료의 경우 동전 등 잔돈을 미리 준비해야 한다.
- 화장실은 한 줄로 서서 순서대로 이용한다. 이 때 각 화장실 칸 바로 앞에서가 아니라 화장실 밖 대기 줄에서 기다리며, 화장실 문을 열기 전에는 노크를 한다. 그러나 화장실 안에 사람이 있는지 없는지 확인이 가능한 경우, 예컨대 비행기나 열차 화장실에 재실 여부 표기가 되어 있거나, 화장실 문 아래쪽이 뚫려 있는 경우 등에는 노크가 금물이다.
- 용변 후 화장실 안에서 옷매무새 정돈을 끝내고, 손을 씻고 나온다.
- 화장실 세면대에서 머리를 감거나 발을 씻는 등의 행동을 하지 않는다.
- 화장실을 청결하게 이용한다.
- 급하다고 장애인이나 임산부 화장실에 들어가지 않으며, 남. 여성 성별구분을 분명히 한다. 요즘 성구분 없는 화장실이 등장하기도 한다.

공중목욕탕

- 세계적으로 우리나라에서 잘 발달되어 있는 시설이다. 과거 로마의 목욕문화, 터키의 사우나, 일본의 온천목욕 문화가 발달하였으나, 우리의 찜질방과 사우나 문화가 외국으로 수출되고 있는 상황이다.
- 먼저 몸을 깨끗이 씻고 머리를 감은 후 탕에 들어간다.
- 탕 안에서 때를 밀거나 마사지 등을 하지 않으며, 큰 소리를 내거나 노래 부르지 않는다. 탕 안에서 다이빙이나 수영을 하지 않으며 물장난을 치지 않는다.
- 탕 안에 수건이나 장난감, 물대야 등을 들이지 않는다.
- 찜질이나 사우나를 한 뒤 반드시 땀에 젖은 몸을 씻고 탕에 들어간다.
- 물을 끼얹을 때 옆 사람에게 튀지 않도록 하고, 세탁 및 염색이나 팩 등을 하지 않는다.
- 탕에서 사용한 목욕 비품은 제자리에 놓고, 사용한 타월은 수건 수거함에 넣는다. 목욕을 끝내고 욕탕 밖으로 나갈 때 물기를 닦는다.
- 찜질방, 수면실, 체육실, 탈의실 등에서 떠들지 않고, 다른 사람들에게 피해를 주는 행동을 하지 않는다.

도서관

- 무엇보다 소리를 내지 않는 것이 중요하다. 대화와 통화를 전면 금지하고, 휴대전화는 꺼놓거나 무음으로 한다.
- 도서실에 들어가고 나올 때 조용히 움직이며, 의자 끄는 소리를 내지 않는다. 책장 넘기는 소리도 크게 내지 않아야 한다.
- 책을 읽을 때 소리를 내지 않으며, 책장을 찢거나 밑줄을 그는 등 책을 훼손해서는 안 된다.
- 책상 위에 낙서하거나 시설물을 훼손해서는 안 된다.
- 친구를 위해 자리를 잡아놓거나, 아침 일찍 자리를 잡아놓고 하루 종일 비워두지 않는다. 또 자주 들락거려 옆 사람에게 방해를 주어서는 안 된다.
- 컴퓨터나 오디오 시설을 이용할 때 실수로 소리가 새어 나오지 않도록 한다.
- 대여 받은 책의 반납기간을 준수하고, 계속 대여함으로써 혼자서 책을 오랜 기간 독점하는 일이 없도록 한다.

마. 산과 바다

산과 바다에서는 무엇보다 자연을 보호하고, 안전을 유지하는 것이 중요하다. 혼자 모험을 하지 않고, 금지 또는 제한구역에 들어가지 않으며 안전수칙을 지켜야 한다.

- 산과 바다에서 자연을 훼손시키는 일체의 행위를 하지 않는다. 국립공원에서도 마찬가지다. 야생동물을 포획하거나 식물을 채취하지 않는다. 외국에서는 도라지 등 산나물을 채취하는 것도 불법이다.
- 이물질이나 쓰레기를 버리지 않는다. 모두 수거하여 쓰레기장에 또는 소지하고 귀가한다. 인간의 음식물 성분은 야생동물을 흥분시키는 위험한 요소다.
- 음주나 흡연하지 않는다. 국립공원 등 산은 물론 해수욕장 등에서도 음주와 흡연을 금지하는 나라들이 많다.
- 공개된 장소에서 보편적 풍속을 해치는 행위를 하지 않는다.
- 불법으로 장소를 점거하여 영리행위를 하지 않는다. 바가지요금을 근절한다.

바. 기타 공공장소에서

길을 걸을 때

- 다른 사람과 부딪치지 않도록 한다. 부딪치거나 스치면 "미안합니다(Excuse me 또는 Pardon 또는 Sorry)"라고 먼저 말한다.
- 고성방가하지 않는다. 길거리에서 큰 소리로 멀리 있는 사람을 부르지 않으며, 길거리에서 가급적 뛰지 않는다.
- 일행 여러 사람이 옆으로 나란히 길을 꽉 채워 걷지 않으며, 혼잡한 거리에서 오랫동안 서서 이야기하지 않는다.
- 남녀가 함께 걸을 때에는 남성이 차도 쪽에서 여성을 보호하며 걷는다. 원칙적으로 남성의 오른쪽에 여성이 선다. 그러나 연회 및 행사에서 여성이 남성의 에스코트를 받을 때에는 남성의 왼쪽에서 남성의 왼팔을 잡는다.

- 동성애자가 아닌 경우 동성 간에 손을 잡고 다니지 않는다.
- 길거리에서 흡연하거나 음식을 먹지 않는다. 침을 뱉지 않는다.
- 길거리에서 옷을 갈아입거나 속옷을 벗지 않는다. 여성은 길에서 화장을 고치거나 머리 모양을 바꾸는 등의 행동을 삼간다.
- 길을 걷다가 방향을 바꿀 때 옆 사람을 앞질러가서 직각으로 바꾸는 결례를 하지 않는다. 한 발자국만 늦추어도 아무런 손해가 발생하지 않는다.
- 계단을 올라갈 때는 남성이 먼저 올라가고 내려올 때는 여성이 먼저 내려온다. 안내자가 동성일 경우에는 안내자가 먼저 올라가고 또 내려온다. 급한 일로 앞사람을 앞지를 때는 "실례합니다(Pardon 또는 Excuse me)"하고 지나간다.

출입문에서

- 문을 여닫을 때 뒷사람을 위해 문을 잡아준다. 이 때 뒷사람은 그 문을 재빨리 잡으며 "고맙습니다(Thank you)"라고 말한다.
- 문을 여닫을 때 "꽝" 소리가 나지 않도록 조심한다.
- 여성이 먼저 지나가도록 남성이 문을 열어주고 그 다음 문을 닫고 따라 나온다. 회전문에서는 남성이 먼저 밀면서 나가 여성이 나오는 것을 도와준다. 손을 대지 않는 자동 회전문에서는 여성이 먼저 나가도록 한다.
- 안내를 하는 경우, 또는 윗사람을 수행하는 사람의 경우에는 회전문을 포함한 모든 출입문에서 안내자나 아랫사람이 먼저 들어가고 나온다. 출입문을 여는 역할도 있지만 출입문 통과 후 바로 방향을 안내해야 하기 때문이다. 수행이란 보호하고 안내하는 역할을 하는 것이지 윗사람을 따라 다니라는 것이 아니다.

엘리베이터(승강기), 에스컬레이터에서

- 엘리베이터에는 장애인, 어린이, 노약자, 여성 순으로 타고, 내릴 때도 그 순서이나 승강기가 꽉 차고 복잡할 때는 앞에서부터 내려도 무방하다. 회사에서는 손님, 상사 등을 먼저 타거나 내리게 하는 것이 좋다.
- 뒤늦게 접근하는 사람을 위하여 승강기 열림 버튼을 눌러 같이 타고 가도록

한다.

- 승강기도 위치 서열이 있다. 자동차 서열과 같은 원칙이다. 들어서서 버튼이 있는 대각선 안쪽이 상석이다.
- 승강기의 닫힘 버튼은 가급적 사용하지 않고 기다린다. 승강기의 비상호출 벨을 장난이나 실수로 누르지 않도록 한다.
- 승강기 안에서 대화를 삼가고, 시선이 불편하게 마주치지 않도록 문 쪽을 향하여 선다.
- 에스컬레이터에서는 원칙적으로 걷거나 뛰지 않는다. 그러나 한쪽(우리나라는 오른쪽)에 줄을 서고 다른 쪽은 비워두어 바쁜 사람들이 이용할 수 있도록 한다.
- 이용 시 손잡이(핸드레일) 잡기, 걷거나 뛰지 않기, 안전선 안에 탑승하기, 어린이 보호 등의 안전수칙을 준수한다.
- 일행 중 여성은 남성 앞으로 올라가고 내려갈 때는 남성이 먼저 내려간다. 이는 계단과 반대인데, 움직이는 계단에서의 위험을 방지하기 위한 행동이다. 다만 여성이 치마를 입었을 경우에는 올라갈 때 남성이 앞선다.
- 큰 가방이나 짐을 소지했을 때에는 이를 에스컬레이터 안전선 안에 놓고 움직이지 않도록 확고히 붙잡고 간다.

사. 반려동물에 대하여

우리 국민의 개, 고양이 등 반려동물 사랑이 높아지고 있다. 국민 1500만 명이 반려동물을 키우고 그 반려동물 숫자는 800만 마리에 이른다고 한다. 통계청이 인구주택조사 때에 반려동물 항목을 추가하였고, 동물 동반을 허용하는 카페, 호텔, 술집 등이 빠른 속도로 늘어나고 있다. 그런가하면 동물을 무서워 하거나 싫어하는 사람들도 많다. 인간과 반려동물이 서로 안전을 지키면서 공존하는 생활양식과 매너가 요구된다. 소위 반려동물 펫티켓이 필요하다.

- 반려동물을 동반할 수 있는 장소를 구분하고, 금지된 곳에 출입하지 않도록

유의한다. 특히 공원, 산 등에서의 동반 가능 여부를 확인하여 준수한다.

- 무엇보다 반려동물이 타인에게 위협을 가하거나 공포심을 주어서는 안 된다. 외출 시 맹견에게 반드시 입마개를 씌우고, 모든 개에게 2m 이내의 목줄 또는 가슴줄을 착용시키며, 배설물은 즉각 수거 처리한다.
- 엘리베이터 등 공동주택 건물 내부의 공용공간에서는 반려견을 안거나 목줄의 목덜미 부분 또는 가슴줄의 손잡이 부분을 잡고 있어야 한다.
- "우리 개는 순해요." "우리 개는 물지 않아요."같은 사고방식을 버리고, 모든 반려동물은 상황에 따라 돌변하여 공격성을 드러낼 수 있다는 것을 항상 염두에 둔다.
- 반려동물로 인하여 사고가 발생하였을 경우에는 다친 사람이나 다른 동물을 즉각 치료케 하고, 사과와 함께 모든 배상조치를 취해야 한다.
- 반려동물은 소유주에게는 가족이지만 다른 사람에게는 동물이다. 인간보다 더 소중하게 취급하도록 타인에게 요구하지 않아야 한다.
- 가족처럼 사랑하는 반려동물을 자신의 형편에 따라 버리거나 학대해서는 안 된다.

4. 통 신

IT 시대를 맞아 전화 외에도 여러 통신수단이 발달되고 있다. 지구의 거리를 좁히고 신속한 소통에 크게 도움이 되고 있으나, 한편으로는 사생활 침해나 비방, 가짜뉴스 전파 등 부작용도 심각한 수준에 이른다. 이에 통신예절을 지켜 보다 밝은 소통 관습을 익혀두는 것이 요구된다.

통신 네트워크를 사용하는 사용자(네티즌)들 또는 인터넷 누리꾼들이 네트워크 중(on-line)에 지켜야할 에티켓과 준칙을 네티켓(netiquette)이라 하는데, 통신망(network)과 에티켓(etiquette)의 합성어이다. 인터넷과 스마트폰으로 SNS 활동이 활발한 현대사회에서 네티켓을 갖춤으로써 부정적 역할이 아니라 건전한 정보와 인적교류에 기여할 수 있다.

가. 전화

전화는 오랫동안 가장 기본적이고 중요한 통신수단으로 이용되고 있다. 직접 대면하여 대화하지 않는 상태에서 업무를 협의하거나 사적 대화를 갖는 중요한 일상을 차지한다. 따라서 상대방과 마주 보고 대화하는 것처럼 예의와 격식을 갖춰 사용해야 한다. 즉, 짧고, 정확하고, 분명하고 예의바르게 통화하는 것이다.

− 전화벨이 세 차례 울리기 전에 수화기를 들고, 송신음이 5~6회 울려도 전화를 받지 않을 때는 송화기를 놓거나 메시지를 남긴다. 메시지를 남길 때는 전화의 주제나 간단히 용건을 말하여 상대방이 적의 검토하도록 한다.
− 전화가 연결되면 원칙적으로 송화자가 먼저 이름을 밝히나, 직장에서 전화를 받는 경우에는 수화기를 들고 바로 자신의 이름과 부서명을 말한다.
− 전화를 잘못 걸었을 때는 "죄송합니다(Sorry)"라고 말한 후 끊는다.
− 다른 사람이나 부서로 연결해줄 때는 그렇게 하겠다고 말하고 연결하도록 한다. 연결할 수 없을 때는 연결할 수 없는 이유를 설명한다.

"잠깐만 기다려 주세요. 홍길동 씨에게 연결해 드리겠습니다."에 해당되는 영어는 "Hold on, please, I put you through to Mr. Hong Gildong."이고, 프랑스어로는 "Patientez un instant, s'il vous plaît, Je vous passe Monsieur Hong Gildong."이다.

− 통화는 용건만 간단히 한다.
− 상대방 말을 잘 경청하고, 상대방 말이 일단 끝난 후 말을 한다.
− 얼굴이 보이지 않더라도 직접 대면한 것처럼 친절하고 예의바르게 말한다.
− 부재중 업무 전화의 메모 부탁을 받으면 반드시 당사자에게 그 내용과 시간을 전달한다.
− 상대방의 말이나 인사가 끝나기 전에 먼저 전화를 끊지 않는다.
− 부재중 전화나 메모를 받으면 회신전화(return call)를 하도록 한다.

나. 휴대전화

휴대전화(Cell-Phone)는 이제 우리의 일상 생활에서 빼놓을 수 없는 필수품이 되었다. 휴대전화만 손에 쥐고 다니는 사람들도 많다. 그래서 핸드폰이라 부르는데 옳은 표기가 아니다. 요즘은 스마트폰이 대세가 되어 거의 모든 기능을 할 수 있으므로 아주 유용한 도구다. 스마트폰이 한 순간이라도 없으면 패닉 상태에 빠지는 젊은이들도 많다. 그러나 한편으로는 생활의 도처에서 휴대전화의 벨 소리, 큰 소리로 통화하는 소리, 음악이나 영상에서 나오는 소리 등등 소음공해가 만연하여 불편을 초래하는 것도 사실이다. 휴대전화의 노예가 되지 않도록 스스로 자제해야 한다.

따라서 휴대전화 사용에 있어 서로 지켜야 할 매너와 예절이 필요하다. 우선 휴대전화 사용을 금지하거나 자제해야 할 장소에 유의해야 한다 : 교회나 성당, 사찰 등 종교시설 내, 운전 중, 비행기 내, 영화 · 연극 · 오페라 · 음악회 등 관람 중, 강의 및 강연 · 세미나 · 회의 중, 재판정, 병원, 장례식장, 결혼식장, 비즈니스 · 고객 상담 중, 면접 및 인터뷰 등

- 공공장소에서는 휴대전화를 끄거나 진동으로 한다.
- 지하철과 버스 안에서는 진동으로 하고, 통화 시에는 조용히 용건만 간단히 하고 끊는다. KTX 등 열차 안에서는 좌석 실 바깥통로에서 이용한다.
- 특히 도로 건너는 길에서 휴대전화를 일절 사용하지 않으며, 운전 중에도 통화나 문자 발송 등 휴대전화를 이용하지 않는다.
- 상대방이 받기 불편한 시간, 예컨대 이른 아침, 밤, 점심과 저녁 식사 시간, 늦은 밤 등을 피해 전화한다.
- 다른 사람들과 있을 때 전화가 오면 방해가 되지 않도록 장소를 옮겨 통화한다. 문자 메시지 등을 보기 위해 타인과의 대화를 중단하지 않는다.
- 상대방과 대화를 나눌 때 휴대전화를 쥐고 자주 눈길을 보내거나 살피는 것은 결례이다.

- 타인의 휴대전화를 받는 것은 당사가가 부탁하지 않는 한 금물이며, 부탁에
  따라 받았을 때에는 먼저 대신 받는다는 것을 밝힌다.
- 카카오톡, 문자 등을 무차별 발송하는 등 SNS 공해를 일으키지 않는다.

다. 소셜 네트워크 서비스(SNS)

SNS(Social Network Service)는 특정한 관심이나 활동을 공유하는 사람들
사이의 관계망을 구축해주는 온라인 서비스 또는 플랫폼이다. SNS는 인
적 네트워크를 확대하고, 정보를 공유하며 여론을 조성하는 중요수단이
되고 있으며, 1인 미디어 역할을 활발히 하고 있다. 대표적인 SNS로서는
블로그, 트위터, 인스타그램, 페이스북, 한국의 카카오스토리(Kakao story)
등이 있다. 그 외에도 라인, 미투데이, 네이버랜드, 텀블러, 플리커(flicker)
등이 있고, 음성만으로 하는 클럽하우스(clubhouse)도 인기를 얻고 있다.

SNS가 일상화되고 영향력을 확장함에 따라 부작용도 발생하고 있다.
상대방에 대한 비방, 악성 댓글, 가짜뉴스의 생산 등이다. SNS의 순기능
을 유지하기 위하여 네티켓(netiquette)이 요구된다. 무엇보다도 가상공간에
서 만난 사람들도 인격체로서 실생활에서 직접 대면하는 것처럼 예의를
갖고 대해야 한다. 또한 상대방과 의견이 다르더라도 그 이견(異見)을 존
중하고, 이분법이나 흑백논리로 상대방을 비방하거나 공격해서는 안 된
다. 그러한 의미에서 인터넷 실명제는 도움이 될 것이다. 다만 익명제는
허용하되 법적, 사회적 가치를 인정하지 않는 것으로 취급해야 한다.

- **온라인에서 대화를 할 때** 상대방과 대면하는 자세로 예의를 갖고 대한다.
- 속어와 욕설을 금하고, 상호 비방하거나 명예를 훼손시키는 내용을 금한다.
- 광고나 홍보 등 특정 목적을 위하여 악용하지 않는다.
- 자기주장만을 고집함으로써 상대방을 불쾌하게 하거나 언쟁을 야기하지 않
  도록 한다.

- **게시판에 글을 올릴 때** 명확하고 간결하게 쓴다.
- 문법에 맞는 표현과 올바른 맞춤법을 사용한다.
- 가짜뉴스나 글을 생산하지 않고, 폭력적 내용이나 음란물을 올리지 않는다.
- 다른 사람의 글에 대하여 지나친 반박이나, 비난 댓글을 하지 않는다.
- 문자는 영원히 기록으로 남는다는 것을 명심한다.

　자신의 과거 SNS 기록으로 정치적, 사회적으로 낭패를 보는 경우가 국내외적으로 허다하다. 과거의 글과 자신의 현재 언행이 상반되는 경우나, 과거의 SNS 내용이 막말이나 폭언 등으로 비도덕적인 경우다. 미국의 조 바이든 대통령이 취임 후 한 달여 만에 니라 탠든(Neera Tanden)에 대한 예산관리국장 지명을 철회했다. 탠든은 과거 공화당 의원 등을 겨냥하여 "사기꾼" "최악" 등 인신공격성 트윗을 올린 것으로 유명했다. 대통령이 그녀를 장관급인 예산국장에 지명하자 그의 전력을 기억하는 공화당에서 "반드시 청문회에서 낙마시키겠다."라고 별렀다. 집권당인 민주당의 조 맨친 상원의원마저 인준에 반대하면서 상원의 과반 득표가 힘들어졌다는 관측이 나왔다. 탠든은 부랴부랴 그간 자신의 막말 트윗 1천여 개를 삭제하고 의원들에게 사과했지만, 그 막말의 영향은 삭제되지 않았다. 바이든 대통령과 클레인 백악관 비서실장도 여야 인맥을 총동원해 탠든 인준을 설득했지만 의원들의 마음을 돌이키지 못한 것이다. 막말 트윗을 일삼은 탠든 자신의 자업자득인 것이다.

　일반 사회에서도 마찬가지다. 미국 대형 출판사의 패션잡지 '틴 보그' 편집장으로 2021년 3월에 발탁된 흑인 여기자 알랙시 맥캐먼드(Alexi McCammond)가 10년 전의 트윗으로 비난을 받고 사퇴했다. 그녀는 17세 때인 2011년에 아시아인의 외모를 조롱하는 트윗을 올리고 또 동성연애자에 대한 비하 표현도 사용했다. 그 후 2019년에 트윗 내용을 사과 및 삭제하였고, 편집장 발탁 후 재차 고개를 숙였지만 논란이 계속되어 결국 편집장 취임은 무산된 것이다. 이 또한 과거 젊었을 때의 잘못이지만 사회적으로 책임을 지게 된 사례 중의 하나이다.

- **e-mail을 이용할 때** 자신의 신분을 밝히고, 메시지는 짧고 분명하게 작성한다.
- 타인의 메일을 임의로 열람하거나 공개하지 않는다.
- 여러 사람에게 동시에 홍보 내지 광고성 우편물을 발송하지 않는다.
- 중요한 메일의 경우에는 답신을 하기 전에라도 우선 수령 또는 열람했다는

인지(acknowledging) 표현을 한다.

5. 경조사

경조사(慶弔事)는 경사스러운 일과 불행한 일을 말한다. 우리에게는 전통적인 관혼상제(冠婚喪祭)가 이에 해당된다. 관혼상제는 성인식의 관례, 결혼식의 혼례, 장례식의 상례, 제사의 제례로서 사례(四禮)라고 한다. 이 사례를 중심으로 편찬한 주자가례(朱子家禮)가 조선시대 가정예법의 표준이 되었다. 그러나 주자가례의 예법과 예절은 지나친 예법 존중으로 그 본질보다는 형식에 치우치게 되어 여러 가지 부작용을 초래하였던바, 정부 수립 후 '가정의례준칙'이 제정되면서 관혼상제의 형식과 절차가 차츰 간소화되거나 변하였다. 그럼에도 아직도 결혼식과 장례식이 허례허식으로 치러지는 경향이 남아있다.

오늘날의 경조사가 비용도 많이 들고, 가깝지 않은 사람들에게까지 부담을 주는 사례가 많아 스몰 웨딩 문화가 형성되는 시점에 코로나로 인하여 경조사 문화가 불가피하게 바뀌고 있다. 이를 계기로 우리나라도 가족과 가까운 친지 중심의 작은 결혼과 가족장 문화가 정착되어야 한다.

가. 결혼식

결혼식은 가장 큰 경사 중 하나이다. 가족은 물론 친지들이 모여 신랑신부를 축하하고 그들의 장래를 기리는 자리이다. 따라서 결혼식은 즐거우면서도 한편으로는 경건한 예식이 되어야 한다. 우리의 결혼 문화가 전통식에서 서양식으로 바뀌어진 이래 예식장 같은 곳에서 가능한 많은 사람을 초대해 치르다 보니 제한된 짧은 시간에 왁자지껄하게 보내게 되어 아쉬운 면도 있다. 우리도 결혼식에 가족과 가까운 친지만을 특별한 장소에 초대하여 알차게 예식을 진행하는 문화를 형성하는 것이 필요하다. 또한 결혼식에 참석할 때 갖춰야할 에티켓을 익히고, 나라마다 결혼 풍습과 문화가 다르니 외국에서 결혼식에 참석할 때에는 사전에 그쪽 관행을 살펴두는 것이 좋다.

- 결혼식에는 미리 식장에 도착하여 혼주와 인사 후 예식에 참여 한다. 피로연 (식사) 장이 따로 준비되어 있어서 예식에 참석하지 않고 바로 식사에 들어가는 경우가 허다한데 바람직하지 않다.
- 복장은 정장을 하되 신랑, 신부를 고려하여 흰색이나 검은색 또는 신부보다 화려한 차림은 삼간다.
- 축의금 봉투에는 '축 결혼(結婚)', '축 혼인(婚姻)', '축 화혼(華婚)', '축 성전(盛典)' 이라 쓰고, 여성의 경우에 '축 화혼'이라고 많이 쓴다. 봉투는 봉하지 않는다.
- 축의금은 자신의 처지와 능력에 맞게 하며, 분수에 넘게 허례허식을 차리지 않는다.
- 미국과 유럽에서는 축의금보다는 선물을 중심으로 한다. 선물은 신랑·신부 측과 미리 상의하여 필요한 물건을 준비하는데, 신랑·신부 측이 선물리스트를 만들어 배포하는 방법도 활용한다.
- 결혼식은 밝게 진행하되 주례사를 너무 오래 하거나, 신랑·신부에게 과도한 행위를 요구하지 않도록 한다.
- 피로연에서는 즐거운 마음으로 참여하되 과음하거나 크게 떠들지 않도록 하며, 신랑·신부에게 축배 타임 외에는 술을 권하지 않는다.

미국에서는 보통 오후 늦게 결혼식(wedding)을 시작하여 밤에 피로연(bridal feast)을 끝낸다. 신랑(bridegroom) 입장 후 신랑들러리들(groomsmen 또는 bridesmen)과 신부들 러리들(bridesmaids)이 짝을 맞춰 들어오며, 신부는 부모와 함께 마지막에 입장한다. 이때 들러리들은 복장을 똑같이 맞춰 입으며, 신부 들러리들은 주로 퍼플 색깔의 드레스를 입는다. 예식이 끝나면 피로연(저녁 식사)으로 들어가는데 그 사이에 리셉션을 갖기도 한다. 피로연에서는 신랑 친구 측 대표(best man)와 신부 친구 측 대표(maid of honor)가 축사를 하고 건배를 제의한다. 식사 후 댄스타임을 갖는데 신랑과 신부가 춤을 추고 신부가 아버지와 춤을 추는 것으로 시작한다. 피로연이 모두 끝난 후 신랑, 신부는 친구들과 함께 뒤풀이(after party)를 갖기도 한다. 결혼식 전날에는 예식 리허설을 갖는데 여기에서 비로소 양가 부모 상견례를 갖는 경우가 대부분이다. 우리의 경우는 일찍 상견례를 갖고 결혼을 허락하고 추후 예식 준비를 협의하기 시작하는데, 상견례의 의미와 필요성이 다른 셈이다. 결혼 전에는 친구들과 마지막으로 총각파티(bachelor party)와 처녀파티(bachelorette party)를 갖는다.

나. 조문

장례 예절은 각 문화권, 종교 및 민족에 따라 다르다. 우리의 경우는 예로부터 유교적 예법에 따라 격식과 절차를 엄격하게 지켰으며, 왕실의 장례절차를 둘러싸고 찬반 의견이 나뉘져 상대측의 목숨까지 빼앗는 사화(士禍)도 불사하였다. 현대에는 가정의례준칙에 따라 장례식이 제도적으로는 간소화되었으나, 많은 사람들에게 부고를 보내 성대하고 화려하게 치르고자 하는 경향이 있다. 코로나로 인해 사회적 거리두기를 경험한 우리로서 차제에 허례허식을 없애고 가족과 가까운 친지 중심으로 간소하고 품격 있게 장례를 치르는 문화를 정착시키는 것이 바람직하다.

요즘 장례는 대중 장례식장에 빈소를 차리고 그 곳에서 조문(弔問)을 받으며, 특별한 사유가 없으면 삼일장을 하는 것이 일반적이다. 조문은 조상(弔喪)과 문상(問喪)의 합성어로서, 조상은 영정 앞에 인사하는 것을 의미하고, 문상은 상주에게 위로의 인사를 하는 것을 뜻한다. 부고를 받으면 직접 조문을 가거나, 불가피한 사정으로 조문을 하지 못할 경우에는 조의 편지나 조전 또는 조의금을 보내 유족을 위로하도록 한다. 가까운 친척이나 친지가 상(喪)을 당했을 때에는 필요할 경우 즉각 상주 측을 도와 장례 준비를 함께 하는 것이 좋다. 그렇지 않은 경우에는 유족들이 빈소 준비와 상복을 입은 후 조문을 가는 것이 좋다.

- 조문 복장은 남녀 모두 검정색 복장을 입는 것이 원칙이다. 그러나 갑자기 통보를 받거나 검정색 복장이 준비되지 않은 경우에는 흰색이나 화려한 색깔이 아닌 단정한 평상복도 가능하다.
  - 남성의 셔츠는 흰색으로 하고, 넥타이, 양말, 구두는 검은색이 기본이다. 검정색 타이가 없는 경우에는 넥타이를 하지 않아도 무방하다.
  - 여성은 검정색 핸드백과 구두에 무늬가 없는 검정색 스타킹이 좋으며, 맨발이 보이지 않도록 한다. 또 화려한 디자인의 가방, 액세서리나 짙은 화장도 피해야 한다.
- 조의금 봉투 앞면에는 부의(賻儀), 근조(謹弔), 조의(弔儀), 전의(奠儀) 등이라고 쓰고, 뒷면의 좌측 하단에 세로로 자기 이름을 쓴다. 봉투 안에 단자(單子)를 쓸 때에는 '금 ○○ 원'이라고 적는다('일금 ○○ 원'이라고 적지 않는다). 그리고 부조하는 사람의 이름을 적고, 이름 아래 '근정(謹呈)' 또는 '근상(謹上)'이라고 쓰기도 한다.

조문 절차

(1) 장례식장(빈소)에 도착하면 조객록(弔客錄)에 서명하고 외투나 모자 등을 벗는다. 보통 서명 직후 호상소나 부의함에 조의금을 내며 상주에게 직접 건네는 것은 실례이다.

(2) 상주에게 가볍게 목례를 하고, 분향 혹은 헌화를 한다. 단체로 왔을 경우에는 대표로 한 명만 분향 또는 헌화를 한다. 분향이나 헌화는 상주 측의 가풍이나 종교에 따른다.

- 분향을 할 때에는 막대형의 선향(線香)일 경우 한 개를 집어 불을 붙인 다음 왼손으로 가볍게 흔들어 끈다. 입으로 불어 끄면 안 된다. 향은 무릎을 꿇고 두 손으로 공손히 향로에 꽂는데 하나로 충분하나, 여러 개(세 개, 다섯 개 등)일 경우에는 반드시 하나씩 꽂아야 한다.
- 헌화를 할 때에는 오른손으로 꽃을 들고 왼손으로 꽃을 받친 후에 꽃 봉우리

가 영정 쪽으로 향하도록 한다. 꽃은 주로 국화를 사용한다.

(3) 영정 앞에 서서 묵념 또는 무릎을 꿇고 두 번 큰 절을 한다. 절을 할 때는 남녀 모두 공수(拱手)의 자세를 취한다. 두 번 큰절 후 가볍게 반 절을 한다.

공수란 공손한 자세로 두 손을 앞으로 모아 맞잡는 자세를 취하는 것을 말하며, 어른을 모시거나 의식행사에 참석할 때의 기본동작이다. 조문 시에 남성은 오른손을 왼손 위로 잡고, 여성은 왼손을 오른손 위로 맞잡고 절을 한다. 평상시에는 손의 위치가 각각 반대이다. 남성은 공수한 손을 눈높이로 올리고, 왼발을 조금 뒤로 빼면서 공수한 손으로 바닥을 집고 무릎을 꿇는다. 이때 왼쪽 무릎을 먼저 꿇고 오른쪽 무릎을 꿇는다. 그리고 몸을 앞으로 깊이 숙여 절한다. 여성은 공수한 손을 눈높이에 둔 채 무릎을 꿇고 앉는다. 그리고 몸을 앞으로 깊이 숙여 절을 한다. 남녀 모두 이마를 바닥에까지 대지는 않는다.

(4) 영정 앞에서 물러나 상주와 맞절을 하거나 정중히 고개를 숙여 예를 표한다. 이 때 상주에게 먼저 악수를 청하지 않는다. 상주에게 위로의 말을 건넬 때는 짧게 한다. 어린 상주에게도 예를 갖추어야 한다.

(5) 문상을 끝내고 나올 때에는 두 세 걸음 뒤로 물러난 뒤 몸을 돌려 나오도록 한다.

- 종교나 집안 풍습이 다르더라도 상가의 가풍에 따라주는 것이 예의이며, 장례절차나 방법 등에 대하여 간섭을 하지 않는다.
- 유족에게 계속 말을 시키는 등 장의진행에 불편을 주거나 유족에게 정신적 피로를 주지 않는다. 고인의 사망 원인, 경위 등을 유족에게 상세하게 묻지 않는다. 상주에게 "호상입니다"라는 말도 하지 않는다.
- 상주에게 전화로 조의를 표하거나 위로의 말을 전하는 것은 삼간다. 장의를 진행하는데 방해를 줄 뿐이다.
- 상가(빈소)에서 친지들과 큰 소리로 떠들거나 과음을 해서는 안 된다. 음주 시에는 잔을 부딪치는 등 건배를 하지 않는다.

– 상가에서 밤샘하거나 너무 늦게까지 머무를 필요는 없다. 과거에는 음주하고 화투를 치면서 유족과 함께 밤을 새우는 풍습이 있었으나, 요즘은 그렇지 않으므로 유족들에게 시간을 주기 위해 적절한 시간에 조문을 마치는 것이 좋다.

미국 등 서양에서는 국가나 사회적 차원에서가 아니면 주로 가족과 가까운 친지만으로 가족장을 치른다. 또 빈소에 조문하는 것 보다는 장례식에 참석하여 영결하는 것이 관례이다. 물론 밤샘(vigil)으로 영정 앞에 기도하는 경우도 있다. 종교 절차에 따라 장례식을 진행하며, 종교세를 납부하는 독일에서는 반드시 교회가 주관한다. 기독교 장례식은 관이 교회 안으로 옮겨진 후 시작되고, 예배가 끝난 후 교회 옆 또는 마을의 공동묘지로 장례행렬을 진행한다. 장지에서는 미리 하관된 상태에서 기도와 예식 후 남자 유족은 삽으로 흙을, 여자 유족은 꽃을 관 위로 던진다. 또 나라에 따라, 신분에 따라 시신 방부 처리와 화장을 해서 조문객들에게 시신을 보여주는(viewing) 장례문화가 있다. 이 때 조문객들은 관 주위로 한 바퀴 돌며 고인에게 마지막 인사와 명복을 기린다.

다. 생일(돌, 회갑, 고희)

생일은 동 서양 모든 곳에서 중요하게 생각하고 축하를 한다. 우리나라에서는 과거에 생일에 시루떡을 하여 축하하고 무병장수를 빌었으나 요즘에는 서양처럼 가족이나 가까운 친구들이 케이크와 선물로 축하를 한다. 우리나라에서는 생일 중에도 첫돌, 회갑, 고희, 미수, 백수 등을 특히 크게 여기고 축하연을 베풀었다.

첫돌
아기가 태어난 지 만 일 년이 되면 첫돌이라 하여 아기에게 새 옷을 입히고 돌상을 차린다. 우리나라 나이로는 두 살이 되는 셈이다. 과거에는 유아 사망률이 높아 돌을 못 넘기고 죽는 아기가 많았기 때문에, 첫 생일을 무사히 넘긴 것을 기념하고 아기의 장수를 기원하기 위해 잔치를 열게 되었다. 남자 아기에게는 색동저고리에 풍차바지를 입히고 복건을 씌우며, 여자아기에게는 색동저고리에 다홍치마를 입히고 조바위를 씌운다. 돌상은 둥근 원반이나 12각반에 음식과 각종 물건을 차린다. 돌잔치에는 돌잡이 풍속이 있다. 여러 어른들 앞에서 아기 앞에 직업을 상징하는 물건들을 늘어놓고 아기가 집게 하여 미래를 점쳐보는 풍속이다.

아이들 생일에는 보통 열 살까지 흰무리 떡과 수수 팥단지를 만들어 축하했다. 생일에는 흰밥에 미역국 그리고 김구이, 고기구이, 나물, 김치 등을 차려 식구가 한데 모여서 먹었다. 요즘에는 집 또는 유치원이나 학교에서 아이들끼리 모이게 하여 "Happy Birthday to You!"를 부르며 축하하는 모양으로 변하고 있다.

회갑(回甲)

육십갑자의 갑(甲)이 돌아왔다는 뜻으로 우리 나이의 61세(만 60세)를 이르는 말이다. 환갑(環甲), 화갑(花甲), 주갑(周甲)으로도 부른다. 회갑 날 아침 자녀들이 회갑을 맞는 갑주(甲主) 부부의 만수무강을 축원하는 헌수를 하고 회갑 잔치를 베푼다. 이 때 갑주 부부가 수연석에 앉으면 먼저 장남 부부가 술잔을 올리며 부보님의 만수무강을 기원하고, 배례, 폐백, 축원 순서로 헌수례(獻壽禮)를 행한다.

최근에는 평균수명이 길어지고 사회적으로 활동하는 기간도 늘어남에 따라 회갑이 점점 의의를 상실하고 있다. 가정에서 격식에 맞춘 회갑연을 따로 하지 않고, 호텔이나 식당에서 가족들을 중심으로 음식을 함께 먹는 것으로 의미를 찾는 방식으로 변하고 있다. 또 이때 회갑 맞는 부모를 기념여행 보내드리기도 한다.

진갑(進甲)이란 회갑의 다음 해인 62세(만 61세)의 생일을 이른다. 즉, 회갑에서 1년을 더 나아간다는 뜻이다. 과거에는 진갑잔치도 열었으나 지금의 고령화 시대에 전혀 의미가 없으며 그러한 잔치도 따로 베풀지 않는다. 우리 나이 60세는 육순(六旬)이라 하고, 귀가 순해져 모든 일을 객관적으로 듣고 이해할 수 있는 이순(耳順)이라고도 한다.

고희(古稀)

우리 나이의 70세(만 69세)에 이른 것을 축하하는 의례다. 희수(稀壽)라고도 한다. 중국 당나라 시인 두보의 곡강시(曲江詩)에 나오는 "인생칠십고래희(人生七十古來稀)에서 유래된 말이다. 사람 수명이 짧아 예로부터 70살을 보는 일이 드물다는 뜻이다. 최근에는 평균 수명이 늘고 백세시대라 하여 장수를 축하하는 의미보다는 그 간의 노고를 치하 드리기 위한 감사의 의미로서 고희연을 연다.

고희는 칠순(七旬)이라 하고, 마음대로 행동하여도 구규(拘規)에 어긋나지 않는 나이라고 종심(從心)이라고도 한다. 우리 나이 71세는 망팔(望八)이라고 부른다. 우리 나이 77세는 희수(喜壽), 88세는 미수(米壽), 99세는 백수(白壽), 100세는 상수(上壽)라고 일컬으며, 그 때 그 때 수연(壽宴)을 갖기도 한다.

라. 병문안

문병(問病)은 다쳤거나 병을 앓아 병상에 있는 사람을 찾아가 위로하고 쾌유를 빌어주는 것을 말한다. 병석에 있는 환자로서는 위로와 격려를 받을 수 있는 시간이다. 그러나 우리나라의 문병문화가 병원 수칙이나 위생에 어긋나는 점이 많아 환자는 물론 병원 의료진과 내방객 자신에게도 피해를 주는 사례가 많다. 2015년 메르스(중동호흡기증후군) 사태 때 세계보건기구(WHO)가 "가족과 지인이 문병하거나 간병인을 두는 특유의 한국식 병원문화로 2차 감염이 더 확산됐을 것"이라고 밝힌 것처럼 우리의 문병문화를 개선할 여지가 많다. 코로나19의 병원 내 발병과 확산도 여전한 우리의 문병문화와 관계가 있다. 우리나라의 간병인 제도는 현재로서는 편리한 점도 있으나, 향후 의료 시스템을 대폭 개선하여 선진국처럼 간호사가 환자를 전적으로 책임지는 시대를 빨리 앞당겨야 한다.

- 병문안은 병원에서 지정한 면회시간에 가능한 짧게 끝내도록 한다. 환자의 식사시간 및 의사의 회진 시간을 피한다. 문병 시에는 사전에 환자 측에 연락해두는 것이 좋다.
- 병원수칙을 지키고, 문병 전후 손을 소독하고 마스크를 착용한다.
- 어린이를 동반하지 않는다.
- 다인실의 옆 병상의 환자들에게 피해를 주지 않도록 한다. 너무 많은 사람이 한꺼번에 몰려가지 않도록 하고, 대화는 조용히 나눈다.
- 환자를 위로하고, 부정적인 말이나 너무 걱정스러운 태도를 보이지 않는다. 환자가 의식이 있건 없건 간에 환자 앞에서 가족이나 간병인과 부정적인 상황을 논의할 필요는 없다.
- 문병할 때 꽃이나 화분을 가져가지 않는다. 꽃가루 등이 환자에게 해로울 수 있기 때문이다.

〈표 7-3〉 경조사 문구

경조사	문구		비고
축하	개업 등	축(祝)발전(發展)	
	각종 시험에 합격	축 합격(合格)	
	각종 선거에 당선	축 당선(當選)	
생일	2세	축 첫돌	만 1세
	61세	축 환갑(還甲)	만 60세
	62세	축 진갑(進甲)	만 61세

	70세	축 고희(古稀)	만 69세
	77세	축 희수(喜壽)	
	88세	축 미수(米壽)	
	99세	축 백수(白壽)	
	100세	축 상수(上壽)	
혼인	축 혼인(婚姻) · 화혼(華婚) · 결혼(結婚) · 성전(盛典)		화혼: 여성에게
위로	위(慰) 수재(水災), 위 도재, 기(祈) 재기(再起)		
작별 및 퇴직	전별(餞別), 석별(惜別), 정의(情義)		
문병	기(祈) 쾌유(快癒), 기 회춘(回春)		
조문	부의(賻儀), 근조(謹弔), 조의(弔意), 전의(奠儀)		
연말연시	송구영신(送舊迎新), 세의(歲儀)		

6. 해외여행

여행이란 일반적으로 "일이나 유람 또는 휴식의 목적으로 일상생활에서 벗어나 다른 고장이나 나라에 가는 일"이라고 정의한다. 여행은 사람들에 따라 목적, 방법, 기간 등이 다르기 때문에 이에 해당되는 용어도 다양하다. 관광(sightseeing, tour)은 여행의 일부로서 "다른 지방이나 나라에 가서 그 곳의 풍경을 구경하고, 문물, 제도, 풍습 등을 관찰하고 오는 것"이다. 학자들은 관광에 대한 어원으로서 주(周)나라(B.C 12~13세기)의 역경(易經)에 나오는 "관국지광 이용빈우왕(觀國之光 利用賓于王)"이라는 구절에 그 기원을 두고 있다. 즉, 다른 나라의 문물을 살펴보러 오는 손님을 한 나라의 임금을 모시는 것과 같이 환대했다는 의미이다.[1]

서양에서도 관광은 귀족이나 성주 및 기사, 승려, 부호 등의 특권층에 의해 성지순례 등 종교적 목적, 예술, 체육 분야 등에서 이루어졌다. 르네상스 이후 유럽에는 인격과 교양 함양을 위하여 이탈리아 등지로 문화 탐방을 다녀오는 것을 필수로 여겼다. 18~19세기에 괴테, 바이런, 보들레르, 바그너 등 저명한 문호, 사상가, 음악가 등이 잇달아 로마로 여행하였고, 괴테는 2년간 이탈리아를 방문한 후 쓴 〈이탈리아 기행(Italianische Reise)〉에서 "자신의 여행의 중요한 목적은 육체적. 도덕적 폐해를 치유하고, 참된 예술에 대한 뜨거운 갈증을 진정시키는 것"이라고 하였다.

괴테의 삶과 문학에 지대한 영향을 끼친 그의 이탈리아 체류는 과거의 단순한 관광이 아니라 보다 넓은 의미의 여행(travel)이었다. 관광이 일상을 벗어나 다른 곳에 가서 구경 및 관찰하고 다시 거주지로 돌아오는 것이라면 여행은 비교적 장거리에 나가 목적을 가지고 새로운 경험을 하고 견문을 넓히는 것이라 할 수 있다. 'Travel(여행)'은 고난, 고생, 위험을 뜻하는 라틴어 'Travail'에서 파생되어 "고통과 위험에 가득 찬 여행에서 무사히 돌아오다"라는 의미를 지니고 있다고 말하는 학자도 있다. 우리나라의 경우 조선시대 박지원의 〈열하일기(熱河日記)〉(1780년)나 유길준의 〈관광약기(觀光略記)〉(1910년)도 단순한 관광이 아니라 외국의 문물과 제도를 살피고 온 여행기라고 보아야 한다.

"여행하지 않은 사람에겐 이 세상은 한 페이지만 읽은 책과 같다"(아우구스티누스). "진정한 여행이란 새로운 풍경을 보는 것이 아니라 새로운 눈을 가지는 것에 있다."는 말처럼 여행이란 우리의 눈과 마음을 넓히고, 교양의 수준을 확장한다. 외국 여행의 경우에는 그 나라의 역사와 문화에 대한 이해의 폭을 넓히고, 인적 문화적 교류에도 기여한다. 현대에 교통과 통신의 발달로 세계적으로 해외여행이 급증하고 있으며, 우리나라 국민들도 국내법상 해외여행이 자유화되고 경제적 수준이 높아짐에 따라 해외여행이 급증하였다. 실제로 코로나19 발생 직전인 2019년에는 2,871만 명이 해외여행을 다녀와 세계에서 여섯 번째로 많은 해외여행 규모를 보이고 있다.[2] 그 이후 코로나 사태로 전 세계의 여행이 제한되었지만 코로나의 극복과 함께 해외여행은 폭발적으로 증가하게 될 것이다.

2004년 6월 이라크에서 근무 중이던 회사원 김원일 씨가 납치되어 피살된 사건이 발생하여 국내가 온통 들끓고 정부가 국민의 생명을 보호하지 못했다는 질타가 하늘을 치솟는 가운데 국회조사단이 이라크를 방문하고 귀국 길에 항공기 환승을 위하여 로마를 경유하게 되었다. 조사단은 3개 정당의 의원 5명으로 구성되었고, 오전 10시에 도착하여 밤 10시에 대한항공편 출발 일정이었다. 나는 대사로서 이들을 시내 한 복판에 있는 이탈리아 식당으로 정중하게 모셨다. 오찬 후 광장을 가로질러 걸어서 주차된 차량 쪽으로 이동하는데, 그 차량 옆에 바로 서기 27년에 아우구스투스 황제의 휘하 아그리파 장군에 의하여 세워진 판테온(범신전)이 그 위용을 자랑하고 서있었다. 당초의 신전은 서기 80년에 전소되어 아드리아노 황제에 의해 118년에 재건축되었다. 2천 년 가까이 그 모습을 그대로 지니고, 고대 로마 건축술의 뛰어남을 보여주고 있다. 조사단 가운데 세 의원은 과거에 로마를 방문하여 판테온을 구경하였고, 운동권 출신 의원과 다른 한 의원은 로마가 처음이었다. 시간도 충분하고 몇 발자국만 움직이면 판테온 내부로 무료로 들어갈 수 있었으므로 나는 자연스레 두 의원에게 들어가 구경할 것을 권유하였다. 그런데 뜻밖에도 두 의원은 구경하지 않겠다며 차에 오르려 하였다. 국민들의 관심 속에 이라크에 가서 조사하고 오는 길인데 의원들이 로마에서 관광이나 하였다는 비난을 받고 싶지 않다는 것이었다. 나는 그 분들의 우려를 충분히 이해할 수 있었으나 그런 현실 때문에 귀중한 문화탐방의 기회를 놓치게 할 수는 없었다. 나는 대사로서 내가 책임지겠다고 호언을 하고 다른 세 의원에게도 두 의원들을 위하여 동행해줄 것을 요청하여 모두 판테온 내부로 들어갔다. 나는 이 신전이 로마의 수많은 신들을 모신 곳이었는데 기독교가 국교로 인정된 이후 벽에 새겨놓은 모든 신들이 제거되었고, 신전의 천장 지름이 43미터로 세계에서 가장 큰 돔으로 이루어졌으며, 미켈란젤로가 이 돔을 따라 성 베드로 성당의 돔을 설계했다고 설명하였다. 신전 내부에 있는 라파엘의 무덤, 이탈리아 통일의 아버지 빅토리오 에마누엘 2세 왕과 그 아들의 무덤 등을 소개하였다. 아울러 나는 건축에 있어 돔의 의미와 중요성을 귀동냥한대로 설명하고 건축이라는 영어 'architecture'가 'arch(아치)' 양식과 'technique(기술)'의 복합어로서 그만큼 아치의 중요성이 크다는 이야기도 하였다. 한 5분가량 판테온 내부를 둘러보고 우리는 대사관으로 갔다. 조사단이 인천 공항에서 발표할 도착 발표문을 작성하기 위해서였다. 나는 오찬 때 나눈 대화로 미루어 볼 때 이라크 조사 내용에 관하여 조사단원 간에 의견이 상이하지 않을 것으로 생각하고 작성 시간이 오래 걸리지 않을 것으로 판단하였다. 나는 의원들에게 발표문 작성하는 대로 공항 나가는 길에 반드시 바티칸박물관(Musei Vaticani)을 방문할 것을 권유하였고 또 VIP 관람을 위한 조치도 취하도록 지시하였다. 나는 중차대한 임무를 띠고 여행하는 국회조사단이라 할지라도 남은 시간을 활용하여 유럽의 역사를 느낄 수 있고 유럽의 뛰어난 회화, 건축, 조각을 감상함으로써 서구 문화와 문명에 대한 이해를 조금이라도 높일 수 있는 기회를 갖게 되기를 바랐다. 물론 의원들은 지적 수준과 경륜이 높은 분들이지만 기회가 있는 대로 여러 분야에 대한 이해와 사고의 폭을 넓히면 금상첨화가 아니겠는가! 그날 조사단은 회의실에서 짧은 발표문 작성에 오후 내내 시간을 소비하고 박물관이 닫힌 후 베드로 성당 앞을 지나게 되어 수행한 직원이 "저곳이 성 베드로성당이고 그 옆으로 박물관이 있습니다."라고 소개하는 것으로 끝을 맺었다.

요즘도 가끔 공직자나 지방자치단체 및 공공기관의 임원들이 국민의 혈세로 관광여행을 하였다는 등의 기사를 볼 수 있다. 공직자든 회사 직원이든 간에 소기의 여행 목적에 충실치 않고 구경이나 하고 다닌다면 당연히 질책을 당하고 책임을 져야 하겠다. 그러나 나는 그들이 소기의 목적을 달성하고 남은 시간을 남의 눈초리가 무서워 호텔방에서 TV나 보거나 식당에서 술이나 마시고 지낸다면 이것이야말로 국가예산을 낭비하고 회사 자금을 축내는 일이라고 생각한다. 여가를 잘 활용하여 명승지 관광을 하거나 유적지 및 박물관이나 미술관 방문 등 역사, 문화 탐방에 적극적으로 나서야 한다. 이러한 일은 역사와 문화에 대한 이해의 폭을 넓히고 교양의 수준을 확장해줄 뿐만 아니라 방문국과의 인적, 문화적 교류에 기여하는 결과를 갖게 될 것이다.[3]

해외여행의 증가로 많은 사람들이 새로운 장소에서 새로운 문물을 경험하게 된다. 이 과정에서 문화와 풍습이 다른 사람들끼리 접촉하고 교류하는데 서로 불편하거나 충돌하지 않도록 유의해야 한다. 무엇보다 방문국의 문화와 풍습을 어느 정도 이해하고, 또 그 곳의 예절이나 에티켓을 알고 떠나는 것이 좋다. 해외여행을 계획 및 준비하고 실행하는 일련의 과정에서 우리가 유념해야 할 원칙들은 다음과 같다.

첫째, 여행의 수단과 방법을 숙지한다. 공항에서의 출입국, 비행기 탑승 및 기내 이용, 호텔 등 숙소 활용 방법 등을 사전에 알아둔다.

둘째, 방문국의 생활 풍속을 이해하고, 관광, 음식, 쇼핑 등에서의 예절과 에티켓을 존중한다. '추악한 한국인(Ugly Korean)'이 되어서는 안 된다.

셋째, 신변 안전에 유의하고, 위험한 장소에 가거나 현지인들과 분쟁하지 않으며, 범죄에 연관되지 않도록 조심한다.

넷째, 여권. 항공권의 분실, 교통 및 질병 사고 등 비상사태와 사고에 대처할 수 있도록 연락처 등 관련사항을 준비해둔다.

다섯째, 방문국의 선진 문물을 가능한 습득하고, 개인적 힐링을 얻도록 하며, 공적, 사적 인적 교류를 확대 유지한다.

가. 여권과 비자

여권(旅券, Passport)은 외국을 여행하는 사람의 신분이나 국적을 증명하고 상대국에 그 보호를 의뢰하는 문서나 증서를 말한다. 외국으로 여행하기 위하여 항공기나 선박 등에 탑승하고 다른 나라에 입국할 때 제시하는 증서이다. 우리나라 여권의 첫 페이지에는 "대한민국 국민인 이 여권소지인이 아무 지장 없이 통행할 수 있도록 하여 주시고 필요한 모든 편의 및 보호를 베풀어 주실 것을 관계자 여러분께 요청합니다."라는 외교부장관의 요청이 씌어져 있다. 우리 여권의 종류는 일반여권, 외교관여권, 관용여권이 있으며, 일반적으로 횟수에 제한이 없는 복수여권과 제한적으로 발급되는 1회용 단수여권이 있다. 또 우리나라는 모든 여권을 2008년부터 전자여권 형태로 발급하고 있다.

1970년대 말까지만 해도 우리 국민들의 해외여행은 아주 제한되어 있었다. 해외여행 숫자가 전 국민의 3% 정도였으며, 이 수치는 동남아의 태국, 필리핀, 말레이시아보다 더 낮은 수준이었다. 그 이유는 외화 유출을 막는다는 것과 우리 국민을 외국에서 북한으로부터 보호한다는 것 등이었다. 이에 따라 정부는 여권발급을 제한하였고 심사도 엄격히 하였다. 지금과는 아주 다른 상황이었다. 우리나라의 해외여행자유화는 1981년 여권법령의 대폭 개정으로 시작되었다. 그간 특별한 경우를 제외하고는 1회만 사용되었던 단수여권을 병역 등 특별히 제한된 경우를 제외하고는 지금처럼 한 번 발급받으면 일정 기간(당시 5

년) 무제한으로 사용하는 복수여권을 국민 모두에게 발급할 수 있게 되었다. 또 여권의 목적지를 규정하였던 것을 폐지하고 당시 공산국가를 제외하고는 어디든지 갈 수 있도록 하였다. 그 때까지 외무부 여권과에서만 발급하던 여권을 지방으로 이전하기 시작하였다. 1983년에 처음으로 제한된 연령의 국민에게 관광여권을 발급하기 시작하였고, 1989년에는 모든 연령의 국민에게 관광여권을 발급하게 되었다. 또한 여권발급의 완전 지방 이관으로 전국의 도, 시, 구, 구청 등 어디서든지 쉽게 여권을 발급받을 수 있게 되어 현재에 이르렀다. 오늘날 통상 여권의 영향력은 그 여권 소지자가 비자 없이 방문할 수 있는 국가 숫자에 의하여 측정하며 이를 여권 지수(passport index)라 하는데, 우리나라는 지난 수 년 간 싱가포르 및 일본과 함께 세계 1, 2위를 다투고 있다.

여권과 기능이 비슷하나 모양이 다르고 제한적인 여행증명서(TC/Travel Certificate)가 있다. 우리의 경우 해외에서 여권을 분실한 대한민국 국민이나, 우리나라에서 영구 출국하는 무국적자, 사증 종류에 관계없이 우리나라에 최초 또는 일시 입국하려는 외국인에게 발급한다. 유효기간은 1년 미만이며 발급 목적이 달성되면 자동으로 효력이 상실된다.

– 여권은 반드시 본인(또는 법정대리인)이 소지해야 한다. 타인에게 양도·대여하거나 담보로 제공하는 경우에는 처벌을 받는다.
– 대부분의 나라들은 여권의 유효기간이 최소한 6개월 이상 남아있기를 요구한다. 그렇지 않을 경우에는 비자를 허가받지 못하거나 입국이 거부당할 수 있다.
– 분실에 대비하여 여권용 사진과 함께 여권 사본을 따로 보관 지참하고, 여권 번호 및 유효기간, 발행일자 및 장소 등을 수첩이나 스마트폰에도 기록해둔다.
– 여권을 자주 분실하면 범죄 악용 방지를 위하여 여권의 유효기간이 제한되어 발급될 수 있다.

비자(入國査證, VISA)는 방문하고자 하는 나라로부터 입국 허가를 받은 공문서로서, 복수와 단수로 나뉘며 입국할 수 있는 유효기간이 주어진다. 비자란 외국인의 입국 허가 신청에 대한 영사의 입국 추천 행위이므로, 유효한 사증을 갖고 입국하더라도 입국 심사 과정에서 상황에 따라 실제 입국(entry permit)이 거부될 수도 있다. 입국 심사에서는 통상 언제까지 체류할 수 있는지의 기간이 명시된다. 사증 제도의 불편을 없애기 위해 사증면제제도를 국제적으로 실시하고 있는데, 이는 국가 간 협정이나 일방 또는 상호 조치에 의해 사증 없이 일정 기간 상대국에 입국할 수 있도록 하는 제도를 말한다. 2021년 말 현재 우리 국민은 사증면제협정에 의거하여 약 191개국에 60일, 90일 등의 체류기간 목적으로 사증 없이 입국할 수 있다. 소위 우리나라 여권의 영향력 지수는 세계 최상급이다.

- 입국 심사 과정에서 협정에 따라 실제 체류허가 기간을 명기하고, 명기하지 않더라도 협정상의 기간을 초과하면 방문국의 법규를 위반하므로 추후 입국이 불허되는 등 불이익을 받을 수 있다.
- 세계 대부분의 국가에서 관광 목적 또는 제3국으로 출발하는 목적지가 표기된 항공권을 소지하고 있으면 72시간 이내 체류할 수 있도록 공항에서 입국허가를 발급해주고 있다.
- 비자면제 프로그램인 ESTA를 통해 미국을 방문하고자 할 경우에는 반드시 유효한 전자여권을 소지해야 하고, 신청 당시 방문비자를 가지고 있지 않아야 한다. ESTA 신청은 미국 국토안보부의 공식 웹사이트 http://esta.cbp.dhs.gov로 하고, 23개 국어 중 한국어를 선택할 수 있다. 그러나 기재 내용은 영문으로 표기한다.
- ESTA 입국은 관광 및 상용 등 단기 출장으로 90일을 초과하지 않아야 하며, 다른 목적 또는 90일 이상의 체류 목적일 경우에는 출발국 소재 미국 재외공관에서 과거와 같이 비자를 받아야 한다.

나. 출입국

해외여행은 공항으로부터 시작한다. 여권, 비자, 항공권을 확인하고 가방 등 수하물을 소지하고 늦어도 2시간 전에 공항에 도착한다. 외국의 크고 복잡한 공항의 경우에는 3시간 전에 도착하여 수속을 밟도록 한다. 공항 출발 전에 자신이 탑승할 항공기의 터미널을 분명히 확인하고 올바른 장소에서 하차할 수 있도록 유의한다. 잘못된 터미널에 도착할 경우 외국의 큰 공항에서 다시 제 터미널을 시간에 맞춰 찾아 가는 일은 쉽지 않다. 공항에 도착하면 국제선의 운항정보 모니터에서 탑승할 항공사와 탑승 수속 카운터를 확인한 후 해당 탑승 수속 카운터로 이동하여 탑승 수속을 받도록 한다. 우리나라를 포함하여 스마트폰으로 항공기 번호를 입력하면 터미널과 게이트 번호를 알려주는 곳도 있다.

(1) 출국 절차

〈그림 7-2〉 출국 절차

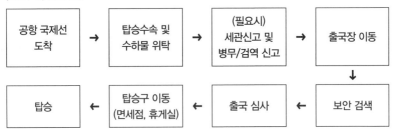

- 수하물 위탁 후 엑스레이 검색기의 통과 여부를 확인하기 위해 5분 정도 기다렸다가 자리를 뜨는 것이 안전하다. 미국 등 국내선의 네트워크가 방대한 경우에는 탑승자 본인이 반드시 컴퓨터를 통해 체크인 수속을 하여 탑승권을 뽑은 후 카운터에서 확인 및 수하물 위탁을 하는 경우도 있다.
- 수하물에는 '탁송수하물'과 '휴대수하물'이 있으며, 탁송수하물은 카운터에서 체크인할 때 위탁한다. 위탁하는 수하물은 항공사, 항공권 등급, 지역에 따라 개수, 무게, 사이즈의 규격이 정해져 있다. 미국 국내선의 경우에는 탁송수하물에도 운송료를 지불해야 한다. 휴대수하물의 규격은 가방 세 변의 총 길이가 115cm(45인치) 이내이어야 하며, 가로 40cm, 세로 55cm, 넓이 20cm를 초

과해서는 안 된다.

- 세관 및 병무 신고와 검역 등에 해당하는 여행객들은 보안검색 전에 미리 조치를 해야 한다. 여행 중에 사용하거나 지참하고 다시 반입할 물품 중 고가의 물품은 출국 시 공항 세관에 신고해야만 입국 할 때 면세를 받을 수 있다.
- 여행자 검역은 특별한 사정이 없는 한 생략하는 것이 국제관례이며 예방접종 증명서도 요구하지 않는다. 다만 아프리카 및 중남미의 황열병 감염 위험지역으로 입국하고자 하는 사람은 입국 10일 전에 예방접종을 받고 국제공인 예방접종 증명서를 휴대해야 한다.
- 애완동물을 동반하여 출국할 때 도착지 국가에 따라 반입금지를 하거나 검역 증명서를 요구하는 경우가 많으므로 사전에 확인하여야 한다. 또 검역은 도착지 또는 중간지정 장소에서 실시하고, 30일 등 상당기간을 검역소에서 관찰한 후 통과시키는 경우도 있다.
- 다음 물품은 기내 반입이나 위탁수하물로 운송이 금지되어 있다.
  • 페인트, 라이터용 연료와 같은 발화성 및 인화성 물질
  • 산소 캔, 부탄가스 캔 등 고압가스 용기
  • 총기, 폭죽 등 무기 및 폭발물류
  • 리튬배터리 장착 전동 휠
  • 기타 탑승객 및 항공기에 위험을 줄 가능성이 있는 품목
- 국제선 기내에 반입하는 액체류와 젤류는 용기당 100ml 이하(용기 사이즈 기준)를 투명한 비닐 지퍼백에 넣어 1인당 지퍼백 1개만 가능하며, 위탁수하물의 경우 개별 용기 500ml 이하로 1인당 2kg(2리터)까지 허용된다.

(2) 입국 절차

〈그림 7-3〉 입국 절차

- 입국심사에서는 입국사증(Visa)과 별도로 입국심사관이 최종적으로 실제 체류허가와 체류기간을 부여한다. 지문 대조를 필요로 하는 경우에는 심사관에 가기 직전에 설치된 자동지문대에서 그림에 예시된 대로 손가락을 대고 지문을 날인한다. 유럽의 경우 우리 여권에 입국인을 날인하는 수준이나, 미국의 경우에는 전자여행허가체제(ESTA)에 따라 허가를 얻었을지라도 입국심사를 철저히 하는 편이다. 이 때 방문 목적과 체류기간, 현금소지액 등을 묻는데 사실대로 짧고 분명하게 대답한다. 유창하거나 완전한 문장을 구사할 필요는 없다. 현금 액수는 너무 많거나 적지 않게 말하는데, 혹시 액수가 적다고 의심하면 신용카드를 보여주면 된다.
- 노약자, 아동, 지적장애자 등이 가족과 함께 또는 개별적으로 여행할 때 입국심사관과 의사소통이 어려울 경우에는 미리 A4 용지에 자신의 이름, 나이, 방문 목적, 체류기간, 숙박 장소 그리고 의사소통이 어려운 사유 등을 간단하게 영문으로 몇 줄 적어 심사관에 제시하면 별 문제없이 통과할 수 있다.
- 초과된 무게나 크기의 짐(oversized luggage)을 위탁했을 경우에는 통상 수하물 벨트에 올려놓지 않기 때문에 항공사 직원을 찾는다. 수하물이 도착하지 않은 경우에는 분실카운터(Lost & Found)에서 분실신고서를 작성하며, 다른 항공편으로 뒤늦게 도착하면 자신의 숙소로 배달된다.
- 입국지 세관규정에 따른 신고물품이 있는 경우, 또는 '세관검사 안내표지(Red, Yellow Seal)'가 부착된 수하물의 경우에는 세관검사통로로 가서 세관원의 안내에 따라 통관검사를 받아야 한다. 그렇지 않은 경우 즉, 신고물품이 없는 경우에는 면세통로를 통과하면 된다. 다만, 이 경우에도 세관원이 수하물 또는 휴대품의 내용을 검사하고자할 경우에는 이에 따라야 한다.

(3) 공항에서의 유의사항

- 체크인할 때 전자기기나 장난감에 부착된 배터리를 제거하여 보조 배터리와 함께 기내로 직접 휴대하여야 한다. 위탁수하물에 파손되기 쉬운 물품이 있을 경우에는 'fragile'표를 짐에 붙여줄 것을 체크인할 때 직원에게 요청한다.
- 체크인 후 출국수속을 하기 전에 해외로밍, 보험, 환전(시중에서 사전에 환전을

못했을 경우) 등의 조치를 한다.

- 교통약자는 출국우대서비스(Fast track)를 받을 수 있다. 별도의 통로 '패스트 트랙'에서 보안점검과 출국심사를 빠르게 받는 것으로서 우리나라의 경우 대상자는 장애인, 유소아 동반, 70세 이상 고령자, 임신부이며, 일등 및 비즈니스 승객에게도 허용된다.

- 여행 목적지까지 가는 과정에서 항공기를 갈아 타야하는 환승의 경우에는 통상 최종목적지까지 위탁수하물을 자동 환적되도록 체크인(check in-through)한다. 그러나 환승지에서 환적이 미처 이루어지지 않아 짐의 도착이 지연되는 경우가 있고, 후진국이나 교통이 불편한 곳에서 환승할 경우에는 매 환승지까지를 수하물 목적지로 하고 그곳에서 직접 짐을 찾아 다시 부치는 것이 안전할 수 있다. 다만 환승 소요시간이 충분히 있는지 등을 사전에 확인해야 한다.

- 휴대품 가운데 화장품 등의 액체 수용량을 사전 점검하고, 음료도 일절 불가하니 소지한 텀블러나 생수병을 보안점검 이전에 완전히 비워야 한다.

- 공항에서 모르는 사람으로부터 도착지의 어느 특정인에게 물건을 전달해달라는 부탁을 받아들이면 안 된다. 범죄에 연루될 수 있다. 지인의 경우에는 물건의 내용물을 확인한 후 결정한다.

- 공항에서는 가방 등 모든 수하물을 자신으로부터 1m 이상 떨어져 있게 해서는 안 된다. 면세점 안에서도 마찬가지다. 주인 없는 짐은 안전하지 않은 수상한 짐으로 간주되어 제거될 수 있다.

- 장거리 여행을 위하여 편안한 복장으로 탑승하는 것이 좋다. 너무 요란하거나 노출이 심한 의상, 또는 몸에 꼭 붙는 복장 등은 삼간다. 항공사에 따라서 복장 때문에 탑승을 거부하기도 한다. 정상 복장으로 탑승하고 기내 화장실에서 편안한 복장으로 바꿔 입어도 된다.

- VIP 라운지에 머무를 경우에는 별도로 호출하지 않으므로 출국 모니터 등을 통하여 탑승 수속(boarding) 여부를 확인해야 한다.

- 출국장을 나서면서 안내표지에 따라 교통편을 택한다. 택시를 이용할 경우 공식 택시탑승 장소로 가서 줄을 서 일반 택시를 타면 된다. 호객행위에 끌려 택시를 이용하면 바가지요금을 물거나 안전에도 문제가 생길 수 있다.

다. 항공기 이용과 에티켓

국제관광의 증진으로 항공기를 이용하는 여행객 숫자가 급증하고 있다. 항공기내에서 본인의 안전과 편의를 위하여 기내 시설과 서비스를 제대로 이용하고, 주위 사람들에게 피해를 주지 않도록 올바른 매너와 에티켓을 지켜야 한다. 기내 시설을 제대로 이용하고 다른 승객에게 불편을 주지 않으면서 장거리 여행을 즐기는 것이 교양인의 자세다.

- 항공기 내에 있는 승객은 항공기와 승객의 안전한 운항과 여행을 위하여 협조를 해야 하며 다음과 같은 행위를 해서는 안 된다(「항공 안전 및 보안에 관한 법률」 제23조 제1항)
  - 폭력, 고성방가 등 소란행위
  - 흡연
  - 술을 마시거나 약물을 복용하고 다른 사람에게 위해를 주는 행위
  - 다른 사람에게 성적 수치심을 주는 행위
  - 항공법 제61조의 2를 위반하여 전자기기를 사용하는 행위
  - 기장의 승낙 없이 조종실 출입을 기도하는 행위
  - 기장 등의 업무를 위계 또는 위력으로써 방해하는 행위
- 이착륙 시 좌석은 원래 위치에 있어야 하고, 좌석을 뒤로 젖힐 때는 조심스럽게 너무 최대한으로 젖히지 않도록 뒷사람을 배려한다. 기내식이 제공될 때도 좌석을 원위치로 전환토록 한다.
- 창문 쪽이나 가운데 좌석의 승객이 이동하고자할 경우에는 양해를 구하고 복도 쪽으로 나오며, 옆 승객이 식사 중에 있는 경우에는 이동하지 않고 기다리도록 한다.
- 앞좌석을 두드리거나 앞좌석 팔걸이에 발을 올려놓으면 안 된다. 특히 어린이들에게 주의를 시킨다.
- 기내에서 신발을 벗을 경우 항공사에서 제공하는 덧신이나 자신이 준비해온 슬리퍼를 신도록 한다. 복도에서 맨발 또는 양말발로 돌아다니면 안 된다.

- 좌석 팔걸이는 가운데 좌석 승객에게 양보하고 양쪽 승객은 한 쪽 팔걸이를 이용하면 된다. 요즘 대형 여객기에는 3-5-3 식으로 5명이 연이어 앉는 좌석들이 있으므로 일단 팔걸이를 하나씩만 사용한다고 생각한다.
- 비행기가 착륙하여 활주로 주행이 끝나고 정지하더라도 좌석벨트 표시 (FASTEN SEAT BELT)가 꺼질 때까지 일어서지 않고 기다려야 한다.
- 화장실이 사용 중이면 화장실 입구 좌석 상단에 'OCCUPIED' 또는 적색등으로 표시되고, 비어있는 경우에는 'VACANT' 또는 녹색등으로 표시된다. 화장실 문에도 같은 방식으로 사용 중 여부가 표시된다. 따라서 화장실을 사용하고자 할 때는 노크는 금물이며 표시등과 화장실 문의 표시를 보고 이용한다.
- 좌석벨트 표시에 불이 들어와 있는 동안에는 화장실을 사용하지 않으며, 사용 중에 기류 변동으로 좌석벨트 착용과 좌석으로 돌아가라는 안내방송이 나오면 가급적 빨리 좌석으로 돌아가도록 한다. 여의치 않을 경우에는 화장실 안에서 넘어지지 않도록 손잡이를 붙드는 등 자구책을 강구한다.
- 화장실 내 흡연은 금지이며, 위반 시 「항공안전 및 보안에 관한 법률」에 의거 벌금에 처해진다.
- 기내 비품은 모든 승객이 사용하는 공용이며 항공사 소유로서 승객이 따로 가져가서는 안 된다. 이는 절도행위에 해당되며 형사적 처벌을 받을 수도 있다.
- 승무원을 호출할 때에는 승무원 호출 버튼(승무원 그림 있음)을 누르고, 근처에 있으면 '승무원' 또는 '스튜어디스(Stewardess)'라고 부르거나 'Miss'라고 불러도 수용할 만하다. 또 승무원과 눈이 마주치면 손을 드는 것도 방법이다.
- 승무원과 대화할 때 필요한 용무만 간단히 하고, 불필요한 잡담이나 우스갯소리, 성적 수치심을 일으키는 표현이나 모욕적 언사를 해서는 안 된다. 승무원에게 반말이나 하대를 해서도 안 된다. 고의가 아니더라도 승무원과 신체적 접촉을 하거나 신상 또는 전화번호를 묻는 등의 행위를 해서는 안 된다.
- 종교, 건강(질병 및 알레르기 등), 연령에 따라 사전에 특별 기내식을 요청하면 항공사에 따라 다양하게 제공한다. 항공기 출발 24~48시간 전까지 미리 주문한다.

- 기내 음주는 기압 관계상 평소보다 빠르게 취하므로 각별한 주의를 필요로한다. 지나친 음주로 주위 사람들에게 피해를 주지 않도록 해야 한다.
- 좁은 장소에서 식사를 하므로 음식물이 흐르거나 옆으로 튀지 않도록 주의하며 특히 어린이들의 식사에 부모가 주의를 기울여야 한다.

기타 비행 중 유의할 사항

- 사람마다 중요도나 필요성이 다르겠으나, 통상 휴대 수하물(가방)에는 간단한 세면도구, 중요 서류나 문서, 연락처 및 주소, 비행 중 읽을 책, 필기도구 등을 지참토록 한다. 위탁 수하물의 도착이 지연되는 경우에 대비할 수 있다.
- 도착 또는 귀국 즉시 업무를 하기 위해서는 시차(jetlag)를 극복하는 일이 중요하다. 젊고 건강한 사람이 더 쉽게 극복하는 것이 사실이지만 사람에 따라 극복하는 방법을 알아두는 것이 좋다. 가장 효과적인 방법은 탑승 후 도착지의 시간대에 따라 잠을 자거나 깨어 있는 것이다.
  • 도착지가 낮 시간이라면 출발지가 밤 시간이라도 영화나 책으로 잠을 자지 않고 뜬눈으로 버틴다.
  • 도착지가 잠잘 시간이라면 출발지가 낮이라도 이륙 후 수면을 취하기 시작한다. 대부분 수면을 취할 수가 없다. 이 때 멜라토닌 성분을 미리 복용하거나, 식사와 함께 와인 등 알코올을 약간 취하면 도움이 된다. 사람에 따라 음주가 수면을 방해하는 경우도 있다. 배가 고프면 잠을 자는 사람도 있는데 이 경우에는 기내식을 생략하는 수밖에 없다.
- 비행 중 특히 이착륙 시 귀가 먹먹하거나 아프기 쉬운데, 이 때 침을 몇 차례 삼키거나 껌을 씹으면 정상으로 돌아온다. 또 심할 경우에는 미리 이비인후과에서 코막힘 해소약을 처방받아 코에 뿌리기도 한다. 유소아의 경우에는 물이나 사탕을 준비하여 먹이면 도움이 된다.
- 기내 비품은 사용 후 정리해 놓는다. 결코 자신의 가방에 넣지 않는다. 절취행위가 된다. 신고서 작성 시 승무원으로부터 빌려 쓴 볼펜도 제 때에 돌려주는 것이 좋다. 다만 자신이 신었던 슬리퍼는 지참하여 가져도 좋다.

라. 숙소

∩

해외여행에서 숙소는 항공권과 함께 가장 중요한 요소다. 익숙하지 않은 지역에서 안전하고 편리한 숙소는 관광여행이나 비즈니스 출장 등의 목적을 달성하는데 큰 도움을 주기 때문이다. 숙소는 크게 관광숙박시설과 공유숙박시설로 나뉜다. 관광숙박시설은 호텔과 휴양콘도미니엄으로 구분된다. 여행에서 가장 많이 이용하는 보편적 수단은 호텔이다.

호텔 등 기존의 관광숙박시설 체제와는 확연히 다른 숙박공유 서비스가 있는데, '에어비앤비(Airbnb)' 등이 대표적 사례다. 숙박중개업의 개념으로 숙박업에 종사하지 않는 개인들이 주거로 이용하던 집, 아파트, 방 등 유휴공간 또는 캠핑카, 보트, 섬 등 다양한 공간을 에어비앤비라는 온라인 플랫폼을 통하여 제공하는 것이다. 요즘에는 호텔 및 숙박 예약사이트 여러 곳에서 공유 숙박을 중개한다. 호텔보다 저렴한 가격으로 넓고 접근성이 좋은 곳에 얻을 수 있고, 집 전체나 아파트를 얻어 취사도 할 수 있는 장점이 있다. 그러나 임대인에 따라 인종 또는 성적 차별이나 성폭행 등 범죄행위, 보증금 분쟁이 일어날 수 있는 문제점도 있다.

호텔 등 숙소에서는 시설과 서비스를 숙지하고 잘 활용할 줄 알아야 한다. 특히 호텔에서는 많은 나라의 다양한 사람들과 직접 간접으로 접촉하게 되므로 상호 배려와 예절을 지킴으로써 교양인으로서 또 세계시민으로서의 품위를 유지하여야 한다.

- 호텔 가격은 미리 예약할수록 저렴하다. 미국이나 유럽의 경우 관광 성수기나 박람회, 축제 등의 기간에는 가격이 두 배로 올라갈 수 있고, 또 원하는 호텔을 예약할 수 없기도 한다.
- 호텔 도착일을 변경하거나 취소할 때는 반드시 사전에 변경 요청이나 취소 통보를 해야 한다. 그렇지 않을 경우에는 위약수수료를 청구 받을 수 있다.

항공편 지연 등 여타 사정으로 호텔 투숙 예정시간보다 늦어질 경우에도 호텔 측에 도착 예상시간을 다시 알려주어야 늦은 시간까지도 객실을 계속 확보할 수 있다.

- 호텔 측 사정으로 이른 체크인(early check-in)이 안 되더라도 짐은 미리 보관할 수 있으며, 체크인 전까지 짐 없이 다른 일정을 수행할 수 있다. 밤늦게 체크인(late check-in)을 하게 될 경우에는 호텔 측에 사전에 분명히 알려야 하며, 그렇지 않을 경우에 예약이 취소되어 객실이 없을 수 있다.

- 단체여행으로 체크인을 할 때에도 객실 번호와 자신의 이름이 정확히 기재되어 외부에서 이름으로 그 사람의 객실과 정확히 연결될 수 있도록 한다.

- 객실이 많은 호텔의 체크아웃 때에는 사람이 많이 몰리므로 일정이 촉박할 경우에는 미리 서둘러 체크아웃을 한다.

- 객실에 비치된 어메니티 외에는 수건 등 어떠한 비품도 가지고 나오지 않도록 한다. 가격표가 비치되어 있는 식품이나 일상용품을 사용한 경우에는 요금을 지불해야 한다. 물은 호텔 측에서 매일 1~2병을 무료로(complimentary) 제공하며 따로이 표시가 없는 물은 계산을 해야 한다.

- 객실에서의 취사행위는 엄격히 금지된다. 금연 객실에서의 금연은 당연한 사항이다. 간혹 취사 열기나 담배 연기로 인해 화재경고 벨이 울려서 문제를 야기한 경우도 있다.

- 객실에 비치된 커피포트는 물 끓이는 데에만 사용하고, 다른 용도로 사용해서는 안 된다. 커피포트 사용 전에 청결한지 여부를 확인해 볼 필요가 있다.

- 김치나 된장 등 냄새가 강하거나 냉동으로 보관해야 하는 식품이 있을 경우에는 포장을 잘 한 후 호텔 주방에 보관해 주도록 요청한다.

- 객실에서 큰 소리로 떠들거나 TV를 크게 틀어놓지 않도록 한다. 잠옷이나 내의, 슬리퍼 차림으로 객실 밖에 나가지 않도록 한다.

- 조식은 주로 뷔페로 진행되는데, 시간에 맞추고 음식 앞 줄 서는데 새치기를 하지 않고 흐르는 방향에 역행하지 않도록 한다. 음식 접시를 들고 다른 사람과 부딪치지 않도록 몸놀림에 조심한다. 뷔페 음식을 따로 싸가지고 나가는 일은 없도록 한다.

- 특정층을 위한 차별화된 서비스를 제공하기 위한 목적의 귀빈층 객실(Executive Floor Room)에도 조식 뷔페가 마련되어 있으며, 신속하고 안락한 장점은 있으나 음식의 종류가 일반 조식 뷔페만큼 많지는 않다.
- 아침에 호텔을 나와 외출할 때에는 배게 위나 사이드 탁자에 룸 메이드를 위해 미화 1불 또는 1유로 정도를 팁으로 놓고 온다.
- 객실은 매일 청소된다. 그러나 외출 시 복도 쪽의 문고리(door knob)에 청소 요청 카드(Make up Room)를 걸어두면 가능한 우선적으로 청소가 된다. 한편 아침 식사를 위하여 호텔 식당에 내려간다거나 호텔 종업원의 방해를 받고 싶지 않을 때는 디앤디 카드(Do not Disturb)를 문고리에 걸어 놓는다.
- 욕실을 이용할 때 특히 조심스럽고 안전하게 처신해야 한다. 욕조나 욕실 바닥이 미끄러우므로 조심하고, 욕조 바닥에 고무 깔개를 사용한다. 욕조나 샤워의 뜨거운 물에 데지 않도록 조심하고, 또 호텔마다 물을 트는 방법이 다름에 유의해야 한다. 샤워실이 아닌 욕조에서 샤워를 하거나 목욕을 할 때에는 커튼 끝자락을 욕조 안으로 내려뜨려 물이 밖으로 튀지 않도록 한다.
- 욕조 벽 쪽으로 내려있는 손잡이가 달린 끈은 목욕 중 비상 시에 구조를 요청하는 비상끈이므로 평소에는 손을 대지 않는다.
- 사용한 수건은 외출이나 체크아웃 시에 욕조 위나 세면대 옆에 모두 한 곳에 모아 둔다. 사용한 수건을 원래대로 정리해 놓으면 룸 메이드가 사용하지 않은 것으로 착각하여 다시 사용하게 된다. 욕실 수건을 외부로 인출하거나 가져서는 안 된다. 다만 휴양지 등에서 수영 풀이나 해변에서 사용하였을 경우에는 객실로 다시 가져와야 한다.

공유 숙박

최근 우리나라에서도 공유숙박 서비스가 확장 중에 있다. 당초 국내 법상 우리 공유숙박 서비스는 외국인만을 대상으로 하고 내국인에게는 서비스를 제공할 수 없었다. 그러나 내·외국민 차별, 에어비엔비와의 형평성 문제가 논란이 되어 2019년 11월 정부는 내·외국인 공유숙박 서비스를 제한적으로 허용하였다. 손님에게 에어베드(air bed)와 아침(breakfast)을 내줬다는 점에 착안해서 만들어진 것이 지금의 에어비앤비(air bed & breakfast)인데, 호스트(host)는 놀고 있는 방이나 집을 임대해서 가욋돈을 벌고 게스트(guest)는 호텔보다 저렴한 값으로 원하는 곳에 숙소를 구할 수 있는 장점을 가져서 에어비앤비를 포함하여 여러 다양한 공유숙박 제도가 발달되고 있다.

그러나 공유숙박 서비스는 안전성, 인종 차별, 보증금 분쟁 등 여러 문제점을 지니고 있는 것도 사실이다. 실제로 성폭행 사건, 몰래카메라 설치, 인종이나 성적 차별로 숙박 거부, 보증금 분쟁, 이웃집과의 갈등 등이 일어나고 있다.

- 숙소 선택을 위하여 먼저 자신의 여행 목적에 부합하는 위치와 접근성을 고려한다. 장소는 유흥가나 우범지역을 피하고, 지하철 및 버스 등 대중교통에 쉽게 접근할 수 있는지를 살펴야 한다. 자동차 여행의 경우에는 도심 접근에 소요되는 시간을 고려하고, 충분하고 안전한 주차 공간이 있는지 또 무료인지 등을 확인해야 한다.

- 호스트가 소개한 정보와 기존의 투숙객들이 올린 리뷰(Riview) 란을 잘 비교한다. 리뷰에는 호, 불호가 나누어져 있을 것이나, 그 가운데 좋았던 점 또는 불편했던 점 등이 단편적으로 포함되어 있으므로 어느 정도 판단할 수 있다.

- 제시된 가격은 숙박(또는 숙식), 수수료, 청소비로 구성되어 있으며, 즉시 결제(환불불가)가 추후결제보다 훨씬 저렴하므로, 모든 일정이 확정되고 변경할 위험이 없다면 즉시결제를 택해도 무방하다. 가격은 원화와 현지화로 제시되는데 현지화로 결제하는 것이 이중 환율에 따른 수수료 손실을 피할 수 있다.

- 가족이나 친지들과 함께 일주일 이상 거주하고자할 경우에는 집 또는 아파트 전체를 빌려 직접 취사를 하는 것이 편리하고 비용도 적게 든다. 이 경우에는 현지에서 사용할 수 있는 취사도구 일부를 지참하고 기본 음식도 가져간다. 물론 공유숙소 주방에도 각종 취사도구가 비치되어 있으며, 주방에 있는 음식 소스나 양념 등은 별도 허가 없이 사용하여도 무방하다.

– 숙소에 들어서면 가구 및 전자제품 등의 상태를 먼저 살펴보고, 고장이나 파손 상태가 있으면 사진을 찍어 보관한다. 퇴거 후 호스트가 문제를 제기하고 보증금을 요구할 때에 대비하기 위함이다.

– 숙소에는 계약 시 통보한 인원만 거주 가능하며 추후 사람이 추가 합류하려면 호스트의 허가를 받아야 한다.

– 숙소를 드나들 때 이웃과 가볍게 인사를 나누고, 숙소 안에서 TV나 음악을 크게 틀지 않으며, 시끄럽게 떠들어서 이웃에게 피해를 주어서는 안 된다.

– 퇴거를 할 때 쓰레기를 깨끗이 치워 분리수거를 하고, 가구나 물건, 주방기구 등은 원래 놓여 있던 자리에 환원해 놓는다. 게스트 본인은 물론 게스트의 국적에 대한 인상까지 좌우한다.

마. 관광과 쇼핑

관광은 다른 지방이나 나라에 가서 그곳의 풍광, 풍습, 문물 등을 구경하고 유람하는 것이다. 관광이 일상을 벗어나 다른 곳에 가서 구경 및 관찰하고 다시 거주지로 돌아오는 것이라면 여행은 비교적 장거리에 나가 목적을 가지고 새로운 경험을 하고 견문을 넓히는 것이라 할 수 있다. 즉, 관광은 대상물을 구경하는 편이라면 여행은 대상물과 함께 구경하고 체험하는 편이라고도 구분할 수 있겠는데, 여기서는 관광과 여행을 같이 구분 없이 살펴보기로 한다.

한국관광공사는 관광자원을 다섯 가지로 분류하고 있다. 산, 호수, 해안, 동식물, 자연환경 등 자연적 관광자원, 유적, 건축물, 유·무형 문화재, 박물관 등 문화적 관광자원, 풍속, 종교, 예술, 스포츠, 음식 등 사회적 관광자원, 산업단지, 백화점, 사회공공시설 등 산업적 관광자원, 수영장, 어린이공원, 놀이시설, 카지노, 나이트클럽 등 위락적 관광자원이 그것이다.

관광객이 다른 지역 특히 다른 나라를 가게 되면 새로운 풍경, 풍습, 생활습관, 언어, 문화적 차이 등을 맞게 된다. 따라서 이러한 차이를 인정하고 존중하여야 한다. 선·후진국에 관계없이 그들의 생활습관과 문화를 이해하고 그들의 풍속에 저해되는 언행을 해서는 안 된다. 또 그들의 일상생활 속에 들어가 그들과 접촉하며 인적, 문화적 교류를 갖는 것도 의미 있는 일이다. 세계화된 지구촌에서 다양한 인종과 종교, 문화가 상호 접촉 및 교류하는 과정에서 일정한 매너와 규율을 지키며 보편적인 가치를 존중하는 것이 현대 교양인의 자세다.

- 여행지에서의 준수사항, 금지사항 등을 숙지하고 이를 지키며, 여행국의 법령과 규칙을 준수한다. 또 여행국의 미풍양속을 해치지 않아야 한다.
- 여행국 현지인들과 불필요한 마찰이나 갈등을 갖지 않으며, 현지인을 폄훼하는 언행을 해서는 안 된다.
- 유적 등 문화적 유산과 명승지 등의 자연적 자원을 훼손해서는 안 된다. 이 지역에서 취사행위를 하거나 쓰레기를 버리지 않아야 한다. 자신들의 쓰레기는 자신들이 수거해서 별도로 처리한다.

에베레스트산도 등반객들이 버린 쓰레기로 환경오염을 겪고 있다. 이에 네팔 정부는 2014년에 모든 트래킹 단체가 등반 전에 미화 4천불을 예치하고 이 예치금은 쓰레기 8kg을 가져와야 돌려준다는 규칙을 만들었다. 또한 일회용 플라스틱 사용도 금지했다. 효과를 보고 있다고 한다. 서남아의 몰디브는 천혜의 휴양지로 독일 등 유럽 사람들이 많이 찾아온다. 한 때 그들은 몰디브 자연을 보호하기 위하여 자발적으로 쓰레기를 수거해 나가는 것으로 알려졌다. 우리나라의 경우 산, 공원, 해변 등 곳곳에 쓰레기가 무수히 버려지는 모습이 언론에 자주 비춰진다. 자신들의 쓰레기를 버리지 않고 수거해 오는 매너를 길들여야 한다. 이 과정에서 필요하면 입법을 통해 쓰레기 수거 비용을 부과하는 방법도 고려해야 한다.

- 사찰, 성당, 모스크 등 성전과 성지에서 경건한 자세를 갖아야 한다. 우선 반바지나 민소매 등을 입지 않는 등 복장을 단정히 하고, 신발을 벗어야 하는

곳에서는 신발을 벗고, 같은 종교를 갖지 않았더라도 그들과 같이 경배하는 자세를 갖출 수 있어야 한다.

- 관광 명소에서 좋은 자리, 사진 찍기 좋은 자리 등을 독점하지 않고 뒤에 오는 사람들을 배려하며, 소위 '인생샷'을 찍노라 위험한 장소에서 위험한 행동을 해서는 안 된다.

- 아무 곳에서나 음악을 틀고 시끄럽게 떠들며 노는 것을 하지 않는다. 특히 단체여행을 하면서 버스 안에서 일어서서 춤을 추고 노래하거나, 관광지에서 떼창을 부르는 등 다른 사람들에게 불편을 끼치지 않도록 한다.

- 소매치기를 조심한다. 특히 공항, 지하철과 버스, 길거리, 관광지 등에서 모르는 사람이 접근하여 길이나 장소 등 무엇을 물어오면 경계해야 한다. 대꾸할 경우에는 간단히 한 마디로 응수하고, 여행자로서 친절하고 장황하게 설명을 할 필요 없다. 공항에서는 핸드백이나 서류가방 등 소지품을 한 시라도 손에서 떼어 놓는 일이 있어서는 안 된다.

- 여행지의 위험지역, 우범지역 방문을 삼간다. 밤 길, 뒷골목, 외딴길 등을 혼자 나가지 않도록 한다. 미국 및 유럽 지역에서 발생하는 아시아 인종차별 행위에 희생되지 않도록 유의한다.

쇼핑은 해외여행에서의 중요한 부분이다. 미국이 여행수지에서 세계에서 가장 많이 돈을 벌고 있는 이유는 미국 내 체류기간이 좀 더 길다는 점도 있지만 여행객들이 쇼핑으로 지출을 많이 하기 때문이다. 쇼핑은 그 지역에서 판매하는 특산품과 면세품을 구입할 수 있는 기회이므로 사전에 구매 계획을 수립하고 충동구매를 하지 않도록 한다. 또 반입 금지품목과 면세품목의 한도 등에 관하여도 확인이 필요하다. 쇼핑 과정에서 다른 고객들에게 불편을 끼치지 않는 것은 물론 판매 측과도 불필요한 마찰을 갖지 않도록 적절한 매너와 에티켓이 요구된다.

- 반출입 금지품목을 구매하지 않는다. 음란물. 화폐. 채권 기타 유가증권의 위조품. 변조품 또는 모조품 등이다. 총기, 마약, 멸종위기의 야생동식물보호에 관한 국제협약(CITES)에서 규정한 동식물 및 이들의 제품 등 반출입제한물품은

세금 납부와 관계없이 통관에 필요한 제반요건을 구비해야 통관이 가능하다.

- 면세품목은 허용한도를 초과하지 않도록 한다. 국내입국 시 1인당 총 면세한도는 미화 600불이며, 주류 1리터 이내 1병, 담배 1보루, 향수 2온스가 허용되는 수량이다. 그간 5천 달러로 설정되어 있던 국내 면세점 구매한도는 폐지되었다.

- 선진국의 백화점이나 명품점에서는 정찰제가 실시되므로 물건 값을 흥정할 수 없다. 그러나 동남아, 인도 등 서남아, 중동, 스페인, 포르투갈, 이탈리아 등 남유럽, 멕시코, 홍콩 등의 백화점이나 일류점 아닌 곳에서는 값을 흥정해도 좋다. 한편 재래시장이나 길거리에서 너무 심하게 흥정하면서 현지 상인들과 다투지 않도록 조심한다.

- 백화점 및 상점에서 구경하면서 과자나 음료를 마시며 돌아다니지 않도록 한다. 지참하는 캐리어 등 짐으로 다른 고객을 불편하게 가로막지 않도록 한다.

- 대형매장이나 식품점에서 카트로 통로를 막거나 뒤에서 카트로 앞 사람의 뒤꿈치를 찍는 일이 없도록 주의한다. 아이들이 완구점, 서적코너 등에서 뛰거나 떠들지 않도록 한다. 과일과 채소는 만지작거리지 말고 1회용 비닐장갑을 사용하여 선택하고 필요시 직접 저울에 무게를 달고 가격표를 출력하여 붙인다.

- 의류매장에서 여성들이 옷을 입어볼 때 화장이나 립스틱이 옷에 묻지 않도록 주의한다. 여성들이 옷을 입어보는 곳(fitting room) 주위에서 남성들이 어슬렁거리는 것은 모양이 좋지 않다. 이때는 차라리 직원이나 주위의 양해 아래 피팅룸 부스(booth) 안에 같이 들어가 여성의 핏을 살펴주는 것이 낫다.

바. 봉사료(Tip)

봉사료는 서비스 제공자에게 자발적으로 주는 돈이다. 일반적으로 '팁'이라 하지만 정중하게 'Gratuity' 또는 'Gratuity fee'라고 표현하기도 한다. 'Tip'는 18세기 영국에서 '신속한 서비스를 위하여(To insure Promptness)'라는 말을 줄여서 Tip이라고 부르게 되었다는 말이 있으나, 이는 근거가 없이 후세에 만들어낸 속설이라고 알려져 있다.

팁 문화는 유럽에서 발생해 미국에서는 생활화가 되어 있다. 각 나라마다 팁 문화가 다르므로 여행 가기 전에 알아두는 것이 좋다. 원칙적으로 계산서에 봉사료(tip, Gratuity, Service charge 등)가 포함되어 있으면 팁은 주지 않아도 무방하다. 미국에서는 계산서에 실제 금액 아래 Tip란이 따로 명기되어 있는 경우가 허다하다. 또 거의 모든 종류의 서비스에 팁을 주는 것이 보편화되어 있다. 그러나 유럽에서는 팁이 자율적이며 의무화되어 있지 않다. 그리고 팁 액수도 크지 않다. 아랍권, 호주, 뉴질랜드에는 팁 문화가 없다. 우리나라를 포함하여 중국, 일본 등 아시아에서는 대체로 팁 문화가 형성되어 있지 않다.

팁 문화에 익숙하지 않은 우리로서는 외국에서 어떤 경우에 팁을 주어야 하는지 또 얼마나 주어야 하는지 난감한 경우가 많다. 미국의 고급식당에서 좋은 서비스를 받았다면 아깝더라도 상당한 금액의 팁을 내야 하고, 택시 등 기타 서비스에 대하여는 그에 상응하는 소정의 팁을 지불해야 정상적인 취급을 받는다. 미국에서도 팁 액수가 점점 높아가고, 좋지 않은 서비스에 대하여도 의무적으로 내는 팁 제도에 대하여 비판하는 사람들도 있어 미국의 팁 문화도 변화 중이다.

- 봉사료가 계산서에 포함되어 있지 않는 지역의 일반식당에서는 평균 15%, 미국의 고급식당에서는 20% 정도의 팁을 지불한다.
- 신용카드로 지불할 경우 팁 기재 난에 해당 액수를 적은 후 총액을 기입한다. 가능하다면 팁은 따로 현금으로 지불하는 것도 좋다.
- 미국의 경우 셀프서비스의 경우에도 계산서에 팁 기재 난이 있는데 1~2불을 주거나 아니면 무시하여도 무방하다. 뷔페에서는 팁을 줄 필요가 없으나 1~2불을 올려놓는 사람들도 있다.
- 식당 이외 택시에 10~15%의 팁을 지불하고, 고급식당에서 소믈리에를 별도로 활용했을 때는 포도주값의 15% 정도를 준다. 룸서비스의 경우 계산서의

15% 정도, 'Dilivery charge'가 이미 포함되어 있으면 1~2불 정도를 주면 좋다.
- 기타 도어맨, 벨보이(짐 1개), 룸메이드(매일), 공중화장실, 옷 맡기는 곳 등에서 미화 1불 또는 1유로씩을 팁으로 준다.
- 팁은 지폐로 주고, 보이지 않도록 하여 손에 쥐어 준다. 동전을 주게 될 경우 절대 손바닥에 떨어뜨리듯이 주면 안 된다.
- 미국에서 팁이 의무화되고 액수도 높아져감에 따라 팁 문화에 대한 불만도 늘어나고 있으며, 이에 따라 팁 없는 식당도 생기고 계산서에 봉사료를 포함시키는 경우도 있으나, 아직은 거의 대부분의 식당에서 팁을 주어야 하는 상황이므로 그들의 관례를 제대로 따르는 것이 여행자로서 안전하다.

사. 자동차 여행

해외여행이 보편화되면서 우리나라 사람들도 자동차 여행을 즐기는 경우가 많아졌다. 자동차 여행은 여러 제약사항을 줄이고 자유롭고 편리한 여행의 기회를 제공하기 때문에 애호가들이 늘어나고 있다. 자동차 여행은 무엇보다도 시간과 이동의 자유를 준다. 대중교통으로 갈 수 없는 관심지역을 구석구석 찾아갈 수 있고, 단체여행의 정해진 일정에 얽매이지 않고 아무 때라도 원하는 시간에 움직일 수 있다. 두 사람 이상의 자동차 여행은 일반여행보다 경비가 훨씬 절약된다. 교통비가 절약되고, 음식을 조리할 수 있는 숙소에 들어 식비를 크게 절감할 수 있다. 요즘에는 숙소예약 시스템도 잘 발달되어 있어 여행 도중 임의로 숙소를 예약함으로써 여행 일정을 마음대로 조정할 수 있다. 또 무거운 가방을 이동할 때마다 끌고 다니지 않아서 좋다.

외국에서의 운전이라 낯설고 두렵기도 하지만 미국이나 유럽의 도로가 잘 발달되어 있고 교통 표지판도 명확한 한편 이 사람들이 대체로 교통법규를 준수하고 운전 매너도 좋은 편이라 외국인들도 안전하게 운전할 수 있다. 따라서 이들의 운전 매너를 잘 따른다면 낯선 곳에서도 큰 문제없이 적응할 수 있지만, 일부 난폭운전이나 보행자 우선 아닌 운전 습관에 젖어 있다면 결코 쉽지 않은 자동차 여행이 될 것이다.

자동차 여행에서 가장 큰 문제는 차량 도난과 주차문제이다. 도심과 관광지에서 주차할 곳을 찾지 못해 어려움을 겪지만 이는 감내해야할 사항이고, 차량절도는 미리 예방을 하고 조심해야 한다.

준비 사항

- 몇 개월 이내의 기간이라면 리스(lease)보다 렌터카(car rental)가 가격 및 조건 등에서 유리하므로 해외여행에는 렌터카가 편리하다. 가격은 일찍 예약할수록 저렴해진다. 또 성수기에 갑자기 예약하면 유럽의 경우 자동변속기차량(automatic car)이 부족하여 수동변속기차량(manual car)만 남아있을 수 있다.
- 여러 메이커의 다양한 차종을 선택할 수 있으나 여행에는 고급 차량보다는 실용적인 차량을 선택하는 것이 좋다. 고급차는 가격도 높지만 도난 대상이 되기도 쉽고, 체코 등 구 동구 유럽에 갈 계획일 때는 대여가 되지 않는다. 다만 인원수에 따라 가방 수량이 다르므로 트렁크에 모두 수용할 수 있는 종류(일반승용, 왜건, 밴)를 선택해야 한다.
- 자동차보험은 완전 커버하는 보험(Super 또는 Full cover)을 택하는 것이 좋다. 그렇지 않을 경우 반납 시에 차량 상태에 대하여 트집을 잡고 배상을 청구하는 등의 문제가 발생할 수 있다.
- 렌터카 회사는 잘 알려진 대형업체를 고르고, 가능한 큰 도시에서 인수받는 것이 차종 선택의 폭이 넓고 차량 상태도 더 양호할 수 있다.
- 외국인이 낯선 곳에서 자동차 여행을 할 수 있는 것은 내비게이션 덕택이다. 렌터카를 예약할 때 내비게이션을 포함할 수 있지만, 우리의 경우 출국 전 한국어 내비게이션을 대여 받아가는 것이 가격과 편의성에서 모두 좋다. 우리말로 신기하게 외국 길 안내를 잘 해준다.
- 국제운전면허증과 한국면허증을 모두 지참하여야 한다. 외국에서도 한국면

허증이 보다 법적 가치를 지닌다. 2019년부터 우리 면허증 뒷면을 영문면허
증으로 바꿨다. 우리나라와 양자협정이나 합의를 체결한 나라는 이 영문면허
증을 국제면허증으로 인정하므로 출국 전 경찰서에 확인하도록 한다.

주요 운전수칙과 매너

운전 수칙의 원칙은 보행자 우선과 교통법규 준수에 있다. 이를 몸에
잘 익혀 생활화하는 것이 중요하다.

- 차량을 인수하면 (1) 차량 상태를 점검하고, 완전보험이 아닐 경우에는 차량
  외부의 훼손 상태를 촬영해 놓고 (2) 차량조작법을 익히며 (3) 내비게이션을
  따로 지참하였으면 이를 부착하여 실외에서 개통을 확인한다.
- 우측운전석 차량의 경우 특별한 주의를 필요로 한다. 영국, 호주, 일본, 태국
  등 국가에서 렌터카를 할 경우 조심스럽게 시운전을 해본 후 여행을 시작하
  는 것이 좋다.
- 주행 때는 항상 '보행자 우선!' '보행자 우선!'을 명심한다. 우리나라에서처럼
  차량 중심의 운전을 해서는 결코 안 된다.
  • 횡단보도에 사람이 지날 때는 물론 횡단보도 앞에 사람이 서있는 것이 보이면
    횡단보도 훨씬 앞쪽에서 완전히 정지하고 그 사람이 건너가기를 기다린다.
  • 인도와 차도가 구분 없는 길에서 앞에 사람들이 걸어가고 있으면 경적을 울
    리지 않고 사람이 걷는 속도에 맞춰 천천히 주행하며 피해 간다.
    (뉴욕 맨해튼에는 사람들이 너무 많아 차량들과 뒤섞여 복잡하다. 사람들은 횡단보
    도에 빨간 신호가 켜있어도 가까이 차량이 접근하지 않으면 횡단보도를 서슴지 않
    고 건너간다. 이 때 차량들이 우선순위에 있지만 조심스레 주행할 수밖에 없다.)
  • 신호등이 없는 로터리에 진입할 때는 이미 진입해서 주행하는 차량이 우선
    이므로 이를 주의하여 진입한다.
- 도심 또는 관광지에서 주차를 할 때에는 무료주차장을 찾는 것보다 공용 또
  는 사설주차장에 주차하는 것이 안전과 시간 절약에 좋다. 숙소를 구할 때도
  가능한 주차장이 있는 곳을 선택하는 것이 안전과 경제적으로 좋다.
- 미국이나 유럽 대부분 지역에서 셀프 주유다. 유럽에서 경유와 휘발유의 표

기는 나라마다 다르므로 손잡이 색깔을 보고 판단한다. 노랑 또는 검정색은 디젤이고 초록색은 휘발유로 통일되어 있다.

- 지역에 따라 신용카드로 주유를 할 때 완전히 꽉 채우고 일정액 이상이 되면 영수증에 두 배가 청구되는데 이는 해당 카드의 지불능력을 보장받기 위한 수단이며, 실제로 결제될 때는 급유 금액만 결제된다.

- 제한속도를 지켜야 한다. 과속하면 과속카메라에 단속되지만, 무엇보다 낯선 곳에서의 과속은 위험하기 때문이다. 유럽에서 고속도로를 벗어나 산길이나 시골길을 달리는 경우가 많은데 보통 30~50km가 제한속도다. 특히 야간주행 때 조심해야 한다. 좁고 굽은 2차선 도로를 가는데 뒤에서 다른 차량들이 불을 켜고 아무리 줄을 지어 따라와도 태연하게 제한속도를 유지해야 한다.

- 고속도로의 통행료 지불방법은 나라마다 다르다. 우리처럼 구간별 요금을 톨게이트에서 받는 나라는 미국, 프랑스, 이탈리아, 스페인, 포르투갈 등이며, 일정기간의 통행권을 입국 전에 사서 차에 붙이고 다니는 나라들도 있다. 이 통행권을 비넷(vignette)이라 하는데, 스위스, 오스트리아, 체코 등 구 동구권 나라들이다. 비넷은 국경 근처의 주유소나 휴게소에서 파는데 체류기간에 상응하는 비넷을 구입하면 된다. 기타 독일, 영국, 벨기에 및 북구 국가들은 통행료가 무료다.

- 차량 도난이나 절도를 예방하여야 한다. 차량은 주차장에 주차하고, 모든 짐은 차량 내부가 아니라 트렁크에 보관한다. 짐을 차량 좌석에 놓으면 유리창을 훼손하고 탈취해가는 경우가 발생한다.

- 렌터카를 반납할 때는 (1) 반납 시간을 지키고 (2) 인수할 때의 휘발유 수치를 꽉 채우고 (3) 완전보험이 아닐 때는 차량 상태를 점검받아 확인한 후 반납한다.

- 자동차여행을 하다 보면 낯선 지역의 도로인지라 교통위반을 하는 경우가 발생한다. 주로 과속, 주차위반, 신호위반 등이다. 교통위반 스티커가 발부되면 가능한 현지에서 지급하는 것이 좋다. 현지에서 지급하지 않거나, 과속 등으로 카메라에 찍히면 추후에 고지서가 한국으로 날아온다. 이 때 현지 교통국은 고객 정보를 알기 위해 렌트사에 확인하는 절차를 거치므로 정보추심 행정료에 실제 범칙금까지 합하면 액수는 커진다.

2018년 가을에 이탈리아, 스위스, 프랑스를 자동차로 여행하였다. 토스카나의 한 마을에 한동안 머물면서 인근 여러 도시를 방문하는데 피렌체를 두 차례 갔다. 이탈리아의 오래된 대도시의 도심지역은 대부분 차량통행 제한구역(ZTL)이 많으며 피렌체의 도심도 마찬가지다. 아침에 피렌체 도심에 들어가 유료주차장에 가려는데 길을 잘못 선택해 ZTL에 들어서고 말았다. 길은 일방통행에 외딴길인데 차들은 바짝 뒤따라오기 때문에 돌이킬 수 없이 그대로 전진할 수밖에 없었다. 귀국 후 어김없이 고지서가 날아왔다. 먼저 정보추심 행정료가 나왔고 그 후 범칙금을 별도로 이메일을 통해 지불안내 받은대로 신용카드 결제하였다.

로마로 가기 전 오르비에토에 2박을 하였다. 이곳은 좁고 높은 지대에 위치한 중세도시로서 마을 전체가 관광지인지라 골목길에 곳곳이 ZTL이라 숙소를 찾아 가는데 외지인으로서 이 구역을 통과하지 않을 수 없이 어찌어찌 헤매다가 숙소를 찾았다. 그리고 사흘 동안 차로 인근지역을 방문하느라 골목길을 들락거렸으니 여러 차례 ZTL을 위반하였을 것이다. 숙소를 체크아웃할 때 주인에게 관광 숙박객의 ZTL 위반을 면제시켜줄 것을 관계당국에 요청해줄 것을 부탁했더니 다행히 주인은 신청서류를 금방 꺼내더니 인적사항과 차량번호 등 관련사항을 적은 후 적의 제출해주겠다고 하였다. 귀국 후 다행히도 범칙금 고지서는 날아오지 않았다. 이 외에도 여러 도시를 방문하였지만 애써 ZTL을 위반하지 않으려 노력한 결과 더 이상의 고지서는 발부받지 않았다.

스위스 여행을 마치고 이탈리아로 가기 위해 체르마트에서 밀라노까지 고속도로에 올랐다. 입구에서 46유로를 지불하였다. 한참을 가다가 이탈리아의 소도시 휴게소에 들르기 위해 서서히 나가는데 휴게소 직전에 있는 고속도로 출구로 한순간 잘못 진입해 버렸다. 다시 돌이킬 수 없어 일단 고속도로를 나와 곧바로 반대편 진입로를 찾아 고속도로에 들어가면서 진입로 톨 부스의 직원에게 상황을 설명하고 영수증까지 보여주었는데도 이 노인은 막무가내로 16유로를 현금으로 내지 않으면 진입할 수 없다고 버티어 하는 수없이 지불하고 다시 고속도로를 주행하여 드디어 밀라노의 고속도로 끝 톨게이트를 통과하려는데 부스 직원이 이번에는 삼십 몇 유로를 지불하라고 요구하였다. 내가 그간 자초지종을 설명하고 지불할 수 없다고 하자 그 직원은 순순히 출구를 열어주었다. 나는 일이 잘 해결되었다고 생각했는데 문제는 귀국 후 한 달이 지나 이메일로 범칙금 40유로가 날아왔다. 나는 즉각 회신했다. 마침 보관하고 있던 46유로 영수증을 스캔하여 첨부했다. 나는 자초지종을 설명하고 중간에 지불한 현금 16유로는 어떤 용도인지를 확인해줄 것과 내가 잘못이 있다면 범칙금을 즉각 지불하겠다고 했다. 그 뒤 나는 아무런 회신이나 고지서 독촉장을 받은 바 없다.

아. 비상시 대처 요령

우리 국민의 해외여행이 급속히 늘어남에 따라 세계 도처에서 사고나 위급상황이 발생하는 사례도 증가하고 있다. 오래 전에는 우리 대사관이나 영사관이 주재하는 지역이라야 도움을 받을 수 있었으나, 지금은 24시간 영사콜센터가 운영되고 있어 아무 때라도 도움을 요청할 수 있다. 정부는 그간 제공하였던 각종 영사서비스의 근거를 법제화하고자 2021년 1월 16일에 영사조력법과 그 하위 법령을 발효시켰다. 이 법은 형사절차, 범죄피해, 사망, 미성년자 및 환자, 실종, 위난상황 등 6개 유형별로 영사조력의 내용을 구체적으로 명시하고 어떻게 도움을 받을 수 있는지를 설명하였다. 이 외에도 여행경보, 어려움에 처한 우리 국민에 대한 긴급지원, 해외 위난상황 발생 시 전세기 투입, 신속 해외송금 등 다양한 제도가 명문화되어 있다. 현재 해외여행 정보 및 위기상황 시 대처요령 등에 관하여 외교부에서 운영하고 있는 연락처는 다음과 같다.

(1) 해외안전여행 홈페이지 : www.0404.go.kr

(2) 영사콜센터 무료전화 앱 :

www.0404.go.kr/callcenter/free_call_app.jsp

전화 : 02-3210-0404

(3) 영사콜센터 카카오톡 상담서비스 :

www.0404.go.kr/callcenter/cacao_advice_service.jsp

(카톡에서 영사콜센터를 친구로 등록하여 상담 받는 서비스)

해외여행 중 발생할 수 있는 각종 사고에 대하여 우선 스스로 대처하는 요령에 대하여 살펴본다.

여권 분실

해외여행 중 여권을 분실할 경우 (1) 여권 재발급 또는 (2) 여행증명서 (T/C)를 현지 우리 공관(대사관 또는 영사관)에 신청할 수 있다. 전자는 며칠 기다릴 여유가 있을 때, 후자는 긴급하게 귀국해야할 때 발급 받으며 귀국과 함께 효력이 상실되므로 국내에서 재발급을 신청해야 된다. 또 여행증명서는 다른 목적지로 여행할 수 없으며 예외적으로 귀로의 경유지를 추가할 수 있다.

- 신청 시 구비서류는 현지 경찰서의 분실확인서(Police Report), 신청서(여권번호, 여권발급일 및 만기일 기재), 신분증(또는 여권 사본), 사진 2매
- 2020.12.부터 여권재발급 신청을 온라인으로 할 수 있다. 해외에서 '영사민원 24' 홈페이지를 통해 신청하고 신청 시 지정한 수령기관에 1회만 방문하여 여권을 받을 수 있다.

항공권 분실

요즘 항공권 분실이라는 말은 큰 의미가 없다. 왜냐하면 통상 항공권은 이메일을 통하여 전자항공권으로 발급되며 또 휴대전화에 입력되어 있으면 공항 카운터에서 바로 탑승권을 받을 수 있기 때문이다. 그러나 재래식으로 종이 항공권만을 소지하고 있다가 분실했을 경우에는 해당 항공사의 현지 사무실로 가서 분실신고를 하고 항공사는 항공권 번호, 발급 연월일, 구간, 발권 사실을 본사에 확인한 후 재발급 한다. 이 경우 2~3일의 시간이 소요될 수 있다.

- 항공권 사본을 따로 지참하는 것이 만일의 경우에 쉽게 대비할 수 있다.
- 시간적 여유가 없을 때는 현지에서 항공권을 새로 구입하고 귀국 후 해당 항공사에서 소정의 절차를 거쳐 환불을 받는다.

수하물 분실

공항의 수하물 분실신고소(Lost & Found 또는 Baggage Claim)에 가서 신고한다. 신고 시에는 짐의 형태, 크기, 색상 등을 상세히 알리고 짐표(Baggage Claim Tag)를 제시한다. 짐이 지연되어 다른 항공편에 도착할 경우 자신의 숙소에 배달되도록 숙소를 알려준다.

- 짐을 끝내 분실했을 경우에는 수하물을 위탁한 날로부터 21일 이내에 서면으로 항공사에 신고해야 한다.

도난 사고

(1) 휴대품 절도

도난당한 즉시 가장 가까운 경찰서로 가서 도난확인서(Police Report)를 받는다. 확인서에는 도난 장소 및 시간과 도난물품을 기록한다. 도난물품은 품명과 유형(모델번호 포함) 등을 상세히 수록한다. 귀국 후 보험사를 통하여 보험 처리한다.

- 현금, 수표, 항공권 등의 유가증권은 보험 처리되지 않는다.

(2) 현금 분실

현금 및 수표를 모두 도난당하거나 또는 분실하여 여행경비를 긴급하게 조달해야할 경우에는 '영사콜센터'(02-3210-0404)에 문의하여 '신속해외송금 지원제도'를 이용할 수 있다. 이 제도는 도난이나 분실로 인해 어려운 상황에 놓였을 경우 국내에 있는 가족이나 친구, 지인 등이 외교부 계좌로 입금하면, 현지 재외공관에서 현지화로 전달해주는 제도이다. 1회당 미화 기준 3,000불 상당까지 가능하다.

- 2021년부터 국제전화 요금 부담 없이 상기 무료전화 앱을 통해 서비스를 받을 수 있다.

(3) 여행자수표(Traveler's check) 분실

국내 여행자수표 발행 은행에 전화하여 분실신고와 함께 안내를 받아 현지에서 여행자수표의 발행사(수표 발행 은행이 아님)의 사무실을 찾아가 분실신고를 하고 분실된 여행자수표의 일련번호와 구입 영수증을 함께 제시하면 당일 내로 재발급 받을 수 있다.

– 여행자수표(T/C)를 구매하면 두 서명란 가운데 한 편에 서명하고 반드시 수 표번호와 액면금액을 따로 적어 영수증과 함께 보관하도록 한다.

(4) 신용카드 분실

분실 즉시 국내 신용카드사에 전화하여 분실신고를 하고, 추후 귀국 하여 재발급을 받도록 한다.

– 해당 신용카드사의 전화번호를 따로 보관하는 것은 필수다.

교통 사고

사고를 당한 경우 우선 가해자와 함께 병원에 가서 응급치료를 받고 경찰에 연락하여 가해자의 조서를 받아둔다. 부상이 심각할 경우에는 여행사 또는 재외공관의 도움을 얻어 국내 가족에게 연락을 취한다. 또 가해자 측으로부터 사고의 책임을 인정하는 문서를 받아두면 좋고, 병원비 등 사후 조치와 보상 문제 등을 경찰 및 재외공관의 협조 하에 분명히 해 둔다. 자동차 여행 중 사고를 입힌 경우에는 경찰에 사고 내용 등 상세를 보고하고, 렌터카 회사에 연락하여 보험 처리를 의뢰한다.

질병 치료

현지 병원에 가서 진료 및 치료를 받고 결제 후 의사소견서와 영수증을 받아 귀국 후 보험 처리를 받는다. 엑스레이나 초음파 검사 등을 했을 경우에는 CD와 관련 소견서를 가져 오는 것이 국내에서의 후속 치료에 도움이 된다. 발이나 다리에 골절상 또는 상해를 입었을 때는 치료 후 무리하게 관광에 합류하지 말고 숙소에서 안정과 휴식을 취하는 것이 좋다.

항공기의 지연 및 파업

항공사측의 사정으로 인하여 출발이 지연되었을 경우 항공사측에 클레임하면 항공사가 차량, 호텔, 식사 등을 제공한다. 파업하였을 경우 항공사가 다음 연결 시까지 필요한 서비스를 제공한다. 다음 여정에 지장이 있을 경우에는 다른 항공편으로의 변경 확인(endorse)을 한다. 경유지 또는 환승지에서 이러한 상황을 맞으면 항공사측에 목적지까지 부친 위탁수하물의 일정에 관하여 확인해 둔다.

– 본인의 잘못으로 항공편을 놓쳤을 경우에는 다음으로 가능한 항공편으로 변경하거나, 시간 사정이 여의치 않으면 다른 항공사의 항공권을 구매하고 추후에 환불을 받는데 수수료 지불은 감수해야 한다.

제8장

대화(How to talk)

제8장

대화

　얼굴 표정이나 옷차림이 사람의 첫 인상을 보여 준다면 그 다음의 대화는 그 첫 인상을 확인시키거나 부정하는 중요한 역할을 한다. 왜냐하면 말은 그 사람의 교양과 학식 그리고 견해를 나타내기 때문이다. 또 말은 사회생활의 가장 중요한 수단이다. "가는 말이 고와야 오는 말이 곱다."라든지 "말로 천 냥 빚 갚는다."라는 동양 속담이 있고 "말이 서투르면 아무 것도 얻지 못한다.", "생사는 혀에 달려 있다."라는 서양 속담도 있다.

　대화의 시작은 호칭과 인사로부터다. 이를 무난히 시작하면 순화된 말씨와 호감을 주는 내용으로 대화를 전개한다. 대화에서는 자신의 뜻과 메시지를 정확하고 간결하게 전달할 수 있어야 한다. 그러나 무엇보다 중요한 것은 상대방의 이야기를 잘 경청해야 한다. 상대방의 생각을 잘 파악해야 내가 잘 대응할 수 있기 때문이다. 대화가 실패하는 가장 큰 원인은 상대방 대화를 듣지 않고 일방적으로 내 이야기만을 관철한다든지 또는 상대방 이야기 도중에 급하게 끼어들어 자기주장을 하는 경우다. 주위에서 의외로 이러한 현상을 많이 볼 수 있다. 대화에서는 얼굴 표정이나 손짓 등 보디랭귀지(body language)도 중요하다. 그것은 대화 내용을 보완하고, 대화의 진정성 여부를 보여주기 때문이다. 또 대화에서는 해야 할 말과 하지 말아야할 말을 구분하는 교양과 상식이 있어야 한다. 상대방에 상처를 주거나 분노하게 하는 일은 금물이다.

필자는 2002년 월드컵이 끝난 직후 9월 초에 이탈리아 대사로 부임하였다. 당시 4강전에서 한국이 막강 이탈리아를 극적으로 이겼는데, 모레노 감독이 후반에 이탈리아 선수 한 명을 퇴장시켜 억울하게 졌다고 이탈리아에서는 분노가 폭발하여 반한 감정까지 일어나던 시기였다. 부임 전 주위에서 걱정들을 많이 해주었다. 이탈리아 대통령에게 신임장을 제정한 후 삼부 요인을 포함하여 주요 인사들을 예방하였다.

하원 외교 분과위원회 위원장을 예방했을 때다. 양국 관계 이야기가 한참 진행된 후 비공식적 이야기가 나오자 배석한 어느 의원이 한 · 이탈리아 월드컵 경기를 꺼내 약간 흥분하면서 설명한 후 "그 경기는 한국과 모레노의 경기였다."라고 결론지었다. 분위기가 다소 어색해졌지만 나는 끝까지 경청한 후 조용히 응대했다. "평소 이탈리아 축구가 한국 축구보다 우월한 것은 사실입니다. 그러나 스포츠 경기는 상대적인 것이며 특히 자만은 금물입니다. 그날 경기에서 이탈리아 팀이 한국 팀을 좀 쉽게 봤다가 결과가 그렇게 된 것 아닐까요?" 그러자 위원장이 곧바로 거들었다. "네, 그래요. 그날 이탈리아 선수들이 초반에 전력을 다하지 않았어요. 한국 선수들은 열심히 뛰었고요." 그날 만남 이후로 하원 외교위원장은 의원 외교와 관련하여 내게 많은 도움을 주었다.

위 사례에서 어느 의원의 월드컵 이야기는 교양인의 대화에서는 하지 않았어야 하는 주제였다. 상대방을 곤란하게 하는 말이기 때문이다. 그러나 대사는 끝까지 경청한 후 상대방 주장에 반격을 가하지 않고 이탈리아 축구를 칭찬하는 일방 그들의 실책을 들어 한국의 승리를 정당화한 결과를 가져왔다. 또한 하원 외교위원장의 호응을 얻어내는 한편 그의 미안해하는 마음도 얻었다.

대화에서는 나를 요란스럽게 주장하지 않으면서도 나의 존재감을 드러내야 하고 또 내가 목적하는 바를 잘 전달하고 얻어내는 것이 중요하다. 특히 대중 앞에서 연설하거나 프레젠테이션을 할 때에는 전달하고자 하는 메시지를 간결하고 명확하게 그리고 자신 있게 표현해야 한다. 이 것저것 너무 많은 것을 전달하려 하거나 자신이 알고 있는 것을 너무 과시하는 경우 시간을 필요 이상으로 소비하고 주의를 산만하게 하여 결코 성공적인 대화나 프레젠테이션이 될 수 없다. 나를 중심으로 하지 않고 상대방을 생각하는 것도 중요하다.

인간관계의 성공을 위한 대화법을 쓴 미국의 커뮤니케이션 전문가 레일 로운디즈(L. Lowndes)는 그녀의 저서[1]를 이렇게 시작하였다.

이 세상에는 두 종류의 인간이 있다 (There are two kinds of people in this life:)

방에 들어서며 이렇게 말하거나 (Those who walk into a room and say,)

"자, 여기 나 왔어요!" ("Well, here I am!")

들어서며 이렇게 말하는 사람이 있다 (And those who walk in and say,)

"아, 여러분 여기 계셨군요."("Ahh, there you are.")

당연히 후자가 상대방의 호감을 얻고 환영을 받을 대화법이다. 주어를 내가 아니라 상대방으로 함으로써 기존의 그룹을 인정하며 내가 자연스럽게 끼어들어가는 것이며, 전자의 경우에는 나를 너무 내세워서 자칫 "그래서?(So what?)"라는 반응을 야기시킬 수도 있다.

중요한 리셉션이나 오·만찬 등 파티에 참석할 때에는 사전에 대화를 어느 정도 준비할 필요가 있다. 즉, 참석하는 파티 행사가 누가 무슨 목적으로 주최하는 것인지, 어떤 사람들이 주로 초청되었는지, 무엇이 주로 화제가 될 것인지 등을 미리 확인해 본다. 그리고 나는 무슨 이슈를 대화 주제로 삼을 것인지 등을 생각해두어야 한다. 또 혹시라도 현장에서 즉석연설이나 한마디 또는 건배사를 부탁받을 경우에는 무엇이라 할 것인지 등도 염두에 두어야 한다.

〈톰 소여의 모험〉의 저자 마크 트웨인(Mark Twain)은 "나는 5분간의 즉

흥연설을 위하여 일주일간 준비한다."라고 말했다. 사실상 전혀 준비 없는 즉흥연설은 없다는 뜻이다.

1. 올바른 대화

올바른 대화는 올바른 호칭과 인사에서 시작한다. 상대방에 대한 잘못된 호칭으로 이미 대화의 실패가 예견되는 경우가 흔하다. 대화에는 바른 말씨와 어휘를 사용하고 상대방의 말을 경청하여야 한다. 대화는 자신의 뜻이나 메시지를 분명하고(clear), 자신 있게(confident), 신뢰하도록 (credible) 전달하여야 한다. 이를 3C라 하는데 여기에 카리스마 있게 (charismatic)를 추가하는 경우도 있다.

또 대화는 많은 수식어나 설명을 제거하고 가능한 간결하게 하는 것도 중요하다. 대화의 목적은 상대방의 호감과 동의를 얻고, 자신이 원하는 것을 얻어내는 것이다. 대화의 과정에 흥분하거나 전투적인 태도를 보여서는 안 되며 상대방을 자극하거나 분노하게 해서는 안 된다. 대화 속에 자신의 교양이나 학식 그리고 철학이 자연스럽게 묻어나야 된다.

미국 사회에서는 회사 동료 간에 다툴 때 흥분하거나 큰 소리를 지르면 이상한 사람 또는 정신적으로 문제가 있는 사람으로 찍혀 패자가 되고 왕따가 되기 쉽다. 그러면 어떻게 싸우는가? 비수처럼 날카로운 언어로 상대방의 심장을 도려내는 듯이 더 심하게 찌르는 사람이 승리한다. 얼굴은 교양 있는 표정을 뿜어내면서……. 물론 두 사람의 향후 관계는 보장할 수 없다. 미국 드라마에서 소리치고 붙잡고 싸우는 경우도 있지만 일상에서는 주로 대화로 싸운다.

우리나라 TV의 막장 드라마가 인기다. 그러나 막장이 아니더라도 한 번 눈을 감고 드라마 대화만 들어보라. 의견이 다르거나 논쟁할 때 대화를 계속 주고받는 경우가 거의 없다. 대부분 한 두 차례 대화 끝에 바로 "꽥" 악을 쓰거나 깜짝 놀랄 만큼 큰 소리로 반응하고 있다. 드라마가 시끄러워 귀가 아플 지경이다. 만약 귀가 불편하지 않다면 오랫동안 단련된 결과일 것이다.

가. 올바른 호칭

대화의 시작은 호칭과 인사이다. 상대방에게 적절한 호칭을 사용하는 것이 원활한 대화의 시초이다. 직함이나 전문 자격을 잘못 알고 부르거나 상대방이 원치 않는 호칭을 부르는 것은 실례이고 대화 실패의 전초이다. 또 대화 도중에 제3자를 정확하게 지칭하는 것도 중요하다.

우리가 흔히 볼 수 있는 잘못은 부부관계 또는 직장 상사와의 관계에서의 지칭과 경어 사용 문제이다. A과장이 자신의 직속 상사 B부장을 회사 대표 C사장에게 지칭할 때 "사장님, 저희 B부장님께서 지시하시기를……"이라고 잘못 말하는 것이다. 이는 "사장님, 저희 B부장이(또는 B부장께서) 지시하기를……"이 맞다. 아내가 자기 남편을 다른 사람들에게 지칭할 때 "제 남편께서 호박죽을 좋아하셔서 자주 상에 올려드리는데 잘 잡수십니다."라고 마치 남편을 남 앞에서 존중하는 것이 양처의 예의인 것처럼 생각하는데, "제 남편이 호박죽을 좋아하여 자주 상에 올리는데 잘 먹습니다."가 맞는 표현이다. 흔히 TV에서 대통령에 관하여 청와대 대변인이나 장관들이 "대통령님께서 이렇게 말씀하시고 저렇게 지시하셨습니다."라고 발표하는 것을 보는데, 민주사회의 국민들 앞에서는 "대통령이(또는 대통령께서) 이렇게 말하고 저렇게 지시하였습니다."가 올바른 표현이다.

우리말에서 가족과 친척에 대한 호칭과 지칭은 쉽지 않다. 다음과 같이 정리해 본다.

〈표 8-1〉 호칭과 지칭

– 부계 친족 호칭과 지칭

관계		호칭	지칭
형(兄)	나＝남	형, 형님	형, 형님/ 사후: 선형
	나＝여	오빠, 오라버님	오빠, 오라버님

형수(兄嫂)	나= 남	형수님(씨), 아주머님	형수님(씨), 아주머님
	나= 여	(새)언니	(새)언니, 올케
제(弟)	나= 남	○○(이름), 동생	○○(이름), 아우, 동생
	나= 여	○○(이름), 동생 혼후: (○○)아비(아범)	○○(이름), 남동생 혼후: (○○)아비(아범)
제수(弟嫂)	나= 남	제수씨, 계수씨	제수(씨), 계수(씨)
	나= 여	올케	올케
자(姉)	나= 남	올케	누나, 누님
	나= 여	언니	언니
자형(姉兄)	나= 남	매부, 매형	매부, 매형
	나= 여	형부	형부
매(妹)	나= 남	○○(이름), (누이)동생	○○(이름), (누이)동생, 매제(妹弟)
	나= 여	○○(이름), 동생 혼후: (○○)어미	○○(이름), 동생 혼후: (○○)어미
매부(妹夫)	나= 남	매부, 매제, ○서방	매부, 매제, ○서방
	나= 여	○서방	○서방, 제부(弟夫)
손자(孫子)	○○(이름) / 혼후: (○○)아비(아범)		손자

- 처가 친족 호칭과 지칭

관계	호칭	지칭
장인(丈人)	장인어른	장인, 빙부, 아버님
장모(丈母)	장모님	장모, 빙모, 어머님
(손위)처남(妻男)	형님, 처남(연하일 때)	형님, 처남
(손위)처남처(妻男妻)	아주머니	아주머니, 처남댁
(손아래)처남(妻男)	처남, ○○(이름)	처남, ○○(이름)
(손아래)처남처(妻男妻)	처남(의)댁	처남(의)댁
처형(妻兄)	처형	처형
(손위)동서(同壻)	형님, 동서(연하일 때)	형님, 동서(연하일 때)
처제(妻弟)	처제	처제
(손아래)동서(同壻)	○서방, 동서	동서

- 시가 친족 호칭과 지칭

관계	호칭	지칭
남편(男便)	여보, ○○씨, 여봐요, ○○아빠, 영감	그이, ○서방, ○○아비, 바깥남편

시부(媤父)	아버님	(시)아버님, 시어른
시모(媤母)	어머님	(시)어머님
(손위)시숙(媤叔)	아주버님	(시)아주버님, 시숙, ○○큰아버지
(손위)동서(同壻)	형님	큰동서, ○○큰어머니
(손아래)시숙(媤叔)	혼전: 도련님/ 혼후: 서방님	도련님, 서방님, 시동생, ○○삼촌, ○○작은아버지
(손아래)동서(同壻)	동서	동서, ○○작은어머니
(손위)시매(媤妹)	형님	시누이, ○○고모
(손위)시매부(媤妹夫)	아주버님, 서방님	아주버님, 서방님, ○○고모부(님)
(손아래)시매(媤妹)	아가씨, 아기씨	시누이, ○○고모, 아가씨, 아기씨
(손아래)시매부(媤妹夫)	서방님	서방님, ○○고모부(님)

– 타인의 가족을 부를 때

관계	호칭	지칭
부	아버님, 아저씨, 어르신	아버님, 아저씨, 어르신, 춘부장(春府丈)
모	어머님, 아주머니	어머님, 아주머니, 자당(慈堂)
남편	○○아버지, (○)선생님	○○아버지, (○)선생님
처	○○어머니, (○)여사, 아주머니	○○어머니, (○)차장부인
아들	○○(이름)	○○(이름), 영식(令息), 아드님, 자제분
딸	○○(이름)	○○(이름), 영애(令愛), 따님, 자제분
사돈	사돈(동성간), 사돈어른(이성간)	사돈(동성간), 사돈어른(이성간)
사돈의 윗 항렬	사장(査丈)어른	사장(査丈)어른
사돈의 아랫 항렬	사돈양반, 사돈도령, 사돈총각, 사돈 처녀, 사돈아가씨	사돈양반, 사돈도령, 사돈총각, 사돈 처녀, 사돈아가씨

– 학교 및 직장에서 부를 때

관계	호칭 및 지칭
여 선생님의 남편	사부(師父)님, (○○○)선생님
남 선생님의 아내	사모(師母)님
동료	○○○(○○)씨, ○선배, ○과장
상사	차장님, 부장님
하급자	○○○씨, ○형, ○선생(님), ○군, ○양, ○대리

남자 종업원	아저씨, 젊은이, 총각
여자 종업원	아주머니, 아가씨

[출처: 글로벌 시대의 생활예절]

외국인에 대한 호칭

비영어권의 경우, 이름을 무조건 영어식으로 발음하여 호칭하는 것은 옳지 않으며, 그 나라 그 사람의 방식대로 발음하여야 한다. 따라서 발음을 잘 모르겠으면 어떻게 발음하는지 직접 물어도 결례가 아니다. 서양인의 성명은 대개 이름(first name 또는 given name), 중간 이름(middle name), 성(last name 또는 family name 또는 surname)으로 구성되며, 호칭은 친밀도에 따라 달라진다.

– 가까운 사람끼리는 나이와 관계없이 이름(first name)만 부른다. 또 친한 사이에는 짧게 애칭으로 부른다. Michael을 Mike로 부른다든지 Elisabeth를 Liz로 부른다.

– 아버지 이름을 아들이 사용할 때에는 성(family name) 다음에 Junior(Jr.)를 붙이고 손자가 이름을 물려받으면 3rd를 붙인다. 그러나 직접 앞에서 부를 때는 Jr. 없이 이름만 부른다.

– 다음으로 이름과 성을 경칭 없이 부르기도 하나 실제로는 흔치 않으며, 경칭과 이름 성을 다 부르거나 경칭과 성을 부르는 것이 격식에 맞다. 즉, Mr. James Carter나 Mr. Carter로 부른다.

– 성이 없이 이름 앞에 경칭을 붙여 부르는 것은 잘못이다. 예컨대 James Carter를 Mr. James라고 부르는 것은 결례이고 잘못된 것이다.

– 독일어권에서는 남성을 Herr, 여성을 Frau라고 붙여 부르며 경칭을 중시한다. 식당에서 웨이터를 부를 때도 "Herr Ober!"이다. 미국에서 "Waiter!", "Driver!"라고 부르는 것과 대조적이다. 회사에서 갖고 있는 직함보다 전문 직함으로 불리는 것을 좋아한다. 즉, Doktor, Professor, Der Techniker(엔지니어) 등이 더 권위 있는 호칭으로 여긴다.

– 영국에서는 귀족 작위가 있는 경우 반드시 호칭에 빠뜨리지 않고 붙인다.

– 프랑스에서는 Monsieur(Mr.), Madame(Ms.), Mademoiselle(Miss)을 성 앞에 붙인다.

우리나라 이름의 영문 표기

한국인의 영문 이름표기는 우리나라 여권의 영문 이름표기에 준한다. 기본적으로 여권의 로마자 성명 표기에 관한 ICAO(세계민간항공기구) 규정에 의하면 여권에 수록되는 여권 명의인의 성명은 발급국에서의 법적 성명, 즉 공적 장부에 기재된 성명이어야 하며, 발급국의 언어가 라틴어 기반이 아닐 경우 자국 문자로 된 성명 및 그에 상응한 라틴어 문자(로마자)로의 음역(transliteration)이 병기되어야 한다. 따라서 우리나라 여권에 수록되는 여권 명의인의 성명은 가족관계등록부에 출생신고를 통하여 등재된 한글 성명 및 이에 대한 로마자 음역이다.

– 한글 성명의 로마자 표기는 국어의 로마자 표기법에 따라 적는 것을 원칙으로 한다.
– 영문 이름은 붙여 쓰는 것을 원칙으로 하되, 음절 사이에 붙임표(–)를 쓸 수 있다(예: GILDONG 또는 GIL-DONG).

일상에서의 모든 영문 이름표기는 여권 상의 영문 표기에 일치시킨다.

즉, 명함, 신용카드, 항공권, 운전면허증 등 각종 증명서의 영문 이름과 여권의 영문 이름이 완전히 동일(identic)해야 한다. 영문 이름이 동일하지 않을 경우 특히 외국에서 신분 확인을 할 수 없어 불이익을 받게 된다.

– 명함 등에 영문 성명을 표기할 때 서양식으로 성을 끝에 표기하는 경우와 우리 식으로 성을 앞에 표기하는 경우가 있는데, 둘 다 사용되나 이제는 우리 식으로 성을 앞에 표기하여도 서양에서 통용되며 자신을 소개할 때 "My last name is Hong."이라고 설명하여도 좋다.
– 여권에서는 이름을 모두 대문자로 표기하나 일상에서는 'Hong Gildong' 또는 'Hong Gil-dong'으로 표기하는 것이 시각적으로 이해하기 쉽다.

– 우리 이름에는 서양과 같은 중간 이름(middle name)이 없기 때문에 'Hong Gil Dong' 식의 표기는 하지 않는 것이 좋다.

2. 올바른 대화 예절

말을 하는 요령

대화를 할 때는 편안하게 대화를 나눌 수 있는 적정거리를 두고 얼굴을 마주보며 겸손한 자세와 편안한 톤으로 주고받아야 한다.

미국의 사회학자 에드워드 홀(Edward T. Hall)은 사람 간의 거리를 네 단계로 나누었다. 첫 번째는 연인, 가족 등의 친밀한 거리(intimate distance)로서 45cm까지, 둘째 단계는 친구 간의 개인적 거리(private distance)로서 46~120cm이며, 셋째는 사회적 거리(social distance)로서 1.2~3.6m, 넷째는 강연, 공연 등 공적 거리(official distance)로서 3.6m 이상을 말한다. 여기서 대화의 적정거리는 둘째 단계를 말하며, 거리가 너무 가까우면 부담스럽고 너무 멀면 편안하게 집중할 수 없다. 셋째가 코로나19로 인하여 적용했던 사회적 거리로서 양팔을 펼친 거리다. 셋째 단계부터는 주위 아무라도 끼어들 수 있는 공간으로서 사생활이 보장되지 않는 거리다.

– 대화를 할 때 상대방의 눈과 얼굴을 주시하고, 또 반응을 살피며 이야기하고, 조용한 어조, 분명한 발음, 맑고 밝은 음성, 적당한 속도로 말한다.
– 대화의 자세는 안정되고 반듯한 자세를 취한다. 다리 떨기, 머리카락 만지기, 손톱 깨물기, 하품 등은 금물이며, 팔짱을 끼거나 다리를 쩍 벌리거나 포개는 행위도 자제하는 것이 좋다. 식사 때는 입에 음식물을 넣고 이야기하지 않는다. 대화 중에 상대방의 옷자락을 잡거나, 어깨나 팔을 치면서 웃거나 이야기하지 않는다.
– 대화의 상대에 따라 말의 높음과 낮음을 조정하고, 상대방의 수준과 성격, 대화 장소의 환경, 제3자의 참여 여부 등을 고려해 화제를 고른다.
– 대화는 누구에게, 언제, 어디서, 무엇을, 왜, 어떻게 말할 것인가 하는 육하원

칙에 따라 조리 있게 말하고, 끝맺음은 요령 있고 분명하게 한다.
- 혼자서 오래 이야기하거나 말을 중언부언 끌지 않는다. 또 자신에 관한 이야기를 많이 하는 것을 자제해야 한다.
- 진실성 있게 이야기하고, 과장하거나 큰소리치지 않아야 한다.
- 상대방이 질문하면 자상하게 설명하고, 의견을 말하면 성의 있게 듣는다.

어느 연구조사에 의하면, 대화나 연설 속에 '나'라는 단어를 가장 많이 사용하는 사람은 배우 등 연예인과 국회의원 등 정치인이었다. 연예인과 정치인은 끊임없이 인기와 지지를 필요로 하는 직업이기 때문에 늘 자신을 알리고 홍보하는데 습관이 되어 있다. 나이가 들어 은퇴한 사람들도 자신에 관한 이야기를 많이 한다. 소위 '라떼'다. 일반인이 자신에 관한 이야기를 많이 하면 시간을 오래 소비하여 듣는 사람이 지루하고 싫어한다.

말을 듣는 자세

말을 잘하기 위하여 또는 상대방을 설득하기 위하여는 상대방 말을 잘 경청하여야 상대방의 뜻을 이해하고 또는 상대방 논지의 허점이나 부족한 사항을 잘 파악할 수 있다. 첩보나 외교활동에서도 말을 많이 하는 것보다 상대방이 말을 많이 하도록 하여 정보를 얻을 수 있다.

- 바른 자세와 평온한 표정으로 듣는다. 대화중에 자리를 뜰 때는 양해를 구하고 다른 사람에게 방해가 되지 않도록 한다.
- 상대방의 얼굴을 바라보고, 귀로만 듣지 않고 얼굴 표정, 눈빛 등으로 교감하면서 들으며 적절한 반응을 보인다. 예컨대 칭찬을 받거나 자신에 대하여 좋은 언급이 있을 때에는 목례와 미소로써 사의를 표한다.
- 말을 듣는 중에 다른 사람과 귓속말을 주고받거나 웃지 않는다.
- 남의 말을 중간에 가로채거나, 대화 도중에 "그게 아니고⋯⋯"나 "그것은 틀린 생각이고⋯⋯"하면서 끼어드는 것은 결례다.
- 질문이나 다른 의견을 말할 때는 상대방의 말이 끝난 후에 양해를 구하고 한다.

하지 않아야 할 말

대화중 친분 정도에 관계없이 할 말과 하지 않아야 할 말을 구분해야 한다. 상대방을 곤란하게 하는 말을 하지 않는 것이 교양인의 자세다.

여고 동창생인 김 여사와 박 여사 간의 전화 내용이다. 두 사람의 아들들이 대학 시험을 보았다.

김 여사, "얘, 박 여사, 네 아들이 이번 대학시험에 떨어져서 어떻게 하니? 재수해야겠지?"

박 여사, "음, 그래야겠지…… 참, 너희 아들은 이번에 일류 대학에 붙어서 좋겠다."

김 여사, "응. 그래서 이번에 우리 가족이 그룹 투어로 열흘 간 유럽 5개국을 구경하고 오기로 했다. 프랑스, 영국, 이탈리아, 스위스, 그리고……"

박 여사, "애, 그것 틀렸어. 무슨 여행을 그렇게 찍고 찍고 다녀오니? 우리는 그런 것 안한다. 한두 군데 딱 정해놓고 그 곳에서 푹 쉬며 주위 돌아보는 거지."

김 여사, "여러 군데 구경해서 좋지, 뭐. 어쨌든 너희는 올해 꼼짝없이 있어야겠구나."

위 대화는 친구간의 교양 있는 대화는 결코 아니다. 상대방의 실망스런 입장을 전혀 고려하지도 않았고, 한편으로는 상대방의 여행계획을 폄하고 찬물을 끼얹는 대화이다. 축하에 인색하고, 서로 상대방의 심장까지 건드리는 내용이다. 그런데 일상에서 너무 흔하게 겪는 대화들이다.

- 상대방이 숨기고 싶어 하거나 대답하기 곤란한 질문은 하지 않는다. 상대방이 이해하기 어려운 용어나 화제는 피하고, 상황에 맞지 않는 전문적인 질문을 하지 않는다.
- 명절에 모인 가족 간에 젊은이에게 취직, 결혼, 진급 등에 관하여 꼬치꼬치 묻는 것은 청년들에게 곤란한 질문이다. 자칫 관심의 표명을 가장한 다른 친척의 은밀한 공격으로 보일 경우도 있다.
- 첫 대면에서 여성의 나이나 결혼 여부를 묻는 것은 실례이며, 대화중에 상대방의 신체 사이즈, 경제 상황, 대인관계 네트워크 등 사생활에 관하여 관심을 갖고 문의하는 것도 비교양적이다.

- 유머와 우스갯소리를 경박하지 않을 정도로 적절히 활용하는 것은 좋으나, 상대를 불쾌하거나 민망하게 하는 저속하고 외설적인 이야기는 삼가야 한다.
- 대화에서 종교, 인종, 정치, 성 문제 등 민감한 주제는 피해야 한다. 만약 그런 주제가 나왔을 때는 자연스럽게 다른 주제로 화제를 바꾸는 재치를 발휘할 수 있어야 한다.
- 자신의 걱정거리나 어려움을 장황하게 늘어놓지 않는다.
- 자리에 없는 제3자의 험담이나 사적 사항을 이야기하지 않는다.

3. 대화의 기술

현대사회의 각 분야에서 두각을 나타내고 성공한 사람들을 관찰하면, 능력, 성격, 학력 및 기술, 네트워크, 행운 등 여러 가지 요소 가운데 하나 또는 몇 개를 갖고 있는 것을 알 수 있다. 그런데 대화 능력도 그 성공 요소 가운데 하나다. 대화를 잘 하면 성공한다는 것은 아니지만 성공한 사람들은 대화를 잘 하는 사람들이다. 앞서도 살펴보았지만, 대화를 잘 하는 것은 얼마만큼 진실성 있게 상대방을 이해시키고 설득시키느냐에 달려 있다. 즉, 얼마만큼 상대방의 표와 지지를 얻고, 상대방과 계약을 맺고 물건을 판매하느냐 등, 내가 원하는 것을 얻을 수 있느냐에 있다. 다음에서 우리가 일상에서 부딪치는 몇 가지 상황에서의 대화 요령과 기술에 대해서 살펴보고자 한다.

버려야할 가장 나쁜 대화 습관

- 사람들 가운데서 어떤 특정인을 상대로 조크를 함으로써 웃음을 야기시키는 일은 절대 범해서는 안 된다. 그에 따른 대가가 언젠가는 치러질 것이다. TV MC나 개그맨 가운데 상대방의 실수나 개인사 폭로 등으로 시청자들의 폭소를 얻어내는 경우를 보는데, 일상에서는 금기다.

– 상대방에게 곤란한 질문 또는 상처받을 말을 하지 않는다. 상대방과 그 가족에 대한 개인사를 파고든다든가 상대방의 실패를 굳이 거론할 필요는 없다. 또 상대방이 답변하기 어려운 전문적 질문도 삼간다.

   • 만약 어떤 친구가 무례하게 개인사에 관한 곤란한 질문을 요리 저리 계속 물어 온다면 처음 했던 답변을 고장 난 녹음기처럼 똑 같은 말과 똑 같은 톤으로 계속 되풀이하면 된다. 얼굴은 무표정으로 또는 미소를 머금으며.

– 상대방의 대화를 도중에 끊고 자신의 주장을 펼치거나 혼자서 대화를 독점해서는 안 되며, 너무 크게 떠들고 소리 내어 웃는 것은 교양 밖이다.

품위 있게 대화하기

대화의 시작과 끝을 예의 바르게 하는 일도 쉽지는 않다. 그러나 상대방을 존중하고 이해하려고 노력하면서 대화를 한다면 어려운 일도 아니다.

– 상대방 말을 잘 듣는 것이 무엇보다 중요하다. 대화 예절에서 이미 언급하였지만, 말을 잘 하기 위하여 또는 상대방을 설득하기 위하여 먼저 상대방의 말을 경청하여 상대방의 의도를 잘 파악하는 것이 필수다. 따라서 상대방 말을 경청한다는 반응을 적절히 표현한다. 상대방에 공감할 때에는 "그래요!" "맞아요!" "동감이에요." 등으로 적극 반응하고, 공감하지 않을 경우에는 "그래요?" "그러셨어요?" 등 상대방 말을 인지하는 정도로 반응한다.

– 상대방과 공감하고 친밀감을 쌓음으로써 궁극적으로 신뢰를 형성한다. 대화의 시작으로 날씨, 자연환경, 건강, 취미, 반려동물 등 일상적인 주제를 취함으로 서로 교감하면서 대화의 장벽을 허물 수 있도록 한다. 라포르(rapport)를 형성한다고 말한다.

   • 납치범과 인질 사이의 극단적 상황에서도 라포르를 형성하면서 대화를 이어가며 생존을 지키는 사례를 볼 수 있다. 소위 '리마 증후군'[2]이다.

– 일상적 대화에서 나의 주장을 관철하거나 일방적으로 메시지를 전달하려고 애를 쓰지 않는다. 사람들은 자신과 다른 생각, 도덕 및 가치관, 정치적 성향 등에 관하여 상대방의 주장을 바로 받아들이거나 설득당하고 싶어 하지 않는다. 과학적 근거나 객관적 자료에 대하여도 거부감을 표시하는 경우도 있다.

따라서 자신의 의견이나 생각을 이야기하고 상대방의 동의 여부를 확인할 필요 없이 그대로 놔둔다. 시간이 지난 후 상대방이 생각과 견해를 바꿀 수 있는 확률은 반반이다.

- 대화를 끝낼 시점을 잘 파악한다. 대화가 의견차이로 교착상태에 들어섰을 때 서로 시간을 갖는 것이 필요하므로 대화를 중단한다. 상대방이 불편을 느낄 때도 대화를 중단하는 것이 좋다. 어느 한 쪽이 화를 내거나 악의적 비난을 계속할 때, 대화를 악용할 때는 대화를 끝낼 시점이다.
  • 대화를 끝낼 때에는 상대방에게 대화에 응해주고 시간을 같이 했다는 점에 대하여 평가를 하고 감사를 표하는 것이 좋다. 다음 다시 대화를 재개하는 데도 영향을 줄 수 있다.

비즈니스 이야기를 하지 말아야할 곳

우리나라는 아주 바쁘게 움직이는 사회라 시간을 아끼기 위하여 조찬이나 오·만찬 등을 통하여 정책을 논의하고 비즈니스를 진행시키는 경우가 많다. 그러나 서양처럼 여러 사람이 모이는 리셉션이나 사교 모임도 많아지고 있다. 이러한 모임에서 자칫 범하기 쉬운 실수를 피해야 한다.

- 리셉션, 칵테일파티 등은 특정한 축하나 기념, 또는 사교 모임이다. 이곳에서 의견 충돌이나 심각한 논쟁을 야기해서는 안 된다. 반면에 대화를 통하여 의외의 정보를 얻을 수 있다. 외교관은 리셉션에서 정부 인사 및 동료 외교관으로부터 쉽게 정보를 취득하고, 정치인들은 네트워크를 개발하고 지지를 확보할 수 있다.
- 사교적 오·만찬에서는 비즈니스를 심도 있게 이야기하지 않는다. 뉴스, 사회적 이슈, 문화 및 예술, 스포츠, 음식 등에 관하여 광범위하게 대화하고, 비즈니스는 후식 시간에 주요 이슈를 언급하고 이에 대한 코멘트, 뉴 아이디어, 전망 등에 관하여 긍정적으로 대화하는 수준에서 그친다. 심각한 교섭 등은 추후 별도의 세팅에서 진행한다. 물론 특정 목적의 조찬 및 오·만찬에서는 토의 또는 협상을 통하여 정책이나 비즈니스를 결정하는 경우도 많다.

– 조우(우연한 만남)에서 비즈니스나 현안문제를 꺼내지 않는다. 만약 백화점이 나 스포츠 경기장에서 현재 판매계약이나 정책 합의를 보아야할 상대방을 우연히 마주쳤을 때, 그로부터 결과를 듣고자 한다든지 독촉성 대화를 하는 것은 낭패를 초래하는 길이다. 그런 만남에서는 반가움을 표하고 간단한 잡담으로 그치는 것이 후일의 좋은 소식을 더욱 기대할 수 있다.

논쟁적 대화를 이끌어 나가기

일상보다는 전문적인 대화, 정치, 도덕, 사상, 학술분야 등에 관한 대화에서는 상대방에 설득당하기보다는 서로 자기주장을 강하게 전개함으로써 대화가 자칫 평행선을 달리거나 격론으로 발전할 가능성이 있다. 이러한 대화에서도 상대방 의견을 존중하고 흥분하지 않으면서 자신의 견해를 펼쳐나가는 기술이 요구된다.

– 상대방의 의견을 경청하는 수준을 넘어 상대방이 말한 것보다 더 명확히 정리한 다음에 반대 의견을 밝히는 '래퍼포트 규칙'을 지킨다.[3]
– 상대방 의견을 바로 부정하거나 반박하지 않고, 그냥 내 의견을 덧붙이는 형식을 취한다. "하지만(but)"이라는 말을 쓰지 말고 "그리고(and)"라고 말하는 것이다. 하버드 협상 프로젝트에서는 이런 습관을 가리켜 '그리고 자세(and stance)'라고 부른다 한다.[4] '하지만' '그러나'는 상대방에게 경계하고 반박할 태세를 갖추게 하는 표현이다.
  • "그래, 그러나(하지만)……" 대신에 "그래, 그리고……"로 표현하고, 상대방 말에 전혀 동의하지 않을 경우에는 "그렇구나, 그리고……"로 표현한다.
– 상대방의 논점에 허점이나 취약성을 보여 상대방이 난처해할 때 그 잘못을 확인하거나 굴복시키려 하지 말고 상대방이 자연스럽게 물러날 기회를 주어야 한다. 대화 과정에서 스스로 잘못을 인정하거나 생각을 곧바로 바꾸는 것은 쉽지 않은 일이다. 퇴로를 만들어 주거나 출구전략의 시간을 주어야 한다.
  • "그래, 그럴 수 있지." "그래, 그건 그렇고……" "뭐, 우리가 전문가가 아니니까……" 등으로 상황을 대략 마무리하고 다른 화제로 넘어간다.

– 대화에 따라서는 상대방을 '당신(You)'으로 구분하지 않고 '우리(We)'로 표현함으로써 동질감이나 일체감을 느끼게 하여 협력적으로 발전할 수도 있다. 서양에서는 '나(I)'로 대화를 시작하지만 동양에서는 '우리'라는 표현을 수시로 사용하면서 무의식적으로 공동체 의식을 느꼈던 경험을 상기해 본다.

  • "우리 이렇게 해볼까?" "우리 이렇게 생각해보면 어때?"라고 했을 때 돌아오는 반응은 나쁘지 않을 것이다.

– 대화에서 화를 내지 않고 다스릴 수 있어야 한다. 우선 내 스스로 화를 내지 않도록 한다. 상대방의 답답함, 무례, 막무가내인 태도 등 나를 화나게 하는 여러 이유가 있겠지만, 대화의 목적과 의도를 상기하면서 이를 극복해야 한다. 상대방이 화를 내는 경우에 이를 다스리는 것이 중요하다.

  • 상대방이 화를 낼 때 나도 똑같이 화를 내서는 안 된다.

  • 상대방이 화를 낸 이유가 나에게 있다고 여겨진다면 바로 사과를 하고, 상대방이 다소 수그러질 때까지 기다려 본다.

  • 상대방이 화를 내고 흥분하면 일단 말을 멈추고 속으로 심호흡을 하며 상대방의 말에 경청한다. 말대꾸 대신 가볍게 고개를 끄덕여줄 수도 있다.

  • 서로 화가 가라앉지 않고, 상대방의 화가 격노로 치솟아 오르며 분위기가 험상해지면 대화를 중단하고 자리를 뜨는 것이 좋다.

어떻게 상대방을 효과적으로 칭찬할 것인가

사회생활 가운데는 상대방을 칭찬하거나 존경을 표시할 경우가 많다. 그것이 진심이건 가식이건 간에……. 그런데 그러한 칭찬이 아첨으로 여겨질 경우에는 낭패다. 칭찬의 부정적 효과를 얻게 될 것이기 때문이다. 칭찬을 현대사회의 생존전략이라고 여기기도 한다. 칭찬은 고래도 춤추게 한다. 어떻게 하면 칭찬을 자연스럽게 그리고 효과적으로 할 것인가는 대화에 있어서 중요한 부분이다.

– 친구나 지인을 통하여 칭찬을 전달한다. 즉, 소문을 듣게 만드는 것이다. 타임지의 전 편집장 스텐겔(Richard Stengel)은 "그 사람이 없는 곳에서 칭찬하라.

풍문으로 칭찬하라."고 했다.[5] 자신에 대한 칭찬이나 좋은 말을 전해 듣게 되면 처음 칭찬했다는 사람에 대해 호감과 신뢰가 가고, 그 칭찬한 사람이 다른 사람들에게도 자기를 계속 칭찬해 주리라는 기분 좋은 상상을 갖게 된다.

- 어떤 사람에 대하여 좋은 이야기를 듣게 되면 그 당사자에게 직접 그 좋은 이야기를 전달하라. 즉, 칭찬을 전달하는 전서구(통신 전달하는 비둘기)가 되라는 것이다. 직접 칭찬하는 만큼의 효과를 가져 올 것이다. 이와 유사한 방법은 상대방이 관심을 가질만한 뉴스나 정보 또는 기사를 클립 또는 캡처하여 전화나 이메일로 전송하는 것이다.

- 은근하고 간접적인 말로 칭찬한다. 처음 만난 사람에게 "당신은 과거 모델이었습니까?"라고 묻는다든지, 또는 방문 판매자가 문을 열고 나온 주부에게 "어머니 계신가?"라고 엉뚱한 수작을 부리는 것과 유사한 칭찬이다. 50대 여성에게 "영화 '택시운전사'는 아마도 당신이 태어나기 전에 발생한 5.18 민주화운동 때에……"라고 말하는 것은, 1980년에 일어난 일이 1970년대 생인 그 여성이 태어나기 전의 일이라고 여성의 나이를 잘 못 알아 실수한 것처럼 하여 그 여성이 나이보다 훨씬 젊다고 아부한 것이다. 이 효과는 분명히 아부가 아니라 칭찬으로 여겨져 좋은 반응을 얻을 것이다. 이러한 유형의 칭찬에서는 반드시 진심어린 태도로 그럴듯하게 묘사해야 한다.

- 상대방의 성격이나 외모를 칭찬할 때는 구체적으로 하는 것이 좋으나, 여러 사람이 있는 곳에서 어느 특정인에게 하는 것은 부작용을 낳는다. 둘이 있을 때 개별적으로 하라는 것이다. "당신은 나이스하다."보다는 "당신은 위아래 사람 모두에게 친절하고 배려심이 있다"라고 구체화하며, "당신은 사람들을 빠져들게 하는 매혹적인 눈을 가졌소."라고 하는 것이 그냥 아름답다고 하는 것보다 훨씬 사실처럼 들린다. 같은 칭찬은 한 번만 하고, 또 유사한 칭찬을 여러 사람에게 되풀이해서는 안 된다.

- 칭찬과 동시에 부탁을 하지 않는다. 칭찬이 의도적인 아첨으로 여겨져 기껏 얻은 호감이 사라지고 도리어 경계심을 일으킬 것이다.

- 일상에서 자주 만나는 사람들에게도 그때그때 상황에 따라 "좋았어!", "잘했어!", "훌륭한데?"처럼 짤막하게 추임새처럼 칭찬하는 것이 필요하다. 특히

자녀들의 행동에 대하여 놓치지 않고 칭찬하는 것은 자녀들을 북돋아 주고 격려하며 더욱 노력하게 하는 효과를 가져 온다.

파티에 참석하여 대화하는 일

리셉션이나 칵테일파티에 가면 뷔페 스타일로 음식과 음료가 푸짐하게 제공된다. 충분히 한 끼 식사를 즐길 수 있다. 그런데 이러한 모임에 참석할 때는 사람들을 만나 대화하는 것이 목적인지 아니면 음식 먹는 것이 목적인지를 미리 작정해야 한다. 대화를 하며 음식을 즐기는 것은 그렇게 쉽지 않은 일이다.

필자는 리셉션에 자주 참석했다. 대부분 리셉션 참석 전에 관저에 들러 이른 저녁을 먹고 파티 중반쯤에 참석했다. 참석자들이 가장 많은 시간이다. 나의 참석 목적은 첫째는 파티 주최자에게 "내가(한국 대표) 여기 참석 했소!"라고 얼굴 도장 찍는 것이고 둘째, 그리고 실질적 이유는 참석하는 정부 요인과의 대화를 통하여 한두 가지 정보라도 얻는 것이었다.

음식을 먹으려면 손이 세 개 필요하다. 하나는 음식 플레이트를 들고 다른 한 손에 포크 및 나이프를 쥐어야하고 또 한 손은 주류 등 음료를 들어야하는데 사람들은 대체로 두 손으로 이 세 가지 일을 처리한다. 그러나 다른 사람과 인사하며 악수할 손은 없다. 나는 이미 이른 저녁으로 무장했으므로 음식을 먹을 필요는 없고 왼 손으로 칵테일 잔을 쥐고 사람들과 악수하며 대화를 나누면 되는 것이다. 그러나 파티 참석 치레를 위하여 손가락으로 잡기 쉬운 과자나 조그만 과일을 한 두 차례 슬쩍 집어서 입에 넣어 보기도 한다.

리셉션에는 저녁을 미리 먹지 않고 참석하는 사람들이 대부분인데 이럴 때 대화하는 방법은 두 가지이다. 음식은 먹지 않고 배고픔을 음료로 달래고 대화하든지 아니면 일찍 도착하여 한 쪽에서 음식을 재빠르게 먹고 접시 없이 돌아다니며 대화하는 것이다. 파티에는 늘 단골로 참석하여 열심히 먹고 파티가 끝날 때까지 얼굴 빨갛게 마시는 사람들도 있다. 이들은 대화에 별 관심이 없는 사람들이다.

우리나라에도 여러 종류의 리셉션이나 기념회, 칵테일파티 등이 많아

지는데, 여기에 참석하는 요령과 대화하는 방법 등에 관하여도 생각해
두어야 한다.

- 파티의 목적과 누가 참석하는지를 확인해 본다.
- 파티에 도착할 시간을 계산한다. 정치인이라면 일찍 도착하여 주목을 받고,
  도착하는 많은 사람들을 맞아 교제하고 대화를 넓힌다. 일반인이라면 사람들
  이 어느 정도 참석한 후 도착하는 것이 어색한 시간을 피할 수 있다.
- 음식을 입에 넣은 상태로 대화하지 않고, 음식을 접시에 담고 있거나 먹고 있
  는 사람에게 말을 걸지 않는다.
- 유명인이라면 벽을 뒤로하고 밝은 곳 한 편에서 사람들을 맞으며 대화를 하
  고, 유명인이 아니라면 천천히 자연스럽게 움직이며 대화 상대자를 찾는다.
- 여러 사람의 대화에 끼어들 때 그 안에 지인이 있다면 자연스럽게 인사하며
  끼어들 수 있겠으나, 전혀 모르는 사람들의 대화에 꼭 끼어들고 싶다면 잠시
  발을 멈춰 대화를 귀동냥하다가 "잠깐, 제가 옆에서 얼핏 듣기에, ……을 말
  씀하셨는데, 저는 ……"이라고 용기를 내어 끼어든다. 그 그룹이 특정한 사람
  들끼리 자기들만의 대화가 아니라면 대체로 계속 섞여 대화할 수 있다.
- 대화는 날씨부터 시작하여 상대방에 따라 다양한 주제로 가질 수 있으며, 파
  티 주최 측의 주최 목적에 맞는 긍정적인 대화를 전개할 경우 주최 측에 도움
  을 주게 된다.
- 새로 만난 사람들과 명함을 교환하거나, 특기할 만한 사항이나 약속 등은 현
  장에서 수첩 또는 스마트폰에 메모한다. 수첩이나 필기도구 지참은 필수다.
- 파티에서 수거한 명함은 따로 사무실에서 정리를 하고, 특히 정치인은 이를
  접촉 대상자 여부로 분류하여 향후에 전화할 것인지 메일이나 문자메시지를
  보낼 것인지 등을 정한다.

상대방으로부터 회신 전화를 받으려면

자동응답기에 메시지를 남기거나 부재중 전화에 메시지를 통하여 회
신을 요청할 경우에는 분명하게 전달하여야 한다.

- 미리 어떻게 간단명료한 메시지를 남길 것인지 그 내용을 생각한다.
- 목소리는 밝고 분명한 어조로, 주저하지 말고 자신 있게 그러나 정중하게, 간결하고도 흥미를 돋는 내용으로 전달한다.
- 내가 누구인지를 밝히고, 상대방이 관심을 가질 이슈나 사건 또는 상품에 관한 내용임을 언급하고 회신을 요청하는데, 10초 이내로 충분하다.
- 가까운 지인 사이에도 "전화주세요!"보다는 전화 용건을 밝히는 것이 좋다.
- 상당 기간 회신이 오지 않을 때는 문자, 이메일, 보이스메일 등으로 내용을 전달한다. 그래도 회신이 없을 경우 계속 추진하고자 한다면 전화 아닌 다른 방법을 찾아야 한다.

4. 보디랭귀지 (Body Language)

대화는 언어를 통하여 자신의 의사를 상대방에게 전달하는 것이다. 그런데 상대방은 그 대화를 언어만을 통하여 이해하는 것이 아니다. 도리어 시각적, 청각적 요소인 비언어적 요소에 의하여 이해하는 것이 더 크다고 한다. 이와 같이 말이 아닌 신체적 언어를 보디랭귀지라 하며, 말 대신 몸짓, 발짓, 손짓과 얼굴 표정 등으로 어디서나 의사를 소통하므로 '세계 공용어'라고 할 수 있다. 그러나 나라마다 문화적 습관이 다르므로 보디랭귀지의 의미도 각각 다를 수 있다. 따라서 외국인과의 대화에서 보디랭귀지의 사용에 있어 특별히 금기할 표현 및 제스처는 없는지도 상식적으로 알아 두어야 한다. 또 평상시 자신의 대화나 연설에서 비언어적 표현이 적정한지 여부도 점검해서 좋은 자세를 갖도록 노력해야 한다.

가. 비언어적 표현

미국의 앨버트 메라비언(Albert Mehrabian) 교수는 사람들 간의 의사소통, 커뮤니케이션에 있어서 비언어적 요소가 중요한 역할을 한다는 것을 연구했다. 그 결과에 따르면 상대방에게 영향을 미치는 비율은 말, 즉 언어적 요소가 7%, 목소리의 상태와 크기, 말의 빠르기와 어조 등 청각 요소가 38%, 화자의 겉모습, 몸짓, 표정, 시선 등 시각적 요소가 55%로 나타난다고 한다. 청각 및 시각 등 비언어적 요소가 93%, 언어적 요소가 7%의 비율이다. 여기서 우리는 말과 상이한 표현의 비언어적 메시지가 어떻게 작용할 것인지를 짐작해 볼 수 있다.

비대면 화상회의 등에서는 더욱 비언어적 표현을 통한 의사소통이 중요하다. 나해란 정신건강의학과 교수는 "뇌는 언어와 대화 분위기, 고개 기울어진 각도, 몸짓 등을 취합해 종합적으로 판단한다."고 했고, 영국 케임브리지 대학 마와아무드 교수팀은 대화 시 손을 얼굴 어디에 어떻게 놓는지에 따라 속마음을 엿볼 수 있다는 연구 결과를 내놨다.[6]

보디랭귀지는 주로 시각적 표현으로 구성되는데, 사람의 움직임, 포즈, 악수 및 포옹, 앉은 자세, 팔과 손의 사용, 고개의 움직임, 얼굴 표정, 눈동자의 크기와 움직임, 걷는 자세, 타인과의 거리 상태 등이 포함된다. 보디랭귀지는 말을 보완해주는 역할을 하지만, 언어가 통하지 않을 경우에는 그 자체가 의사소통의 주 수단이 된다.

따라서 보디랭귀지는 첫째, 말하고자 하는 사람의 진심과 감정이 담겨져야 한다. 둘째, 자신의 말과 제스처가 서로 상반되는 의미로 표현되지 않도록 주의한다. 셋째, 제스처가 너무 빈번하거나 과장되면 듣는 사람이 집중력을 잃는다. 넷째, 외국에서 대화할 때는 그 나라에서 터부시되는 보디랭귀지를 사용하지 않아야 하고, 특정 제스처의 의미도 알아두어야 한다. 문화적 이해가 필요하다.

나. 보디랭귀지 사례

보디랭귀지는 세계 공용어로서 주로 손짓, 몸짓 등으로 자신의 생각이나 사물을 표현하여 외국인 사이에도 의사소통을 가능하게 한다. 그러나 그러한 제스처도 문화에 따라 상이하게 이해되는 경우가 있으므로 주의를 필요로 한다. 손과 머리를 사용하는 제스처가 많으며, 모양에 따라 그 의미를 달리하는 사례도 많다. 다음에서 국가별 주요 보디랭귀지 비교 사례를 살펴본다.

〈표 8-2〉 국가별 보디랭귀지

Sign	국가	의미
V자 사인	영국	손등이 상대를 향하면 '심한 욕설'이 됨.
OK 사인	한국, 일본	'돈'을 의미
	대부분의 나라	'승인'이나 '긍정'의 의미를 뜻함.
	프랑스 남부	'아무것도 없음'을 의미
	터키, 중동, 아프리카, 러시아, 브라질	'동성애' 등 '외설적인 표현'을 의미
엄지 세우기	대부분의 나라	'최고'를 의미
	중동	'음란한 행위'를 의미
	독일	숫자 '1'을 의미
	일본	숫자 '5'를 의미
	오스트레일리아	'거절', '무례함'의 표시
엄지와 중지 사이로 내밀기	브라질	'Lucky'라는 의미
검지 구부리기	일본, 오스트레일리아	'외설적 행위'를 의미
윙크	인도, 오스트레일리아	'모욕을 주는 것'으로 이해함.
머리 끄덕이기	대부분의 나라	'긍정'의 의미인 'YES'를 의미
	터키	'No'의 의미
귀 잡기	인도	'후회', '실수'에 대한 사과를 의미
	브라질	'이해한다', '잘 먹었다'는 의미
	이탈리아	'상대를 모욕'하는 사인
검지로 코 때리기	영국	'비밀'을 의미
	이탈리아	'우정의 충고'라는 의미

턱 두드리기	이탈리아	'흥미 없다', '귀찮다'라는 의미
	브라질	'모르겠다'는 의미
손으로 입술 당겨 휘파람 불기	유럽	'조롱'의 의미
	미국	'찬사'의 의미
주먹 흔들기	러시아	'외설스러운' 의미
허리에 손 올리기	인도네시아	'화가 났다'는 의미
하품	사우디아라비아	'사탄이 자극해서 하는 행동'

[출처: 한국관광공사, 글로벌 에티켓, 보디랭귀지]

5. 연설과 프레젠테이션

　연설과 프레젠테이션은 여러 사람 앞에서 자신의 의견이나 주장을 밝히는 것으로서 궁극적으로 상대방의 이해를 추구한다. 연설이 자신의 주장을 설득하는 것이라면 발표(presentation)는 주로 어떤 사실이나 결과를 알리거나 제안을 제시하는 것이다. 그러나 둘 다 다수의 사람들에게 자신의 주장이나 사실, 그리고 제안 등을 설득시키는 데 목적이 있으며, 따라서 그 다중에게 메시지를 분명하게 전달하는 것이 무엇보다 중요하다. 이를 위하여 어떻게 연설을 준비하고, 어떻게 문안을 작성하며, 어떻게 전달(delivery)할 것인가를 검토해 보고자 한다.

가. 연설(문) 작성 준비

　첫째, 연설의 대상, 목적에 따라 주제와 제목을 선정한다. 제목은 전체 내용을 함축적으로 나타낼 수 있어야 하고, 청중이 관심과 흥미를 가질 수 있도록 선택해야 한다.

　둘째, 내용에 관련된 자료들을 수집하고 목적에 맞는 자료를 선정한다.

셋째, 내용은 그 목적과 주제에 맞게 구성한다. 전체적으로 하나의 목적, 하나의 메시지 전달을 위하여 조직하며, 이 과정에서 구체적 사례나 에피소드, 자료 등은 모두 하나의 메시지를 위하여 귀납되어야 한다. 내용은 청중의 눈높이에 맞추고, 청중의 관심과 호응을 얻을 수 있도록 구성한다.

넷째, 작성된 연설문을 읽고 연습하면서 자신의 전달 모습을 가꾼다.

다섯째, 효과적인 전달을 위하여 시청각 방법을 활용한다.

나. 연설문 작성 요령

바이든(Joe Biden)이 2021년 1월 20일에 미국의 제46대 대통령으로 취임하였다. 그는 민주주의, 통합, 동맹의 메시지를 담은 취임 연설을 하였다.

나는 하느님과 여러분 모두에게 내 말을 전합니다. 항상 여러분에게 솔직하겠습니다. 헌법을 수호하겠습니다. 우리의 민주주의를 수호하겠습니다. 미국을 지킬 것입니다. 나는 힘이 아니라 가능성을 생각하면서 내 모든 것을 바칠 것입니다. 사익을 위한 것이 아니라 공익을 위한 것입니다. 그리고 우리는 함께 두려움이 아닌 희망에 대한 미국의 이야기를 쓸 것입니다. 분열이 아닌 단결. 어둠이 아닌 빛. 품위와 위엄에 대한 미국의 이야기. 사랑과 치유. 위대함과 선량함. 이것이 우리를 이끄는 이야기가 되기를 바랍니다. 우리에게 영감을 주는 이야기. 우리가 역사의 부름에 응답했다고 후세에 전래될 이야기……. 우리는 그 순간을 맞았습니다.

(Before God and all of you I give you my word. I will always level with you. I will defend the Constitution. I will defend our democracy. I will defend America. I will give my all in your service thinking not of power, but of possibilities. Not of personal interest, but of the public good. And together, we shall write an American story of hope, not fear. Of unity, not division. Of light, not darkness. An American story of decency and dignity. Of love and of healing. Of greatness and of goodness. May this be the story that guide us. The story that inspires us. The story that tells ages yet to come that we answered the call of history. We met the moment.)

위 연설문은 비교적 쉬운 단어와 짧은 문장으로 구성되어 있다. 전체적으로 한 문장이 15단어 이내로 짜여 있다. 수식적인 형용사가 거의 없고, 복합 구문이 많지 않다. 'that'을 제외하고는 'and'나 'or'등의 접속사가 별로 발견되지 않는다. 간결하고 쉬운 문장은 청중의 이해를 돕고 인상에 남게 한다. 최근 역대 미국 대통령들의 연설은 모두 간결하고 인상적인 문장을 구사하고 있는 것이 특징이다.

연설문 작성과 연설 수행

(1) 구성: 서론, 본론, 결론으로 나누고, 1:7:2의 비율이 적절하다. 기승전결로 구성하는 경우도 있다.

(2) 서두: 청중의 관심과 흥미를 끄는 일이 승패를 좌우하는 관문이다.

　－ 제목은 짧되 청중의 관심을 끌고, 주제와 내용을 함축할 수 있어야 한다.

　－ 국제회의나 기조연설 등이 아니라면 형식적인 인사말은 생략해도 좋다.

　－ 청중의 흥미를 위하여 주제와 연계되는 에피소드나 유머 또는 어떤 사례로 시작하는 것도 좋다.

　－ 긴 연설이나 발표의 경우에는 발표할 내용의 순서를 서두에서 미리 제시함으로써 청중의 이해와 집중도에 도움을 줄 수 있다. 또 전문적 발표에서는 결론 부분을 미리 밝힘으로써 내용의 이해도를 높일 수 있다.

(3) 본론: 결론 또는 메시지 도출을 위한 내용 전개와 분석, 상황 대처, 사례 제시, 평가 등을 동원한다.

　－ 정확하고 바른 내용을 전달한다. 청중을 속이거나 과장 또는 꾸며서는 안 된다.

　－ 내용 설명이 복잡하거나 난해해서는 안 된다.

　－ 내용이나 사례가 연제에서 이탈하지 않아야 한다.

- 사례에서 성공담만을 늘어놓지 않는다. 위기나 실패를 극복하는 스토리가 더 설득력이 있다.
- 정책 발표나 제안 등에서는 각종 시청각 자료와 수단을 활용하는 것이 이해 와 신뢰도를 높인다.

(4) 문장: 간결하고 명료해야 한다.

- 한 문장은 2줄이 넘어서는 안 되고, 40여 글자(영어에서는 15단어) 이내가 좋 다. 그 이상이 되면 청중의 이해도가 점점 떨어진다.
- 미사여구나 수식어(형용사)는 사용을 극도로 자제한다. ~적이라는 표현도 마 땅치 않다.
- 한 문장에서 '와(과)' '또' '그리고' 같은 접속사를 가능한 한 사용하지 않도록 주의한다.
- 단어는 분명한 뜻을 가지면서도 쉬운 단어를 선택하고, 구체적이어야 한다.
- 연설문을 문어체로 작성하였더라도 상당 부분을 구어체로 전달하여야 한다. 연설 수행을 위한 연습 과정에서 조정한다.

(5) 결론과 메시지

- 한 연설에서 너무 많은 메시지를 전달하는 것은 효과를 절감한다. 보통의 연 설에서는 하나의 메시지가 최선이고, 정책 연설이나 기조연설 등에서는 복수 의 메시지를 내놓게 된다. 이런 경우에는 본론 중 그때그때 메시지를 밝히는 것이 좋다.
- 결론과 메시지는 긍정적, 적극적이고 미래지향적이어야 한다.
- 마무리로 명언, 시, 속담 등을 인용하는 경우도 많다.

(6) 전달(delivery) 방법

- 사전준비(주최 및 연설 목적, 청중 숫자 및 성향, 현지 상황 파악 등)와 함께 시간제 한을 염두에 둔다. 명 연설자라도 시간을 넘기거나 끌면 청중에게 지루함을 주어 연설 효과를 반감시킨다.
- 바른 내용을 자신 있게 전달한다. 자신의 발표에 대해 확신과 신념이 깃들어 야 한다.
- 보디랭귀지 등 비언어적 표현을 적절히 구사한다. 그러나 비언어적 표현이

연설 내용과 일치하지 않을 경우에는 실패이다. 또 손짓, 몸짓, 고개 돌림 등이 너무 잦거나 현란할 경우에는 시각이 청각의 역할을 가로막는다. 즉, 집중력을 상실할 수 있다.

- 항상 청중의 입장에서 연설해야 하며, 연설 도중에 청중의 반응을 살펴가며 조정할 수 있어야 한다.
- 선거연설이나 강연 등에서 청중을 집중시키기 위하여 웃기거나 질문하거나 놀라게 하는 법 등을 사용하기도 한다. 또 말의 억양이나 톤 및 어조 등의 변화로 집중력을 유지시킨다.
- 연설은 짧을수록 좋다. 사람은 연설이 10분을 초과하면 집중력을 상실하기 시작한다고 한다.

비즈니스 프레젠테이션의 브레이크스루 방법(Breakthrough Method)

비즈니스 세계에서의 메시지 전달은 생명과 같다. 메시지가 애매하면 상대방이 뜻을 파악하기 어렵고, 또 이것저것 많은 것을 이야기하려고 욕심 부린다면 상대의 혼란을 가중시킨다. 하물며 광고 문장의 중요성은 더욱 그러하다. 광고나 프레젠테이션의 메시지를 한 문장으로 줄여야 한다는 '브레이크스루 메소드(Breakthrough Method)' 이론은 나쓰요 립슈츠(Natsuyo N. Lipschutz)에 의해 소개되었다.[7] 나쓰요는 브레이크스루 방법으로서 다음과 같은 기본규칙을 지킬 것을 제시하였다.

(1) 원 빅 메시지(One Big Message)를 한 문장으로 말하라: 자신이 전달하고 싶은 메시지를 한 문장에 담아야만 상대방에게 훨씬 잘 전달된다. 광고의 헤드 카피는 20자 이내이며, 영어로는 10단어 내외다. 이를 위하여 불필요한 말, 불필요한 정보를 모두 제거하고 핵심 정보만을 가지고 문장을 정리해야 한다.

(2) 듣는 사람 관점에서 생각하라: 좋은 발표자란 자신이 주인공이 되지 않고 듣는 사람 관점에서 이야기할 수 있는 사람이다. 청중의 관점에

서 이야기했을 때 상대방의 마음과 머리를 움직일 수 있다.

(3) KISS(간단, 간결, 간명)하라: 단순함과 명확함을 잊지 마라(Keep It Simple and Specific)는 것이다. 구체성을 염두에 두되 간단, 간결, 간명하게 말하라는 의미다. 메시지의 곁가지를 쳐내고 핵심만 남기면 듣는 사람이 이해하기가 훨씬 쉬워지며 상대방을 자신이 의도하는 목표대로 이끌 수 있다.

(4) 미래 예상도를 팔라: 상대방이 어떤 미래를 기대하는지를 떠올려 그곳에서부터 발상을 시작하라. 듣는 사람의 머리와 마음에 밝은 미래상이 명확히 그려진다면 그는 분명 그곳에 도달하는 방법을 손에 넣으려 할 것이므로 말하는 사람 또는 광고의 효과를 보게 될 것이다.

(5) 성공담만 늘어놓지 말라: 프레젠테이션에서 자기 성공담이나 자랑을 늘어 놓으면 도리어 역효과를 본다. 차라리 실패를 이야기하고 어떻게 극복했는가를 말하는 것이 더 흥미를 이끈다. 실패(failure), 불만(frustration), 첫 경험(first), 결점(flow)의 '네 가지 F'를 이야기 작성에 참고한다.

(6) 저맥락화를 명심하라: 커뮤니케이션에서 비언어적 부분에 많이 의존하면 고맥락(high context) 문화이고, 언어 자체에 더 의존하면 저맥락(low context) 문화인데, 전자는 동양 사회의 문화이고 후자는 서양사회의 문화이다. 비즈니스 말하기에서는 어느 문화이건 상대방이 누구이건 저맥락화를 통해 애매함을 없애야 메시지를 쉽게 전달할 수 있다.

다. 세기적 연설

고대 로마 시대부터 오늘까지 세계적이고 역사적인 위대한 연설이 많이 있다. 그러나 시대를 따라 연설문은 변화를 겪고, 혹자는 지금의 연설은 과거보다 못하다고 평하기도 한다. 대체로 과거의 연설은 보다 웅변적이고, 리듬을 가진 시적 표현과 섬세함을 지녔다고 본다. 미사여구나 수식어도 동원되었다. 현대 연설은 문장이 간결하고 쉬운 단어를 사용한다. 미사여구나 수식어, 접속사 등을 가능한 한 제거한다. 따라서 단어 선택에 있어 더 신중하고 단호하다.

그러나 이러한 연설 문체의 변화에도 불구하고 명연설은 시대를 관통한 공통점을 가지고 있다. 첫째, 인간에 대한 신뢰와 역사 발전에 대한 낙관론을 갖고 있다. 둘째, 희망과 꿈을 심어주고 미래지향적이다. 셋째, 지도자의 분명한 철학과 메시지를 보여준다. 넷째, 겸허한 자세 그러나 단호한 결의를 천명한다. 시대가 바뀌어도 정치 지도자들은 연설을 통하여 사람을 설득하고 그들의 지지를 획득하고자 한다. 그것은 우리의 희망과 꿈을 분명히 표현해주고 우리 가슴 속에서 듣고자 하는 것을 말해줄 수 있는 히어로를 우리가 여전히 필요하기 때문이다.[8]

(에이브러햄 링컨 대통령의 게티즈버그 연설, 1863. 11. 19.)
신의 가호 아래 이 나라는 새로운 자유의 탄생을 보게 될 것이며, 인민의, 인민에 의한, 인민을 위한 정부는 이 지상에서 사라지지 않을 것입니다.
(– that this nation, under God, shall have a new birth of freedom – and that government of the people, by the people, for the people, shall not perish from the earth.)

(프랭클린 D 루즈벨트 대통령 취임사, 1933. 3. 4.)
이 위대한 국가는 그간 인내해온 것처럼 계속 인내할 것이며, 회복하고 번영할 것입니다. 무엇보다 먼저 나의 확고한 신념을 분명히 말씀드립니다. 우리가 두려워해야 할 유일한 것은 두려움 그 자체라는 것을.
(This great nation will endure as it has endured, will revive and will prosper. So first of all let me assert my firm belief that the only thing we have to fear is fear itself.)

(윈스턴 처칠 영국 수상의 의회 연설, 1940. 5. 13.)

나는 피, 수고, 눈물, 그리고 땀밖에는 달리 드릴 것이 없습니다. …… 우리의 목표는 무엇인가? 나는 한마디로 대답할 수 있습니다. 그것은 승리입니다. 승리- 어떤 대가를 치르더라도 어떤 폭력을 무릅쓰고라도 승리뿐입니다. 거기에 이르는 길이 아무리 길고 험해도, 승리 없이는 생존도 없기 때문에 오직 승리뿐입니다. 그것을 기필코 실현시킵시다.

(I have nothing to offer but blood, toil, tear, and sweat. …… What is our aim? I can answer in one word : Victory - victory at all costs, victory in spite of all terror, victory, however long and hard the road may be ; for without victory, there is no survival. Let that be realized.)

(존 F 케네디 대통령 취임사, 1961. 1. 20.)

그러므로, 친애하는 미국 시민이여, 조국이 여러분을 위해 무엇을 할 수 있는지 묻지 말고, 여러분이 조국을 위해 무엇을 할 수 있는지 묻기 바랍니다. 친애한 세계 시민 여러분, 미국이 여러분을 위해 무엇을 해줄 것인지 묻지 말고, 인류의 자유를 위해 우리가 함께 무엇을 할 수 있는지를 묻기 바랍니다.

(And so, my fellow Americans, ask not what your country can do for you - ask what you can do for your country. My fellow citizens of the world, ask not what America will do for you, but what together we can do for the freedom of man.)

제9장

문서(How to write)

제9장

문서

일상생활에서 초청장이나 서신을 작성할 때 일반적으로 그리고 국제적으로 통용되는 서식을 따르는 것이 좋다. 존칭이나 호칭을 잘못 사용하면 상대방에게 불쾌감을 주어 소기의 목적을 달성하는데 큰 지장을 주고, 인사말이나 결귀가 틀리거나 적합하지 않으면 오해를 야기할 수 있다. 본장에서는 초청장(국, 영문)과 서한문(영문)의 양식과 작성 요령에 관하여 살펴보기로 한다. 존칭과 호칭에 관하여는 제11장 3항에 상세하게 설명한다.

1. 초청장

정식 초청장은 카드용 백색 용지에 인쇄하는 것을 원칙으로 한다. 비공식 초청장은 백지 또는 사교용 명함에 필기 또는 타자를 한다. 초청 서한의 경우에는 A4 용지에 인쇄 또는 타자하는 것을 원칙으로 한다. 요즘에는 각종 초청, 청첩 등에 이메일과 SNS 등을 활용하는 경우가 늘어나고 있다. 그러나 어떠한 형식의 초청장이라도 초청 목적, 주최자, 일시, 장소, 복장, 참석여부 연락처를 분명하게 기입하여야 한다. 또한 문장은 3인칭으로 한다.

가. 초청자 쓰는 법

- 초청자 직책만을 표시하거나, 성명과 직책을 함께 쓸 수 있다. 이 때 성명 앞에는 Mr. Mrs. 등을 붙인다.

  (예) 국무총리 홍길동

     The Prime Minister of the Republic of Korea

     The Prime Minister of the Republic of Korea Mr. Hong Gildong

- 내외가 초청할 때에는 남편은 직책을 쓰고 부인은 Mrs. 다음 남편의 성명(full name)을 쓴다. 여성이 직책을 가지고 남편과 공동으로 초청할 경우에는 여성의 직책을 쓰고 Mr. 다음 남편의 성명(full name)을 쓴다.

  (예) The Chairman of Gildong Group and Mrs. Hong Gildong

     The President of Gildong Art Center and Mr. Hong Gildong

- 비공식 연회 초청의 경우 남편이 직책이 있더라도 Mr. and Mrs. 다음 남편의 성명(full name)만으로 쓰는 경우가 많다.

- 초청자를 쓸 때 주의할 점은 초청자 앞에는 절대 His(또는 Her) Excellency(H.E.)나 The Honorable(The Hon.)과 같은 존칭을 붙이지 않는다는 것이다.

나. 초청 목적 쓰는 법

- 초청의 내용 즉, 오찬, 만찬, 리셉션, 칵테일 또는 기념식 등을 명기한다.

- 초청의 목적, 연회 개최의 뜻을 알리기 위하여 초청장 상단에 다음과 같은 문구를 인쇄하거나 꼬리표(tag)를 만들어 붙인다.

  (예) In honor of _____ (주빈 ____를 위한 연회에)

     On the occasion of_____ (국경일, 기념식, 방문 기회에)

     To bid farewell to _____ (_____의 이임에)

     To welcome _____ (_____를 환영하기 위하여)

     To meet _____ (_____를 소개하기 위하여)

다. 초청 대상자 쓰는 법

- 초청인사가 정부 각료급 이상일 때에는 통상 직책만을 표기하고, 그 외 인사는 Mr. 또는 Mrs., Ms., Miss 다음 성명(full name)을 기입한다. 그러나 박사 학위 소지자의 경우 Dr., 국회의원의 경우 Hon., 대사 출신 인사의 경우 Amb. 를 붙일 수 있다.
- 부인 동반 초청의 경우에는 남편의 직책만을 쓰고 부인은 Mrs. 다음 남편의 성명(full name)을 쓰거나, 직책 표기하지 않고 Mr. and Mrs. 다음 남편의 성명(full name)을 쓴다. 부부가 각각 성을 다르게 쓸 경우에도 남편의 성명으로 대표하나 각각의 성명(full name)을 표기해주는 것도 무방하다.
- 직책을 가진 여성인사를 부부동반으로 초대할 경우에는 여성의 직책과 남편의 성명(full name)을 쓰거나, 직책 표기 없이 Ms. 다음 여성 성명(full name) and Mr. 남편의 성명(full name)을 쓰기도 한다.
- 한글 초청장의 경우에는 초청인사 _____귀하 아래 동영부인이라고 적는다.

라. 초청 일시 및 장소

- 초청 일자, 요일, 시간 및 장소를 명기한다.
- 날짜를 표기할 때 미국식은 문자로, 영·불식은 숫자로 표기하는 것이 관례다. 우리의 경우에는 미국식을 준용하고 있으나, 영국식을 사용하여도 전혀 문제가 없다.
  - (예) • 일시: 2022년 1월 25일(화) 오후 6시 30분
    - • on Tuesday, the twenty-fifth of January 2022
      at six thirty p.m.
    - * 미국에서는 at six-thirty o'clock으로 표기한다. 초청 목적이 오찬 또는 만찬 등으로 오전 오후를 표기하지 않아도 혼선이 없기 때문.
    - • on Tuesday, January twenty-fifth

at six-thirty o'clock (연도를 생략하는 경우)

- 장소에 관한 약도 및 교통수단 설명서를 동봉할 수 있다.

마. 복장 표시

- 복장은 평복(정장)과 노타이, White Tie, Black Tie 등으로 구분한다.
- 영ㆍ미에서는 평복은 Informal(Lounge suit, Business suit)이며 노타이는 Casual이
  다. 평복은 짙은 색의 상하 한 벌을 의미하며, 노타이(Casual)는 노타이에 캐쥬
  얼 양복 상의를 착용하는 것이고, 더운 지방에서는 통상 노타이에 긴 팔 셔츠
  를 입는다.

바. 참석여부 통보

- 통상 초청장 좌측 하단에 참석여부를 통보받기 위하여 R.S.V.P(Répondez, s'il
  vous plaît)와 연락처(전화번호 또는 이메일 주소)를 적는다.
- 시일이 촉박하거나 다른 사유로 구두 또는 전화로 초청 사실을 미리 알리고
  추후 초청장을 보내는 경우에는 초청장에 R.S.V.P. 대신 To remind 또는
  p.m.(pour mémoire)라고 쓴다.
- 다수의 참석이나 좌석배치가 필요하지 않는 연회, 즉 리셉션, 가든파티, 칵테
  일, 다과회 등의 경우에는 불참할 경우에만 통보해달라는 뜻으로 Regrets only
  라고 쓴다.

사. 초청장 봉투 쓰는 법

- 초청장 봉투에는 통상 존칭, 성명(full name), 직책 및 소속, 주소(인편 전달의 경
  우에는 주소 생략)의 순서로 적는다. 성명과 직책, 존칭 등은 사전 확인하여 잘
  못 기입하지 않도록 유의한다.

– 존칭에 관한 용례는 '제11장 3. 존칭과 호칭' 편을 참고한다.

아. 초청장 발송 및 회신

– 초청장은 통상 2~3주 전에 발송하는 것이 예의이며, 늦어도 최소한 1주일의 여유는 주어야 한다.
– 참석여부 통보를 요청한 초청장에는 가능한 한 빨리 참석여부를 회신해야 한다. Regrets only의 경우에는 참석할 수 없을 경우 반드시 참석하지 못함을 통보하도록 한다.
– 부부동반 초청에 그중 혼자만이 참석할 경우에는 초청자에게 미리 통보를 하고 참석한다. 참석여부를 통지한 후 부득이 이를 변경해야 할 사정이 생기면 주최측에 차질이 없도록 신속하게 연락해야 한다. 주최 측이 부득이한 사정으로 연회 개최를 취소하거나 연기해야 할 경우에도 반드시 이유를 명시하여 신속히 통지해야 한다.

〈초청장 견본 1〉 국문

홍 길 동 귀하
(동영부인)

국제희망나눔네트워크 주최로 다음과 같이
만찬을 갖고자 하오니 참석하여 주시기 바랍니다.

일시: 2022년 5월 13일 (금) 오후 6시
장소: 코리아하우스
복장: 정장

(032) 123-4567   회장 조기종

〈초청장 견본 2〉 영문

The Chairman of the Int'l Hope & Sharing Network
and Mrs. Cho Kijong
request the honour of the company of
<u>Mr. and Mrs. Hong Gildong</u>

at Dinner
on Friday, 13 May 2022
at 18:00 o'clock

Informal

R.S.V.P.   Korea House

(032) 123-4567   Incheon

2. 영문 서한

우리나라 편지에도 서식이 있듯이 영문 서한에도 작성 형식과 내용이 있다. 국가 간의 외교문서에는 각종 종류와 서식이 엄격하게 구분되지만, 일반 서한이나 비즈니스 서신의 경우에도 그들이 따르는 서식이 있다. 따라서 이들과의 소통을 위해서는 그들이 사용하는 표준 서식을 따르는 것이 불필요한 오해나 결례를 범하지 않는 방법이다. 서한의 내용은 가능한 한 명확하고 정중해야 한다. 정확한 의사 전달을 위하여 표현하는 단어가 정확해야 하며 특히 비즈니스 서한에서는 더욱 그러하다. 물론 특별한 관계나 상황에서 의도적으로 애매모호한 단어를 선정하는 것은 별도의 문제다. 상대방에게 최소한의 예의를 갖추어 불필요하게 상대방을 자극하거나 불쾌하게 하는 일이 발생하지 않아야 한다.

서한 용지는 통상 21×27.9cm (A4 용지 상당)의 용지를 사용한다. 특별히 의도적으로 손 편지(handwriting)를 쓰지 않는 한 컴퓨터를 사용하여 작성한다. 영문 서한은 다음과 같은 요소로 구성한다.

- 기관명(letterhead)
- 발신일자(date)
- 수신인(addressee)
- 인사말(salutation)
- 본문(body of the letter)
- 결어(complimentary close)
- 서명(signature)

서한은 위 기본 구성요소 외에 필요에 따라 제목(subject), 참조인(attention), 문서번호(document number), 참조번호(reference number), 동봉(enclosure), 사본 배부처(carbon copy) 등을 보조적으로 포함시킨다.

가. 기관명

기관명(letterhead)은 용지의 최상단 중앙에 정부기관, 회사, 단체, 개인의 이름이 인쇄되어 있는 것을 말한다. 통상 기관의 로고나 앰블렘이 양각 또는 인쇄되기도 하며, 주소와 연락처(전화번호, e-mail 주소, 팩스번호, 사서함)를 같이 표기한다.

나. 발신 일자

기관명으로부터 3행(space) 아래의 용지 상부 우측에 기재하며 미국식과 영국식 표기법이 다르다. 미국식은 '월 일, 년도'의 순서로 쓰고 월의 이름은 숫자가 아닌 문자로 표기한다. 영국식은 '일 월, 년도' 순서로 표기한다.

미국식　March 9, 2022

영국식　9 March, 2022 또는 9th March, 2022

발신 일자를 3/9/2022 또는 3.9.2022 (미국식)와 같이 모두 숫자화 하는 경우도 있고, 이 경우 영국식은 9/3/2022 또는 9.3.2022로 표기한다. 그러나 혼선을 주지 않고 바람직한 것은 영·미식 모두 '9 March 2022' 또는 'March 9, 2022'로 표기하는 것이며, 이 표기법을 추천한다.

다. 수신인

수신인은 발신일자로부터 4행 아래 좌측에 표기한다. 좌측에서 시작하는 모든 표기는 좌측 한계선에서 5타 간격을 띄어 시작한다. 수신인의 성명과 직책, 회사명, 주소, 시와 주(州)명 및 우편번호(zip code), 국명 순서로 행을 바꾸어 기입한다. 주소는 봉투에 있으므로 생략해도 무방하다. 정부의 각료 등 고위직의 경우에는 성명과 직명으로 기재해도 무방하다.

Mr. Robert Steiner　　　　　　The Honorable Tony Blinken

President　　　　　　　　　　Secretary of State

Edge & Co., Inc.　　　　　　　United States of America

30 Hudson Yards

New York, NY 10001

U.S.A.

라. 인사말

인사말(salutation)은 수신인 아래 2행 좌측에 존칭을 쓰고 comma(,)를 찍는다. 과거 공식 서한에서는 존칭을 쓰고 colon(:)을 찍었으나 요즘에는 comma를 사용한다.

- Dear Mr.(Ms.)+성(last name)   공식적이고 가장 보편적 표현 용례
- My dear Mr.+성(last name)   공식적이고 주로 미국에서 사용하며, 여성(Mrs. 또는 Ms.)에게는 My를 붙이지 않는다.
- (My) Dear+이름(first name)   친근한 사이에 사용하는 표현
- (Dear) Sir.(Madam)   공식적이고 의례적 표현으로 경의를 표하거나 모르는 사람에게 사용하는 표현
- (Your) Excellency   정부의 지위가 높은 사람에게 사용하는 표현
- Dear Mr.(Madam)+직책, 또는 Dear+직책+성(last name)   정부의 지위가 높은 사람에게 사용하는 표현
- Dear+회사명+Friends   자기 회사의 고객들에게 사용하는 표현

  인사말의 구체적 용례는 '제11장 3(존칭과 호칭)'을 참조한다.

바. 본문

본문은 인사말의 2행 아래에 작성한다. 각 문단(paragraph) 사이는 2행을 띄우고, 각 문단의 시작은 다음 2개의 유형이 있다.

- 인덴트 스타일(indented style): 문단의 첫 머리를 5~10타 우측으로 띄어서 시작하는 서식
- 블록 스타일(block style): 문단의 변화와 관계없이 모든 행을 왼쪽 끝에 맞추어 시작하는 서식

  시각적 효과를 위하여 인덴트가 좋으나 작성의 편의성을 위하여 블록이 효과적이며, 요즘에는 블록 스타일을 많이 볼 수 있다.

  각 문단의 첫 글자는 좌측 한계선으로부터 5타 간격을 띄어 시작한다. 하나의 단어가 각 행의 끝에서 끊어질 때는 짧은 단음절의 경우는 반

드시 다음 행으로 내려서 단어가 끊이지 않도록 해야 한다. 하나의 단어가 두 개 이상의 음절로 되어 있는 것은 음절에 맞춰 끊어 쓴다. 음절은 사전을 참조한다.

서한이 두 장 이상일 때 마지막 장에 결어나 서명만 남지 않도록 본문의 끝 부분을 2~3행 마지막 장에 배치한다. 페이지는 용지의 하단 중앙에 아라비아 숫자로 표시하고 양쪽에 hyphen(-)을 친다(예: -2-).

사. 결어

본문 마지막 행의 1행 아래 중앙에서 쓰기 시작한다. 다음과 같이 다양한 결어 가운데 상대방에 대한 격식, 또는 상대방과의 교분 및 친근 정도에 따라 적절히 선정하여 사용한다. 결어 다음에는 comma를 찍는다.

- Very respectfully, Respectfully Yours   국왕에게 사용
- Respectfully yours   교황에게 사용
- Very truly yours, Sincerely yours   대통령에게 사용
- Sincerely yours(Yours sincerely)   총리, 각료 등에게 사용
- Sincerely   상, 하원의원, 대사, 주지사, 시장, 장성, 교수, 의사, 신부, 목사, 남자, 부인 등 모든 경우에 사용
- Yours faithfully   영국에서 주로 사용
- Yours cordially(Cordially yours)   통상 Sincerely yours와 유사하게 사용하나 전통적 형식은 아님.
- Best wishes, Best regards, Regards   격의 없고 가벼운 표현이나 모르는 사람과 특정 목적으로 주고받을 때도 사용

그러나 요즘 격식에 어긋나지 않고 누구에게나 가장 흔하게 사용하는 것은 Sincerely yours(Yours sincerely)이다. 또한 위 Sincerely yours 아래 표기된 모든 종류의 결어를 상대방에 관계없이 일반적으로 사용하고 있는 것이

현실이다.

아. 서명

결어로부터 4행 아래에 성명, 직위, 회사명을 각각 줄을 바꾸어 적는다. 좌측 한계선에서 30타 가량 띄운 위치이다. 마침표 등 부호는 사용하지 않는다. 성명 위 빈 칸에 자필로 서명하며, 이는 편지 내용에 대하여 확인 및 책임을 지겠다는 뜻이다. 만약 대리인으로서 서명할 경우에는 대리를 위임한 사람의 직위를 적고 그 앞에 'For'를 적는다. 그 아래 대리인이 자필로 서명을 하고 그 아래 자신의 성명, 직위, 회사명을 각각 줄을 바꿔 적는다.

자. 보조 사항

위와 같은 서한의 기본 구성요소에 덧붙여 필요에 따라 다음과 같은 사항을 추가할 수 있으며, 이 또한 일정한 서식 및 용법에 따라 작성해야 한다.

(1) 참조인

큰 조직 앞으로 서한을 보내는 경우 해당 부서나 담당자 앞으로 신속하게 분류되어 전달될 수 있도록 실무 부서 또는 실무 담당을 명시할 수 있으며, 수신인 아래 한 줄 띄고 'attention: _____'으로 적는다.

(2) 참조 번호

같은 사안으로 서한을 여러 차례 교환하는 경우 관련된 서류 및 서한을 환기시키거나, 그 내용을 구속시키기 위하여 발신일자 아래에 'Reference (Re.): _____'로 적는다.

(3) 제목

실무 서한 등에서 주제를 쉽게 파악할 수 있도록 수신인과 인사말 사이 용지의 중앙에 'Subject: _____'라고 기재한다.

(4) 동봉

서한과 함께 서한에서 언급한 서류나 문서 등을 동봉하면 서명인 한 줄 아래 좌측 시작 선에 맞춰 'enclosure(enc.)_____'라고 적는다. 두 개 이상을 동봉하면 'enclosures(encls.)_____'로 하고 각각의 문서 명을 기입한다.

(5) 사본 배부처

수신인 외의 다른 사람에게 서한 내용을 참고로 알리고자 할 경우에, 서명인 한 줄 아래 좌측 시작 선에 맞춰 'c.c. : _____' 또는 'Copy to ____'라고 적는다. 동봉이 있을 경우에는 그 아래 한 줄 아래에 기입한다.

(6) 추신

서한을 쓰고 난 후 빠진 내용이 있거나 새로운 용건이 발생하였을 경우 또는 수신인에게 참고로 알리고자 할 경우에는 수신인 한 줄 아래 좌측 시작 선에 맞춰 'P.S. _____'를 적는다. 동봉이나 사본배부처가 있을 경우에는 그 아래에 적는다. 추신은 손으로 쓰게 되는 경우가 많다.

차. 서한의 배치와 스타일

서한 본문과 구성요소(수신인, 발신인, 서명 등)의 배열 방식에 따라 3가지를 소개하고, 변형된 스타일 2가지를 제시한다. 첫째, 예문 1처럼 모든 요소의 모든 행을 왼쪽 끝에서 수직으로 배열하는 것으로 완전수직형 양식(full block style)이라 한다. 둘째, 예문 2처럼 구성요소는 2행부터 윗 행의 머리글자보다 5~6자씩 오른쪽으로 들여 쓰고, 본문 각 문단의 시작은 5~6자 오른쪽에서 시작하는 양식으로 사선형 양식(indented style)이라 한다. 셋째, 예문 3은 위 두 개의 양식을 절충한 반 수직형 양식(semi block style)으로 실제 어떤 위치에 어떻게 배치하는가를 숫자로 표시하였다. 넷째 예문 4와 예문 5는 변형된 수직형 양식(modified block style)로서 서명의 위치는 좌우 각각 서로 다르다. 과거에는 궁정 및 외교가에서 사선형을 선호하였으나, 요즘에는 대부분의 장소에서 변형된 블록스타일(수직형 양식)이 대세다. 필자도 이를 추천한다. 전체적으로 균형이 맞고 작성하기에도 더 수월하다.

〈예문 1〉완전 수직형 양식(full block style)

19 March 2022

MR. John Doe
123 East, 42nd Street
New York, NY 10017
USA

Dear Mr. Doe,

I am writing to thank you for your letter which arrived recently. I am so pleased that you can visit us next month. We are looking forward to welcoming you.

In the middle of Spring here, the weather is mild and warm with sometimes windy and rainy ones which we call 'Cotssam' cold(sudden frost). However you will enjoy the splendor of Spring of Korea.

You will be staying at a local hotel called the Gawanghwamun Hotel. The address of the hotel is 12 Sejongro Chongroku, Seoul, and the telephone number is +822-123-4567. Hotel Gawanghwamun is well located in the downtown and friendly with restaurant and fitness center. You will have your breakfast there and I will invite you for lunch and dinner in other places on the first day of your stay.

Please contact me at any time if you have any questions. My mobile phone number is +8210-123-4567 and e-mail address is gdhong71@gmail.com.

Sincerely yours

Hong Gildong
Managing Director
HGD Co., Ltd.

〈예문 2〉 사선형 양식(indented style)

19 March 2022

MR. John Doe
123 East, 42nd Street
New York, NY 10017
USA

Dear Mr. Doe,

I am writing to thank you for your letter which arrived recently. I am so pleased that you can visit us next month. We are looking forward to welcoming you.

In the middle of Spring here, the weather is mild and warm with sometimes windy and rainy ones which we call 'Cotssam' cold(sudden frost). However you will enjoy the splendor of Spring of Korea.

You will be staying at a local hotel called the Gawanghwamun Hotel. The address of the hotel is 12 Sejongro Chongroku, Seoul, and the telephone number is +822-123-4567. Hotel Gawanghwamun is well located in the downtown and friendly with restaurant and fitness center. You will have your breakfast there and I will invite you for lunch and dinner in other places on the first day of your stay.

Please contact me at any time if you have any questions. My mobile phone number is +8210-123-4567 and e-mail address is gdhong71@gmail.com.

Sincerely yours

Hong Gildong
Managing Director
HGD Co., Ltd.

〈예문 3〉 일반 서신의 배치(semi block style 사용)

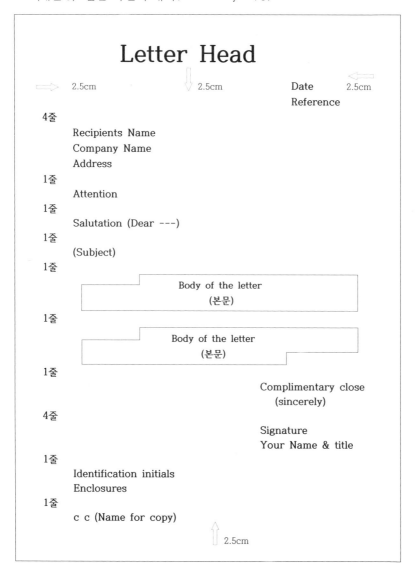

Letter Head

2.5cm   2.5cm   Date   2.5cm
Reference

4줄

Recipients Name
Company Name
Address

1줄

Attention

1줄

Salutation (Dear ---)

1줄

(Subject)

1줄

Body of the letter
(본문)

1줄

Body of the letter
(본문)

1줄

Complimentary close
(sincerely)

4줄

Signature
Your Name & title

1줄

Identification initials
Enclosures

1줄

c c (Name for copy)

2.5cm

〈예문 4〉 변형된 수직형 양식(modified block style)

[스리랑카대통령 서한]

श्री ला-का ජනාධිපති
(லங்கைக ஜனாதிபதி)
President of Sri Lanka

5th July 2001

H E Mr. Song Young –oh
Ambassador of the Republic of Korea
Embassy of Korea
98, Dharmapala Mawatha
Colombo 07.

Your Excellency,

I thank you most sincerely for the beautiful gift and your gracious good wishes sent on my birthday. I deeply appreciate your kind gesture.

Please accept, Excellency, my personal good wishes for your health, happiness and well-being

Yours sincerely

Chandrika Bandaranaike Kumaratunga

〈예문 5〉 변형된 수직형 양식(modified block stle)

[윤석열 대통령 후보의 주한 우크라이나 대사 앞 서한]

His Excellency Dmytro Ponomarenko
The Ambassador of Ukraine to the Republic of Korea
21 Itaewon-ro 45-gil, Hannam-dong
Yongsan-gu, Seoul

March 2, 2022

Dear Mr. Ambassador,

It is with a grieving heart that I write to you to express my sincere condolences for the loss of human life and widespread destruction in Ukraine wrought by Russia's brutal aggression. I and all Koreans, on whom North Korean invasion has left an indelible mark, can fully sympathize with the calamity facing the people of Ukraine.

Though no words can describe the depths of the sorrow and horror I feel, I am also awed and humbled by the incredible courage, sacrifice, and unity demonstrated by the people of Ukraine, with President Volodymyr Zelenskyy leading at the helm. The strength and resilience of the Ukrainian people serve as an inspiration to all humanity and will go down in history as a great example of what a united and determined people can achieve. And I am convinced, Mr. Ambassador, that Ukraine will soon be able to turn the ongoing tragedy into a victory and emerge even stronger.

I and all of us in Korea stand in solidarity with you and the people of Ukraine in your fight for national sovereignty, peace, and justice. Our prayers are with you.

Sincerely yours,

Yoon Suk Yeol
Presidential Candidate of the People Power Party of the Republic of Korea

카. 편지 봉투

- 편지 봉투는 흰색 사각봉투를 원칙으로 하고 그 크기는 일정하지 않다. 항공 우편의 경우 우체국이나 문방구에서 구입하는 봉투 주위에 무늬를 한 항공 전용 봉투를 사용하였으나, 일반 봉투를 사용해도 무방하다.
- 편지 봉투의 주소 기입은 수신인의 경우, 봉투의 가로와 세로의 중심을 기준으로 가로 중심의 1행 아래에 성명, 직책, 직장명, 주소 순서로 각각 줄을 바꾸어 적는다. 이 때 성명 앞에 반드시 합당한 존칭을 붙여야 한다. 발신인의 경우는 편지 상단 좌측에 성명, 직책, 직장명, 주소 순서로 기입한다.
- 편지 봉투 여백에 다음과 같이 특별히 표시하는 경우도 있다.
  - Personal 또는 Private 친전(수신인 외에는 뜯어보지 말 것)
  - By hand   인편 전달
  - Immediate   즉시 전달(처리)
  - Urgent   긴급 전달(처리)

3. 비즈니스 문서 작성 요령

제8장 5항(연설과 프레젠테이션)에서 '원 빅 메시지(One Big Message)'를 제시한 바 있다. 메시지를 한 문장에 담고, 듣는 사람의 관점에서 생각하며, 간단, 간결, 간명한 문장의 프레젠테이션을 가지라는 것이다. 비즈니스 문서 작성에서도 이러한 원칙과 요령은 유효하다.

Rule 1. 소비자가 되어라

비즈니스 문서를 작성할 때 문서를 보는 사람의 입장이 되어 생각하라. 먼저 읽을 사람들이 누구인지를 생각하고 그 사람들의 생각, 감정, 관심사항 등을 떠올려 본다. 그리고 그들의 수준과 성향에서 벗어나지 않는 표현과 어휘를 사용한다. 젊은이가 대상이라 해서 권위적이거나 지시하듯 표현을 하면 반감을 사고 쉽게 동의를 이끌어 내지 못할 것이다. 어르신을 상대로 할 경우 너무 간결하거나 젊은이들이 사용하는 유행어나 신조어를 사용하면 그분들의 이해를 얻지 못할 것이다.

다음으로 문서 내용이 읽는 사람의 궁금증을 풀어주고 충분히 이해할 수 있도록 필요한 정보를 친절하게 제공해야 한다. 작성하는 사람으로서는 너무 당연한 기본 정보일 수 있지만 읽는 상대방은 처음이라 모를 수 있다. 예를 들어 어느 손님이 레스토랑에 찾아가기 위하여 전화로 주인에게 위치를 물었을 때 자신의 식당인데도 아주 정확하게 설명해주는 경우가 의외로 많지 않다. 손님의 입장이 아니라 자신의 위치에서 설명하였기 때문이다.

(사례) "지하철 3번 출구를 나와 쭉 오시다가 ○○ 약국이 나오면 그 약국을 끼고 좌회전해서 조금만 더 오시면 ○○ 건물 아래층에 우리 레스토랑이 있어요."

(수정안) "지하철 3번 출구를 나와 직진으로 약 50m 가시면 신호등이 나오는데 거기에서 ○○ 약국을 끼고 좌회전하세요. 그리고 20m쯤 가시면 왼쪽에 ○○ 건물의 1층에 저희 레스토랑이 있어요. 주차는 발레 파킹입니다."

레스토랑 주인이 바쁘지만 처음부터 수정안처럼 설명해 주었다면 손님으로 하여금 "얼마쯤 가요?", "왼쪽이요, 오른쪽이요?", "주차는 가능한가요?" 등의 질문을 야기하지 않았을 것이고 따라서 전화 시간도 단축되었을 것이다. 비즈니스 문서도 정확한 정보를 친절하고 명확하게 제공해야 한다. 요체는 전달받는 사람이 정확하게 이해해야 하는 것이다.

Rule 2. 내용을 분명히 하라

모든 글쓰기나 문서 작성에 있어서 정확하고 충분한 정보를 분명하게 제공해야 한다. 기본적으로 '6하 원칙(5W 1H)'을 따른다. 누가(Who), 무엇을(What), 언제(When), 어디에서(Where), 왜(Why), 어떻게(How)를 작성하고 상황에 따라 불필요한 사항은 생략하면 된다. 충분한 정보를 제공하지 못함으로써 애매한 상황을 만들거나 읽는 사람으로 하여금 추측하게 해서는 안 된다. 특히 애매한 내용을 읽는 사람들이 각자 다르게 판단하는 일이 생긴다면 그 문서는 실패작이다.

문장을 수동형이나 부정형으로 쓰면 내용의 전달이 약해지거나 애매해지는 경우도 있다. 예를 들면 "나는 이것을 ……이라고 본다."라는 표현을 "이것은 ……이라고 보여 진다."로 쓴다면, 뭔가 주관적이기 보다 객관적으로 보여 지고 따라서 나의 판단에 대한 책임이 다소 누그러질 듯한 기분도 드는 것 같다. 이렇게 수동형 표현을 선호하는 문장들을 볼 수 있는데, 이러한 표현이 많으면 많을수록 전체 내용은 약해지고 읽는 사람에게 신뢰를 주지 못하게 된다.

영어 문장 작성 시에도 되도록 부정형을 사용하지 말라는 원칙이 있다. 우리가 수동형 영문을 때로는 능동형으로 번역하여도 무방하다. 부정형을 많이 쓰게 되면 문장의 핵심이 어디에 있는지 가끔 잃어버리고 부정적인 면만 떠오를 수 있다. 문장은 가능한 한 능동형, 긍정문으로 작성하여야 한다.

(사례) 회사 야유회 공지문
아래와 같이 회사 야유회를 공지하니 각 부서별 필수요원을 제외하고는 모두 참석하여 주시기 바랍니다. 회장님의 각별한 지시가 있었습니다.
- 언제: 5월 11일(수) 10:00 ~ 17:00
- 어디로: ○○ 유원지
- 교통수단: 회사 버스(차량 배정은 부서별 통보 참조)
　　　　　　또는 개별 차량도 무방

– 복장: 간편복

– 준비: 부서별 장기자랑 있으니 사전 준비 바람.

– 회식: 18:00부터 유원지 근처 ○○ 식당에서

• 주의: 개별 차량으로 올 때 시간과 장소를 꼭 지켜주세요!

(수정안) 회사 야유회 공지문

아래와 같이 회사 야유회를 공지하니 각 부서별 필수요원을 제외하고는 모두 참석하여 주시기 바랍니다. 회장님의 각별한 부탁이 있었습니다.

– 언제: 5월 11일(수) 10:00 ～ 17:00

– 어디로: ○○ 유원지 (안내소 앞)

– 교통수단: 회사 버스(차량 배정은 부서별 통보 참조)로 회사에서 09:00 출발

　　　　　　　또는 개별 차량도 무방

– 복장: 간편복(운동화, 모자 등)

– 준비: 부서별 장기자랑 있으니 사전 준비 바람.

– 회식: 18:00부터 유원지 근처 ○○ 식당에서

– 우천 시: 회사에서 10:00 출발하여 유원지 근처 ○○ 식당에서 11:00 회식

• 주의: 1. 점심은 회사에서 도시락으로 준비합니다.

　　　　2. 개별 차량으로 올 때 시간과 장소를 꼭 지켜주세요!

　회장님을 꼭 넣고 싶다면 지시보다는 부탁이라는 표현이 좋다. 목적지의 구체적 장소를 명시해주고, 회사에서 출발하는 시간도 미리 알려주어야 한다. 비가 올 경우에 계획이 어떻게 변경되는지를 알려주고, 점심은 어떻게 할 것인지도 미리 통보해주어야 한다. 우천 시에는 출발 시간이 변경되므로 언제쯤 어떻게 통보할 것인지도 별도로 소통해두어야 한다. 이렇듯이 처음 야유회에 가는 사람도 선배들에게 묻지 않고 준비해서 야유회에 나설 수 있도록 정확하고 구체적인 문서를 만들어야 한다.

Rule 3. 문장을 간결하게 하라

문장은 짧고 간결한 것이 좋다. 문장의 내용이 한 눈에 들어와서 쉽고 빠르게 이해할 수 있기 때문이다. '원 빅 메시지' 원칙을 적용하라. 요즘의 연설문이나 프레젠테이션에서도 과거처럼 미사여구나 음운을 맞추는 일을 하지 않는다고 설명한 바 있다. 하물며 비즈니스 문서에서는 더욱 그러하다.

– 하나의 '주어＋서술어' 형태를 지키고, 문장을 끊어 복합문장을 쓰지 않고 단순화한다.

– 형용사, 부사, 접속사 등 꾸미는 말을 생략하라. 명사 앞에 여러 형용사를 붙이거나 동사를 부사로 꾸미는 것은 군더더기가 되기 십상이다. 문장을 이해하는데 거추장스럽다. 수식어 없이 문장을 작성했을 때 문제가 없다면 과감히 생략해야 한다. 더군다나 '솔직히' '사실' '정말로' 같은 말은 구어체에서도 군더더기인데 문장에 도입하면 문격을 낮출 뿐이다. 앞의 문장을 염두에 두고 '그렇지만' '이와 같이' '그러나' 등의 접속사를 반복하면 문장에 힘이 없어진다. 사용하지 않아도 이해에 문제가 없다면 이 또한 생략해야 한다. 또 '와' '과' 같은 접속어로 명사들을 계속 연결시키는 것도 바람직하지 않다. 과감하게 대표적인 명사 하나만 선택해도 좋다. 수식어란 스튜에 집어넣는 향신료 같은 것이다.[1]

– 시적(詩的)으로 쓰거나 멋있게 꾸미려 하지 말라. 시적 표현을 쓰면 내용이 애매해진다. 멋있게 보이려 운율을 맞추고 대구(對句)를 반복하면 그 꾸밈에 빠져 핵심 내용의 전달이 약화될 수 있다.

Rule 4. 목표와 결론을 앞세우라

비즈니스 문서나 구두 보고에서는 문제 제기와 함께 바로 목표와 결론을 제시한다. 서론－본론－결론 순서가 아니라 서론은 문제 제기로 가름하고 결론을 바로 내놓는 순서를 택한다. 그런 다음 이와 관련한 이론, 방법과 절차, 세부 조치사항 등을 필요에 따라 늘어놓는다. 구두보고의 경우에는 더욱 그러하다. 대부분의 상급자들은 보고의 제목이나 문제 제기만으로 상황을 파악할 수 있으므로, 시간의 제약 속에서 보고자가 바로 핵심으로 들어가기를 기다리고 있다는 것을 명심해야 한다. 그 연후에 시간이 허락하면 세부사항으로 들어가거나 상급자의 요구에 따라 보충 설명에 들어가면 된다. 다소 장문의 문서를 받아보는 일반인의 경우에도 초반부에서 상황을 파악하고 결론을 얻거나, 그렇지 않을 경우 끝까지 차분히 읽게 되는 것은 보는 사람이 선택할 일이다.

Rule 5. 겸손하고 친화적인 문장을 선택하라

회사 안에서의 문서건 공지사항이건 간에 권위적이거나 강압적인 표현을 쓰면 읽는 사람들이 그 내용에까지 반감을 갖고 부정적인 시선을 보낼 수 있다. 하물며 외부로의 문서는 더욱 그러하다. 상대방을 존중하고 배려하는 자세를 갖추어야 한다. 상대방과 같은 입장이 되어 함께 해 나가자는 느낌을 주어야 한다. 다음 사례는 비즈니스 문서는 아니나 층간소음 문제를 해결한 서신 내용이다.

(사례) 아파트 위층 가족에게 보낸 서신
Merry Christmas !
지난 2월에 이사 온 아래층 604호 부부입니다.
보통 때 같았으면 인사차 이웃을 방문했을 텐데 코로나로 그렇지 못하고, 엘리베이터에서 두 차례 아이 아빠와 가볍게 인사했었지요. 오늘 이렇게 카드로 인사를 대신하며 새해를 맞이하기 전에 몇 자 적습니다.
이 아파트는 창문 방음장치가 잘 되어서 바깥 소음이 차단됩니다만, 위아래 간의 층간소음은 그렇지 않습니다. 그래서 자주 관리사무소에서 층간소음을 방지해달라는 방송이 나옵니다. 여러 곳에서 다툼이 일어나는 모양입니다.
우리 위층에서도 아이가 뛰어다니는 소리가 자주 들립니다. 어느 때는 낮부터 밤까지 간헐적으로 계속되는 때도 있어요. 요즘처럼 사람들이 집콕하는 시기에 아이들도 나가 놀기 어렵기는 하나, 그렇다고 해서 아이들이 집안에서 그대로 뛰어 놀면 아래층 사람들이

고스란히 그 소음을 겪게 되지요.

어른들의 발 망치(쿵쿵거리며 걷는 것) 소리도 층간소음 문제라는군요. 우리는 카펫과 두툼한 슬리퍼로 조금은 완화시키고 있지요.

외국에 사는 같은 나이 또래의 우리 손자를 생각하며 애틋한 마음으로 앞으로도 위층 아이를 이해하고 또 극복하려 하겠지만, 우선은 저녁 6시 이후에는 뛰거나 쿵쿵거리지 않도록 해주시기 바랍니다. 요즘 어려운 시기에 우리 모두가 나와 가족 그리고 이웃의 건강과 평안을 위해 서로 조금씩 양보하고 배려하십시다. 향후 아무 때라도 아이와 함께 우리 집을 방문하시면 환영하겠습니다.

Happy Holidays!

위 서신은 서론(인사), 본론(애로사항), 결론(요구사항)으로 나누어 문제점을 정확히 지적하고, 최소한의 요구사항을 점잖게 제시하였으며, 상대방을 나무라거나 강압적으로 요구하지 않고 협조를 부탁하는 형식이다. 결과는 곧바로 나왔다. 젊은 부부가 초등학교 1학년 아들이 뛰어다닌 것을 인정하고 그 소음으로 아래층이 괴롭힘을 당하는지를 몰랐다고 사과하면서 조치를 하겠다고 편지를 보내왔다. 그리고 실제로 밤낮으로 아이의 뛰는 소리가 들리지 않았고 어른들의 발 망치 소리도 사라졌다. 두꺼운 카펫과 슬리퍼 등 여러 조치를 취했다고 한다.

Rule 6. 제목을 잘 선정하라

제목은 글이나 문서의 얼굴이다. 그 제목을 보면 본문의 내용을 바로 짐작할 수 있어야 한다. 그 위에 사람들의 관심을 끌 수 있는 제목이라면 금상첨화다. 그래서 "제목이 반이다"라고 강조하기도 한다.[2] 그렇다고 제목을 흥미 위주로 작성하거나 수수께끼처럼 만들 수는 없다. 또 장황하게 늘어놓아서도 안 된다. 제목은 간결하고 직선적이며 실용적이어야 한다.

제목은 언제 적을 것인가? 제목을 쓰고 글을 시작할 것인가, 아니면 내용을 다 쓰고 제목을 적을 것인가. 주제와 목표를 설정하면 그에 따르는 제목을 적어놓고 내용을 전개하는 순서를 추천한다. 내용을 다 쓴 후 필요하면 처음 적어 놓은 제목을 수정하면 된다. 제목-내용-제목 수정의 순서이다. 주제에 따라 내용을 다 작성한 후 제목을 선정할 수도 있겠지만, 이는 마치 확고한 목표 없이 인생을 열심히 산 연후에 자신의 인생을 평가하는 것과 유사하다. 제목을 선정한 후 내용을 전개하면 그 제목의 영역에서 크게 벗어나지 않고 길을 갈 수 있다.

Rule 7. 읽고, 생각하고, 고치라

어떤 글이나 문서이건 교정 과정을 거친다. 맞춤법, 띄어쓰기 등의 기본부터 내용이 주제에 맞췄는지 또 내용에 맞는 제목인지 등을 검토한다. 단어의 선택이 올바른지, 표현이 적절한지, 문장의 구조는 어색하지 않은지, 전체 내용의 분량은 알맞은지 등을 면밀히 살펴보아야 한다.

- 내용에 관한 교정은 문서 작성 후 하루 쯤 지난 후가 좋다. 밤에 쓴 글을 아침에 보거나 아침에 쓴 글을 밤에 보면 자신의 글인데도 생각이 많이 달라질 수 있다. 어떤 이는 아침에 글을 쓰면 창의적이지만 비현실적일 수 있고, 또 어떤 이는 반대로 밤에 쓴 글이 비상한 아이디어인데 초현실적일 수 있다.
- 하루 이틀 두고 생각하며 교정할 시간이 없을 때는 회사에서 동료에게 보여주고 의견을 구한다. 중요한 문서는 어차피 다른 사람들의 의견을 물어야 한다.
- 대체로 자신이 애써서 작성한 글에 대하여는 애정을 갖게 된다. 따라서 교정하는 과정에서 너무 멋진 문장이기 때문에 주제에 다소 맞지 않는 부분이라도 삭제하는 것을 주저하는 경우가 있다. 과감하게 손을 대야 한다. 전체 분량이 요구받은 것보다 초과했을 경우에는 문장별로 줄이는 것 보다는 어느 한 문단 전체를 과감히 삭제하는 방법을 택해야 한다. 특히 연설문 같은 경우에 현장에서 주어진 시간을 맞추려면 덜 중요한 문단을 과감히 생략하는 수밖에 없다. 교정은 한 두 차례가 마땅하다. 여러 차례 교정할 시간도 없겠지만, 교정을 거듭하는 과정에서 매끈한 결과에 만족하며 교정 작업을 마치 예술 작업처럼 착각하고 교정에 집착할 필요는 없다.

제10장

협상(How to negotiate)

제10장

협상

협상(協商, negotiation)이란 어떤 목적을 이루기 위하여 여럿이 서로 의논하는 행위를 말한다. 이러한 행위는 우리의 일상생활 도처에서 일어난다. 매일 나의 가정에서, 직장과 사회에서, 기업 간에, 또 국가 간에 바라는 것을 얻기 위하여 서로 대화하고 교섭하는 과정이 협상이다.

미국 와튼 스쿨의 리처드 쉘(Richard Shell) 교수는 〈협상의 전략 Bargaining for Advantage〉에서 "협상이란 자신이 상대로부터 무엇을 얻고자 하고 상대가 자신으로부터 무엇을 얻고자 할 때 발생하는 상호작용적인 의사소통 과정이다."라고 정의했다. 다시 말해 협상은 절충과 타협을 통해 서로 상충하는 입장을 조정하거나 공통된 이익의 획득 또는 배분을 추구하는 것이다.

협상의 라틴어 어원 'negotium'은 'no leisure'로서 쉼 없는 일을 의미하며 일은 곧 장사이고 흥정이며 궁극적으로 협상으로 발전하였다. 협상의 의미로 표현되는 영어는 negotiation 외에도 bargain, deal, talks, jaw-jaw 등이 있다. jaw-jaw는 장황하게 이야기하다는 뜻의 속어로서 윈스턴 처칠이 "To jaw-jaw is always better than to war-war(어느 경우건 협상이 전쟁보다 좋다)"라고 표현한 바 있다. talks는 회담을 말하며 협상을 포함한다. bargain은 상품의 흥정, deal은 주고받는 거래의 뜻이 강하나 모두 협상의 일종이라 할 것이다. 독일어의 협상 'Verhandlung'도 '장사하다, 팔다'에서 파생된 말이다.

협상에는 상대(counterpart)가 있다. 그 상대와 경쟁하여 이김으로써 나의 이익을 최대한 확보하는 것은 오늘날의 협상 양태가 아니며, 그러한 결과를 얻을 가능성도 크지 않다. 상대를 힘으로 윽박질러 목적을 성취하는 것은 과거 제국주의 시대에나 있었던 일이고, 일부 재벌 기업이 저지른 비정상 상행위다. 오늘날의 협상 상대는 나와 똑같이 그가 속한 사회, 기업, 국가를 대표하여 조직의 이익을 대변하고 목적을 달성해야 할 사명감을 지니고 있다. 따라서 그 상대를 존중하고 경쟁과 협력의 상대(partner)로 인정해야 한다. 이를 위해서는 겸손한 자세로 상대에 대한 예의를 갖추어 협상에 임하여야 하며, 상대방의 의견과 입장을 경청하고 정확히 파악하는 자세를 지녀야 한다.

이러한 협상의 자세를 기본으로 협상을 추진하는 원칙을 살펴보면 첫째로 협상의 목표는 이익 추구에 있다. 자신의 이익과 입장을 최대로 확보하는 것이며, 상대방에게 일방적으로 이익을 주기 위한 협상은 극히 예외적이다.

둘째, 협상의 방법은 '윈윈(win-win)'이다. 가능한 상호 이익을 공유하는 것이 협상의 성공을 가져오며, 일방적인 강요나 억압은 강자가 약자에게 또는 승자가 패자에게 행하는 비정상적인 불평등 협상이다.

셋째, 협상의 기술은 '많이 요구하고 적게 주는 것(ask more, give less)'이다. 협상의 시작은 요구는 많게 양보는 적게 하는 것이다. 협상 과정에서 요구와 양보가 조정될 것이다.

넷째, 협상의 기초는 신뢰(confidence)와 정직(honesty)이다. 협상 과정에서 거짓 정보나 자료를 제공해서는 안 되며 상호 약속과 합의를 깨뜨리지 않아야 한다. 속임수로 얻는 일시적 이득은 보다 큰 장래의 이익을 포기하는 것이다.

다섯째, 협상의 단계는 (1) 준비 (2) 협상 개시 (3) 입장 제시 (4) 제안과 역제안 (5) 바겐 (6) 협상 종료이다.

1. 협상의 기본 원칙
가. 협상의 목표

협상의 목표는 궁극적으로 이익 추구에 있다. 이익은 실질적 이득과 명분 확보로 구분되며, 실리와 명분이라 말할 수 있다. 중국이나 우리의 과거 역사에 보면 명분 때문에 싸우는 경우가 많으며 이로 인해 사화를 일으켜 많은 인명 피해를 입게 된 사례가 있었다. 개인 간에도 "돈은 필요 없고 내가 옳다는 것을 보여 주겠다.", "무슨 희생을 감수하고라도 나의 명예를 지키겠다."는 등 의외로 명분 싸움을 많이 겪게 된다. 기업이나 국가의 경우도 마찬가지다. 물론 회사는 이윤을, 국가는 국가이익을 추구하는 것이 목표이지만, 회사는 명성(goodwill)을, 국가는 국격(國格: prestige)을 동시에 추구한다. 협상에서 대부분 실리를 추구하나 때로는 명분을 중시하는 경우도 있다. 실리와 명분을 다 얻는다면 금상첨화다.

협상의 목표는 높고 크게 잡아야 한다. 그것이 전략적 측면에서도 유리하다. 우선 협상 초기에 상대방에게 위압감을 주고 협상 진행 과정에서 이니셔티브를 쥐고 협상 내용의 기준을 제시하는데 유리하다. 협상 과정에서 치열한 공방을 통하여 수정되고 조정되겠지만 늘 초기에 제시한 높은 목표를 상기하며 협상을 진행할 수 있다. 예컨대 소비자가 재벌 기업을 상대로 손해배상을 요구할 때 10억 원을 요구한 변호사는 7억 원에 타결을 보지만, 3억 원을 요구한 변호사는 1억 원에 타결을 보는 사례 같은 것이다. 처음부터 목표를 크게 잡고 시작한 변호사가 결과도 좋은 것이다.

예외적이기는 하나 협상에서 이익을 추구하지 않는 경우가 있다. 상대방에게 어떻게 이익을 주느냐를 협상하는 것으로서 주로 후진국에 대한 원조의 경우다. 국제기구나 선진국이 원조를 제공할 때 원조의 내용과 방법, 원조품의 배급과정에 대한 모니터링 등에 관하여 수원국(受援國)과 협의를 하는 것이다. 예컨대 세계식량계획(WFP)은 북한에 식량 지원을 하고, 직원들을 북한에 파견하여 식량 지원 업무와 보급 과정을 모니터링한다. 이를 위하여 북한-WFP 간에 파견 직원 숫자, 모니터링 장소와 방법 등에 관하여 협상을 전개하는데 수원국인 북한 측이 여러 조건을 내세우는 등 예민하게 반응하곤 한다.

나. 협상의 방법

협상은 제로섬게임(zero-sum game)이 아니라 타협하여 서로 윈윈(win-win)하는 게임이다. 서로 이해관계나 요구사항을 점검하여 주고받는 과정을 거쳐 각자의 이익을 획득하는데, 만약에 이해관계가 정면으로 충돌하여 서로 이익을 나눌 수 없거나 다른 대안을 찾을 수 없다면 그 협상은 결렬하게 된다. 또 강자가 약자에게, 승자가 패자에게 갖는 일방적인 강요나 억압에 의한 협상은 진정한 의미의 협상이 아니다.

협상에서 모든 당사자가 다 만족하는 결과는 현실적으로 어렵다. 그러나 상대가 만족한다 해서 내가 불만스러운 것도 아니며, 상대가 유리하다고 해서 내가 불리한 것만은 아니다. 또 상대가 중요하다고 생각하는 것이 내게는 별로 중요하지 않을 수 있다. 협상에서는 추구하는 이해나 가치가 다를 수 있기 때문에 자신이 원하는 이해나 가치를 집중적으로 추구하고 덜 중요하다고 생각하는 가치나 이해는 상대에게 양보함으로써 서로 타협을 볼 수 있는 것이다.

세계 1위 방위산업체인 미국의 록히드마틴은 1995년 록히드(Lockheed Corporation)사와 마틴 마리에타(Martin Marietta)사의 합병으로 탄생했다. 당시 구소련의 변화로 전 세계 무기 수요는 급격하게 줄어들었다. 위기를 감지한 두 회사는 합병만이 살길이라고 인식하고 협상테이블에 마주 앉았다. 그리고 합병에 필요한 기술적인 부분과 가장 민감한 문제인 재무적 부분 등에서 극적으로 합의를 이끌어냈다. 그러나 마지막 단계에서 생각지 못했던 난관에 봉착했다. 두 회사의 회장이 합병 법인의 대표 자리를 놓고 한 치의 양보도 하지 않았던 것이다. 수십 차례 만나 합의점을 도출하고자 노력했지만 허사였다.

협상 결렬을 선언한 당일, 마틴 마리에타사의 노만 오거스틴 회장은 잠을 이룰 수가 없었다. 아무리 생각해봐도 합병만이 두 회사가 살아남을 수 있는 유일한 해법이었다. 그는 너무나 아쉬운 나머지 한밤중에 록히드사의 대니엘 텔레브 회장에게 전화를 걸어 물었다.

"왜 그토록 CEO 자리를 고집하십니까?"

테레브 회장은 한숨을 쉬면서 대답했다.

"만일 내가 CEO 자리를 내놓는다면 사람들은 젊은 오거스틴 회장에게 밀려난 것으로 생각할 것입니다."

은퇴를 앞두고 상대적으로 나이가 많았던 텔레브 회장(당시 63세)의 자존심이 협상의 걸림돌이었던 것이다. 텔레브 회장은 잠시 후 이렇게 제안했다.

"만약 당신이 회장 겸 CEO 자리를 내게 양보한다면 2년 후에 물려주겠소."

그 얘기를 들은 오거스틴 회장은 곧바로 제안을 수락했다. 결국 텔레브 회장은 록히드마틴의 초대 회장 겸 CEO로 부임했고, 2년 후에 오거스틴에게 자리를 물려주고 명예회장으로 남게 되었다. 이 극적인 협상에 소요된 시간은 불과 3분이었다.[1]

다. 협상의 전략

전통적으로 협상을 시작할 때에는 "많이 요구하고 적게 내주라(ask more, give less)" 전략을 택한다. 상대방으로부터 많은 것을 얻고 나는 최소한으로 제공하는 것이다. 상대방으로부터 양보와 희생을 최대한 확보하고 나는 상대적으로 작은 양보와 희생으로 대응코자 하는 것이며, 임금이나 가격 협상을 할 때도 많이 받고 적게 지불하고자 하는 것이다. 그러나 생각대로 협상이 이루어지지는 않을 것이다. 상대방도 똑같은 생각을 갖고 협상에 임하기 때문이다.

결국 서로 '주고받는(give and take)' 과정을 거쳐 협상을 진행하게 된다. 서로 양보할 수 있는 사항을 찾아 교환하여 각자가 원하는 것을 얻게 하는 것이다. 윈윈 협상이다. 오늘날 대부분의 협상이 갖는 양상이다. 위에서 소개한 텔레브 회장과 오거스틴 회장의 협상이 바로 주고받는 윈윈 협상이다. 다만, 이 경우 오거스틴 회장이 2년 후 승계 약속이라는 미래 불확실성을 받아들이는 신뢰 또는 용기가 필요하다(아마도 이와 비슷한 승계 약속은 합의문 또는 계약서의 어디엔가 포함되어 있을 것이다).

라. 협상의 기초

협상가들이 갖추어야할 기본 성품은 신뢰(confidence)와 정직(honesty)이다. 비즈니스나 조직생활에서 속임수를 당하거나 배신을 당하는 사례들은 흔하다. 당장에 공적으로는 손해를 보게 되고 사적인 인간관계에서는 신뢰를 상실하게 된다. 협상에서도 마찬가지다. 협상테이블에 마주앉은 일방이 속임수나 기만으로 타방과 합의나 계약을 체결하려다 발각이 되면 그 협상은 결렬될 것이다. 또 속임수로 협상이 타결되어 당장의 이득은 확보할 수 있지만 신뢰를 잃게 되어 장래에 얻을 수 있는 더 큰 잠재적 이익이나 협력관계는 상실하게 될 것이다.

신뢰는 오늘날의 협상에서 결정적인 영향을 미치는 기본 요소이다. 과거에는 중국 춘추전국시대의 소진(蘇秦)과 장의(張儀)처럼 '세 치 혀로 천하를 농락'함으로써 대단한 협상가로 평가받았거나, 기업이나 국가 간에 거짓 정보나 자료로 상대를 속여 일시적으로 협상에 성공하는 경우도 있지만 이는 오늘날 협상의 세계에서는 더 이상 통용될 수 없다. 상호 신뢰를 기반으로 상대방의 정보나 자료를 믿고 시간적 물리적 수고를 아끼며 갈등 사항을 조정하고 협상에 집중할 수 있다. 신뢰관계를 형성하기 위해서는 무엇보다 정직하고 약속을 지키는 자세가 필요하다. 언행은 진실하고 자신의 말에는 책임을 져야 한다.

해롤드 니콜슨(Sir Harold Nicolson)은 그의 〈외교론(Diplomacy)〉에서 협상을 주요 업무로 하는 외교관의 덕목 가운데 첫째는 진실성이라고 강조하면서 프랑스 외교관으로서 각료를 역임한 드 깔리에르(Francois de Callieres)의 논문을 다음과 같이 소개하였다.[2]

훌륭한 협상가는 결코 그릇된 약속을 하거나 신의를 저버리면서 협상의 성공을 도모하지는 않는다. 일반인들이 생각하듯이, 유능한 대사는 과거처럼 남을 속이는데 능숙해야 한다고 생각하는 것은 그릇된 사고방식이다. 속임수에 의해서 이루어진 승리는 아무리 찬란한 것이라고 할지라도 그 기초는 불안하다. 속임수는 분노와 복수심과 원한에 가득 찬 패자를 남기는데 이는 항상 위험스러운 일이다. 외교관은 협상에 있어서 구김이 없고 정직하다는 평판을 얻음으로써 그 후의 처세에 있어서 다른 사람들로 하여금 자기의 말을 신뢰하도록 만드는 일이야말로 참으로 소중하다는 사실을 기억해야 할 것이다.

마. 협상의 단계

협상은 대체로 준비 – 협상 개시 – 입장 제시 – 제안과 역제안 – 교섭과 조정 – 협상 종료의 단계를 거친다. 상세는 다음과 같이 후술한다.

2. 협상의 단계

1단계. 준비

협상에 앞선 준비는 협상자체에 못지않게 중요하다. 협상 준비를 소홀히 하면 그만큼 협상 테이블에서 불리하므로 만족스러운 결과를 얻기 어렵다. 먼저 상대방에 관한 인적사항을 파악하고 상대방의 협상 권한과 능력 등에 관한 정보를 파악한다. 이는 상대방 회사의 인맥 또는 제3자 회사의 접촉선 등을 통하여 확인할 수 있다. 다음으로 목표를 설정하되 장기적인 관점으로 목표의 최대 최소 범위를 미리 결정한다. 아울러 상대방의 목표도 파악한다. 협상은 결국 양측에 모두 이익을 주는 윈윈 협상이어야 하며 이것이 향후의 양측 관계를 보다 발전시켜주기 때문이다.

또한 협상에서 끝까지 지켜야할 사항은 무엇이며 왜인지를 확실히 해두어야 한다. 자신의 협상 한계를 알고 있으면 협상 과정에서 보다 확신을 갖고 임할 수 있다. 협상 전략은 상대방의 성향과 입장 그리고 상대방 측의 강점과 약점을 고려하여 작성한다. 물론 자신의 강점과 약점도 아울러 고려해야 한다.

2단계. 협상 개시와 입장 표명

협상 테이블에 앉을 때 상대방과 좋은 관계를 맺는 자세를 지녀야 한다. 일반적인 사교적 대화가 서로 실마리를 풀고 가교 역할을 할 것이다. 이 때 대화의 주제는 날씨, 건강, 스포츠, 뉴스와 같이 서로 공감하고 일반적이어야 한다. 유의해야 할 사항은 서로 의견이 다를 수 있는 정치나 종교 또는 젠더 문제 등 시사적으로 민감한 사항은 피해야 한다. 그리고 당일 논의하고자 하는 협상의 주제와 목적을 서로 확인하고, 어디에 공통점이 있고 논쟁 분야는 어떤 것인지 등에 관하여 각자가 확인해 둔다.

다음으로 의제를 조율하고, 의제에 따른 각자의 입장을 표명한다. 상대방의 입장과 의견을 경청하고, 필요하면 질문을 하고 추가 설명을 요구한다. 이는 오해를 사전에 방지하고 협력적 분위기를 조성하는데 도움이 된다. 항상 상대방을 존중하고, 부정적이 아닌 건설적인 대화 자세를 유지한다. 상대방의 초기 입장 제시에 무조건 부정적이거나 반박 또는 이의를 제기할 필요는 없다. 자신의 입장 표명에서 완곡하게 반박할 수 있고, 추후 구체적 제안 및 협의 과정에서 조치를 할 수도 있다.

3단계, 제안의 교환

상대방의 입장을 청취한 후 상호 간의 입장 차이를 확인하고, 가능한 입장 차이를 좁힐 수 있는 제안을 제시한다. 상대방은 이 제안을 검토하고 자신들의 주장을 담은 역제안을 제시한다. 어느 쪽이 먼저 제안을 할 것인지는 그때 상황에 따라 결정한다. 그러나 대체로 협상을 더 필요로 하는 쪽이 먼저 제안을 하게 된다. 또 제안을 먼저 하는 쪽이 협상의 주도권을 잡고 분위기를 이끌 수 있다. 다만 상대의 목표 및 재정상태 등에 관한 충분한 정보를 확보한 경우에 해당되고, 그렇지 않은 경우에는 상대방의 제안을 듣고 역제안을 하는 것이 안전하다.

첫 제안에서는 목표를 분명히 하고 높이 세워야 한다. 협상의 전략으로서 "많이 요구하고 적게 내주라"고 전술하였듯이 처음 내세운 목표나 가격이 협상 시작의 기준이 될 수 있고, 협상 과정에서 추후 양보를 할 수 있는 여지가 크기 때문이다. 제안을 받는 쪽은 상대방의 요구를 그대로 수용하지 말고, 그 제안의 근거 등에 관한 정보와 자료를 요구하고 파악하여 이에 대응하는, 그러나 입장 차이를 좁힐 수 있는 역제안을 제시하여야 한다. 필요한 정보를 주고받는 과정에서는 상호 존중과 신뢰를 기초로 경쟁이나 투쟁이 아니라 상생관계 원원관계를 지향해야 한다.

4단계, 교섭

협상의 핵심이며 경험과 기술을 요구한다. 항상 협상의 목표를 염두에 두고 의제에 접근하고, 하나의 의제에 너무 많은 논쟁거리를 내놓거나 상대방을 설득하는데 너무 많은 이유들을 제시할 필요는 없다. 상호 문제를 해결하기 위하여 대안을 내고 창의적인 제안을 한다. 또 서로 양보하고 타협할 수 있어야 한다. 협상을 사전에 준비할 때 상대방 요구사항의 핵심이 무엇인지, 상대방의 강점과 약점이 무엇인지를 잘 파악하고, 나의 목표는 어디에 있고 마지막 양보선은 어디에 있는지 등을 확실히 해두어야 건설적인 대안 제시가 가능하다.

양보는 우선순위가 낮은 것부터 단계적으로 하며, 가능한 한 서로 교환하는 방식으로 진행한다. 이 때 자신들이 지켜야할 마지막 저항선(sticking point)을 넘기면 협상은 결렬된다. 따라서 양측의 마지막 양보선 또는 협상 포기선 사이의 구간, 즉 합의가능 구역에서 협상이 이루어질 수 있도록 교섭하여야 한다. 예컨대, 판매자가 수용할 수 있는 최저 판매 가격과 구매자가 수용할 수 있는 최고 구매 가격 사이에서 흥정이 이루어져야 한다. 관건은 어떻게 해서 상대방의 양보선을 파악하는가에 있다. 한편 협상 과정에서 교섭의 진행 사항 및 중간 합의 결과 등을 문서로 요약 정리할 필요가 있다. 진행사항을 확인하고 상호 오해 가능성을 줄이며, 후속 협상의 기초로 활용할 수 있기 때문이다.

5단계, 협상의 종료

협상에서 합의에 도달하면 그간 합의한 사항들과 합의하지 못한 부분 및 추가 협의 사항 등을 구분하여 상호 확인하고 협상을 분명하게 종료한다. 합의사항은 서명하여 문서로 남기며, 협상 종료 후 서면으로 합의사항을 재확인한다. 문서로 공유한 합의사항은 합의 내용을 확실히 하고, 추후 합의사항의 번복을 방지하며 계약 이행을 구속하는 것이다. 오늘날의 협상이 윈윈을 위한 협상이라 하지만, 협상을 보다 성공적으로 성사시켰을 경우에는 너무 만족감을 표함으로써 상대방에게 패배감을 안기거나 불만을 갖지 않도록 배려할 필요가 있다. 협상이란 서로 간에 다소 불만이 있지만 궁극적인 상호 이익을 위하여 합의하는 과정이다.

한편 협상이 결렬되면 협상도 종료된다. 협상의 결렬에는 협상의 연기나 보류, 협상의 포기가 있다. 연기나 보류는 협상이 난관에 봉착하여 당장에 합의를 볼 가능성은 없으나 포기할 수 없는 상호 이익관계를 위하여 시간을 유예하고 다음 기회를 보는 것으로서 완전한 결렬이라고는 할 수 없다. 협상의 포기는 협상의 최저 목표도 달성할 가능성이 없을 때 어설픈 타결보다는 과감하게 결렬시키는 것이 명분이나 이해관계에서 그나마 이득이 될 수 있다. 상대가 과도한 요구를 한다거나, 협상 과정은 물론 추후 이행과정에도 신뢰를 주지 못할 경우에는 형식적인 합의를 위한 합의를 할 필요는 없다.

3. 협상의 기술

준비를 철저히 하라

상대를 알고 나를 알면 전쟁에서 패하지 않는다. 상대에 대한 정보를 파악하고 상대가 취할 수 있는 전략을 미리 예측하여 이에 대응하는 안을 마련한다면 협상에 보다 자신 있게 임할 수 있다. 협상이란 협상 테이블에 마주 앉았을 때 시작하는 것이 아니라 준비 단계에서 이미 시작한 것이다. 상대방 대표에 대한 인적 정보, 의제와 목표, 전략, 강점과 약점에 대하여 직·간접으로 조사하고 이를 분석하는 준비가 필수적이다. 사전 준비가 더 완벽할수록 협상에서도 더 우위를 차지할 가능성이 높다.

다음 표는 준비 과정에 필요한 주요 요소다. 주요 요소에 대한 상대방 입장과 자료를 파악 및 예측하고 이에 대한 우리의 대응 방안을 마련하는 것이다.

〈표 10-1〉 협상준비서

주요 요소	상대방 입장	대응방안
협상대표는 누구, 권한의 정도는?		
핵심 의제는 무엇인가?		
의제별 전략과 논거는?		
목표는 무엇인가?		
마지막 선은 무엇인가?		
강점		
약점		
대안은 있는가?		
협상 마감시간은 언제까지인가?		

위와 같은 준비서를 작성하기 위하여는 상대방의 자료를 면밀히 분석하고, 평소 상대방과의 접촉선 및 제3의 접촉선 등을 통하여 최신의 정보를 파악하는 작업이 필요하다. 대체로 협상을 앞두고 준비 기간 중에 양측 협상 실무자 사이에 접촉과 자료교환을 하고 때로는 사전 교섭을 전개하기도 한다. 이 과정에서 양측이 서로 적대적 관계가 아니라 협력적 관계를 맺고 상호 존중과 신뢰를 쌓는다면 실제 협상에 긍정적 역할을 할 것이다.

각 요소별 상대방의 상황을 파악하면 이에 대한 우리 측의 대응 방안을 마련한다. 이를 위하여 협상 팀(Task Force)을 구성하여 시뮬레이션 또는 모의협상을 실시한다. 모의협상이나 시뮬레이션을 하게 되면 첫째, 향후 있을 실제 협상의 윤곽과 흐름을 조감할 수 있고, 둘째, 문제점이나 어려운 상황을 찾아내어 보다 효율적인 방안을 마련할 수 있기 때문이다.

목표를 찾아라

협상이 시작되면 양측은 자신들의 입장을 표명하고 자신들이 얻고자 하는 것 또는 추구하는 목표가 무엇인지를 밝힌다. 협상 전문가들은 이것을 요구 또는 입장(position)이라고 부르며, 중요한 것은 이 요구 뒤에 숨어있는 욕구 또는 이익(interest)를 찾아내어야 한다는 것이다. 대체로 협상 초기에는 자신들이 진실로 추구하는 것이 무엇인지를 표현하지 않고 협상이 진행하는 상황에 따라 속내를 하나씩 내놓는 경향이 있다. 따라서 상대방이 최종적으로 추구하는 목표, 즉 얻고자 하는 것이 무엇인지를 빠르게 찾아내는 것이 중요하다. 전술한 바 있는 드 깔리에르도 일찍이 "협상의 비밀은 협상 당사자들의 실제 이익(real interest)을 조화롭게 하는 것이다."라고 함으로써 숨어있는 진짜 이익을 강조하였다.

상대방이 진정으로 원하는 것이 무엇인지를 어떻게 알아낼 것인가?

첫째, 우선 내가 진정으로 얻고자 하는 것이 무엇인지를 규정짓고, 이를 위하여 협상에서 어떤 전략으로 진행하고 있는지를 객관적으로 살펴라.

둘째, 상대방의 입장이 되어 무엇을 원하고 어떻게 접근해 오는지를 관찰하라. 통상 우리가 필요한 물건을 구매할 때, 곧바로 그 물건의 값을 묻지 않고 다른 물건들을 구경하거나 흥정하면서 의중에 두었던 물건에 대해서도 큰 관심 없이 지나치듯 물어보았던 경험을 되새겨보자. 협상 당사자 모두가 그러한 접근을 할 수 있다.

셋째, 상대방의 이야기를 경청하라. 좋은 대화법에서도 상대방의 말을 잘 들어주듯이 협상에서도 상대방의 이야기를 끝까지 잘 들어주고, 가능한 많은 말을 할 기회와 시간을 줌으로써 스스로 정보를 내보일 수 있도록 한다. 정보를 얻기 위해서는 나는 말을 적게 하고 상대방에게는 말을 많이 시키는 것이 기본이다. 대체로 자신의 말에 귀 기울이는 사람에게는 마음을 열고 더 쉽게 더 많이 이야기를 풀어놓기 마련이다.

넷째, 상대방에게 무엇이든 질문하라. 상대방의 입장 표명이나 제안에 대하여 질문함으로써 보다 구체적인 생각이나 정보를 유도해낼 수 있다. 잘 이해가 되지 않거나 궁금한 사항을 겸손하게 물어보았을 때, 상대방은 속으로 당신의 무지를 비웃을지 모르지만 밖으로는 경계를 풀고 더 많은 것을 설명해줄 것이다.

힘, 정보, 시간을 활용하라

협상은 힘, 정보, 시간의 싸움이라는 말이 있다. 이 요소들을 지배하는 쪽이 협상에서 우위를 차지할 수 있다. 허브 코헨(Herb Cohen)은 〈협상의 기술(You Can Negotiate Anything)〉[3]에서 협상을 좌우하는 3가지 변수로 힘, 시간, 정보를 들었다.

첫째, 자신에게 힘이 있다는 사실을 인지하고 이를 활용하라는 것이다. 힘이란 무엇을 움직일 수 있는 동력이다. 상대를 경쟁시키는 힘, 정통성의 활용 또는 도전, 위험 감수, 참여시켜 얻는 힘, 전문 지식, 상대의 시간과 에너지를 소비토록 하는 것, 보상 또는 처벌을 할 수 있다고 느끼게 하는 것, 도덕성, 전통과 전례 활용, 집요, 설득, 이러한 것들 하나하나가 협상에서 힘으로 작용할 수 있다.

둘째, 협상은 인내심의 싸움이니 시간 여유를 가지라는 것이다. 시간은 주어진 일정이나 데드라인인데 극적인 타결을 볼 수도 있지만 시간에 쫓기는 쪽이 불리하다. 특히 어느 한 쪽이 다른 쪽의 마감 시한을 알고 다른 쪽은 모르고 있다면 더욱 그러하다. 다음은 코헨이 예로 든 사례다.

나는 젊은 시절 다국적기업에 고용되었다. 시간이 지나면서 해외로의 협상을 원했다. 나는 금요일마다 상사를 찾아가 애원했다.

"제게도 큰 건을 맡을 기회를 주세요. 저도 밖에 나가 활동할 기회를 주세요. 협상가가 되게 해주세요."

나는 계속 상사를 졸랐다. 마침내 그가 허락했다.

"좋아, 코헨, 도쿄로 보내줄 테니 일본인들과 거래해봐."

너무 기뻤다. 나는 잔뜩 흥분해서 말했다.

"지금이야! 운명이 날 부른다! 일본인들 다 쓸어주겠어. 그런 다음 전 세계로 뻗어나가는 거야!"

일주일 후, 나는 14일간의 협상을 위해 도쿄행 비행기에 몸을 실었다. 나는 일본인들의 사고방식, 심리에 관한 책들을 전부 가져갔다. 나는 계속해서 되뇌었다.

"진짜 잘 해낼 거야."

비행기가 도쿄에 착륙하고 나는 빨리 나가고 싶어 몸이 근질거린 나머지 승객 중 가장 먼저 나와 램프를 내려왔다. 램프 아래서 일본 남성 2명이 나를 기다리고 있다가 공손하게 고개 숙여 인사했다. 마음에 들었다. 2명은 나의 세관 통과를 도와주었고 나를 커다란 리무진으로 안내했다. 나는 리무진 뒷좌석을 뒤로 눕혀 편안하게 앉았다. 그들은 접이식 의자에 뻣뻣한 자세로 앉아 있었다. 내가 넓은 마음으로 제안했다.

"이쪽에 와서 앉지 그래요? 뒤에 자리도 많은데."

그들이 대답했다.

"아, 아니에요. 선생님은 중요한 분이시니까요. 편하게 쉬셔야죠."

그것도 마음에 들었다.

리무진이 이동하자 1명이 물었다.

"그런데 언어는 좀 아시나요?"

내가 대답했다.

"일본어 말씀인가요?"

그가 말했다.

"네, 맞아요. 그게 일본에서 쓰는 언어죠."

내가 말했다.

"아, 아니요. 그래도 표현 몇 가지는 배우고 싶어서 사전도 가져왔어요."

그의 동료가 말했다.

"돌아가는 비행기 시간 맞출 수 있을지 걱정되세요?"

(그때까지만 해도 나는 그런 걱정은 전혀 하지 않고 있었다.)

"돌아가실 때도 공항까지 이 리무진을 이용하실 수 있게 저희가 일정을 잡아 놓겠습니다."

나는 속으로 생각했다.

"정말 사려 깊은 분들이군."

나는 주머니에서 돌아가는 비행기 티켓을 꺼내 그들에게 건넸다. 리무진이 언제 날 데리러 와야 하는지 알 수 있도록. 그때 나는 깨닫지 못했지만 이제 그들은 나의 마감 시한을 알게 되었고, 나는 그들의 마감 시한이 언제인지 몰랐다. 그들은 당장 협상을 시작하지 않고 내게 일본식 접대와 문화를 경험하게 해주었다. 일주일이 넘도록 나는 황궁에서부터 교토 신사까지 온 나라를 돌아다녔다. 심지어 절에서 일본식 종교에 관해 배울 수 있는 영어 강좌까지 들었다. 아침마다 4시간 반 동안 나는 마룻바닥에 방석을 놓고 앉아 전통 식사와 놀이를 체험했다. 몇 시간 동안 딱딱한 마룻바닥에 앉아 있는 게 상상이나 가는가? 이렇게 해서도 치질에 안 걸리는 사람이 있다면 앞으로도 절대 치질에 걸릴 일은 없을 거다. 내가 협상은 언제 시작하느냐고 물어볼 때마다 그들은 말했다.

"시간은 많아요! 아주 많습니다!"

마침내 12일째 되는 날, 우리는 협상을 시작했지만 일찍 끝내고 골프를 치러 가야 했다. 13일째, 다시 협상을 시작했지만 일찍 마치고 송별회를 했다. 마침내 14일째 아침, 우리는 본격적으로 협상을 시작했다. 가장 곤란한 부분에 다다랐을 때, 날 공항으로 데려갈 리무진이 도착했다. 우리는 리무진 안에서 격렬한 논쟁을 벌이며 조건들을 협의해 나갔다. 리무진이 날 터미널 앞에 세웠을 때에야 비로소 협상이 마무리되었다.

내가 그 협상을 잘 해냈을까? 나는 왜 그런 참패를 당했을까? 상대는 나의 마감시한을 알고 있었고, 나는 그들의 마감시한을 몰랐기 때문이다. 그들은 내가 빈손으로 집에 돌아가지 않을 것임을 정확히 예측했기 때문에 양보를 미루었다.

정보는 협상의 핵심이다. 정보는 곧 힘이다. 상대가 진짜로 얻고자 하는 것, 상대의 우선순위, 강점과 약점, 재정상태, 마감시한 등에 관한 정보를 더 많이 알수록 협상에서 더 유리하다. 사전 준비 과정에서 정보를 얻는 방법, 협상에서 경청하고 질문하여 정보를 얻는 것에 관하여는 이미 전술한 바 있다. 정보는 상대측과 서로주고 받는 과정에서 추가로 확보하고 활용할 수 있다. 중요한 것은 여러 경로로 확보한 정보를 어떻게 잘 분석하여 협상에 활용하느냐이다.

협력적 협상을 추구하라

협력적 협상이란 양측이 모두 나름대로 이익을 볼 수 있는 결과를 얻는 윈윈 협상을 의미한다. 오늘날 협상에서 어느 한 쪽이 완전히 승리하고 다른 한 쪽은 패배하는 제로섬 게임은 통용되지 않는다. 협상 이론가들 가운데 흔히 회자되는 이야기가 있다.

어느 남매가 마지막 남은 케이크를 두고 서로 큰 조각을 먹겠다고 실랑이를 벌인다. 두 사람 모두 더 큰 케이크를 먹고 싶고 속임수는 용납되지 않는다. 남자 아이가 나이프를 쥐고 자기가 더 큰 쪽을 차지할 태세를 갖추었을 때 어머니가 현장에 나타난다.

솔로몬 왕의 전통에 따라 어머니가 말한다.

"기다려! 난 누가 케이크를 자르든 상관하지 않아. 하지만 한 사람이 자르면 다른 한 사람에게 케이크를 먼저 선택할 권리를 주어야 해."

그러면 당연히 남자 아이는 자신을 위해 케이크를 똑같은 크기로 자를 것이다.

이 이야기는 양측이 결과를 모두 수용하는 윈윈 협상을 설명하기 위한 것이나, 어쩔 수 없이 택하게 되는 일종의 타협(compromise)이다. 협상에서는 서로 협력하여 보다 창의적인 대안을 통하여 모두 만족할만한 이익을 얻는 것이 목표이어야 한다. 협력의 길이 경쟁이나 꼼수(배신)의 길보다 유리하기 때문이다. 이를 증명한 것이 게임 이론(Game Theory)으로서, 개인 또는 집단(국가 포함)이 어떠한 경쟁 상태에서 어떻게 행동하며 어떠한 선택을 해야 할 것인가를 수학적으로 설명한 것이다. 수학자 보렐(E. Borel)과 폰 노이만(John Von Neumann)이 발표하였으며, 처음에는 수학자들이 관심을 보였으나 나중에는 경제학, 국제정치 분야에도 적용되었다.

인간의 크고 작은 일상생활의 많은 부분들도 게임의 논리 속에서 이루어진다. 흔히 인용되는 게임이론으로서 '죄수의 딜레마(Prisoner's Dilemma)'가 있다. 두 명의 공범자가 체포되어 서로 다른 방에 격리되어 조사를 받는 상황이다. 이 경우 두 죄수는 수사관의 회유에 따라 자백을 할 것인가 말 것인가에 대해서 깊은 딜레마에 빠지게 된다. 자백은 혼자라도 살 길을 찾는 방법이며, 부인 또는 침묵은 감옥살이를 하더라도 의리를 지키는 일이라고 생각되기 때문이다. 이 때 침묵은 공범자와 공조 내지는 협력하는 것이며, 자백은 배신하는 것이다. 아래 표에서 보듯이, 둘 중 한 사람이 배신을 택하고 자백하면 자백한 사람은 즉시 풀려나고 자백하지 않은 나머지 한 사람은 5년을 복역해야 한다. 두 사람 모두 배신을 택하고 자백하면 정상을 참작하여 똑같이 3년씩 복역한다. 그러나 두 사람 모두 침묵하거나 부인하면 증거불충분으로 1년 내에 풀려난다. 결론적으로 두 공범자가 협력 내지 공조하면 배신하는 것보다 유리하다는 것을 증명한 게임이다.

		(공범자 B)	
		침묵	자백
(공범자 A)	침 묵	(A) 1년 (B) 1년	(A) 5년 (B) 0년
	자 백	(A) 0년 (B) 5년	(A) 3년 (B) 3년

침묵(협력) : 자백(배신) 5 : 0
자백   : 자백   3 : 3
침묵   : 침묵   1 : 1

그렇다면 협상에서 협력의 성과를 내기 위해서는 어떻게 해야 하는가?

첫째, 협상 대상을 존중하고 상호 신뢰관계를 구축하여 협력의 정신을 공유하여야 한다. 상대방에게 교묘하게 술책을 쓰거나 조작하여 협상에서 이기려는 생각은 아예 처음부터 지워야 한다. 만약 그러한 일을 저지른다면 후유증이 더 클 것이다.

둘째, 신뢰의 토대 위에 정보를 교환해야 한다. 정보를 주고받음으로써 필요한 사항을 파악하고 협상 전략을 수립할 수 있다. 초기에는 중요한 정보나 자료를 제공하기를 꺼려할 수 있으나, 내가 먼저 정보를 제공함으로써 필요한 정보 교환이 이루어지도록 선도할 수 있다.

셋째, 무엇보다도 상대방이 협상에서 진실로 무엇을 원하는지를 파악하고, 나는 무엇을 얻고자 하는지의 목표를 확실히 하여 서로 간에 나누어 가질 것이 무엇인지 또는 공유할 것이 있는지를 협의하도록 한다. 협상 과정에서 이익의 대치에 부딪칠 수 있지만, 창의적인 생각으로 서로 다른 이익을 창출할 수 있다는 것을 명심해야 한다. 성공적 협력적 협상은 위의 표에서 보듯이 배신이나 꼼수가 아니라 상호 공조를 해야 얻을 수 있다.

대안을 마련하라

협상에서 합의점을 찾지 못하고 교착상태에 빠졌을 때에는 다른 선택(option)을 찾아야 한다. 협상 전문가들은 이를 '최선의 대안(Best Alternative to a Negotiated Agreement)' 또는 베트나(BATNA)라고 표현하고, 베트나를 최대한 확보하고 이를 적극 활용하라고 강조한다.[4] 아울러 베트나는 주어지는 것이 아니라 개발하여야 하며, 결정적 순간에 나의 베트나를 상대에게 알려서 압박을 해야 한다고 설명한다.

그러나 실제 협상에서 멋지게 베트나를 찾아 상대를 압박하거나 우위를 점하는 일은 쉽지 않다. 예를 들면, 대기업과 납품업자, 회사와 노조원, 건물주와 임차인, 구단과 운동선수 등간의 관계는 대체로 갑과 을의 관계이며, 을의 선택 여지는 넓지 않다. 물론 신인선수가 많은 제의 가운데 학교냐 프로냐를 두고 선택할 수 있고, 특출한 전문가가 여러 대기업의 스카웃 제안 가운데 선택할 수 있는 을의 특권을 누릴 수도 있다. 기업 대 기업, 국가 대 국가 간의 협상에 있어서도 선택할 수 있는 모든 강점을 활용하고 상대방의 취약점을 들어내는 과정이 필요하다.

상대방의 베트나 혹은 취약점은 어떻게 파악할 것인가? 협상 준비 과정에서 어느 정도 파악했어야 하지만 협상 진행 중에도 꾸준히 동향을 파악하도록 노력해야 한다. 상대방의 입장이 되어 협상이 결렬되었을 때 상대는 어떤 선택을 할 수 있을까를 검토해야 한다. 상대방에게 이 협상이 얼마나 중요한 것인지, 시간제한은 어떤지, 다른 거래선은 있는지, 상대의 내부 사정은 어떤지, 협상 당사자의 조직 내 기반은 어떤 것인지 등을 파악하면 이를 짐작할 수 있을 것이다. 이러한 과정을 거치면서 각자 처음에 내세웠던 목표나 이익의 수정 또는 대체를 볼 수 있다. 이것을 옵션 또는 베트나라 한다. 이렇게 수정된 대안은 처음 목표에 비해 차선으로 보이나 상황에 따라 최선이 될 수도 있다.

나의 강점을 활용하고 상대방의 취약점을 공격할 옵션이 없으나 협상을 타결하고자 한다면 양보의 기술을 활용하도록 한다. 그렇다고 무턱대고 양보해서 타결하는 것은 협상의 패배다. 두려움에서 나오는 양보는 약자의 양보다.

'해님과 달님' 설화에서 나오는 오누이의 엄마는 "떡 하나 주면 안 잡아먹지."하는 호랑이에게 떡을 한 덩이씩 계속 주다가 떡이 다 떨어지자 잡혀 먹었고, 후술하는 '뮌헨 유추'(367면 참조)에서 영국과 프랑스는 히틀러의 야심을 달래기 위해 체코의 슈데텐을 독일에 할양하기로 양보했다가 다시 체코 내 폴란드와 헝가리 소수민족 문제까지 양보를 함으로써 결국 히틀러의 체코 합병과 폴란드 침공으로 발전케 되었다. 양보는 상대적이고 교환성이 있어야 한다.

내가 양보한 만큼 상대방도 양보하도록 이끌어야 한다. 조건 없는 양보, 양보 없는 양보는 협상에서 금물이다. 양보는 상대방의 분위기를 보아 가면서 천천히 단계적으로 나에게 우선순위가 낮은 것부터 하나씩 해 나가도록 한다. 예를 들면, 어느 프로 구단이 유명 선수를 스카웃해 올 때 연봉 협상을 하는데 합의를 보지 못하면, 연봉 액수 외에 계약 기간, 보너스, 인센티브, 기타 주택 및 자녀교육 등의 혜택을 차례로 제공함으로써 합의점에 도달할 수 있을 것이다. 또 9억 원 상당의 아파트를 10억 원에 팔겠다고 내놓고 구매자와 흥정할 때, 9억 7천만 원, 9억 5천만 원, 9억 4천만 원으로 양보의 폭을 단계적으로 줄여 가면 구매자는 가격의 한계가 다가왔음을 느끼게 될 것이다.

　마지막으로 베트나와 양보 등의 모든 방법이 소진되었으나 여전히 협상의 타결을 원할 경우에는, 최종적으로 제시할 수 있는 대안을 가지고 있어야 한다. 이를 '최종 대비책(Fallback position)'이라고 한다. 이는 내가 다소 손해를 보더라도 감내할 수 있는 마지막 대안이다. 협상 초기 단계부터 보유하고 있어야 한다. 이러한 대안이 없다면 협상을 결렬시키거나 보류해야 한다.

선(線)을 지키라

　협상이란 이익을 얻기 위한 행위인데 아무런 성과를 얻을 수 없다면 그 협상은 종료해야 한다. 이 마지막 협상 종료를 결정하는 선(線), 즉 협상포기 한계선을 마지노선(Maginot line) 또는 저항점(Sticking point)이라고 한다. 이 선은 협상 양측이 모두 갖고 있다. 예를 들면, 판매자와 구매자 사이에 팔려는 사람은 보다 많은 가격을 받되 최소로 받아도 되는 가격이 있고, 사려는 사람은 보다 적게 주고 사되 가장 높이 주고 살 수 있는 한계가 있다. 이 양쪽 사이에서 협상이 가능하다. 협상전문가들은 이를 '합의가능 구역(Zone of Possible Agreement, ZOPA)'라고 부른다.

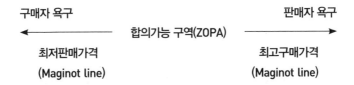

　위의 그림에서처럼 판매자의 최저 가격과 구매자 최고 가격이 각각

협상포기 한계선이다. 협상가는 상대방의 협상포기선을 파악하여 그 한계선에 최대로 접근하는 것이 욕구를 극대화하는 것이다. 그렇다면 어떻게 상대방의 협상포기선을 파악할 수 있는가? 첫째, 각종 정보와 자료를 활용한다. 구매자는 인터넷, 전문매체, 전문가 등을 통하여 각종 가격을 비교 분석할 수 있다. 둘째, 상대방과의 대화 및 질문을 통하여 파악한다. 판매자는 구매자의 구매욕구의 정도, 구매 시한, 재정 조달 방법을 어느 정도 가늠할 수 있고, 한편 자신의 상품 가치를 극대화하는 홍보를 할 수 있다.

협상에 따라서는 합의가능 구역이 성립되지 않을 수도 있다. 상대방이 각각 마지노선을 넘어서 과도하게 요구하기 때문이다. 이러할 경우에는 협상이 성사되지 않는다. 예외적으로 판매자가 폐점하여 당장 재고를 정리해야 한다든지, 또는 구매자가 물건의 희귀성 때문에 정상 가격 산정이 곤란한 경우 등에는 ZOPA 없이도 협상이 성립될 수는 있다. 그러나 협상에서 마지막 저항점을 지키고 그렇지 못할 경우에는 협상을 결렬시키는 것이 통상적이다.

신뢰를 구축하라

어느 굴지의 건설회사가 전면광고를 냈는데 "신뢰 바탕, 국내시장을 넘어 글로벌 종합건설 '100년 기업'으로 간다."라는 표제를 걸었다. 기업, 중소상공인 등의 비즈니스는 물론 개인의 일상생활에서도 신뢰는 관계의 기본이다. 협상에서도 신뢰는 결정적 영향을 미치는 중요한 요소다. 앞서 '협상의 기초'에서 신뢰와 정직의 중요성을 설명하였다. 협상 당사자 간에 서로 믿을 수 없다면, 상대방의 말을 신용할 수 없다면, 상대방의 정보나 자료를 신뢰할 수 없다면, 상대방의 책임을 의심한다면 어떻게 실질적이며 서로 이익을 가져오는 협상을 맺을 수 있겠는가. 신뢰는 상황에 따라 깨지기도 쉬우나, 사소한 일부터 차근차근 점진적으로 쌓아 가는 노력과 시간이 필요하다.

4. 무엇이 좋은 협상인가?

협상은 좋은 거래를 통하여 이익을 얻는 것이 목표다. 그러나 제한된 재원을 두고 이익을 취하는 경쟁은 쉽지 않다. 어느 일방이 승리하고 타방이 패배하는 것은 좋은 협상이 아니다. 일시적인 승리가 장기적으로는 보다 큰 폐해를 초래할 수 있기 때문이다. 따라서 협상은 상호 협력적 교섭을 통하여 서로 이익을 나누는 과정이 되어야 한다. 이를 위하여 나누어야할 이익을 키우거나 서로 가치가 다른 이익을 교환하는 방법이 있다. 명분과 실리를 적절히 교환하는 방법도 있다. 협상이란 결과적으로 얻은 이익으로 서로 만족하여야 한다. 그러나 모두가 만족하는 협상은 그리 많지 않다. 기업이나 국가 간에도 협상 결과에 불만을 터뜨리는 경우가 허다하다. 오죽하면 키신저(Henry A. Kissinger) 전 미국 국무장관이 "공평한 협상은 양측이 모두 불만스러운 협상을 말한다."라고 했겠는가. 특히 국가 간의 협상 결과에 대하여 국내적으로 야당의 비판이 있기 마련인데 이러한 불만이 상대방 국가의 불만을 희석시키는 효과를 발휘하기도 한다.

예를 들어 2012년 3월 15일에 발효된 한미 자유무역협정(FTA)은 우리 국내에서 야당은 물론 관련 산업분야 특히 농어민의 엄청난 반대를 무릅쓰고 이루어졌다. 물론 미국 내에서도 자동차, 철강 분야 등에서 격렬한 반대가 있었지만 두 정부는 경제적 상호 이익을 위하여 오랜 교섭 끝에 협정을 체결한 것이다. 그 후 우리는 비준 과정도 미국보다 시간을 더 소요하였다. 우리 측 반대 논리라면 우리 농수산 산업이 큰 피해를 입고 경제적으로 손해를 보는 것으로 되어 있지만, 그 후 협정을 운용한 결과 우리의 수출이 크게 증대되는 등 양국 교역 규모가 증가되어 상호 이익을 공유한 것으로 통계가 증명하였다. 그러나 트럼프 대통령이 취임하자 한미 FTA가 미국에 무역적자를 가져와서 불공평하다고 강력하게 항의하여 결국에는 협정 개정 협상에 들어갔고 2018년 9월 24일에 미측의 요구를 일부 수용하고 국가직접소송제도(ISD)를 개선하여 개정안에 서명하게 되었다. 결국 키신저의 말대로 한미 양측이 서로 불만을 갖는 협상이 잘 된 협상이라는 것을 보여주었다.

협상 당사자 간에 서로 이익을 교환하거나 공유할 수 있으면 좋은 협상 즉 윈윈 협상을 할 여지가 크다. 두 가지 사례를 보자.

세계적인 키위 생산업체 키위프리는 한국 시장 진출을 노리고 있었다. 연간 몇십만 톤의 물량을 수출하기 위해서는 먼저 한국키위 영농조합과 협상을 원만하게 타결해야 했다. 영농조합은 키위 수입이 급증할 경우 농가의 생존권을 위협한다며 연일 시위를 하며 맞섰다. 협상테이블에서 만남 양측은 수출물량을 놓고 본격적으로 논의에 들어갔다. 처음에는 물량에 대해 협상했지만 차츰 서로가 서로를 필요로 한다는 것을 깨달았다.

영농조합 : 한국에 키위 수입이 시작되면 저희 농가들은 다 죽습니다. 수입은 불가합니다.

키위프리 : 저희는 선진 재배기술과 우수한 종자를 보유하고 있습니다. 또한 품질이 우수하기 때문에 전 세계 시장으로 수출하고 있으며 키위 유통망도 확보하고 있습니다. 만약 영농조합에서 저희가 요구하는 수입물량을 허용해주신다면, 저희가 영농조합 조합원들에게 도움을 드리고자 합니다.

영농조합 : 어떤 도움을 주실 수 있다는 겁니까?

키위프리 : 저희가 조합원들에게 키위 재배기술과 종자를 저렴하게 나눠드리겠습니다.

영농조합 : 그렇게 하더라도 소비자들은 원산지 키위를 먹으려고 할 테니 저희 영농조합에 별로 도움이 되지 않습니다.

키위프리 : 그러면 조합원이 생산한 키위를 저희가 전량 수매하여 전 세계 유통망으로 수출하면 어떻습니까?

영농조합 : 수매를 해주신다고요? 전량이요?

키위프리 : 네, 그렇습니다. 저희는 전 세계에 유통망을 가지고 있어서 한국 생산물량 정도
　　　　　는 얼마든지 소화할 수 있습니다. 단, 품질은 저희 수준에 맞추어주셔야 하니
　　　　　저희 종자와 재배 기술을 보급해드리려고 하는 것입니다.
영농조합 : 그러면 좋긴 한데, 키위프리는 왜 굳이 한국에 수출하려고 하십니까?
키위프리 : 한국은 저희 뉴질랜드와 기후가 반대입니다. 한국에서 키위가 출하되는 10월,
　　　　　11월은 뉴질랜드의 봄철이라 키위가 생산되지 않습니다. 그래서 그때는 저희가
　　　　　한국에서 생산되는 키위를 수매하여 전 세계에 유통시키고요, 반대로 4~5월
　　　　　에는 뉴질랜드에서 본격적으로 출하가 시작되니까 그때 한국으로 수출을 하려
　　　　　는 것이죠. 어떻습니까?
영농조합 : 아, 네, 그렇다면 저희도 좋습니다.[5]

　　경기도 화성시 매송면 숙곡1리 산골 마을에 2021년 7월 1일 화장장(火葬場) '함백산 추
모공원'이 문을 열었다. 이 화장장은 화성 · 부천 · 안산 · 시흥 · 광명 · 안양 등 경기도 6개
지자체가 주민들과 협상하여 조성한 수도권 첫 광역 화장장이다. 화장장은 대표적 혐오시
설로 꼽히는 만큼 조성까지 10여 년간 주민들과의 줄다리기가 있었다.

　　6개 지자체는 30만 1,146㎡ 부지에 1,714억 원을 투입했다. 주민에게는 추모공원 수익
사업권을 맡기기로 합의했다. 마을 발전기금 395억 원도 조성하였다. 2013년 마을 주민들
의 동의를 얻어 숙곡 1리를 최종 후보지로 선정하고 2015년 공동투자 협약까지 체결하였
다. 그러나 산을 사이에 둔 인근 지역 주민들이 다이옥신 등 환경 피해와 혐오시설에 따른
재산권 침해를 이유로 격렬하게 반대했다. 당시 일부 학부모들은 자녀의 등교까지 거부하
며 반발했다. 행정소송 등으로 사업이 취소될 위기를 맞았지만 주민 청구가 기각되면서
2019년 초 본격적으로 공사에 착수할 수 있었다.

　　추모공원이 개장되면서 당초 합의한 대로 주민들이 수익사업권을 행사하게 되었다.
숙곡리 주민 50여 명이 주주로 참여해 식당과 매점, 장례식장 운영 등을 담당하는 '주식회
사 함백산'이란 사업체를 발족하였다. 주민들에게 일자리가 생겼다. 나이 든 주민들은 추
모공원에 경비와 청소 직원으로 채용되었다. 장례식장에서 일하기 위해 주민 6명은 장례
지도사 자격증을 땄다. 마을 옆으로 4차로 도로가 놓였고 마을버스 노선도 생겼다.

　　지자체와 지역 주민 간의 원원 협상으로 경기 서남권 주민들이 장례 이용 혜택을 보고
지역 경제도 살리게 되었다. 또 6개 지자체가 공조함으로써 지자체 사업의 중복을 피하고
예산 절감과 행정의 효율화를 도모할 수 있게 되었다.

협상의 결과가 이행되지 않거나 협상 내용에 대하여 분쟁이 생기면 그 협상은 좋지 않은 협상이다. 더군다나 협상이 어느 일방의 강압에 의하거나, 상대방을 속여서 얻은 결과라면 나쁜 협상이다. 상대방에 대한 신뢰와 존중이 없는 협상은 결과도 좋지 않다. 일찍이 프랭클린 루즈벨트(Franklin D. Roosevelt) 대통령은 협상과 관련하여 "호랑이를 애무해서 고양이로 길들일 수 있는 사람은 없다. 잔인무도한 자에게 아첨해야 아무 소용이 없다. 폭탄과 협상할 수는 없다."라고 갈파했다. 바로 이러한 사례가 세계 제2차 대전을 앞두고 일어났다. 소위 '뮌헨 협정'의 체결 과정과 결과다.

1938년 9월 22일 영국의 체임벌린 수상은 독일의 히틀러를 찾아갔다. 체임벌린은 영국과 프랑스 정부가 체코의 수테덴을 독일에 할양하기로 동의하고 또한 체코 정부도 때맞추어 동의하게 된 것을 기쁘게 생각한다고 자랑스럽게 말을 꺼냈다. 그리고는 어떠한 절차와 방법으로 할양을 실시하느냐는 문제만 남아 있으며 이런 기술적인 문제를 토의하자고 제의하였다. 그러자 히틀러는 책상만 내려다보더니 귀에 거슬리는 음성으로 독일말로 짤막하게 말하고는 의자를 뒤로 젖혀 앉아 발과 양손을 꼬고 체임벌린을 쏘아 보았다. "대단히 미안합니다만 그 모든 것은 이제 더 이상 필요 없습니다."라는 히틀러의 말이 영어로 통역되었고 그리고는 오랜 침묵이 흘렀다. 체임벌린이 경악에서 깨어나 히틀러에게 며칠 전에는 수테덴 할양으로 만족한다더니 웬일이냐고 물었다. 히틀러는 며칠 사이에 헝가리와 폴란드가 새로운 요구를 체코 정부에 제시했는데 이런 요구들이 충족되어야 한다고 답변하였다.

두 사람의 회의는 아무런 결론 없이 끝났다. 긴장은 다시 고조되고 유럽의 전운은 짙어져갔다. 이에 루즈벨트 대통령이 관계국들에게 평화적 해결책 모색을 촉구한데 이어 무솔리니의 4국회의 소집 제안이 받아들여져 1938년 9월 28일 역사적인 뮌헨회의가 개최되었다. 체임벌린, 달라디에, 히틀러, 무솔리니 등 영국, 프랑스, 독일, 이탈리아 수뇌들이 모여 체코의 수테덴 할양과 새로운 국경을 보장한다는데 합의하였다. 이 협정은 히틀러가 과거 요구한 것을 모두 수용한 것으로서, 체임벌린과 달라디에는 이 협정으로 수테덴을 히틀러에게 할양해줌으로써 자신들이 체코를 구제할 수 있다고 믿었고 히틀러는 영국과 프랑스가 체코의 운명을 자신에게 맡긴 것이라고 믿었다. 협정 이후 체코는 수데덴, 남 슬로바키아 등을 상실한 초라한 정치 단위로 몰락하였고, 헝가리를 위시한 다른 다뉴브 강 국가들도 독일의 세력범위 안에 들어가게 되었다. 1939년 3월 독일이 체코 점령을 완수하자 영국은 비로소 그동안 추진했던 독일에 대한 유화정책이 오류였음을 깨닫게 되었다.[6]

역사적으로 뮌헨협정은 독재자와의 유화적 타협은 그들의 의지를 북돋아줄 뿐이라는 교훈을 남겼으며, 학계에서는 이를 '뮌헨 유추(Munich analogy)'로 자주 거론하고 있다. 조지 부시 대통령이 2002년 연두교서에서 북한과 이란, 이라크를 '악의 축(axis of evil)'이라고 지칭했을 때는 그의 마음속에 분명히 이 유추를 생각하고 있었을 것이라고 분석되기도 하였다. 또한 북한과의 비핵화협상에서도 이 유추를 들어 유화적 협상은 바람직하지 않다고 주장하는 사람들도 있다.

협상을 중도에 결렬시키는 경우도 있다. 잘못된 협상을 진행하느니 협상을 포기하는 것이 낫다고 생각하기 때문이다. 협상의 포기는 상대가 과도한 요구를 하거나, 내가 얻고자 하는 최저 목표도 기대할 수 없다거나, 협상 과정이나 추후 이행과 관련하여 상대를 신뢰할 수 없을 때 선택해야 한다. 협상 결렬에 대한 대내외적 비판이나 체면 때문에 협상에 끌려가거나 잘못된 결론에 도달하면 안 된다.

최근의 사례로는 북미 하노이 정상회담이 있다. 당초 트럼프 대통령과 김정은 국무위원장이 2018년 6월 12일 싱가포르에서 70여 년간의 양국 적대관계 이후 역사적인 첫 대면을 하고 한반도 비핵화와 북미관계 정상화 등에 관한 포괄적 합의에 이르렀다. 양측은 북한의 비핵화조치와 미국의 상응조치를 위한 구체적이고 실질적인 프로세스를 도출하기 위하여 2019년 2월 27일 베트남 하노이에서 두 번째 정상회담을 가졌으나, 둘째 날 비핵화와 제재완화 관련하여 합의를 도출하기 어렵게 되자 트럼프 대통령이 오찬과 오후 일정을 취소하고 회담 결렬을 발표하였다. 트럼프로서는 1차 회담 결과가 실질적이지 못하다는 비판이 있는 터에 2차 회담에서 구체적인 진전이 없을 경우에는 회담을 파기하는 것이 정치적으로도 낫다고 결단하였고, 당시 대체로 올바른 판단이었다고 평가받았다. 김정은으로서는 예상치 못했고 대내적으로도 체면을 손상하는 결과를 가져왔다.

협상은 상당한 준비기간을 거친다. 준비 과정에서 서로 정보를 교환하고 의제를 논의하며 기대성과를 분석한다. 만나는 것만으로 의미를 두는 협상도 있으나 대부분 성과를 기대할 수 없을 때는 협상을 갖지 않는다. 특히 국가 간의 정상회담은 성과를 기대하기 어려울 때는 만나지 않는 것이 좋다. 국가원수의 만남은 김대중-김정일, 교황-이슬람 최고지도자처럼 만나는 자체가 성과일 수도 있지만, 정상 간의 만남에서 아무런 성과나 현안 타결이 없을 경우 양국 관계에 미칠 외교적 영향은 물론 국내 여론의 부정적 반응 등을 고려할 때, 신중하게 사전 교섭이 필요하다.

2021년 7월 도쿄 하계올림픽을 앞두고 한일 정상회담 개최를 위하여 실무 교섭이 있었으나 정상회담을 하지 않기로 결론을 내리고 문재인 대통령도 개막식에 참석하지 않았다. 올바른 결정이었다. 우리 측은 올림픽 개막식 참석 기회에 정상회담을 통하여 현안문제를 논의하고 어느 정도 성과를 얻어 양국 관계정상화를 도모코자 하였으나, 일본은 주최 측으로서 의례적 회담만을 갖고 실질적 협의는 가질 계획이 없는 것으로 보였다. 즉 일본 측은 한국 대통령의 개막식 참석은 환영하나 현안문제에 있어서 어떠한 양보나 타협까지 갈 생각은 없었던 것이다. 정상회담을 통하여 일본의 '의례'와 한국의 '성과'를 모두 이룰 수 있는 일이었으나 일본 측의 편협한 자세로 회담은 무산되었다. 통상 올림픽이나 국제회의가 열리면 주최 측 정상이 참석한 정상 및 대표들을 의례적으로 개별 회담을 갖는 것이 관례이나, 특별한 경우에는 별도 회담을 통하여 실질적인 협상을 갖는 경우도 있다. 우리로서는 한일관계의 교착을 조금이라도 개선하는 성과 없이 정상회담을 개최하는 것은 무의미한 것이었다.

제11장

의전(Protocol)

제11장

의전

　앞서 우리는 예절이란 사람이 일상생활에서 지켜야 하는 보편적 예의와 제반 절차라고 규정하였고, 에티켓이나 매너 또한 사람이 사회생활을 해나가는 데 있어서 지켜야 할 몸가짐과 행동규범이라고 설명하였다. 여기에서 사람 간의 관계를 국가 간의 관계로 승격한 것이 의전(儀典)이다. 의전은 국가 간의 관계, 국제행사 또는 국가가 하는 공식행사에서 지켜야 할 일련의 규범과 예양이다. 사람과의 관계에서 일정한 규범이 지켜지지 않을 경우 혼란과 갈등이 오듯이 국가 간에 국제적으로 인정된 규범을 따르지 않을 경우에 발생하는 문제는 엄청난 파장을 불러올 수 있다.

　'Protocol'이란 단어는 그리스어의 'Protokollen'에서 유래된 것으로 protos(맨처음)과 kolla(붙이다)가 합성된 단어다. 이는 원래 공증문서에 효력을 부여하기 위해 문서 맨 앞장에 붙이는 용지를 뜻하는 것이었는데, 이후 외교관계를 담당하는 정부의 공식문서 또는 외교문서의 양식을 의미하게 되었다. Protocol이 지금 우리가 이야기하고 있는 의전이라는 의미로 사용된 것은 아마도 국가 간의 관계에 있어서 가장 기본이 되는 형식, 즉 제일 첫 번째로 지켜야 하는 것이라는 의미에서 나온 것으로 추측된다.[1]

의전의 역사는 중세 외교사절이 파견되면서 자신의 나라 또는 군주를 독자적으로 대표하는 대사들이 서열에 집착하는 상황에서 그 필요성이 느껴지기 시작하였다. 16~7세기의 대사들은 자신의 서열을 지켜내기 위하여 궁정의 뒷방에서 말다툼하고 육박전까지 벌이지 않을 수 없었을 뿐만 아니라 차림세로 허세를 부림으로써 자기 원수의 장려함과 막강함을 과시하려 했다. 이러한 품위 없는 상황은 1815년 비엔나회의에서 어느 정도 수습이 되었다. 이 때 마련된 규약은 각국의 외교사절의 서열은 그 사절이 도착한 것이 공식적으로 확인된 일자에 따른다는 데에 합의하였다. 그리고 국제회의에 참석한 전권대사가 조약에 서명하는 것은 알파벳 순서에 따라야 한다고 규정하였다. 그 후 1961년에 체결된 「외교관계에 관한 비엔나 협정」에서 구체적으로 외교관 서열 및 의전 관행이 확정되어 오늘날 국제적으로 널리 준행되고 있다.

우리나라에서는 조선시대 9대 성종 때 완성된 〈국조오례의(國朝五禮儀)〉에서 의전이 시작되었다는 의견이 지배적이다. 오례는 크고 작은 여러 가지 제사를 지내는 '길례'와 자기 나라나 이웃 나라의 왕이 죽은 경우의 국상이나 죽은 왕의 장례를 치르는 국장에 관한 '흉례', 다른 나라를 정벌하러 가거나 군대의 각종 훈련이나 조직의 관리에 필요한 '군례', 국가적인 손님을 맞이하고 보내는 예의에 관한 '빈례', 새로운 임금의 즉위 혹은 왕이나 세자들의 직위를 인정하는 절차인 책봉, 그리고 왕실의 결혼인 국혼, 크게 잔치를 베풀고 선물을 내려주는 등에 관한 기쁘고 좋은 행사에서 행해지는 '가례' 등을 말한다.[2]

같은 시기에 편찬된 〈경국대전(經國大典)〉에도 복식, 국가의 전례절차, 조정의 의식, 국빈을 대접하는 연회, 중국 및 외국 사신을 대접하는 방식, 제례, 상징 등 의전에 관한 사항이 두루 규정되어 있다. 그러나 위의 사례는 의전이 공식적으로 서책으로 편찬된 것이고 실제로는 국가가 처음 형성된 시기부터 다른 나라와의 관계에 관한 일정한 형식과 규범이 있었을 것은 자명한 일이다.

의전은 기본적으로 형식이며 그 자체가 목적은 아니다. 의전의 기본 원칙은 상대방에 대한 존중과 배려이며 궁극적으로 상대방을 편안하게 하는 것이므로, 격식에 너무 얽매이지 않고 상식에서 벗어나지 않으며 유연하게 진행하여야 한다. 미국의 아담스(John Quincy Adams) 대통령은 '상식과 배려(commonsense and consideration)'가 의전의 기본이 되어야 한다고 말했다. 또 이러한 원칙이 훼손되면 공적 그리고 사적 생활에서 모두 어려움이 발생한다고 강조하였다.

우리나라 외교부가 발간한 〈의전실무편람〉은 의전에는 다섯 가지 핵심 고려사항이 있다고 규정하였다.[3]

첫째는 상대에 대한 존중(respect)이다. 전 세계에 공통적으로 적용되는 의전 관행도 있지만, 다른 문화와 전통, 관습의 차이에 따르는 각자의 다른 룰을 상호 조율하는 것도 아울러 필요하다.

둘째, 상호주의(reciprocity)를 원칙으로 한다. 내가 배려한 만큼 상대방으로부터 배려를 기대하는 것이다. 그러나 엄격한 상호주의가 도리어 어려움을 줄 수 있으므로 이때는 상대측의 양해 아래 조정할 수 있다.

셋째, 문화의 반영(reflecting culture)이다. 의전은 하나의 문화와 시대의 소산이며 세상이 변화하면 문화도 변하고 의전 관행도 바뀔 수 있는 것이므로 기본인 '존중과 배려'가 중요하다는 점을 늘 염두에 두어야 한다.

넷째, 의전은 서열(rank)이다. 의전행사에 있어서 가장 기본이 되는 것은 참석자들 간에 서열을 지키는 것이다. 국제회의에서도 상호 인정하는 기준에 따라 좌석배치를 해야 한다.

다섯째, 의전에서 오른쪽(right)이 상석이다. 정상회담 등에서 방문국 정상에게 상석인 오른쪽을 양보하며, 모든 연회의 경우에도 주빈을 주최자의 오른쪽 좌석 또는 맞은편에 앉힌다.

위와 같은 핵심적 고려사항 외에도 우리가 의전에서 고려해야 할 것은 여성 존중과 상식에 따르는 것이다. 여성 존중(Lady first)은 서양 에티켓의 기본이며 의전에서도 가능한 한 고려해야 한다. 어떤 구체적인 의전 규칙이나 형식이 세워져 있지 않은 경우에는 상식(commonsense)에 따라 조치해야 하며, 이는 상대방도 이해하고 받아들일 수 있어야 한다.

세계가 하나로 좁혀지는 글로벌 시대에 국가 간, 사람 간의 접촉이 더욱 밀접하고 빈번해지면서 이러한 접촉 과정에서의 규범과 준칙이 한층 중요하게 여겨지고 있다. 따라서 국가 및 정부는 물론 지방자치단체, 사회, 일반 기업 등도 대외관계에 있어서 의전에 준하여 일정한 준칙과 형식을 활용할 필요가 있다. 또한 포스트 코로나 시대에도 의전의 기본 원칙들은 변함없이 지켜질 것으로 본다.

1. 국기에 대한 예의

대한민국을 상징하는 기(旗), 태극기는 한민족의 무궁한 발전과 평화를 표상하고 있다. 태극기의 흰색 바탕은 백의민족의 순결성과 평화를 사랑하는 민족성을 뜻한다. 가운데의 태극은 음과 양의 상호작용에 의하여 우주 만물이 생성 및 발전하는 대자연의 영원한 진리를 형상화한 것으로 창조와 발전을 의미하며, 4괘는 태극 속에서 음과 양이 질적 변화와 양적 성장의 선회운동을 거치는 과정을 구체적으로 나타낸 것이다.

우리나라 국기에 관한 법규는 「대한민국국기법」(2007.1월 제정, 2011.8월 개정)' 및 동법 시행령(2007.7월 제정, 2011.8월 개정)이 있고, 이를 시행하기 위한 규정으로서 '국기게양·관리 및 선양에 관한 규정'(국무총리 훈령 제538호)가 있다.

가. 태극기 게양

태극기 게양일

- 국경일 및 기념일: 삼일절(3.1), 제헌절(7.17), 광복절(8.15), 국군의 날(10.1),
개천절(10.3), 한글날(10.9)
- 조기 게양일: 현충일(6.6), 국가장 기간
- 기타 정부 별도 지정일, 지방자치단체가 조례 또는 지방의회의 의결로 정하
는 날

태극기 게양 시간

- 태극기는 24시간 게양할 수 있고, 심한 눈, 비와 바람 등으로 태극기의 훼손
이 우려되는 경우에는 게양하지 않는다. 게양 중 훼손이 우려될 경우에도 태
극기를 강하할 수 있다.
  - 태극기를 낮에만 게양할 경우의 시각은 3~10월에는 07:00~18:00시, 11월
  ~2월에는 07:00~17:00시
- 국가와 지방자치단체, 기타 공공기관의 청사와 각급학교는 태극기를 반드시
연중 게양해야 한다. 또한 태극기를 되도록 연중 게양해야 하는 장소는 공항,
항구, 호텔 등 국제적인 교류 장소, 대형 건물, 공원, 경기장 등 많은 사람이
출입하는 장소, 주요 정부 청사의 울타리, 많은 깃대가 함께 설치된 장소 등
이다.
- 상기 건물 장소 이외에 아파트 등 공동주택단지의 주된 게양대, 가정, 소형
건물 등 기타 모든 건물 및 장소에도 연중 태극기를 게양할 수 있다.

태극기 게양 방법

(1) 경축일 및 평일에는 깃봉과 깃면의 사이를 떼지 않으며, 조기는 깃봉
과 깃면 사이를 깃면 너비만큼 내려단다. 경축 행사 등의 경우 깃면을
늘여서 달 때에는 깃면 길이의 흰 부분만을 길게 하여 이괘(離卦)가 왼

쪽으로 오도록 한다(시계방향으로 90도 회전)

〈그림 11-1〉 태극기 깃면 늘여서 다는 방법

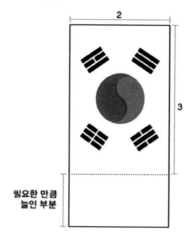

필요한 만큼
늘인 부분

(2) 게양 장소

- 일반 가정의 경우, 단독주택의 대문과 공동주택 각 세대 난간의 중앙 또는 앞
  에서 보아 왼쪽에 게양

- 건물의 경우, 앞에서 바라보아 지면의 중앙이나 왼쪽, 옥상의 중앙, 현관의
  차양시설 위 또는 주된 출입구의 위 벽면 중앙

- 실내의 경우 내부의 전면을 앞에서 바라보아 전면의 왼쪽 또는 중앙에 위치
  한다. 실내에서는 깃대에 달아서 세워 놓는 것을 원칙으로 하되 교육목적이
  나 관리적인 측면 또는 옥내 여건 등을 감안하여 필요하다고 판단될 때는 깃
  면만을 벽면에 게시할 수 있다.

- 차량의 경우, 차량의 전면에서 보아 왼쪽에 태극기를 게양한다. 태극기와 다
  른 기를 동시에 게양할 경우에도 태극기는 차량 전면에서 보아 왼쪽에 게양
  한다.

- 조약 체결의 경우, 우리 측 서명자가 내빈을 향하여 왼쪽에(내빈 쪽에서 보아
  오른쪽에), 상대방 서명자가 오른쪽에 위치하며, 태극기도 우리 서명자 앞에
  위치한다. 두 국기를 교차시켜 놓을 경우에도 태극기 깃면이 우리 쪽으로 오
  도록 한다. 서명 테이블의 뒤 벽 쪽으로 두 국기를 게양할 경우에는 태극기를

내빈 쪽에서 보아 왼쪽에 위치하도록 한다.

- 영구에 태극기를 덮는 경우, 영구의 덮개를 위에서 내려다보아 덮개의 윗부분 오른쪽에 건괘부분이, 왼쪽에 이괘부분이 오도록 한다(시계방향으로 90도 돌려 영구에 덮음). 이때 태극기가 땅에 닿지 않도록 하여야 하며, 태극기는 영구와 함께 매장할 수 없다.

태극기와 외국기의 게양

- 우리나라를 승인한 국가에 한하여 게양하는 것이 원칙이다. 다만, 국제회의 또는 국제경기 등에 있어서는 우리나라를 승인하지 않은 나라의 국기도 게양할 수 있다.
- 태극기와 외국기를 함께 게양할 경우에는 그 크기 및 높이가 같아야 하며, 하나의 깃대에 2개국의 국기를 게양할 수 없다.
- 또 태극기를 가장 상석에 게양하고, 외국기의 게양 순위는 국제회의의 경우 관례가 있으면 그 관례에 따르되, 게양하는 기의 수가 홀수의 경우와 짝수인 경우로 구분하여 게양 우선순위에 따라 게양한다.
- 게양 우선순위
(1) 태극기와 외국기를 함께 게양하는 경우(건물 밖에서 바라볼 때)
  • 홀수인 경우, 태극기가 한 가운데 위치
  • 짝수인 경우, 태극기가 가장 왼쪽(상석)에 위치
(2) 태극기와 외국기를 벽에 붙이는 경우, 내빈 쪽에서 보아 세로로(시계방향으로 90도 회전) 왼쪽에 태극기를 붙인다.
(3) 태극기와 외국기를 교차시켜 게양하는 경우, 태극기의 깃대가 외국기의 깃대 앞쪽에 위치하며, 내빈 쪽에서 보아 깃면이 왼쪽에 와야 한다. 다만, 우리나라에서 조약 서명 시 테이블 위 교차 게양할 때에는 태극기 깃면이 오른쪽에 온다.
(4) 태극기와 국제연합기, 외국기를 함께 게양하는 경우(건물 밖에서 바라볼 때), 국제연합기, 태극기, 외국기 서열로 게양한다.

〈그림 11-2〉 태극기와 외국기를 함께 게양하는 경우(건물의 밖에서 바라본 위치)

[홀수인 경우]

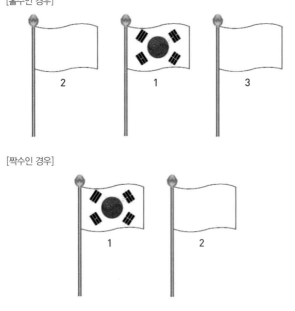

[짝수인 경우]

나. 국기에 대한 예절

국기에 대한 경례

- 일반 국민은 선 채로 오른손을 펴서 왼쪽 가슴에 대고 국기를 주목한다.
- 군인, 경찰관 등 제복을 착용한 사람은 국기를 향하여 거수경례를 한다.
- 평복에 모자를 쓴 사람은 오른손으로 모자를 벗어 왼쪽 가슴에 대고 국기를 주목한다. 다만, 모자를 벗기 곤란한 경우에는 일반 국민과 같이 한다.

국기에 대한 맹세

- 국기에 대한 경례를 할 때는 다음 맹세문을 낭송하되, 애국가를 연주하는 경우에는 낭송하지 않는다: 나는 자랑스러운 태극기 앞에 자유롭고 정의로운 대한민국의 무궁한 영광을 위하여 충성을 다할 것을 굳게 다짐합니다.

국기의 관리

– 국기는 제작, 보존, 판매 및 사용 시 그 존엄성이 유지되어야 하며, 훼손된 국
기를 게양하거나 부러진 깃대 등을 방치해서는 안 된다.

– 국기가 훼손된 때에는 이를 방치하거나 다른 용도에 사용하지 말고 지체 없
이 소각 등 적절한 방법으로 폐기하여야 한다. 일반 국민이 개별적으로 태극
기를 소각하기 어려우므로 정부는 전국 각급 자치단체 민원실 및 주민센터에
국기수거함을 비치하고 있다.

– 때가 묻거나 구겨진 경우에는 국기를 훼손하지 않는 범위에서 이를 세탁하거
나 다림질하여 다시 사용할 수 있다.

– 태극기 또는 국기 문양(태극과 괘)은 각종 물품과 의식 등에 활용할 수 있다
(예: 학용품, 사무용품, 스포츠용품 및 생활용품). 다만, 깃면에 구멍을 내거나 절
단하는 등 훼손하여 사용하거나 국민에게 혐오감을 주는 방법으로 활용하는
것은 금한다.

애국가

우리가 지금 부르고 있는 국가는 안익태가 작곡한 것을 대한민국 임
시정부에서 사용하기 시작하여 1942년에 공식적으로 명문화된 애국가이
다. 작사자는 윤치호, 안창호 등으로 거론되어 왔으나 미상이다. 애국가
를 우리의 국가로 직접 규정한 법률은 없으나, 오랜 동안 관습으로 인정
되고 있다. 애국가는 경건하게 부르거나 연주되어야 하며, 의전의 성격
및 여건 등으로 인한 부득이한 경우를 제외하고는 가급적 4절까지 마쳐
야 한다.

미국의 국기 및 국가에 관하여는 각각의 법령으로 규정하고 있다. 또 오랜 관습으로
지켜온 사항도 있다. 국가를 부르거나 연주될 때는 다음과 같은 사항을 유의해야 한다.

– 국가는 항상 존엄하게 연주되어야 한다.

– 국가는 행사의 처음, 중간, 마지막 어디든 관계없으나, 가장 존엄한 부분에서 연주되어

야 한다.

− 국가 연주 후에는 박수를 치지 않는다.

− 국가를 현대 음악에 맞춰 현대적으로 각색해서는 안 된다.

− 국가는 메들리의 일부로 연주되어서는 안 된다.

− 오랜 관행과 예양으로, 외국 손님의 국가를 미국 국가 앞에 연주한다.

국민의례

(1) 정식 절차

각급 행정기관, 학교 및 공공단체 등에서 각종 의식(행사) 거행 시 정식절차에 따르도록 하는 것을 원칙으로 한다.

− 개식 선언

− 국기에 대한 경례: 이 때 국기에 대한 경례곡을 연주하고 맹세문을 낭송(녹음 설비 이용 가능)

− 애국가 제창: 참석자 전원이 부득이한 경우를 제외하고는 4절까지 제창

− 순국선열 및 호국영령에 대한 묵념: 묵념곡 연주

(2) 약식 절차

기관 내부회의 등에 있어서 의식의 규모, 성격이나 여건상 정식절차에 따르는 것이 곤란하다고 판단될 때에는 다음과 같이 약식으로 실시할 수 있다.

− 개식 선언

− 국기에 대한 경례: 경례 시 애국가를 연주하며, 애국가 연주 도중에 맹세문은 낭송하지 않음.

− 순국선열 및 호국영령에 대한 묵념

2. 의전 서열

의전에서 서열(rank)은 가장 중요한 핵심 고려사항 중의 하나이다. 모

든 국가가 국가 주요인사에 대해서 법령이나 의전 관행으로 서열 기준을 정해 놓고 국가 주요행사 또는 연회의 좌석배치 등에 활용하고 있다. 이러한 행사에 참석하는 일반 내빈에 대하여도 사회적 지위에 상응하는 예우가 필요하다. 국제회의나 행사에서도 국가 간에 양해된 일정한 서열 기준에 따라야 한다.

서열 준수원칙은 각종 행사 시 서열문제로 야기될 수 있는 불편한 상황을 미리 방지하고 참석자들 간의 관계를 원만하게 유지토록 하는데 의미가 있으며, 따라서 행사의 진행을 위하여 서열 결정에 있어서 다소 유연성을 발휘할 수 있다. 서열에 관한 기준은 나라마다 다를 수 있으며, 시대가 변하면서 서열 순위도 바뀔 수 있다. 예컨대 대사에 대한 서열이 상위에 위치하는 것은 공통되지만 어느 정도 상위에 있는 있는가는 나라마다 약간 다르다.

가. 서열의 기본 원칙

(1) 공식 서열

- 공식 서열이라 함은 귀족, 공무원, 군인 등 신분 및 직위에 따라 공식적으로 인정된 서열을 의미하며, 각 나라의 법령 또는 관행에 의하여 정해진다.
- 우리나라에서는 공식 서열에 관해 명문상으로 규정하고 있지는 않으나, 각종 국가행사 시 의전상 공직자의 서열 관행은 어느 정도 확립되어 있다. 이러한 서열의 실제 적용에서는 행사의 성격과 참석자의 역할 등을 고려하여 적절히 조정하기도 한다. 그러나 행사 주최자나 장소에 따라 기준이 없이 임의적으로 서열 순위를 정하는 것은 행사를 원활히 진행하는데 부정적 영향을 줄 것이다.

(2) 일반인 서열 원칙

- 일반인의 공식행사 참석 시 개인적, 사회적 지위 및 연령 등을 고려

- 지위가 비슷한 경우, 여성은 남성보다, 연장자는 연소자보다 상위에 위치
- 남편이 국가의 대표 자격을 가지고 있는 경우, Lady first 원칙을 고려하지 않아도 무방
- 한 사람이 두 개 이상의 지위를 가질 때 원칙적으로 상위 직을 기준으로 하나 행사의 성격에 따라 행사와 관련된 직위 적용 가능
- 숙녀를 항상 상석인 우측에 위치하고, 가능한 한 양쪽 끝자리에 앉지 않음.
- 원만하고 조화된 좌석배치를 위하여 서열 원칙의 적절한 조정 가능하고, 현지 관행도 고려
- 고의성이 없는 서열상의 사소한 착오에 대해 공식으로 항의하는 것은 바람직하지 않음.

나. 외교관과 영사의 서열

서열에 대한 다툼 중에서 1661년에 있었던 스페인 대사의 마차 사건은 그 전형적인 예이다. 그 당시에는 외교사절들이 엄청난 국가적 상징을 갖추고 입장하는 것이 관례였다. 그리고 동료 외교사절은 행렬의 웅장함을 더하기 위하여 그들의 나들이 마차를 보내도록 되어 있었다. 그리하여 1661년 9월 30일에 새로운 스웨덴 사절이 런던의 타워 부두(Tower Wharf)에 상륙하였을 때 프랑스와 스페인 대사는 그를 맞이하기 위해 모두 그들의 마차를 보냈다. 스웨덴 사절은 상륙하여 그를 마중 나온 왕의 마차를 타고 출발했다. 그러나 곧 프랑스 대사의 마부가 그의 말을 스웨덴 사절의 마차 뒤에 바싹 붙였다. 스페인 대사의 마부에게는 이러한 행동이 스페인 왕에 대한 직접적인 모욕이라고 여겨졌다. 즉시 격투가 벌어졌으며 각 마차는 150명의 무장군인을 수행했기 때문에 커다란 사태가 일어날 것만 같았다. 프랑스 마부가 그의 자리에서 끌어내려졌으며, 두 필의 말이 절름발이가 되고 기수장은 살해되었다. 이에 대하여 프랑스의 루이 14세는 스페인과 외교관계를 단절하고, 만약 스페인이 충분한 사과를 하고 런던 주재 스페인 대사를 처벌하지 않으면 전쟁을 선포하겠다고 위협했다. 적대관계를 피하기를 간절히 원했던 스페인 왕은 적절한 사죄와 배상을 하는데 동의했다.[4]

군주국가에 있어서 외교관들은 왕가의 식구들 바로 밑의 서열에 속해

있었다. 영국에 있어서의 대사의 서열은 왕족의 바로 밑이었다. 그러나 대사들 간의 서열은 강대국 위주로 편성되었고 위의 사례와 같이 소위 '국가적 위신'을 걸고 치열한 다툼을 가져오다가 1815년 비엔나회의에서 비로소 대사들 간의 서열 기준이 정해지고 국제회의에서 조약의 서명 순위도 확정되었다. 그럼에도 이 서열 문제는 여러 가지 이유로 완전히 해결되지 않다가 1961년의 「외교관계에 관한 비엔나 협정」으로 서열과 외교관행 등이 국제적으로 확립되어 오늘에 이르고 있다.

(1) 외교관의 서열

공관장

공관장의 서열은 특명전권대사, 특명공사, 대사대리(Charge d'Affaires ad interim) 순이다.

- 공관장인 대사 및 특명공사 상호 간의 서열은 신임장 제정순서에 따르며, 국가에 따라서는 신임장 사본 제출 순위를 적용하는 경우도 있다(영국, 러시아 등).
- 카톨릭 국가에서는 교황청 대사가 여타 특명전권대사보다 앞서는 경우가 있다. 또 외교단장을 맡는 경우도 있다.
- 대사대리 상호 간의 서열은 그의 계급에 관계없이 지명 통고가 주재국 외교부에 접수된 순서에 따른다.
- 과거에 공관장 궐위 시 임시로 대리대사(Charge d'Affaires ad hoc or pro tempore) 제도가 일부 시행되었으나, 현재는 대사대리로 통합되어 있다.

공관장 이외의 외교관

- 외교관 계급에 따르며 같은 계급 간에는 착임 순서를 적용한다.
- 각국은 관례적으로 재외공관에 근무하는 직원(외교관, 무관, 주재관) 상호 간의 서열에 관한 별도 규정을 보유하며, 같은 계급에 있어서는 외교관은 무관보다, 무관은 여타 주재관보다 앞선다.

(2) 영사의 서열

- 공관장인 영사는 그의 계급에 관계없이 외국 영사관원에 우선하며, 직업 영사는 동일 계급의 명예영사에 우선한다.
- 직업영사로서 다 같이 공관장일 경우에는 그의 계급에 따르며, 같은 계급인 경우에는 영사 인가장 발급일 순서가 빠른 자가 우선한다. 영사 인가장 발급일이 같은 경우, 영사 위임장이 주재국 외교부에 제출된 일자를 기준으로 하며, 임시 인가장 발급은 영사 인가장 발급과 같은 효력으로 간주된다.
- 공관장 대리인 영사는 공관장인 영사 다음에 위치한다.
- 영사직을 겸하는 외교관의 서열은 외교관 간의 서열에 따르고, 영사직 근무만을 하는 사람과 외교관 간의 서열은 그들의 원 소속 계급에 따른다.
- 영사관이 외교공관 대신 실질적인 외교업무를 수행하는 경우, 영사기관장인 총영사는 전권공사 다음에 오며 일반 공사에 앞선다.

(3) 국제기구 직원의 서열

- 국제기구 인사에 대한 예우는 각 나라별로 상이하나, 대부분의 국가에서 국가원수나 외교부장관보다 대폭 간소화된 예우를 제공하고 있다.
- 유엔사무국 직원에 대한 예우는 각 나라별로 상이하나 대체로 다음과 같은 예우가 주어진다.
  - 사무총장(Secretary General): A급 총리 예우, H.E. 호칭 사용
  - 사무차장(Under Secretary General): 장·차관급 예우, H.E.호칭 불사용
  - 사무차장보(Assistant Secretary General): 대사급 예우
  - 국장(D 2): 공사, D 1: 공사 참사관, 과장(P 5): 참사관, P 4: 1등서기관, P 3: 2등서기관, P 2: 3등서기관
- 기타 국제기구 및 유엔 전문기구 사무총장은 장관급 예우를 하며, EU 집행위원회 위원장은 총리급 예우(EU 정상회의 시 각국 국가원수들과 동급의 예우)를 한다.

다. 우리나라 정부의 서열

공식적으로 헌법, 정부조직법, 국회법, 법원조직법 등 법령으로 정한

직위 순서를 기준으로 하나, 실제로는 정부 수립 이후부터 시행해온 주요 국가행사를 통해 확립된 선례와 관행을 기준으로 서열을 정한다. 공적 지위가 있는 경우에는 기관 순위와 직급 순위에 의해 결정하고, 공적 지위가 없는 일반인의 경우에는 전직, 연령, 행사와의 관련 정도에 따라 서열을 정한다.

(1) 서열의 실제(행정안전부에서 적용)

〈표 11-1〉 우리나라 정부의 서열

[의전 서열]
1 대통령
2 국회의장
3 대법원장
4 국무총리
5 헌법재판소장
6 중앙선거관리위원장
7 국회부의장
8 감사원장
9 기획재정부장관
10 교육부장관
11 과학기술정보통신부장관
12 외교부장관
13 통일부장관
14 법무부장관
15 국방부장관
16 행정안전부장관
17 문화체육관광부장관
18 농림축산식품부장관
19 산업통상자원부장관
20 보건복지부장관
21 환경부장관
22 고용노동부장관
23 여성가족부장관
24 국토교통부장관
25 해양수산부장관
26 중소벤처기업부장관
27 장관급, 국회의원, 검찰총장, 합참의장, 3군 참모총장

28 차관
※ 국무위원은 정부조직법에 따라 그 순서를 정함.

‒ 헌법재판소장의 지위에 대해서 대법원장과 동격의 서열을 부여해야 한다는 주장이 있으나, 현재로는 국무총리 다음 순위를 적용하고 있다.
‒ 국무위원은 정부조직법에 따라 그 순서를 정한다.

(2) 서열의 조정

서열 조정의 경우 다음 원칙에 따르며 부득이한 사유로 상위 서열자를 하위로 조정하는 경우에는 특별한 배려를 해야 한다.

‒ 대통령을 대행하여 행사에 참석한 정부 각료는 외국 대사에 우선
‒ 대통령 및 기타 3부요인이 외국을 공식 방문할 경우, 고위 수행원과 현지 주재 대사간의 서열은 국내 직급에도 불구하고 상위 조정 가능(장관급 수행원 다음 서열에 위치)
‒ 외빈 방한 시 방문국 주재 우리 대사는 동 국가의 주한 대사 다음에 위치
‒ 우리가 주최하는 연회에서 우리 측은 동급의 외국 측 손님보다 하위에 위치

라. 외국의 의전 서열

〈표 11-2〉 각국의 의전 서열

미국	영국	프랑스
1. 대통령	1. 국왕	1. 대통령
2. 부통령	2. 상원의장	2. 총리
3. 연방대법원장	3. 수상	3. 상원의장
4. 전직 대통령 미국대사(부임지 행사시)	4. 하원의장	4. 하원의장
5. 국무장관	5. 대사	5. 전직 대통령
6. 주미 각국대사	6. 장관	6. 정부 각료(서열순)
7. 전직 대통령 미망인	7. 차관	7. 전직 총리
8. 연방 대법원판사	8. 국회의원	8. 헌법이사회 의장
9. 각료		9. 국사원 부의장

10. 각국 주재 미국대사		10. 경제사회이사회 의장
11. 상원의원(재직기간순)		11. 하원의원
12. 주지사		12. 상원의원
13. 하원의원(재직기간순)		13. 각국 대사
14. 각 부처 차관		14. 대법원장 제1의장 및 검찰총장
		15. 감사원장
		16. 국가훈장위원회 의장
		17. 사법고등법원장
		18. 합참의장
		19. 국가중재위원장
		20. 파리 지사
		21. 파리 경찰총장
		22. 파리 시장
		23. 파리 지역의회 의장
		24. 구주의회 의원
		25. 학술원, 과기원 등 회원
※ 대통령 외국 순방시 방문국 주재 미국대사는 국무장관에 우선함.	※ 하원의원, 지방자치단체장은 관할지역 선거구내 행사에서 우선권 있음.	26. 중앙은행 총재 등 정부투자금융기관총재
		27. 총리실 차관, 국방차관, 외무차관

3. 존칭과 호칭

존칭은 상대방을 높여 부르는 호칭이다. 공식 석상이건 일반사회에서건 상대방에게 정중하게 호칭하는 것은 매우 중요하다. 호칭의 잘못 사용으로 결례를 하게 되면 상대방을 불쾌하게 하고 또 상호 간에 어색한 분위기를 자아내어 차라리 만나지 않거나 문서를 보내지 않는 것보다 못한 결과를 초래할 수 있다. 존칭은 상대방의 관직, 직위, 사회적 지위 등에 따라 구분되는데, 서양에서는 이러한 존칭이 잘 구분되어 있고 국제적 관용으로 발전되었다. 또 존칭은 주소용(3인칭)과 대화용(2인칭)으로 구분된다.

우리나라의 경우도 외국과의 관계에서는 국제적 관용에 따르고 있다. 그러나 우리나라 안에서는 직함 뒤에 각하(요즘은 거의 사용치 않음), 님, 씨, 여사 등의 존칭으로 만족하며, 가까운 손아래 사람에게는 직함 없이 군, 양 등으로 부르는 경우도 있다. 여기에서는 주요 존칭에 대한 국제적 관용을 살펴보겠다. 우리 일반인들도 이러한 존칭의 표현을 평소 알아두는 것이 필요하다.

가. 존칭의 종류

His(Her) Majesty

국왕 또는 왕비에 대한 존칭으로 황제에 대하여는 His(Her) Imperial Majesty를 사용

His(Her) Highness

황족에 대한 존칭이며, 황태자에 대하여는 His Royal Highness를 사용

His Holiness

로마 교황에 대한 존칭

– His Eminence는 로마 카톨릭의 추기경에게, The Most Reverend는 로마 카톨릭 대주교에게, The Right Reverend는 프로테스탄트 주교에게, The Reverend 는 성직자에 대한 일반적 존칭

His(Her) Excellency

외국의 대통령 및 총리, 외국의 정부 각료, 외국 대사, 외국의 고위관

리와 전직 고위관리에게 사용한다.

- 약자로 쓸 때는 H.E.와 같은 줄에 이름을 쓰고, His Excellency로 쓸 때에는 이름을 그 아랫줄에 쓴다.
- 대사 부처를 같이 쓸 때에는 Their Excellencies로 쓰는 나라도 있으나, 우리나라에서는 'His Excellency the Ambassador of (국명) and Mrs. (남편의 전체 성명)' 라고 쓴다.

The Honorable

(1) 영국에서의 용법

- 대상자의 신분에 따라 세 가지로 나누어진다.
  - The Most Honorable: Marquis, Holder of the Order of Bath, His Majesty's Privy Council
  - The High Honorable: Earl, Viscount, Baron, Lord Chief Justice, The Lord Mayor of (Scotland), The Lord Provost Prime Minister, Minister, Governor General, Prime Minister of (commonwealth nations) 등
  - The Honorable: Earl 이하의 귀족의 자녀, Judge of the Supreme Court, Minister of the commonwealth 등
- 통상 The Right Honorable, The Honorable은 The Rt. Hon., The Hon.로 약자로 쓴다.

(2) 미국에서의 용법

- 미국 국내 호칭으로는 The Honorable 한 가지만 사용한다.
  - Ambassador, Minister, Cabinet Member, Senator, Member of Representatives, Secretary to the President, Judge, President-elect, Vice President-elect 등
  - The Honorable은 full name 앞에 붙이는 것이 원칙이며, last name만을 쓸 수는 없다.
- 대통령과 부통령은 통상 The President, The Vice President처럼 직함만 사용하므로 The Honorable을 사용하지 않으나, 이름을 쓸 때는 그 앞에 The Honorable을 붙인다.(예: The Honorable Joe Baiden, President of the United States of

America)

- 외국의 대통령과 고위 관직, 대사에게는 Excellency를 사용한다.
- Commonwealth 국가의 총리, 각료에게는 The Right Honorable을 사용한다.

Sir

정식으로는 Baronet과 Knight에 대한 존칭이나, 일반인에게도 제한 없이 사용되고 있다. Sir 뒤에는 full name을 쓴다.

Lord, Lady

후작 이하 영국 귀족에 대한 존칭으로, 영국에서 공작의 장남에게는 후작 또는 백작의 작위가 부여되나, 후작 또는 백작 등의 장남 이외의 아들에게는 first name 앞에 The Lord 칭호를, 딸에게는 The Lady 칭호를 사용한다.

Esquire

미국에서는 공사 아래 계급의 외교관, 대법원 서기, 법원 판사들에게 사용되는 존칭이며, 영국에서는 Mr. 대신에 흔히 사용한다. 성명 뒤에 쓰며, Mr., Hon., Dr., 군 계급 등 다른 호칭과 병용하지 않는다.(예: John Doe, Esquire)

학위

(1) 의학 박사

- 학위와 분야를 동시에 병용하지 않으며, Dr. John Smith 또는 John Smith, M.D.라고 쓴다. 소개나 회화에서는 Dr. Smith를 선호하고, 표기할 때는 후자를 사용하는 것이 일반적이다.

(2) 학위

– 통상 Dr. John Smith라고 사용하나, 대학 총장, 학장, 교수 등 직책을 보유한 경우에는 학위 소지자라도 직책을 사용한다.(예: Chancellor John Smith)

기타

특별히 다른 칭호가 없는 일반 시민들에게 Mr., Mrs., Miss, Madame 을 사용하며, 학위나 군 계급의 약자, Esquire 등과는 병용하지 않는다.

– 요즘 여성에 대하여는 기혼, 미혼, 미망인에 관계없이 Ms.를 많이 쓴다.
– 구어체에서는 대통령을 포함하여 모든 관직 앞에 Mr.를 붙여 부를 수 있다.(예: Mr. President)
– 미국 대통령 부인에게는 문서, 구어체 등 어떠한 경우에도 남편의 성만을 사용한다(예: Mrs. Smith). 부통령 및 각료 부인은 남편의 full name을 사용한다(예: Mrs. John Smith).

나. 존칭 사용 용례

존칭을 사용할 때에는 문서상의 호칭과 인사말 호칭, 그리고 구어체에서 상대방을 부르는 호칭 등을 구분하여 사용하여야 한다. 수신인(주소) 표시를 할 때에는 존칭, 이름, 직책, 소속의 순서로 각각 줄을 바꿔쓴다. 여기에서 대표적인 사례를 살펴본다.

(1) 국가원수
(공화국 대통령)
• 칭호(Envelope): His Excellency

  John A. Doe

  President of the Republic of (country)
• 인사말(Salutation): Excellency 또는 Dear Mr.(Madame) President

- 결어(Complimentary Clause): Respectfully 또는 Respectfully yours
- 회화(Conversation): Your Excellency 또는 Mr. (Madame) President

※ 칭호는 서한 수신인(봉투 포함) 표기 호칭

(국왕)

- 칭호: His Majesty

    John B. Doe

    King of (country)

- 인사말: Your Majesty
- 결어: Respectfully 또는 Respectfully yours
- 회화: Your Majesty 또는 Sir

(2) 총리

- 칭호: His (Her) Excellency

    John C. Doe

    Prime Minister of (country)

- 인사말: Excellency 또는 Dear Mr. (Madame) Prime Minister
- 결어: Respectfully yours 또는 Sincerely
- 회화: Sir 또는 Mr. (Madame) Prime Minister

(3) 외교부장관

- 칭호: His (Her) Excellency

    John D. Doe

    Minister of Foreign Affairs of (country)

- 인사말: Excellency 또는 Dear Mr. (Madame) Minister

- 결어: Respectfully yours 또는 Sincerely yours
- 회화: Excellency 또는 Mr. (Madame) Minister

(4) 대사

- 칭호: His (Her) Excellency

  John E. Doe

  Ambassador of (country)
- 인사말: Excellency 또는 Dear Mr. (Madame) Ambassador
- 결어: Sincerely yours
- 회화: Your Excellency 또는 Mr. (Madame) Ambassador

(5) 국회의장

- 칭호: The Honorable

  John F. Doe

  Speaker of the Member of Parliament

  (country)
- 인사말: Dear Mr. (Madame) Speaker
- 결어: Respectfully 또는 Sincerely
- 회화: Mr. (Madame) Speaker 또는 Sir

※ 국회의원의 경우도 The Honorable 사용(인사말은 Dear Mr. Doe)

(6) 대법원장

- 칭호: The Honorable

  John G. Doe

  Chief Justice of the Supreme Court

(country)

- 인사말: Dear Chief Justice

- 결어: Sincerely

- 회화: Chief Justice 또는 Sir

* 대법관의 경우도 The Honorable 사용(인사말은 Dear Justice Doe)

(7) 교수

- 칭호: Professor John H. Doe 또는 Dr. John H. Doe

  (학부, 학교)

  (주소)

- 인사말: Dear Professor Doe 또는 Dear Dr. Doe

- 결어: Sincerely

- 회화: Professor Doe 또는 Dr. Doe

(8) 남자

- 칭호: Mr. John J. Doe

  (주소)

- 인사말: Dear Mr. Doe

- 결어: Sincerely

- 회화: Mr. Doe

(9) 부인

- 칭호: Mrs. John J. Doe

  (주소)

- 인사말: Dear Mrs. Doe

- 결어: Sincerely

- 회화: Mrs. Doe

＊ 여성의 경우 기혼, 미혼, 이혼, 미망인에 관계없이 모두 Ms.로 사용할 수 있으며, 이름은 기혼의 경우 통상 남편의 이름을 쓰나 그렇지 않은 경우에는 자신의 이름을 사용하는 경우가 많다.

4. 정상외교

정상외교(Summit Diplomacy, Leader-to-Leader Diplomacy)란 대통령, 국왕, 총리 등 국가원수들이 직접 만나서 행하는 외교활동을 말한다. 과거 외교는 중세 이후 근대국가에 이르기까지 절대군주에 의해 파견된 외교사절들에 의한 궁정외교(Court Diplomacy) 중심으로 비밀외교를 하여 왔으나, 1815년 비엔나회의를 거쳐 세계 제1차 대전에 이르면서 국제질서의 변화와 함께 외교 형태와 방식에 있어서도 많은 변화를 가져왔다. 그 대표적 예로 미국의 우드로 윌슨 대통령이 소위 공개외교(Open Diplomacy)를 제창하였고, 1919년에 해외방문을 함으로써 국가지도자들 간의 협상을 통한 정상외교가 시작하였으며, 지금은 전통적인 외교와 더불어 중요한 외교 패턴이 되어 널리 활용되고 있다.

정상외교는 무엇보다 교통과 통신의 발달 때문에 가능해졌다. 항공기의 발달로 하루 만에 지구 건너편에 다다를 수 있고, 이웃 국가와는 하루 일정으로 방문할 수 있으며 소위 왕복외교(Shuttle Diplomacy)도 가능하다. 또 통신의 발달로 전화는 물론 화상통화 회의도 언제든지 할 수 있다. 세계화와 더불어 지구적 문제의 해결을 위하여 국가 간에 상호의존과 협력의 필요성이 급증하고 국제정치가 다원화됨에 따라 정상들 간에도 양자는 물론 다자회의의 요구가 증대되었다.

정상 간의 회동을 위하여 형식과 내용이 모두 중요하다. 형식은 의전과 경호를 말하며, 내용은 회담 의제와 결과를 의미한다. 손님을 영접하는 접수국으로서는 상대국 국가원수와 그 일행에게 최고의 예우와 편의를 제공하여 정상 간의 우의와 신뢰를 다짐하고자 한다. 또한 회담 내용에 있어서는 당초 계획한 목적을 달성하여 국익을 증진하는 성과를 얻고자 한다. 통상 정상회담은 사전에 의제를 조율하고 내용에 합의하여 정상회담에서 확인하는 모양을 갖추어 왔으나, 사전 준비과정에서 중요한 부분에 최종합의를 보지 못하고 정상 간에 직접 협상을 통해 타결을 보는(top-down) 방식도 때로는 활용되고 있다.

정상외교의 목적은 상호 이익을 추구하는데 있으므로 합의를 보지 못해 회담이 결렬되었다든지 또는 어느 일방의 독점적 이익 추구로 종결되었다면 이는 실패한 정상회담이다. 소위 "이견 있음에 합의했다(agreed to disagree)"는 것은 정상회담의 성과가 아니다. 이러한 정상회담은 애초에 하지 않음만 못한 결과를 초래한다. 따라서 정상회담은 철저한 사전준비와 지도자들의 문제 해결 의지 및 능력이 요구되는 것이다. 다자정상회의도 사전에 철저한 준비가 필요하나, 반드시 합의에 도달하지 않아도 되는 경우가 있고 또 합의 방식도 다양하므로 회의가 결렬되는 경우는 드물다.

우리나라 역대 대통령도 시대적 요구에 따른 국익 추구를 위해 정상외교를 펼쳐왔다. 정부 수립에 따른 국가 및 정부 승인, 국제연합군 지원, 전후 부흥을 위한 경제원조 확보, 동맹 강화, 수출 진흥, 경제, 기술협력, 자원 확보, 투자 유치 및 기업 진출, 문화협력, 한반도 평화 등 당면한 국가 현안 및 이익 추구를 위하여 외국을 방문하고 외국 정상들을 초청하였다. 또 우리나라의 위상이 높아짐에 따라 글로벌 문제 해결을 위한 국제협력에 적극 동참하여 우리의 역할을 수행하고 있다. 이에 따라 우리나라의 대통령 및 국무총리도 양자 정상회담은 물론 다자 정상회의에 활발하게 참여하고 있다.

가. 정상외교는 어떻게 이뤄지는가

정상외교는 일국의 국가원수가 타국의 국가원수를 방문하거나 제 3의 장소에서 서로 만남으로서 이루어진다. 이와 관련 우리 대통령의 외국 방문과 외국 국가원수와 외빈의 접수를 위한 준비 과정을 살펴보고자 한다.

(1) 방문 형식과 외빈의 격(格)

국가원수의 방문 형식은 다음과 같다.

– 국빈방문(State Visit): 최고의 형식과 예우를 갖춘 방문으로서 통상 상호 임기 중 한 차례 방문한다. 나라별로 국빈방문의 횟수를 제한하고 있으며, 영국의 경우에는 엘리자베스 여왕이 1년에 1~2회의 국빈방문만을 접수하고 있다.

– 공식방문(Official Visit): 공식 초청에 의해 방문하는 경우로서 국빈방문의 아래 격이나, 우리나라의 경우 제공하는 예우는 큰 차이가 없다.

– 실무방문(Working Visit): 공식 초청장 없이도 방문하는 경우로서 현안 업무 협의나 해결을 위한 실무적 방문이다. 아세안 국가들 간에는 업무협의차 수시로 상호 방문하며, 대통령이나 총리가 취임하면 주로 주말을 이용하여 회원국을 인사차 방문한다. EU 국가들 간에도 주로 실무방문을 통하여 현안을 논의한다. 한국과 일본 간에도 한 때 왕복외교를 통한 실무협의를 추진하기로 합의한 바도 있다.

– 사적방문(Private Visit): 접수국과의 협의 필요 없이 개인적 목적으로 방문하거나, 정부 주관이 아닌 국제회의에 참석하는 경우로서 최소한의 의전과 경호를 제공한다.

우리나라의 외국 국가원수 및 외빈 접수는 '외빈 영접구분 및 예우 지침'에 의거, 외빈의 격 및 접수의 격에 따라 예우를 제공한다.

- 외빈의 격(格)은 국가원수, A급 총리(행정수반인 총리), B급 총리(행정수반이 아닌 총리, 부통령, 왕세자 등), 외교부장관으로 구분하여 이에 상응하는 예우를 제공한다.
- 국빈방문 접수 대상 외빈의 격은 국가원수와 A급 총리로 제한하고, 모든 격의 외빈에게 상황에 따라 공식, 실무, 사적 방문의 격을 제공한다.

(2) 우리 대통령의 외국 방문

- 대통령의 해외 방문은 상대국가의 초청, 우리 대통령의 방문 전례, 우리나라와의 관계, 현안 사항 및 기대 효과 등을 종합적으로 고려하여 결정한다. 통상 연간 3~4회 추진하며, 다자회의 참석 시에도 연계하여 1~2개국을 추가하여 방문한다.
  - 대통령의 해외순방은 외교부가 연말에 다음 해의 해외순방 기본계획안을 작성하여 대통령실과 협의를 거쳐 연말 또는 연초에 대통령에게 보고함으로써 결정된다. 상황에 따라 기본계획안에 포함되지 않은 방문도 추가로 포함될 수 있다.
- 방문 시기는 방문하는 나라의 종교, 문화, 휴일 등을 검토하고 방문국의 접수 가능 여부를 아울러 확인한 후 결정한다.
- 방문 일정은 접수국 측이 제시한 일정과 우리 측이 준비하는 자체 일정으로 종합하여 구성한다.
  - 필수 일정은 통상 국립묘지 헌화, 공식 환영식, 정상회담, 공동기자회견, 정상 주최 오찬 또는 만찬 등이며, 의회 연설, 경제단체 주최 오찬 또는 만찬, 주요 인사 접견 등을 추가할 수 있다. 기타 상황에 따라 대학 강연, 명예박사 학위 수여 등도 추가된다.
  - 자체 일정은 동포간담회, 현지 진출 우리 기업 방문, 수행 경제인과의 간담회, 언론 인터뷰 등으로 구성한다.
  - 영부인 일정은 정상배우자 환담(정상회담 시 별도로 수행), 교육 및 구호기관

방문, 고궁 또는 미술관 방문 등으로 마련된다.

주요 준비 사항

- 외교부를 통하여 방문국과 접수 일자와 방문의 격 등을 합의한 후, 접수국의 필수일정을 확인하고 우리 측의 희망 일정이 포함되도록 교섭한다. 이 때 영부인 별도 일정도 수립한다.
- 정부합동 조사단을 외교부 의전장을 단장으로 대통령실 의전, 공보, 경호처 직원 등 10명 내외로 구성하여 방문 예정국에 파견한다.
  - 통상 본 행사 시작 3주~2개월 전에 파견하고 늦어도 행사 개시 2주 전에는 귀국하여 답사 결과를 바탕으로 본 행사를 집중적으로 준비할 수 있도록 한다.
  - 접수국 정부와 일정 협의, 행사장 답사, 해당 공관의 준비상황 점검을 통해 행사 전반을 확인하고 미비사항을 점검한다.
  - 행사장 답사 시에는 정상의 동선과 위치, 수행원의 좌석 등 구체적 사항을 분 단위로 측정하고 계획을 세운다.
  - 주요 확인사항: 환영 및 환송 절차 및 방식, 영예수행 유무, 차량 및 모터케이드, 정상회담 형식과 좌석배치, 사용언어 및 통역 방법, 연회 계획 및 참석범위와 음식, 훈장 및 선물 유무, 숙소 및 수행원 배치, 출입국 수속, 화물통관 및 운송절차, 경호용 총기류 및 통신장비 반출입 절차 등
- 정부합동조사단의 귀국 보고 후 일정 확정에 따라 공식수행원을 대통령에게 보고하여 결정하고, 실무수행원 및 행사별 참석자는 외교부가 대통령실과 협의하여 결정한다.
- 행사의 모든 준비 및 추진은 외교부 본부에서 재외공관으로 하여금 주재국 정부와 협의 및 교섭하는 것을 기본으로 하며, 공보 및 경호 분야에서 방문국 해당 부서와 구체적 사항을 별도로 협의할 수 있다.

대통령 전용기

대통령 전용기의 역사는 이승만 대통령의 군용기로 시작하였다. 그러

나 이 수송기는 장거리 비행에 부적합해 국외 순방 시에는 외국 항공사의 항공편을 빌려 타고 가야 했다. 우리 정부 수반이 해외순방 시 최초로 이용한 민항 전세기는 1961년 박정희 국가재건최고회의 의장이 미국을 방문할 때이다. 서독 방문 시에는 서독 정부의 배려로 독일 민항기의 정기노선을 이용하기도 하였다. 1990년대 후반에 들어서자 정부는 대통령의 해외순방 시 우리 민항기를 임차하여 단기간 개조해 전용기로 이용하였다. 우리나라의 경제가 발전하고 국가의 위상이 높아짐에 따라 우리 대통령의 해외방문과 다자회의 참석이 빈번해지자 우리나라의 국격과 국익보호를 위하여 대통령 전용기를 구입할 필요성이 높아졌다. 장기적으로 구매가 임차보다 경제적으로도 이로운 것이다. 노무현 정부와 이명박 정부에서 전용기 구매를 시도하였으나, 당시의 정치적 이유 및 예산 부담 등으로 실현하지 못하고 현재까지 렌탈 전용기를 이용하고 있다.

현재 우리나라 대통령의 전용기는 대한항공으로부터 2010년부터 보잉 747-400기를 5년 단위로 임차하여 외국 순방 때 사용하여 왔으며, 새로이 보잉 747-8i 기종을 2021~2026 간 임차하여 2021년 11월에 임무를 시작하였다. 비행기 내부는 회의실 및 침실 등 대통령 전용 공간과 국가지휘 통신망을 갖추고, 공식 및 비공식 수행원과 실무진들의 좌석, 수행 기업인과 수행 기자단들의 좌석으로 구성되어 있다. 전용기는 공군 1호기로서 논스톱으로 14시간에 14,815km를 운항할 수 있고, 수행원 및 기자단 등 200여 명 이상이 탑승할 수 있는 대형 여객기로 세계 어느 곳이든지 날아 갈 수 있다. 그러나 소위 '렌탈 대통령 전용기'다. 우리 정부가 보유한 대통령 전용기가 있기는 하다. 1985년에 구입한 보잉 737기로 비행 거리가 3,400km에 불과하여 일본이나 중국 등 단거리 방문 때만 사용이 가능하였다. 그러나 실제로는 거의 사용되지 않았는데, 그 이유는 우리 대통령의 수행원 및 기자단의 규모가 대규모라 이 전용기로는 모두 수용할 수 없기 때문이다. 문재인 정부에서는 국무총리의 아시아 지역 방문 시 이 전용기를 사용한 바 있다.

미국은 전용기 '에어포스 원(Airforce One)'을 운용하며 대부분의 경제 강국은 대통령 전용기를 보유하고 있다. 우리 대통령이 G-7 정상회의에 계속 초청되는 등 우리가 매년 꼭 참석해야 하는 다자정상회의가 늘어나고 있어서 대통령의 해외순방이 더욱 빈번해지고 있다. 우리의 경제력이 세계 10위권에 있고, 각종 국제협력에 적극 참여하고 있는 등 우리나라의 위상이 높아진 마당에 대통령 전용기의 필요성도 높아지고 있다. 앞으로 코로나 상황이 극복되고 경제 상황이 정상화되면 전용기 구매에 관하여 다시 검토해야할 때가 올 것이다. 현재의 전용기 임차계약이 끝나는 2026년 이후를 목표로 하거나, 한 차례 더 임차를 한 후 바로 정부 보유 전용기를 이용할 수 있도록 중장기계획을 세워야할 것으로 보인다.

우리 대통령의 외국 방문 실적

〈표 11-3〉 역대 대통령의 외국 방문 횟수

대통령	이승만	박정희	전두환	노태우	김영삼
횟 수	6	8	7	12	14
대통령	김대중	노무현	이명박	박근혜	문재인
횟 수	24	28	49	25	30

(3) 우리의 외빈 영접

- 연말에 외교부가 다음 해의 외빈영접 기본계획안을 작성허여 연초에 대통령에게 보고한다. 영접 국가는 방한 희망국, 우리 대통령 및 총리 방문에 대한 답방, 국제회의 참석 국가를 기준으로 선정하며, 대통령 및 총리급 기준으로 15명 정도를 계획하나 실제로는 연중 20여 명을 영접하고 있다. 이는 정상외교의 확대에 따라 외빈 영접 횟수가 증가되고 있기 때문이며, 개도국으로부

터의 방한 희망이 높으나 이를 다 수용할 수는 없다.

- 외빈 방한 관련 교섭과 준비는 원칙적으로 대상국의 주한 공관이며 상대측 선발대가 도착하면 선발대와 교섭한다. 아울러 상대국 주재 우리 공관도 적극 활용한다. 주한 상주공관이 없는 경우에는 상대국 주재 우리 공관을 통하여 교섭 및 준비한다.

- 외빈 영접 구분은 국빈방문, 공식방문, 실무방문, 사적방문이며, 국빈방문은 국가원수와 A급 총리에게만 제공된다. 방문의 구분에 따라 제공되는 예우 수준이 차별된다.

- 국빈방문 시 주요 일정은 공항도착 행사, 국립서울현충탑 헌화, 청와대 공식 환영식, 정상회담, 국빈만찬, 경제 4단체장 주최 오찬, 지방 또는 기업 시찰, 공항출발 행사 등으로 이루어진다.

- 국가원수 및 A급 총리의 경우라도 국빈방문이 아닌 경우에는 예포(21발)와 청와대 환영식, 청와대 연회 후 문화공연이 제공되지 않는다. 그러나 공식방문의 경우라도 기타 예우 수준은 국빈방문에 못지않게 제공하는 것이 우리의 관례다. 또 국가원수와 A급 총리에 대한 예우 수준에는 차이가 없다.

- 외빈영접 준비 과정에서 확인할 사항은 우리 대통령의 외국방문 시 확인하는 사항과 유사하며, 모든 준비에 법무부, 국방부, 행정안전부, 문화체육관광부, 보건복지부, 관세청, 경찰청, 서울 시청 등 여러 관계부처의 협조와 참여가 필요하다.

〈사진 11-1〉 로라 부시와 이희호 여사의 부시 대통령 환영식 입장

〈사진 11-2〉 일본 고이즈미 총리 방한

나. 정상외교의 장단점

국가원수들은 정상외교를 선호한다. 화려한 의전으로 언론의 조명을 받고, 때로는 주요 현안의 극적 타결로 국내 지지율도 올라가기 때문이다. 더군다나 골치 아픈 국내정치에서 잠시나마 벗어날 수도 있다. 과거 가장 많은 정상외교를 펼친 클린턴 대통령은 "대외정책이 더 재미있다. 왜냐하면 의회의 간섭이나 반대를 덜 받고 정책을 결정할 수 있기 때문이다."라고 하면서 재임 중 54회에 걸쳐 133개국을 방문하고, 229일을 해외에서 보냈다고 기록되어 있다. 물론 최강국 대통령으로서의 역할 요구가 필요했을 것이다.

정상외교의 장점은 첫째, 정상 간의 상호 이해와 신뢰 및 친선을 도모하고, 이 관계가 양국 간의 우호 협력 증진에 기여하는 것이다. 새로이 선출된 대통령이나 총리가 우방 및 주변 국가 그리고 지역협력그룹 국가 정상들과 빠른 시일 안에 상면하는 것은 오늘날 관례적이다. 우리나라 역대 대통령도 맹방인 미국을 비롯하여 중국, 일본, 러시아 등 주변국가와 우선적으로 정상외교를 펼치고 동남아 및 유럽 국가 정상들과도 회동

한다. 2018년 6월 12일 싱가포르에서 미국 도널드 트럼프 대통령과 북한 김정은 국무위원장 간에 사상 최초로 개최된 북미정상회담은 역사적으로 기록되고, 2019년 2월 27일에 하노이에서 만난 두 번째 회담은 결렬되었으나, 두 정상 간에는 친서를 통하여 상호 신뢰와 우정을 앞세워가며 북미 간의 결정적 파국을 모면해 나가는 것처럼 보였다.

둘째, 정상외교는 고도의 상징적 가치를 보여줄 수 있다. 한국전쟁 이후 50년이 흐른 가운데 가장 의미심장한 일이 2000년에 일어났는데 남북한의 정상이 처음으로 만났다는 사실이다. 몇 개 조항의 합의를 보았지만 진짜 회담의 중요성은 두 정상이 악수하고 미소 짓고 정담하는 모습이 TV로 방영되는 상징적 이미지였다.[5] 전술한 2018년 북미정상회담도 두 나라 정상 간의 첫 만남이라는 역사적 상징성을 세계에 널리 알렸다.

셋째, 정상회담은 때로 주요 현안을 극적으로 통 크게 타결할 수 있다는 장점이 있다. 최고 윗선에서 난제를 해결하는 소위 톱다운(top-down) 방식의 정상회담이다. 1978년 미국 카터 대통령과 이집트 사다트 대통령, 이스라엘 베긴 수상이 메릴랜드의 대통령 별장에서 캠프데이비드협정을 체결함으로써 이집트와 이스라엘 간에 역사적 관계정상화를 이루어낸 것이 그러한 사례이다. 전술한 2018년 싱가포르 북미정상회담도 통 큰 톱다운 타결이라고 한 때 양측이 홍보하였다.

넷째, 여러 정상이 같이 만나는 다자정상회의는 지구적 문제(global issues)나 지역협력 문제를 공동으로 대처하고 해결하는 모습을 보여줌으로써 국제협력을 증진하는데 기여한다.

정상외교가 순기능만 하는 것은 아니다. 정상회담은 외교의 최고이자 최후의 수단이기 때문에 그 단점도 크다. 정상외교의 단점은 첫째, 정상이 한 언급은 쉽게 철회할 수 없다는 것이다. 고위 관리 및 실무진이 저지른 잘못은 정상이 부인할 수 있지만 정상의 실수는 돌이킬 수 없다. 헨리 키신저는 "정상 간에 협상할 때는 도피구가 없다. 양보는 명예의 손상 없이는 돌이킬 수 없다."고 지적했다.

둘째, 정상 간의 접촉이 자칫 잘못하면 오해를 일으킬 수 있다. 또 서로의 특성상 케미스트리가 맞지 않아 만남이 도리어 불편한 관계를 야기할 수도 있다.

1938년 9월 체임벌린, 달라디에, 히틀러, 무솔리니 등 영국, 프랑스, 독일, 이탈리아 정상이 모여 체코의 독일인 거주지역의 독일에의 할양을 합의하였으나, 영국과 프랑스가 히틀러의 속셈을 제대로 파악하지 못하고 조그만 양보로 평화를 다짐받았다고 착각하여 결국에는 나치 독일의 체코 침공을 막지 못하였고 제2차 세계대전으로 확산하게 되었다. 이를 학계에서는 '뮌헨 어낼러지(Munich analogy)'라고 명명하고 교훈으로 삼고 있다.

셋째, 정상회담의 어려움은 정상들이 국내 여론을 의식함에 따라 유연성을 제약받고 심리적 부담도 크다는 것이다. 실패했을 때의 타격도 커서 차라리 만나지 않음보다 못한 경우도 있다. 앞서 2019년 2월의 하노이 북미정상회담이야말로 여론의 압박과 심리적 부담을 안고 실패한 사례이다.

넷째, 정상들은 장거리 해외순방과 과중한 일정으로 육체적 정신적으로 피로하여 일정 수행에 차질을 가져올 수도 있다.

다. 정상회담(Summit Meeting)

정상회담은 통상 단독회담과 확대회담으로 구성된다. 단독회담은 두 정상만의 만남이며, 기록자(Note taker) 외에 한 사람씩 배석자가 따를 경우도 있다. 내용은 의례적인 경우도 있고, 중요한 사항이나 핵심의제에 관하여 논의할 수도 있다. 확대회담은 양측 공식수행원들과 함께 사전에 조율된 의제에 따라 의견을 교환하고 협의를 진행한다. 최근에는 주요 핵심인사 2~3명이 각각 배석하여 중요 의제를 실질적으로 논의하는 소인수 회담을 갖기도 한다. 정상회담 후 대체로 공동성명을 발표하고 공동기자회견을 갖는다. 우리나라의 경우 중요한 회담 후에는 바로 TV로 실시간 방영되는 가운데 공동기자회견을 갖는다.

이승만-아이젠하워 정상회담

워싱턴에서 1954년 7월 27일 1차 한미 정상회담에 이어 7월 30일 2차 정상회담이 열린다. 오전 9시 국무부 관계관이 이 대통령을 안내하여 백악관으로 들어가기 위해 영빈관에 들러 정상회담 후 발표될 공동성명의 미국 측 초안을 한국 측에 건네주었다. 이 대통령은 미국 측 초안에 "한국은 일본과의 관계에 있어서 우호적이고…"라는 표현이 들어있는 것을 보고 몹시 언짢아하면서, 수행원들에게 "이 친구들이 나를 불러놓고 올가미를 씌우려는 작전을 드디어 펴는 모양인데 그렇다면 다시 아이젠하워 대통령을 만날 필요가 있겠느냐?"라고 말했다. 이 대통령은 수행원들이 그래도 예정된 회담은 해야 하지 않겠냐는 설득에 못이기는 체 하며 백악관에 도착했다. 이 대통령은 아이젠하워 대통령에게 늦게 도착해 미안하다는 말을 하기는커녕 오히려 차갑고 딱딱한 표정을 보였고 아이젠하워 대통령도 이 대통령의 이런 태도에 기분이 상했다. 회의석상에 앉자마자 두 정상은 시비를 벌이기 시작했고, 정상회담 분위기가 험악해졌다.

- 이승만: "구보다 일본 대표가 한국에 대한 일본의 통치가 유익했다는 등 망언을 했다. 그런 일본과 어떻게 국교를 정상화할 수 있겠는가."
- 아이젠하워: (옆에 있는 델레스 국무장관에게) "구보다가 그런 발언을 한 것이

사실인가?"(덜레스가 그렇다고 대답하자) "과거 일이야 어떻든 한 · 일 국교정
상화는 꼭 필요하다고 생각한다."

– 이승만: "내가 있는 한 일본과는 상종을 않겠다."

아이젠하워는 화를 내며 일어나 회담장을 나갔다. 이 대통령은 걸어
나가는 그의 뒷모습을 보며 "저런 고얀 놈이 있나, 저런 ……"이라고 하
면서 흥분과 분노를 참지 못했다. 아이젠하워가 화를 삭이고 다시 들어
와 한일 국교문제를 보류하고 다른 이슈를 언급하려 했다. 이 대통령은
"외신기자 클럽 연설 준비 때문에 일어나야 한다"고 하면서 회담장을 나
가 버렸다.[6]

이 회담에서 실무회의를 통해 미국은 군사원조 4억 2천만 달러, 경제
원조 2억 8천만 달러, 총 7억 달러의 대한국 원조를 약속했다.

김대중–무바라크 정상회담

호스니 무바라크 이집트 대통령이 1999년 4월 9일 우리나라를 공식
방문하였다. 이집트는 중동의 맹주 노릇을 자처하는 사회주의 국가로서
북한과 친밀한 관계에 있으며 무바라크도 북한을 방문한 바 있는데 이집
트 대통령이 한국을 처음 방문하는 것은 외교적으로 아주 의미 있는 일
이었다. 김대중 대통령과 무바라크 대통령은 단독회담을 갖고 북한 핵문
제와 한반도 평화에 관하여 의견을 교환하였다. 김 대통령은 남북문제의
일괄 타결을 추구하는 '포괄적 접근(comprehensive approach)' 정책을 소상하
게 설명하고 지지를 요청하였다.

"이러한 포괄적 접근을 북한이 잘 이해해서 응해주기를 바라고 있습
니다."

"좋으신 말씀이지만 북한이 쉽사리 응하지 않을 것으로 생각됩니다.
북한은 사회주의 국가로서, 보통 사회주의 국가들은 상대방을 쉽게 믿지

않습니다."

"우리 한국은 진심으로 이 정책을 추진하고자 합니다."

"제 생각으로는 북한으로 하여금 한국과 미국을 신뢰하도록 해야 합니다. 그렇기 위해서는 단숨에 문제를 해결하는 것보다 하나씩 하나씩 약속을 지키며 일을 처리함으로써 상대방에게 믿음을 주는 단계적 접근이 좋을 것 같습니다."

"우리는 이미 북한 측에 우리가 믿음을 줄 수 있는 조치를 취하여 왔습니다. 남북한 간의 문제는 복잡하고 시급성을 요하므로 포괄적으로 접근하는 것이 남북한 양측에 유익하고, 특히 북한으로서는 경제적 어려움을 해결할 수 있는 길입니다."

"한국의 진정성을 북한이 알아줄 수 있도록 북한에게 신뢰를 심어 주어야 합니다."

무바라크 대통령은 단계적 접근으로 북한의 의심을 풀어 가야한다고 고집스럽게 주장했고, 김 대통령은 포괄적 접근의 필요성과 진정성을 무바라크 대통령에게 설득하려 열성을 다하였다. 이러는 가운데 총 한 시간 예정의 정상회담을 거의 다 소진하였다. 결국 단독회담은 무바라크 대통령의 말로 종결되었다.

"네, 각하의 뜻을 잘 알겠습니다. 각하의 뜻과 진정성을 북한 측에 전달하겠습니다."

우리 TV 3사가 정상회담 후 공동 기자회견을 생중계하기 위하여 대기 중에 있었다. 두 정상은 확대회담장에 들어섰다. 10분밖에 시간 여유가 없었다. 김 대통령은 순발력을 발휘했다. 자리에 앉자마자 양측 회담 참석자 소개를 생략해버리고, 군더더기 없이 5분간 이집트에 진출한 우리 기업의 미수금 지불을 촉구하고 우리의 건설 진출 등 기업 활동을 지원하는 것으로 5분을 소요하고 남은 5분을 무바라크에게 할애하였다. 회담은 예정대로 잘 끝나고 공동 기자회견까지 순조로이 종료하여 우리 국민은 친북 이집트 대통령과의 우리 대통령 기자회견을 생방송으로 보며 세월이 많이 달라졌음을 실감할 수 있었다.

부시 대통령의 정상외교

조지 W. 부시 미국 대통령과 호주의 존 하워드 총리는 2001년 9.11. 테러 이후 미국이 '테러와의 전쟁'을 하는 과정에서 둘도 없는 사이가 되었다. 부시 대통령은 2003년 5월 하워드 총리를 텍사스주 크로포드 목장으로 초청한 바 있고, 2006년 5월에는 다시 그를 워싱턴으로 초청했다. 이때 부시 대통령은 하워드총리 부부에게 최대의 환대를 베풀면서 깊은 우정을 과시했다. 그는 하워드 총리와 개인적인 우정이 각별한 이유를 다음과 같이 말했다.

"어려운 결단을 내려야할 때 —그것이 전쟁과 평화에 관한 것이든, 안보에 관한 것이든, 무역에 관한 것이든— 우리는 속마음을 털어놓고 솔직하게 말할 수 있는 누군가가 있어야 한다. 내가 하워드 총리를 좋아하는 이유다. 그가 무슨 말을 하면 여러분은 그것을 그대로 은행에 가져가도 좋다. 그는 믿을만한 파트너다. 우리가 항상 100% 동의하는 것은 아니다. 그러나 흥미 있는 것은 그와 대화를 하면 그를 믿게 된다는 것이다."

일본의 고이즈미 총리는 부시 행정부의 '테러와의 전쟁'을 확고하게 지지했고, 2004년 대통령 선거 때에는 노골적으로 부시 편에 섰다. '아시아의 부시 푸들'이라고 불릴 정도였다. 부시 대통령은 2006년 6월 퇴임을 3개월 남겨놓은 고이즈미 총리를 미국으로 초청, 최고의 환대를 베풀었다. 고이즈미 총리가 중요한 고비가 있을 때마다 자신을 도와준 데 대한 보답 차원이었다. 6월 29일 백악관에서 국빈급 환영식과 정상회담을 마친 후 다음 날 고이즈미를 자신의 전용기 '에어포스 원'에 태우고 부인 로라 여사와 함께 테네시주 멤피스에 있는 엘비스 프레슬리의 생가를 방문한다. 고이즈미는 엘비스의 열렬한 팬이었다. 고이즈미 총리는 이 방문에서도 대단한 연기력을 발휘했다. 공동 기자회견 말미에 영어로 "Thank you very much American people for Love Me Tendor(미국 국민 여러분, 대단히 감사합니다. 달콤하게 사랑해주셔서)"라고 말한다. 참석자들의 폭소를 자아냈다. '러브 미 텐더'는 엘비스의 대표곡이다. 백악관 만찬에서는 부시 대통령과 함께 역시 엘비스의 "I Want You, I Need You, I Love You"를 함께 부르기도 했다. 엘비스 생가를 방문했을 때는 부시 가족이 지켜보는 가운데 엘비스가 생전에 즐겨 썼던 선글라스를 끼고 엘비스의 춤 동작을 흉내 내기도 했다. 부시 대통령은 백악관 사우스 론에서 거행된 환영식에서 고이즈미 총리에 대해 "우리는 고이즈미 총리의 리더십을 존경합니다. 그는 비전을 가진 사람입니다. 그는 정직한 사람입니다. 이런 그를 나의 친구로 부르는 것이 자랑스럽습니다."라고 말했다.[7]

〈사진 11-3〉 문재인 – 바이든 정상회담 (2021.5.22.)

〈사진 11-4〉 EU 정상회의(2022.3.10., 프랑스 베르사유궁)

〈사진 11-5〉 윤석열-바이든 정상회담/소인수회담(2022.5.21.)

[출처: 중앙일보]

제12장

나도 세계시민이야

제12장

나도 세계시민이야

　20세기 후반부터 탈냉전과 함께 세계화, 세계시민(global citizen)이라는 용어가 널리 통용되고 많이 연구되어 왔다. 세계시민은 특정 나라나 장소의 시민으로서의 정체성을 넘어 지구공동체의 일원으로서의 정체성을 중요하게 생각하는 사람으로 정의 된다.[1] 이들은 지리적이나 정치적인 경계를 초월하여 세계인으로서 권리, 의무, 책임감 등을 느끼고 행동한다. 다시 표현하면, 세계시민은 인류 보편적 가치인 평화, 인권, 문화 다양성 등에 대해 폭 넓게 이해하고 국경을 넘어 발생하는 문제들인 기후 변화, 환경, 질병, 빈곤 등을 공동으로 해결하기 위하여 실천하는 책임 있는 시민이라고 구체화할 수 있다.

　세계시민은 세계화(globalization)와 연관된 용어이다. 세계화란 자본, 노동, 상품, 기술, 정보, 이미지, 환경이 주권과 국경의 벽을 넘어서 조직, 교환, 조정되고 있는 현상을 의미한다. 세계화는 국민국가를 포함하여 초국적 행위자 그리고 지방(locality), 비정부조직(NGOs), 대체정부조직(AGOs), 그리고 개별 시민들이 국경을 넘어서 정치, 경제, 교육, 문화, 사회적 접촉, 거래, 교환, 교류를 하고 있는 현상이다.[2]

　Jean Pierre Paulet는 〈세계화(La Mondialisation)〉에서 세계화는 그 이전에 두 단계를 거쳐서 진행되었다고 기술했다.

그 첫 단계는 국제화(internationalization) 단계로서 기업들이 수출을 확대하면서 자신들의 활동영역을 해외로 더욱더 넓혀 나가는 상황이다. 두 번째 단계는 외국에 자본을 직접 투자하는 경향이 급등하는 단계로서 초국가화의 단계라 부른다. 기업들이 무역의 자유화와 자본의 유입으로 인해 국경을 넘어서 초국가적인 성격을 띠고 다국적기업으로 발전하여 세계화에 기여한다는 것이다. 개개인의 관점에서 볼 때 국제화는 개방화(liberalization)하는 것이고, 세계화는 범세계적(cosmopolitan)인 것이다.

일반적으로 세계화는 국경을 초월한다는 것과 경제적 통합을 핵심요소로 보는데 그 발전과정과 현상을 보면 오히려 비경제적 분야, 즉 문화, 교육, 사회적 교류에서 더욱 활발해진 것 같다. 세계화 과정에서 정보기술의 발전과 통신수단의 비약적 발전은 사람들을 동시에 한 곳에 있게 하는 실시간 효과를 나타내고 여기에서 지구촌(global village)이라는 용어도 등장했다. 사람들이 이 커다란 지구촌 공동체에 살다보면 곳곳에서 발생하는 문제, 기후변화, 환경, 질병, 빈곤, 개발 등의 문제들이 지구촌 전체로 확산하게 되어 지구촌 구성원이 모두 함께 대처해야 한다. 이러한 지구적 문제들(global issues)을 해결하기 위하여 세계적 관리(global governance)가 필요하게 되고, 세계적 관리에는 기존의 민족국가나 국제기구 외에도 비정부조직과 개별시민들의 역할이 중요하게 되었다. 지구적 문제 해결에 대한 의식과 행동에 동참하는 개별시민이 진정한 의미의 세계시민이다. 따라서 세계시민은 지구공동체의 일원으로서 생기는 권리와 책임감을 정체성으로 느끼는 사람들이다.

세계화는 경제통합을 이루어 지구촌 모두가 원원하는 것이 궁극적인 목표이나 그 과정에서 부작용이 나타나고 신자유주의(Neoliberalism)가 가세하면서 국가 간 및 계층 간의 소득 양극화의 폐해가 두드러졌으며, 이를 극복하기 위하여 국가별로 정부가 시장에 개입하고 또 과거의 보호무역

주의가 다시 대두되는 모양도 나타나고 있는 것이 오늘날의 현실이다.

트럼프 전 대통령이 '미국 제일주의(America first)'를 주창하며 관세율을 높이고 미국 상품 수출과 보호에 앞장섰던 것이 대표적인 사례이고, 지금의 바이든 대통령도 이와 유사한 정책을 펼치고 있다. 2008년의 세계 금융위기, 국제 자본 흐름에 대한 각종 규제 증가, 보호무역주의와 경제 블록화 조짐 등은 자칫하면 탈세계화(Deglobalization) 흐름을 가져올 수도 있다.

한편 세계화 과정에서 지구적 문제들의 확산은 인류에 큰 경각심을 주고 있다. 21세기가 시작하면서 2001년에 9.11 테러가 발생한 이래 비정부조직에 의한 국제 테러의 확산이 그치지 않고 있다. 더군다나 이들이 재래식 무기 뿐만 아니라 대량살상무기까지도 보유하고 있을 가능성이 크다. 이들 일부는 아랍의 근본주의자들에 속하거나 연계되어 있으며, 아프간에서는 정부를 전복시켰다. 코로나19 바이러스는 2019년 말 발생한 이래 지구촌 전체를 감염시켜 엄청난 사망자를 내고 있다. 선진국에서는 백신과 치료약으로 사망자와 확진자를 줄이기 위해 노력하고 있으나, 후진국 특히 아프리카에서는 극히 저조한 백신 접종 즉 백신 불평등을 겪고 있다. 이는 국경 없는 질병이 계속 확산될 뿐만 아니라 각종 변이 바이러스를 발생케 하는 것으로 의학계는 판단하고 있다.

지구온난화 문제는 인류를 포함한 모든 생태계의 존립에 큰 영향을 주고 있다. 2050년까지 지구온도를 산업혁명 전 대비 1.5도 이내로 상승을 억제하지 않으면 해수면 상승, 기상이변, 각종 질병 등으로 인류에 큰 재앙이 닥쳐올 것이다. 21세기 들어서 2050 탄소중립을 위한 국제공조가 적극 협의되고 있으나 모든 국가의 참여에 의한 목표 실현이 관건이다.

이러한 세계화 과정에서 세계 도처에 각자도생을 위하여 권위적·독재적 지도자, 포퓰리즘 지도자 등이 나타나는 것도 21세기 초반의 현상이다. 인권 침해, 인종차별, 민주주의의 후퇴를 도처에서 볼 수 있다. 아프간, 미얀마, 베네수엘라, 벨라루스, 이란, 시리아, 터키, 쿠바, 북한, 러시아, 중국 등…….

미국의 Anne Appelbaum 기자는 "20세기가 공산주의, 파시즘, 극렬 민족주의 같은 이념에 대한 자유민주주의의 승리로 가는 이야기였다면 21세기는 그와 반대로 가는 이야기다"라고 발표하였다.[3] 미국 프리덤하우스(Freedom House)의 2021년 보고서는 2021년을 '포위된 민주주의(Democracy Under Siege)'라고 평가하였다. '역사의 종말'[4]을 통하여 민주주의의 승리를 외쳤던 것이 불과 30년 전의 일이다. 미국과 중국 간의 갈등으로 신 냉전의 기운이 도는 가운데 2022년 2월 푸틴 러시아의 우크라이나 무력 침공은 민주주의와 서구 자유주의에 대한 심각한 도전이었다.

21세기 인류가 맞고 있는 경제, 사회, 문화 등 모든 분야에서의 문제들은 새삼스러운 것은 아니나 그 폐단이 점차 가시화하고 있다는 점에 유의해야 한다. 민주주의의 회복과 함께 이러한 문제들을 해결하기 위한 각국의 노력, 국제적 협력과 공조가 필수적이다. 또 한편으로는 개인 즉 세계시민과 비정부조직이 모두 참여하는 세계적 관리가 요구된다. 그렇다면 이러한 관리에 참여하는 세계시민의 모습은 어떤 것인가?

첫째, 정치, 경제, 사회 등 모든 분야에서 국제적 표준(global standard)을 받아들여야 한다. 법과 질서, 도덕과 상식에 따라 행동하여야 한다. 큰 목청과 집단 이기주의가 허용되어서는 안 된다. 소위 '내로남불'이 횡행해서는 안 된다.

둘째, 인류의 보편적 가치를 존중해야 한다. 인간이 누려야할 자유와 평등, 인권과 기본권에 대한 존중, 민주주의와 법치주의에 길들여진 일상생활을 가져야 한다. 다수결 원칙과 소수의견이 존중되어야 한다. 인종차별과 젠더차별, 계급의식과 지역갈등이 철폐되어야 한다.

셋째, 국제사회에서 통용되고 인정받는 교양인이어야 한다. 교양인은 에티켓과 매너를 갖추고, 문학, 미술, 음악, 역사, 철학 등에 대한 일반지식을 갖고 또 이를 활용할 줄 알아야 한다. 특히 자라는 세대는 외국인과 접촉 및 교류를 할 수 있는 수준의 외국어도 익혀야 한다.

넷째, 문화에 대한 관심과 호기심을 갖고 문화생활을 즐길 수 있어야 한다. 문화교류를 통하여 문화적 보편성을 수용하고 다양한 문화에 대한 이해를 제고해야 한다.

다섯째, 글로벌 거버넌스에 적극 참여해야 한다. 세계화 과정에서 나타나는 환경, 개발, 질병, 빈곤 등 여러 지구적 문제에 대처하는 세계적 관리에 시민들도 참여하여야 한다.

오늘날 지구촌의 모두가 다 세계시민이다. 너도 세계시민이고, 나도 세계시민이다. 다만 세계시민으로서 자발적으로 권리와 의무를 갖고 인류애로써 협력할 수 있을 때 진정한 세계시민이 되는 것이다. 그리하여 전쟁 없는 세계, 질병과 빈곤 없는 세상, 안전한 환경의 지구, 차별 없는 사회를 향하여 손잡고 한 발짝씩 나아가는 것이다.

베토벤 교향곡 〈합창〉을 감상해 본다. 이 음악을 듣다보면 온 몸이 알 수 없는 기쁨(환희)과 사랑으로 충만해지는 느낌을 갖게 된다. 음악의 힘이다. 합창에 나오는 가사는 프리드리히 실러(1759~1805)의 〈환희의 송가〉이며 인류애와 단결을 노래한 것이다.

환희여, 아름다운 하나님의 광채여, 낙원의 딸들이여.

(Freude, schöner Götterfunken, Tochter aus Elysium)

신성한 그대의 힘은 가혹한 현실이 갈라놓았던 자들을 다시 결합시키고,

(Deine Zauber binden wieder, Was die Mode streng geteilt)

모든 인간은 형제가 되노라,

(Alle Menschen werden Brüder)

그대의 부드러운 날개가 머무르는 곳에.

(Wo dein sanfter Flügel weilt)

온 인류여, 서로 굳게 포옹하라!

(Seid umschlungen, Millionen!)

온 세계에 입맞춤을 주리라!

(Diesen Kuß der ganzen Welt!)

형제들이여!

(Brüder!)

별 저편에 사랑하는 아버지가 살고 계시다.

(Über'm Sternenzelt Muß ein lieber Vater wohnen)

만민들이여 무릎을 꿇었는가?

(Ihr stürzt nieder, Millionen?)

세계여, 창조주가 느껴지는가?

(Ahnest du den Schöpfer, Welt?)

모든 인간은, 모든 인간은 형제가 되노라,

(Alle Menschen, alle Menschen werden Brüder)

그대의 부드러운 날개가 머무르는 곳에.

(Wo dein sanfter Flügel weilt)

서로 껴안아라! 백만 인이여,

(Seid umschlungen, Millionen!)

전 세계의 입맞춤을 받으라, 전 세계의!

(Diesen Kuß der ganzen Welt, der ganzen Welt!)

주석

제1장

1. 문학비평 용어사전
2. 디트리히 슈바니츠, 안성기 옮김, 『교양』, (들녘, 2006), P.569-571

제2장

1. 미국 하버드 대학 Joseph S. Nye 교수가 『Bound to Lead』(1990)에서 처음으로 이 개념을 나타내고, 『The Paradox of American Power』(2002)에서 하드파워 만으로는 국제문제를 해결할 수 없다고 주장한다. 『Soft Power』(2004)에서 국제정치에서의 소프트파워 역할을 강조하였고, 『The Future of Power』(2012)에서는 하드파워와 소프트파워를 혼합한 스마트파워를 제시한다.
2. 밈(meme)은 영국의 생물학자 도킨스(Richard Dawkins)가 1976년 출간한 저서 『이기적 유전자, The Selfish Gene』에서 사용한 말이다. 밈은 문화의 전달 과정에서 중간 매체 역할을 하는 유전자 같은 요소로서, 모방을 통해서 사람과 사람 사이로 전달되면서 문화를 진화시키는 것을 말한다.
3. Samuel P. Huntington, 『The Clash of Civilizations and the Remaking of World Power』, (Simon & Schuster, 1996)
4. 송영오, 『대사의 정치』, (해누리, 2014), P.66-69에서 발췌
5. 조윤경, 『새로운 문화 새로운 상상력』, 이화여자대학교 출판부, 2008, P.18
6. 디지털 노마드(digital nomad)는 프랑스 경제학자 자크 아탈리(Jacques Atali)가 1977년 저서 『21세기 사전』에서 처음 소개한 용어다. 그는 유목민의 시각으로 인류문화를 새롭게 정의해야 한다고 주장한다.
7. 장유리, 『미래를 전망하는 문화예술 트렌드』, 2021

제3장

1. 기후변화에 관한 정부 간 협의체(IPCC)가 2022.2.14-27에 열린 제 55차 총회에서 채택한 보고서에 의하면, 기후변화가 자연에 야기한 영향은 이전까지 인식됐던 것보다 훨씬 크고, 일부 종은 기후변화로 인해 완전히 멸종했고 생태계가 광범위하게 악화되었다.
2. 외교통상부, 『현대국제법』, (박영사, 2000), P.201-202
3. 조선일보, 2021.6.15.
4. 조선일보, 2021.10.1.
5. 경향신문, 2021.2.18.
6. 이투데이, 2020.10.12.
7. 지식백과
8. 보도자료, 국무총리실, 2022.2.4.

9. 경향신문, 2021.9.30., 2021.11.26.

10. 영국의 2011년 'Legacy 10' 제도는 재산의 10%를 기부하면 상속세 10%를 감면하는 제도이다.

제4장

1. 한국민족문화대백과

2. 차성란, 『글로벌 시대의 생활 예절』, (시그마프레스, 2014), P.19-20

3. 조선일보, 2020.7.14.

4. 강우진,추신애, 『글로벌매너』, (탑북스, 2018), P.53

5. 의전이란 국가 간 또는 국가의 공식행사에서 지켜야할 일련의 규범을 말한다.

6. Mary J McCaffree and Pauline Innis, 『Protocol』, (Devong Publishing Company, Inc., 1997)

7. 두산백과사전

제5장

1. 라루스 편집부, 강현정 역, 『그랑 라루스 요리백과』, (시트롱 마카롱, 2021)

2. 강우진, 추선애, 『글로벌매너』, (탑북스, 2018), P.308

3. 시사상식사전

4. 월간조선, 『포도주 핸드북』, 2003. 4월호 별책부록

제6장

1. 한국민족문화대백과

2. 강우진, 추선애, 『글로벌매너』, (탑북스, 2018), P.145

3. 상게서, P.162

제7장

1. 김병용, 『관광학원론』, (한올출판사, 2016), P.3

2. 국제관광공사 통계자료 (2022)

3. 송영오, 『대사의 정치』, (해누리, 2014), P.86-88

제8장

1. Leil Lowndes, 『How to talk to anyone』, (Mcgraw-Hill, 2003)

2. 리마 증후군(Lima Syndrome)은 납치범들이 포로나 인질들의 상태에 정신적으로 동화되어 그들에게 동정심과 친밀감을 가지고 공격적인 태도를 거두는 비이성적 심리현상을 말한다. 인질들이 납치되었을 때 납치범에게 꾸준히 대화를 지속하여 친밀감을 얻어냄으로써

생존을 연장하는 방법으로 활용된다. 1996년 12월 페루의 반군들이 일본 대사관을 점거하고 4백여 명을 인질로 삼은 사건에서 유래한다. 이와 반대되는 현상을 스톡홀름 증후군 (Stockholm Syndrome)이라 한다. 인질이 납치범에게 동조하고 감화되어 납치범의 행위에 동조하거나 납치범을 변호하는 비이성적 심리현상을 말하며, 1973년 8월 스웨덴 스톡홀름에서 일어난 스톡홀름 크레딜 반켄 은행 인질사건에서 유래한다.

3. 피터 버고지언, 제임스 린지, 홍한결 올김, 「어른의 문답법」, (월북, 2021), P.143 : 게임 이론가 Anatol Rapoport가 대화 중 반대나 비판을 제기하기 전에 지켜야할 규칙으로 제시하였다.

4. 상게서, P.147 : 즉흥 코미디에서도 널리 쓰이는 기법이라 한다.

5. Richard Stengel), 「아부의 기술, You're Too Kind : a Brief History of Flattery」, (Touchstone, 2002)

6. 조선일보, 2021.1.28.

7. 나쓰요 립슈츠(Natsuyo Lipschutz), 황미숙 옮김, 「한 문장으로 말하라」, (비즈니스북스, 2020)

8. Brian MacArthur, 「Speeches」, (Penguin Book, 1992)

제 9 장

1. Robert Masello, 「Robert's Rules of Writing」, (Writer's Digest Books, 2005), Rule 31 : 잡동사니를 제거하라. 수식어들은 스튜에 집어넣는 향신료 같은 것이다. 스튜를 시식한 순간 스튜 육수 맛이 아니라 향신료 맛이 났다면 불필요한 양을 집어넣은 것이다. 도움이 될 경우에만 신중하게 집어넣어야 한다.

2. 송세진, 「비즈니스 글쓰기」, (길벗 출판사, 2016), P.78

제 10 장

1. 이태석, 「최고의 협상」, (한나래플러스, 2018), P.81-82

2. Sir Harold Nicolson, 「Diplomacy」, (Oxford Paperbacks, 1963), P.57-58

3. 허브 코헨(Herb Cohen), 양진석 옮김, 「협상의 기술 1」, (김영사, 2021)

4. BATNA라는 용어는 「Getting to Yes」라는 책에서 Roger Fisher와 William Ury가 처음 사용하였다.

5. 이태석, 「최고의 협상」, (한나래플러스, 2018), P.28-29

6. 김용구, 「세계외교사」, (서울대학교 출판부, 2006), P.765-771에서 발췌

제 11 장

1. 외교통상부, 「의전실무편람」, (외교통상부, 2012), P.10

2. 이준의, 이지은, 「글로벌 의전매너」, (백산출판사, 2017), P.13

3. 외교통상부, 『의전실무편람』, (외교통상부, 2012), P.11-15
4. Sir Harold Nicolson, 『Diplomacy』, (Oxford, Paperbacks, 1963), P.99
5. John T. Rourke, Mark A. Boyer, 『International Politics on the World Stage Brief』, (McGraw-Hill, 2008), P.142
6. 임정규, 『역대 대통령 정상외교』, (해누리, 2014), P.197
7. 최병구, 『외교 이야기』, (평민사, 2007), P.44-45

제12장
1. Wikipedia
2. 임혁백, 「세계화와 글로벌 가버넌스-개념적. 이론적 논의의 현황」, 사회과학 연구협의회 주관 '세계화와 글로벌 가버넌스' 세미나, 2000.12.1.
3. Ann Appelbaum 기자가 2021년 12월호 The Atlantic 지에 'The Autocrats are Winning' 제하에 세계 곳곳에 민주주의가 쇠퇴하고 있다는 장문의 심층기사를 발표하였다.
4. 미국 스탠포드 대학 Francis Fukuyama 교수가 1992년에 출간한 『The End of History and the Last Man』을 통하여 역사 발전과정에 있어서 자유민주주의가 공산주의를 이기고 최종단계에 이르렀다고 평가하였다.

당신은 교양인입니까

2022년 7월 10일 초판 발행

지은이 | 송 영 오
펴낸이 | 양 진 오
펴낸곳 | (주)교학사
편집 | 김덕영

등록 | 제18-7호(1962년 6월 26일)
주소 | 서울특별시 금천구 가산디지털1로 42(공장)
　　　서울특별시 마포구 마포대로14길 4 (사무소)
전화 | 편집부 (02)707-5311, 영업부 (02)707-5155
FAX | (02)707-5250
홈페이지 | www.kyohak.co.kr
지은이 e-mail | yosong71@gmail.com

ISBN 978-89-09-00003-1　　03380